"十四五"职业教育国家规划教材

高等职业教育教学改革融合创新型教材·旅游类

新形态教材

Lüyou Keyuanguo(Diqu) Gaikuang

旅游客源国(地区)概况

(第六版)

赵利民　主　编

崔志英　楚媛媛　副主编

东北财经大学出版社
Dongbei University of Finance & Economics Press

大连

图书在版编目（CIP）数据

旅游客源国（地区）概况 / 赵利民主编. —6版. —大连：东北财经大学出版社，2024.8（2025.8重印）. —（高等职业教育教学改革融合创新型教材·旅游类）. —ISBN 978-7-5654-5330-4

Ⅰ．F591

中国国家版本馆 CIP 数据核字第 2024FK8032 号

东北财经大学出版社出版

（大连市黑石礁尖山街 217 号　邮政编码　116025）

网　　址：http://www.dufep.cn

读者信箱：dufep@dufe.edu.cn

大连天骄彩色印刷有限公司印刷　　东北财经大学出版社发行

幅面尺寸：185mm×260mm　　　字数：479千字　　　印张：21.5

2024 年 8 月第 6 版　　　　　　　2025 年 8 月第 3 次印刷

责任编辑：魏　巍　　　　　　　　责任校对：张旭凤

封面设计：原　皓　　　　　　　　版式设计：原　皓

定价：49.80元

第六版前言

"旅游客源国（地区）概况"是高等职业教育旅游管理专业的专业基础课之一，在培养合格的旅游管理人才方面发挥着重要的作用。本书自2009年10月首次出版以来，以其丰富实用的内容和新颖的编排得到了广大师生的好评，许多职业院校及应用型本科院校都在使用本书作为教材。2023年6月，本书入选首批"十四五"职业教育国家规划教材。

为保持内容的新颖和准确，坚持为党育人、为国育才，全面提高人才自主培养质量，本书分别于2012年、2015年、2018年和2021年进行了四次修订。本次修订是第五次，我们在保持原书比较成熟的篇章结构安排的基础上，对原书的部分内容进行了整合、简化，更新了过时的数据，与时俱进增加了一些新内容。这些修改使本书的内容不仅能够继续保持准确和新颖，而且可以更好地适应时代要求，满足教学的实际需要。

具体来说，本书呈现如下特点：

1.融入思政元素，落实立德树人

党的二十大报告指出："加强国际传播能力建设，全面提升国际传播效能，形成同我国综合国力和国际地位相匹配的国际话语权。深化文明交流互鉴，推动中华文化更好走向世界。"这是我们党为增强中华文明传播力和影响力作出的战略部署。本书以大量数据为支撑，通过客观精练的文字表述，介绍了我国入境客源市场的发展和我国主要旅游客源国（地区）的基本情况。读者通过对本书的学习，可以了解我国现代旅游业的蓬勃发展状况，感受我国社会主义现代化建设的伟大成就；可以了解我国入境客源市场的变迁，感受我国对入境游客日渐提升的吸引力；可以了解世界主要国家（地区）概况，增进对不同国家（地区）、不同文化的认识和理解，培养对多元文化的鉴赏能力，提高国际旅游合作与交流意识，坚定文化自信。此外，本书设有"启智润心"栏目，通过典型案例介绍了新时期我国取得的辉煌成就、中国同世界各国人民的深厚情谊等内容，能够有效激发读者对伟大祖国的热爱之情，鼓励新时代青年为加强我国国际传播能力建设、深化文明交流互鉴、推动构建人类命运共同体贡献青春力量。

2.重点突出，详略得当

世界上有200多个国家和地区，它们中的绝大多数都是我国的旅游客源国（地区），但我们不可能对每个国家和地区都进行介绍，也不可能对每个国家和地区都笔墨均匀。本书有选择地介绍了多年来我国入境旅游人数排在前列的24个客源国以及我国港澳台地区的概况。在介绍每个国家（地区）时，本书侧重于介绍其历史文化、民俗风情和旅游业，以期对实际接待工作有直接的帮助和指导作用。同时，对每个国家（地区）的地理位置、面积与人口、语言和文字、自然环境、政治、经济、文化等，本书也尽可能参考最新的资料进行介绍，从而使读者对该国（地区）有一个完整的了解。

3. 内容全面，实用性强

本书在第一章对世界及中国旅游业进行了较全面的介绍，以使读者对全书内容有一个宏观认识；在第二章至第八章的编写过程中，我们参考了同类教材和中华人民共和国外交部网站的内容，并且引用了最新的数据，同时为方便读者对这些数据进行比较分析，以增加对这些客源国（地区）的全面了解，本书有意保留了一部分以往数据。本书设有"引例""观览天下""课堂互动""本章小结""基础训练"等栏目，各栏目紧紧围绕读者应知应会的重点内容展开，有的还模拟了一些接待场景，融思想性、知识性、趣味性于一体，较好地体现了职业教育教材的"实用"特色。

4. 充分运用信息技术，配套丰富数字资源

本书充分运用现代信息技术改进教学方法，配套了丰富的数字资源，包括"赏景怡情""启智润心""在线测评""知识导图"等，并用二维码的形式呈现，以加深读者对教材内容的理解和掌握，助力教与学。

本书由深圳信息职业技术学院赵利民教授任主编，淄博职业学院崔志英、深圳市宝旅导游服务有限公司总经理楚媛媛任副主编。具体编写分工如下：赵利民编写第一章至第七章，崔志英编写第八章，楚媛媛负责核对全书"主要旅游资源"部分的内容。全书由赵利民总纂定稿。

本书采用的图片，除编者拍摄的以外，均来自赵利云、赵妍两位旅游爱好者和深圳市宝旅导游服务有限公司领队团队，在此特别表示感谢。本书在编写过程中，得到了东北财经大学出版社的支持和帮助，同时也参考和借鉴了旅游界诸多同行和专家的成果，在此一并表示感谢。

受时间和作者水平的限制，书中难免有不足与疏漏之处，敬请专家和读者指正。

编　者

2025年7月

目 录

数字资源目录

赏景怡情

启智润心

在线测评

第一章

世界及中国旅游业概况

学习目标

知识目标：

深入理解世界旅游业的产生与发展历程，精准把握世界六大旅游区的划分依据与各自特色，全面掌握中国旅游业的发展历程，以及入境客源市场的基本状况。

技能目标：

能够剖析世界旅游业的发展趋势对中国旅游市场的影响，从宏观角度解读中国入境旅游客源市场数据，预测市场变化方向。

素养目标：

了解中国旅游业的崛起，熟知中国社会主义现代化建设的伟大成就，增强民族自豪感与对旅游行业的认同感，牢固树立人类命运共同体意识。

第一节   世界旅游业的产生与发展

一、世界旅游业的产生

旅游是指人们出于休闲、商务或其他目的，离开惯常环境去往他处，并在那里连续停留时间不超过一年的活动。

人类的旅游活动至少已有几千年的历史。在古代，虽然世界各国都存在旅游活动，但那时的旅游只局限于少数人和狭小的范围，旅游还未成为一个产业。直到19世纪中叶，旅游才真正作为一个产业出现，这主要归功于产业革命。产业革命首先爆发于18世纪60年代的英国，之后很快向欧洲大陆和北美传播，一直持续到19世纪上半叶，各资本主义国家相继完成产业革命，实现了由工场手工业向大机器生产的过渡。

产业革命引起的生产领域和社会关系上的变化，为旅游业的产生创造了条件。首先，产业革命提高了生产效率，使人们有了更多的闲暇时间，有了更强的支付能力，而这两者都是人们旅游的必备前提；其次，与产业革命伴随而来的科技进步，使人们有了新的并且相对廉价的交通工具（如火车和轮船），这为人们的大规模、远距离流动提供了可能；再次，产业革命加速了城市化进程，节奏紧张的城市生活和嘈杂拥挤的社会环境，更易使人们产生回归自然、追求宁静悠闲的乡村生活的愿望；最后，产业革命带来的枯燥、重复单一的工厂劳动也使得人们渴望放松、休息和调整。然而，与这一趋势相矛盾的是，当时绝大多数人都缺乏旅行经验，对异国他乡的情况了解甚少，也不知道如何办理旅行手续，加之语言及货币方面的障碍，人们的实际出游受到了限制。在这种情况下，专门从事旅游活动的组织、安排工作的旅行社的产生就是必然的了。

1841年7月5日，英国人托马斯·库克（Thomas Cook）包租了一列火车，组织了570人从莱斯特前往拉夫伯勒参加禁酒大会，每人收费1先令，完成了一次有组织的短途旅行。他的这一行为虽然只是个人行为，但与现代旅行社的业务极其相似。这一事件被称为近代旅游业的开端，托马斯·库克也被认为是近代旅游业的先驱者。

观览天下1-1[①]   **托马斯·库克**

托马斯·库克出身贫寒，10岁时便辍学，在一位园艺种植者那里打工。雇主对库克很好，却因醉酒冻死在雪地里。库克又投奔远方的姑父，姑父开了一家小木器店，对他很信任，但姑父最后也因酗酒而死。这两次事件使库克决定投身禁酒事业。出乎意料的是，积极参与禁酒事业的库克却因组织禁酒大会而成为近代旅游业的先驱者。

托马斯·库克组织的这次活动在旅游史上意义重大，因为它与以往的旅游活动相比有许多不同的地方：首先，这次活动的参加者具有广泛的群众性，类似于现在的旅行团；其次，托马斯·库克不仅发起、组织了这一活动，而且始终随团陪同照顾，类似于

---

① 本书中未注明资料来源的"观览天下"内容均为作者根据相关资料整理所得，书目已经列在书后的参考文献中，故不再作具体说明。

现在的全程陪同导游；再次，这次活动的规模空前，类似于现在的规模化组团；最后，这次活动为世界上第一家旅行社的建立奠定了基础。因此，我们通常把这一事件作为近代旅游业的开端。

托马斯·库克正是通过这次看似偶然的行为，意识到了其中蕴含的巨大商机。1845年8月，托马斯·库克在莱斯特正式成立了托马斯·库克旅行社，开始从事旅行代理业务，这也是世界上第一家旅行社。此后，托马斯·库克的业务范围和影响力不断扩大。很快，世界各地出现了大批效仿者，旅行社的数量有了大幅度增加，旅游规模得以扩大，旅游产品的内容不断更新，旅游设施也不断完善，世界旅游业进入了一个新的阶段。

二、世界旅游业的发展

第二次世界大战以后，全球经济稳定持续发展，这为世界旅游业的发展提供了一个良好的环境，现代旅游迅速崛起并获得了长足的发展。如今，人类已经进入全球性的大众旅游时代，旅游业已经成为当今世界经济中既具综合性又相对独立的产业，也是发展势头最强劲并且持久不衰的产业，在世界经济中扮演着越来越重要的角色。

世界旅游业发展到现代，呈现出以下主要特点：

（一）增长的快速性和持续性

自20世纪50年代以来，世界旅游业步入了一个快速增长时期，并且持续不衰。据统计，20世纪60年代，全球国际旅游人数年均增长9%；70年代，增长速度有所放缓，但也达到了4.6%；80年代，这个数字是4%；90年代，全球国际旅游人数年均增长速度再次加快，达到6.5%。进入21世纪，全球国际旅游人数仍然保持着较快的增长速度。2005年，全球国际旅游人数首次超过8亿人次。2015年，全球国际旅游人数增至11.8亿人次，全球旅游收入达到1.23万亿美元。[1]2019年，全球国际旅游人数创新高，达到14.6亿人次，国际旅游消费达14 810亿美元。[2]

2023年，国际游客出游花费达到1.63万亿美元，全球旅游业产值超过9.9万亿美元，旅游业为全球提供了3.48亿个工作岗位，在全球经济发展中发挥了关键作用。世界旅游及旅行理事会预测，到2034年，旅游业将为全球经济增长贡献16万亿美元，在全球经济中占比达11.4%，占劳动力市场总体的12.2%。[3]

（二）旅游活动的普及性

旅游活动的普及性表现在两个方面：一是参与人数众多。在20世纪50年代以前，旅游活动只是少数人的专利。随着世界经济的高速增长，社会财富的大量增加，生活水平的普遍提高，越来越多的普通大众加入到旅游活动中来，旅游成为一种具有广泛参与性的社会活动。二是旅游活动遍及全球。世界上每一个国家几乎都有旅游者，旅游者的足迹也遍及全球的各个角落。

---

① 冯俊伟.联合国世界旅游组织秘书长：世界张开双臂欢迎中国游客［EB/OL］.［2016-05-10］.https://www.gov.cn/xinwen/2016-05/10/content_5071992.htm.
② 中国旅游研究院.中国边境旅游发展稳中向好　同时还有提升空间［EB/OL］.［2023-11-30］.https://baijiahao.baidu.com/s?id=1783949223056310493&wfr=spider&for=pc.
③ 杨丽敏.今年全球旅游业产值或达11.1万亿美元［N］.中国旅游报，2024-04-10（1）.

（三）旅游内容和方式的多样性

虽然观光旅游、度假旅游、商务旅游仍然是旅游的主要内容，但参加会议旅游、探亲旅游、研学旅游、购物旅游、体育旅游、探险旅游、烹饪旅游、保健旅游、考古旅游、漂流旅游、登山旅游、自驾车旅游、品茶旅游、书画旅游、太空旅游、海底旅游等的游客也日渐增多。与此同时，旅游的方式也五花八门：有包价旅游，也有非包价旅游；有自助旅游，也有非自助旅游；有自费旅游，也有奖励旅游；有铁路旅游，也有航空旅游、汽车旅游等。

（四）旅游业竞争的激烈性

随着旅游业的发展，旅游业的组成部门和企业数量越来越多，旅游业的竞争也越来越激烈。这种竞争不仅表现在企业与企业之间，而且表现在行业与行业之间、地区与地区之间，甚至国家与国家之间。例如，各家旅游企业纷纷推出多条精品旅游线路，创新旅游服务，以吸引旅游者。又如，各个国家或地区纷纷利用电影、电视、报刊、短视频、公众号、小程序等介绍旅游目的地的旅游产品，频繁举办"文化年""旅游年"等主题活动，争相举办奥运会、世界博览会等大型活动，甚至政府领导也亲自出面进行旅游宣传。

（五）旅游业管理的规范化

旅游业的快速发展也必然会带来一些新的问题。为此，各国都出台了一系列规范旅游业发展的法律法规，从而使旅游业的发展步入了法治化轨道。同时，许多国家都设立了旅游行政管理机构，世界性和区域性的旅游组织纷纷成立，旅游业的国内调控和国际协调也日臻完善。

观览天下1-2

联合国旅游组织（UN Tourism）是联合国系统的政府间国际组织。联合国旅游组织的总部设在西班牙马德里。联合国旅游组织的宗旨是促进和发展旅游事业，使之有利于经济发展、各国间相互了解、世界和平与繁荣。联合国旅游组织负责制定国际性旅游公约、规则，研究全球旅游政策，收集和分析旅游数据，定期向成员国提供统计资料；参与旅游领域的经济活动，倡导以旅游促进经济发展、消除贫困、解决就业、与各国开展合作项目；为旅游经济活动提供咨询、援助，开展技术合作。

世界旅游联盟（World Tourism Alliance，WTA）是由中国发起成立的综合性、非政府、非营利性国际旅游组织。世界旅游联盟以"旅游让世界和生活更美好"为核心理念，以旅游促进发展、旅游促进减贫、旅游促进和平为目标，加强全球旅游界的国际交流与合作，增进共识、分享经验、深化合作，推动全球旅游业可持续、包容性发展。世界旅游联盟会员包括单位会员和个人会员：单位会员包括各国全国性旅游协会、有影响力的旅游企业、智库和研究院所等；个人会员包括旅游领域的专家学者等。世界旅游联盟业务主管单位是中华人民共和国文化和旅游部，联盟总部设在中国浙江杭州。

中国旅游协会（China Tourism Association，CTA）是由中国旅游行业相关的企事业单位、社会团体自愿结成的全国性、行业性社会团体，属于非营利性社会组织，具有独立的社团法人资格。中国旅游协会于1986年1月30日经国务院批准成立，是我国第一个旅游全行业组织。中国旅游协会下设10余个分支机构，自有会员单位200余家，以国内著名的大型综合性旅游集团、省级旅游协会和重要旅游城市旅游协会等机构为会员骨干，协会及各分支机构共有会员3 000余家。

资料来源　佚名.世界旅游联盟章程［EB/OL］.［2024-05-21］. https://www.wta-web.org/chn/about；佚名.中国旅游协会简介［EB/OL］.［2024-05-21］. http://www.chinata.com.cn/h-col-108.html.

三、现代旅游业快速发展的原因

现代旅游业在第二次世界大战以后快速发展的原因主要有：①世界各国致力于恢复和发展经济，人们的收入水平大大提高；②带薪假期逐渐得到普及；③现代科技的发展实现了生产的自动化，生产效率大为提高，人们的闲暇时间增加；④喷气式客机和后来的超音速飞机的诞生、私人汽车的普及、公路和铁路交通网的建设等使得交通运输条件大为改善；⑤城市化进程的加快促进了休闲旅游、度假旅游的普及；⑥教育的普及提高了人们的文化修养，改变了人们的消费观念，越来越多的人把旅游看成一种现代生活方式，人们的旅游愿望越来越强烈；⑦越来越多的国家重视发展旅游业，纷纷将旅游业定位为先导产业或支柱产业；⑧弹性工作制的推广、人均寿命的延长、人口老龄化的加深、移民和出境限制的放松等使更多的人有条件参加旅游活动。

第二节　世界旅游区

联合国旅游组织将全球分为六大旅游区：欧洲、美洲、东亚及太平洋、非洲、南亚、中东。其中，欧洲、美洲、东亚及太平洋三大旅游区构成了世界旅游市场的主体。尤其是欧洲，其长期占有世界旅游市场份额的2/3以上，有的年份甚至将近3/4（1960年曾达到72.5%），但近些年来其份额不断下降。东亚及太平洋则是世界旅游市场上发展最迅速、潜力最大的地区。

观览天下1-3

欧洲、亚太、美洲三大市场在全球旅游格局中占绝对主体地位。2023年，欧洲接待入境休闲游客4.28亿人次，占全球休闲旅游总人次的55.6%；亚太地区接待入境休闲游客1.49亿人次，占全球休闲旅游总人次的19.4%；美洲接待入境休闲游客1.17亿人次，占全球休闲旅游总人次的15.2%。

资料来源　环球旅讯.2023全球休闲旅游业报告解读（上）：复苏强劲，中东耀眼［EB/OL］.［2023-11-16］. https://www.sohu.com/a/736843840_118838.

一、亚洲及太平洋旅游区

亚洲及太平洋旅游区通常可分为东亚及太平洋旅游区、南亚旅游区和中东旅游区。

（一）亚洲概况

1.地理位置

亚洲是亚细亚洲的简称。"亚细亚"来源于古代闪米特语，意思是"东方日出之地"。亚洲大部分地区位于北半球和东半球，东濒太平洋，南临印度洋，北至北冰洋，西靠大西洋的属海地中海和黑海。西部以乌拉尔山脉、乌拉尔河、里海、大高加索山脉、黑海海峡同欧洲分界，西南部隔苏伊士运河、红海与非洲相邻，东南部与大洋洲隔海相望，东北部隔白令海峡与北美洲相对。亚洲在各洲中所跨纬度最广，几乎跨越了从赤道到北极的所有气候带。亚洲所跨经度仅次于南极洲，东西时差达11个小时。

2.面积与人口

亚洲面积约4 400万平方千米（包括附近岛屿），约占世界陆地总面积的1/3，是世界七大洲中面积最大的一个洲。亚洲大陆与欧洲大陆毗连，形成了全球最大的陆块——亚欧大陆。亚欧大陆总面积达5 000多万平方千米，其中亚洲大陆的面积约占4/5。

亚洲人口约44亿，约占世界总人口的55%。其中，人口最多的国家是印度，中国第二。印度尼西亚、巴基斯坦、孟加拉国、日本、菲律宾、越南的人口也在1亿以上。人口分布最密集的地区是中国东部、日本太平洋沿岸、爪哇岛、恒河流域、印度半岛南部。新加坡是亚洲人口密度最大的国家，平均每平方千米约8 000人。亚洲人口密度最小的国家是蒙古国，平均每平方千米约2.2人。

亚洲的种族、民族构成非常复杂，这在南亚表现得最为突出。亚洲多数居民属黄色人种（又称蒙古利亚人种），其次是白色人种。亚洲大小民族、种族共有约1 000个，其中有达十几亿人口的汉族，也有人数仅几百的民族或部族。

3.语言和宗教

亚洲语言分属于汉藏语系、南亚语系、阿尔泰语系、南岛语系、达罗毗荼语系、亚非语系、印欧语系。

亚洲是世界三大宗教（佛教、伊斯兰教和基督教）的发源地，也是道教、犹太教等宗教的发源地。中南半岛各国的居民多信佛教；马来群岛的居民主要信奉伊斯兰教，部分居民信奉天主教和佛教；南亚各国的居民主要信奉印度教、伊斯兰教和佛教；西亚各国的居民主要信奉伊斯兰教。

4.自然环境

亚洲大陆海岸线绵长曲折，长69 900千米，是世界上大陆海岸线最长的洲。亚洲有众多的半岛和岛屿，是世界上半岛面积最大的洲。阿拉伯半岛为世界上最大的半岛。亚洲多崇山峻岭，山地、高原和丘陵约占全洲面积的3/4，全洲平均海拔950米，是世界上除南极洲以外地势最高的一个洲。亚洲地表起伏很大，世界上海拔8 000米以上的山峰全部位于亚洲，这里有被称为世界屋脊的青藏高原，也有世界最高峰珠穆朗玛峰（海拔8 848.86米），还有世界上最低的湖泊——死海。亚洲也是世界上火山最多的一个洲，东部边缘海外围的岛群是世界上火山最多的地区。

亚洲有许多大江大河，亚洲最长的河流是长江，长6 300余千米。贝加尔湖是亚洲最大的淡水湖和世界上最深的湖泊（最深处达1 637米），亚欧界湖里海是世界上最大的湖泊和最大的咸水湖，巴尔喀什湖是一个同时存在着淡水和咸水的内陆湖。

亚洲地跨寒、温、热三带，气候类型复杂，大陆性气候和季风性气候都比较典型。北冰洋沿岸地区属极地苔原气候，西伯利亚大部分地区属温带大陆性气候，东部靠太平洋的中纬度地区属温带季风气候，向南过渡到亚热带季风气候、热带季风气候和赤道附近的热带雨林气候。中亚和西亚大部分地区属温带大陆性气候和热带沙漠气候。西亚地中海沿岸属亚热带地中海气候。西伯利亚东北部的奥伊米亚康极端最低气温曾达−73℃，是北半球气温最低的地方。

5.国家和地区

亚洲包括48个国家和1个地区，在地理上习惯分为东亚、东南亚、南亚、西亚、中亚和北亚。①东亚：亚洲东部地区，包括中国、朝鲜、韩国、蒙古国和日本。②东南亚：亚洲东南部地区，包括越南、老挝、柬埔寨、缅甸、泰国、马来西亚、新加坡、印度尼西亚、菲律宾、文莱、东帝汶等。③南亚：亚洲南部地区，包括印度、巴基斯坦、孟加拉国、尼泊尔、不丹、斯里兰卡、马尔代夫。④西亚：亚洲西部地区，包括伊朗、土耳其、塞浦路斯①、叙利亚、黎巴嫩、巴勒斯坦、以色列、约旦、伊拉克、科威特、沙特阿拉伯、也门、阿曼、阿拉伯联合酋长国、卡塔尔、巴林、格鲁吉亚、阿富汗、亚美尼亚和阿塞拜疆。⑤中亚：中亚细亚地区，包括哈萨克斯坦、土库曼斯坦、乌兹别克斯坦、吉尔吉斯斯坦、塔吉克斯坦。⑥北亚：俄罗斯亚洲部分的西伯利亚地区。

6.经济

亚洲有着辉煌的古代文明，世界四大文明古国有3个（中国、古印度、古巴比伦）在亚洲。农业和手工业自古发达，有许多科学发明创造，对世界经济的发展作出过巨大的贡献。16世纪以后，西方殖民者侵入，许多国家和地区先后沦为殖民地和半殖民地，经济遭到摧残，因此这些国家和地区长期处于贫困落后的状态。目前，亚洲除日本、韩国、新加坡和以色列外，大多数国家为发展中国家。农业在亚洲各国中占重要地位，除少数国家工业较为发达外，大多数国家工业基础薄弱，采矿业、农产品加工业及轻纺工业占主要地位。亚洲最著名的矿产是西亚的石油和东南亚的锡。稻谷和天然橡胶产量也居世界之首。

（二）大洋洲概况

1.地理位置

大洋洲位于太平洋的西南部和南部，介于亚洲和南极洲之间，西临印度洋，东临太平洋，并与南北美洲遥遥相对。大洋洲由澳大利亚大陆和10 000多个岛屿构成，大部分处在南、北回归线之间，赤道线横穿其北部。

2.面积与人口

大洋洲陆地总面积约897万平方千米，约占世界陆地总面积的6%，是世界上最小的洲，也是除南极洲以外世界上人口最少的一个洲，人口约0.43亿。居民中70%以上为欧洲移民的后裔；当地居民约占总人口的20%，主要是美拉尼西亚人、密克罗尼西亚人、巴布亚人、波利尼西亚人等；此外还有混血种人、印度人、华人以及日本人等。

---

① 塞浦路斯从地理位置上看位于亚洲，但其文化更接近欧洲。本书采用联合国标准，将塞浦路斯归为亚洲国家。

3.语言和宗教

绝大部分居民使用英语，三大岛群上的当地居民分别使用美拉尼西亚语、密克罗尼西亚语和波利尼西亚语。当地绝大部分居民信奉基督教。

4.自然环境

大洋洲大陆海岸线长约19 000千米，岛屿面积约占全洲总面积的13.8%。其中，新几内亚岛是世界第二大岛，该岛的最高峰查亚峰也是大洋洲的最高峰。澳大利亚东部和北部沿海岛屿是太平洋西岸火山带的组成部分，也是世界上地震频繁且多强烈地震的地区。位于澳大利亚东北海岸的大堡礁是世界上最大的珊瑚礁群。

大洋洲河流稀少且水量较小，主要的内流河都注入北艾尔湖。墨累河是大洋洲外流河中最长和流域面积最大的河流。大洋洲的瀑布和湖泊均较少，最大的湖泊是北艾尔湖，面积约8 200平方千米。

大洋洲绝大部分地区位于热带和亚热带，除澳大利亚的内陆地区属大陆性气候外，其余地区大多属海洋性气候。

5.国家和地区

大洋洲有16个主权国家。大洋洲在地理上可划分为澳大利亚、新西兰、巴布亚新几内亚、美拉尼西亚、密克罗尼西亚和波利尼西亚6个区。

6.经济

大洋洲以农矿业为主，盛产椰子、甘蔗、菠萝、天然橡胶等。主要粮食作物有小麦、薯类、玉米、稻米等。畜牧业发达，羊毛产量占世界羊毛总产量的40%左右。工业以采矿、农畜产品加工为主，澳大利亚和新西兰是传统的经济发达国家，也是大洋洲工业最发达的两个国家。

观览天下1-4　　　　　　　　　　　　　**亚太经济合作组织**

亚太经济合作组织（Asia-Pacific Economic Cooperation，APEC）是亚太地区层级最高、领域最广、最具影响力的经济合作机制，成立于1989年。其宗旨是支持亚太区域经济可持续增长和繁荣，建设活力和谐的亚太大家庭，捍卫自由开放的贸易和投资，加速区域经济一体化进程，鼓励经济技术合作，保障人民安全，促进建设良好和可持续的商业环境。目前，APEC共有21个成员，分别是中国、澳大利亚、文莱、加拿大、智利、中国香港、印度尼西亚、日本、韩国、马来西亚、墨西哥、新西兰、秘鲁、巴布亚新几内亚、菲律宾、俄罗斯、新加坡、中国台北、泰国、美国和越南。APEC主要讨论与全球和区域经济有关的议题，如贸易和投资自由化便利化、区域经济一体化、互联互通、经济结构改革和创新发展、全球多边贸易体系、经济技术合作和能力建设等。APEC采取自主自愿、协商一致的合作方式，所作决定必须经各成员一致同意。会议成果文件不具法律约束力，但各成员在政治上和道义上有责任尽力予以实施。

（三）东亚及太平洋地区的旅游

东亚及太平洋地区简称东亚太地区，这一地区包括东亚、东南亚及大洋洲的一些国家，除了日本、澳大利亚、新西兰等国家经济较为发达外，这一地区大部分国家仍属于发展中国家。

20世纪80年代以来，东亚太地区一直是经济发展最有活力的地区，也是世界上旅游业发展速度最快的地区。本地区接待国际游客的数量，1990年为8500万人次，2001年为1.15亿人次。到2011年，本地区接待国际游客的数量迅速增长为2.17亿人次，占当年全球国际游客人数的22%。2016年，本地区接待国际游客达到2.83亿人次，占当年全球国际游客人数的23%。

随着东亚太地区经济的起飞，本地区的出境游也迅速发展，成为继欧洲、北美洲之后又一个重要的、最具潜力的客源地。中国、日本、韩国、澳大利亚、新加坡、马来西亚、菲律宾、泰国等都是该地区主要的出境旅游客源地。

观览天下1-5　　　　　　　　　　　　　　　**东南亚国家联盟**

东南亚国家联盟简称东盟，成立于1967年8月8日。东盟现有10个成员：印度尼西亚、马来西亚、菲律宾、新加坡、泰国、文莱、越南、老挝、缅甸、柬埔寨。东盟峰会是东盟最高决策机构，由各成员国国家元首或政府首脑组成，东盟各国轮流担任主席国。中国于1996年成为东盟全面对话伙伴国。2003年，中国与东盟建立战略伙伴关系。中国连续多年为东盟第一大贸易伙伴。2020年东盟超过欧盟，成为中国最大货物贸易伙伴。

（四）南亚地区的旅游

南亚地区曾是世界文明的发源地之一。18世纪以后，大多数国家沦为西方国家的殖民地或半殖民地。第二次世界大战以后，这些国家相继独立，经济得到不同程度的发展，但受经济发展水平的制约和一些国家政局动荡、民族和宗教纷争的影响，总体而言，南亚地区的旅游业起步晚、发展慢、起伏大。2000年，本地区接待国际游客630万人次，占当年全球国际游客人数的0.9%。2016年，本地区接待国际游客约2000万人次，占当年全球国际游客人数的比例上升到1.6%。

这一地区旅游业发展较好的国家是印度、尼泊尔、斯里兰卡。印度是四大文明古国之一，也是南亚最大的国家，有众多的名胜古迹，具有发展旅游业的良好基础。尼泊尔是著名的山地之国，宜人的气候、神奇的喜马拉雅山风光、古老的宗教、独特的习俗等都对游客产生了强大的吸引力，旅游业已成为尼泊尔的龙头产业，是尼泊尔外汇收入的主要来源。

（五）中东地区的旅游

中东是指地中海东部和南部到波斯湾沿岸的部分地区，包括除阿富汗外的西亚、非洲的埃及等地区。"中东"这个词虽然用得很广，但它并不是严格的地理术语，因此对它的范围界定存在多种说法。

中东地区扼欧、亚、非三大洲要塞，交通便利。该地区又是基督教、伊斯兰教和犹太教的发源地，有着丰富的人文旅游资源和自然旅游资源。该地区还盛产石油，是世界上最大的石油输出地。这些都是该地区发展旅游业的有利条件。过去，这一地区的旅游业受战乱的影响，发展缓慢。近年来，旅游业逐渐恢复增长，从接待国际游客的数量来看，2000年为1990万人次，2005年为3800万人次，2008年为5510万人次，2016年为5400万人次。联合国旅游组织发布的《2023年世界旅游晴雨表》显示，2023年到访中东地区的国际游客数量达到 8 630 万人次，较 2019 年增长 22%。

　　土耳其和以色列是该地区旅游业发展较好的国家。土耳其地跨欧亚两洲，曾是东罗马帝国和奥斯曼帝国的本土，丰富的旅游资源加上齐全的旅游设施、优质的服务，使得土耳其成为著名的旅游接待国。以色列亦是中东地区一个颇具魅力的旅游接待国，每年都接待大量入境游客，也有相当多的以色列人出境旅游。

二、欧洲旅游区

（一）欧洲概况

1. 地理位置

　　欧洲是欧罗巴洲的简称（据说"欧罗巴"最初来自腓尼基语的"伊利布"一词，意思是"日落的地方"或"西方的土地"）。欧洲位于亚洲的西面，是亚欧大陆的一部分，宛如亚欧大陆向西突出的一个大半岛。欧洲东部以乌拉尔山脉、乌拉尔河，东南以里海、大高加索山脉和黑海与亚洲为界，西隔大西洋、格陵兰海、丹麦海峡与北美洲相望，北临北冰洋，南隔地中海与非洲相望。欧洲大部分位于北温带内，没有热带，是世界上有人定居的各洲中距离赤道最远的一个洲。

> **观览天下 1-6**　　　　　　　　**"欧罗巴"名称的由来**
>
> 　　关于"欧罗巴"这个名称的由来有很多传说，其中一个传说是这样的：腓尼基国王有一个长得很漂亮的女儿名叫欧罗巴，"万神之王"宙斯想娶她为妻，但又怕她不同意。一天，欧罗巴在一群姑娘的陪伴下在大海边游玩。宙斯知道后变成一匹雄健、温顺的公牛，伏在欧罗巴面前。欧罗巴看到这头可爱的公牛伏在自己身边，忍不住跨上了牛背。宙斯立即起身，带着欧罗巴腾空而起，接着又跳入海中破浪前进，带欧罗巴来到了远方的一块陆地共同生活。这块陆地以后就以这位美丽公主的名字来命名，即欧罗巴。

2. 面积与人口

　　欧洲总面积约 1 016 万平方千米（包括岛屿），约占世界陆地总面积的 6.8%，在世界七大洲中仅大于大洋洲。欧洲人口约 7.4 亿，人口分布以西部最密，莱茵河中游谷地、巴黎盆地、比利时东部和泰晤士河下游的人口分布每平方千米均在 200 人以上。欧洲绝大部分居民是白色人种（欧罗巴人种），主要属印欧语系（包括日耳曼语族、斯拉夫语族、拉丁语族、凯尔特语族等）、乌拉尔语系等。

3. 语言和宗教

　　欧洲是世界上语言种类最丰富的地区，有英语、法语、德语、意大利语、西班牙语、葡萄牙语、希腊语等。居民多信奉天主教、新教和东正教，另有少数居民信仰伊斯兰教和犹太教。位于意大利首都罗马西北角的"城中之国"梵蒂冈，是世界天主教的中心。

4. 自然环境

　　欧洲多半岛、岛屿、港湾和深入大陆的内海，大陆海岸线长 37 900 千米，是世界上海岸线最曲折复杂的一个洲。欧洲平均海拔约 300 米，是世界上平均海拔最低的一个洲，其中海拔在200米以下的平原约占全洲面积的60%（仅东欧平原的面积就占全洲的2/5）。阿尔卑斯山脉横亘南部，平均海拔为3 000米，是欧洲最高大的山脉，许多山峰终年白雪皑皑，主峰勃朗峰海拔4 805.59米（法国2023年公布数据）。东南部大高加索山脉的主峰厄尔布鲁士山海拔5 642米，为欧洲最高峰。欧洲河网稠密，分布均匀，水量充足。欧洲最长的河流是伏尔加河，长3 692千米，也是世界上最长的内流河。多瑙河为欧洲第二长河，长2 850千米，是世界上流经国家最多的河。欧洲西部的莱茵河是世界航运量最大的河之一。欧洲湖泊众多，且多为冰川作用形成。

欧洲大部分地区地处北温带，气候温和湿润。西部大西洋沿岸属温带海洋性气候，夏季凉爽，冬季温和、多雨雾。东部属温带大陆性气候（其中东欧平原北部属亚寒带针叶林气候）。北冰洋沿岸地区属寒带苔原气候，冬季严寒，夏季凉爽短促。南部地中海沿岸地区属亚热带地中海气候，冬暖多雨，夏热干燥。

5.国家和地区

欧洲共有44个国家和1个地区，在地理上习惯分为南欧、西欧、中欧、北欧和东欧5个地区。①南欧：范围包括伊比利亚半岛、亚平宁半岛及巴尔干半岛南部，包括塞尔维亚、黑山、克罗地亚、斯洛文尼亚、波斯尼亚和黑塞哥维那、北马其顿、罗马尼亚、保加利亚、阿尔巴尼亚、希腊、意大利、梵蒂冈、圣马力诺、马耳他、西班牙、葡萄牙、安道尔。②西欧：狭义上指欧洲西部濒临大西洋地区和附近岛屿，包括英国、爱尔兰、荷兰、比利时、卢森堡、法国、摩纳哥，通常也把欧洲发达资本主义国家称为西欧。③中欧：波罗的海以南、阿尔卑斯山脉以北的欧洲中部地区，包括波兰、捷克、斯洛伐克、匈牙利、德国、奥地利、瑞士、列支敦士登。④北欧：日德兰半岛、斯堪的纳维亚半岛一带，包括冰岛、丹麦、挪威、瑞典、芬兰、法罗群岛（丹）。⑤东欧：欧洲东部地区，在地理上包括爱沙尼亚、拉脱维亚、立陶宛、白俄罗斯、乌克兰、摩尔多瓦、俄罗斯。

6.经济

欧洲是古希腊、古罗马文明的发源地，也是资本主义经济发展最早、最发达的一个洲。工业、交通、商贸、金融在世界上占有举足轻重的地位，许多领域的科学技术均处于世界领先地位。欧洲大多数国家为发达国家，其中北欧、西欧和中欧一些国家的经济发展水平较高，德国、法国和英国的工业生产水平居世界前列。

观览天下1-7 　　　　　　　　　　　　　　**欧洲联盟**

谈到欧洲，不得不谈欧洲联盟。欧洲联盟（European Union，EU）简称欧盟，是一个集政治实体和经济实体于一身、在世界上具有重要影响的区域一体化组织。欧盟于1993年11月1日正式成立，总部设在比利时首都布鲁塞尔。

欧盟的前身是欧洲共同体，创始国为法国、德国、意大利、荷兰、比利时和卢森堡六国。目前，欧盟有27个成员，分别是法国、德国、意大利、荷兰、比利时、卢森堡、丹麦、爱尔兰、希腊、葡萄牙、西班牙、奥地利、瑞典、芬兰、马耳他、塞浦路斯、波兰、匈牙利、捷克、斯洛伐克、斯洛文尼亚、爱沙尼亚、拉脱维亚、立陶宛、罗马尼亚、保加利亚、克罗地亚。欧盟的诞生使欧洲的商品、劳务、人员、资本得以自由流通，使欧洲的经济快速增长。

欧盟的统一货币为欧元（EUR），1999年1月1日正式发行，2002年1月1日正式流通。

欧盟有24种官方语言，欧盟各机构共有约4 300名笔译员和800名口译员。欧盟所有官方文件、出版物、重要会议以及官方网站，均须同时使用这些语言，每年的语言服务支出约占欧盟年度预算的1%。

（二）欧洲的旅游

欧洲是近代旅游业的发源地，也是当代世界旅游业最发达的地区。如今，尽管在接待国际游客人数和旅游创汇方面，欧洲在世界份额中所占的比例逐渐减少，但其仍然保持着绝对的优势。2011年，欧洲接待国际游客5.04亿人次，占当年全球国际游客人数的51%；欧洲旅游外汇收入为4 634亿美元，占当年全球旅游外汇总收入的45%。2018年，欧洲接待国际游客7.1亿人次，占当年全球国际游客人数的50.8%。欧洲历来是世界上最大的国际旅游客源地。在欧洲的出国旅游者中，90%的旅游者在本洲内近距离旅游，只有10%的旅游者去其他洲旅游。

法国、西班牙、意大利、英国、俄罗斯、德国、奥地利、波兰、匈牙利、希腊、瑞士、荷兰、比利时、瑞典等都是旅游业发达的欧洲国家。

欧洲历史悠久、文化发达、经济基础雄厚、交通及通信发达、旅游资源丰富、旅游接待设施完善，这为其旅游业的发展提供了良好的条件。随着欧洲一体化的深入和《申根协定》的实施，欧洲各国旅游业的协调和合作将不断加强，欧洲旅游业也许会有更大的发展空间。

观览天下1-8　　　　　　　　　　　**《申根协定》**

1985年6月14日，法国、德国、荷兰、比利时和卢森堡五国在卢森堡边境小镇申根（Schengen）签订了《申根协定》。该协定的主要内容如下：在协定签字国之间不再对公民进行边境检查；外国人一旦获准进入"申根领土"内，即可在协定签字国领土上自由通行；设立警察合作与司法互助制度等。1995年3月26日，德国、法国、西班牙、葡萄牙、荷兰、比利时、卢森堡七国正式实施《申根协定》，相互取消了对人员和商品过境的检查。此后，不断有新的国家加入进来。截至2023年1月，加入《申根协定》的成员增加到27个，包括奥地利、比利时、丹麦、芬兰、法国、德国、冰岛、意大利、希腊、卢森堡、荷兰、挪威、葡萄牙、西班牙、瑞典、匈牙利、捷克、斯洛伐克、斯洛文尼亚、波兰、爱沙尼亚、拉脱维亚、立陶宛、马耳他、瑞士、列支敦士登和克罗地亚。这些国家构成了今天的申根区。

三、美洲旅游区

美洲是亚美利加洲的简称，又称"新大陆"。美洲位于西半球，大西洋与太平洋之间，北濒北冰洋，南与南极洲隔德雷克海峡相望，由北美和南美两个大陆及其附近许多岛屿组成。以巴拿马运河为界，美洲可分为北美洲和南美洲两部分。习惯上，人们也把美国以南的美洲地区称为拉丁美洲，把美国以南、哥伦比亚以北的美洲大陆中部地区称为中美洲。

观览天下1-9　　　　　　　　　　　　　"亚美利加洲"名称的由来

哥伦布是意大利人，19岁时定居于葡萄牙的里斯本，后来移居西班牙。当时几乎所有人都认为，从海路去印度，必须绕过非洲。但哥伦布坚信，只要从欧洲一直向西航行即可到达印度，而不必绕行非洲。1492年8月3日，41岁的哥伦布终于获得西班牙王室的支持，率领船队开始向西航行。1492年10月12日，哥伦布一行终于抵达和登上了西半球的第一块陆地（今巴哈马群岛），他们成为第一批发现美洲的西方人。但是，哥伦布至死都不知道他发现的是美洲，他始终认为他到的地方就是印度，于是他把自己发现的岛屿称为西印度群岛，并把那里的土著居民称为印第安人，意思是印度居民。

1499—1504年间，另一位意大利探险家亚美利哥·维斯普西（Amerigo Vespucci）到美洲探险，他认为哥伦布发现的这块地方不是印度，而是欧洲人所不知道的"新大陆"，并最早绘制了"新大陆"的地图。人们为了纪念这位探险家，便以他的名字来为这块大陆命名。他的名字用拉丁文写是Americus Vespucius。因为其他大陆用的名字都是女性化的拉丁语，所以Americus就变成了女性化的拉丁语America，即"亚美利加"。

（一）北美洲概况

1.地理位置

北美洲是指巴拿马运河以北的美洲地区，除了包括北美大陆以外，还包括加勒比海中的大、小安的列斯群岛。北美洲位于西半球的北部，东临大西洋，西临太平洋，北临北冰洋，南以巴拿马运河为界与南美洲相分。

2.面积与人口

北美洲总面积约2 422.8万平方千米（包括附近岛屿），约占世界陆地总面积的16.2%，是世界第三大洲。北美洲人口约5.3亿，全洲人口分布很不平均，绝大部分人口分布在东南部地区，这里居住着美国4/5、加拿大2/3的人口，尤以美国纽约附近和美国与加拿大之间的伊利湖周围人口密度最大。面积广大的北部地区和美国西部内陆地区人口稀少，有的地方甚至无人居住。居民主要为英、法等欧洲国家移民的后裔，其次是印第安人、黑人、混血种人，此外还有因纽特人、波多黎各人、犹太人、华人等。

3.语言和宗教

北美洲通用语言为英语、西班牙语，其次是法语、荷兰语、印第安语等。居民主要信奉新教和天主教。

4.自然环境

北美洲大陆北宽南窄，西部的北段和北部、东部海岸线比较曲折，多岛屿和海湾。北美洲岛屿总面积约410万平方千米，是岛屿面积最大的洲。格陵兰岛面积约216.6万平方千米，是世界第一大岛（常被称为格陵兰次大陆）。阿拉斯加的迪纳利山海拔6 190米，为北美洲最高峰。美国西部的死谷低于海平面约86米，为北美洲最低点。北美洲的河流按长度划分依次为密西西比河、马更些河、育空河等。北美洲多湖泊，是淡水湖面积最大的一个洲。美国和加拿大交界的五大湖是世界上最大的淡水湖群，有"北美地中海"之称，其中以苏必利尔湖面积最大。

北美洲地跨热带、温带、寒带，气候复杂多样。北部在北极圈内，为极地气候；南部加勒比海受赤道暖流影响大，并有热带飓风侵袭；大陆中部广大地区位于北温带，空气湿润，降水量从东南向西北逐渐减少。

5.国家和地区

北美洲有23个独立国家和十几个地区，在地域上可分为东部地区、中部地区、西部地区、阿拉斯加、加拿大北极群岛、格陵兰岛、墨西哥、中美洲和西印度群岛9个区。

6.经济

北美洲是世界上最发达的地区之一，工业门类齐全，生产能力强。采矿业规模较大，主要开采煤、石油、天然气、铁、铜、铅、锌等。农业生产的专门化、商品化和机械化程度很高。北美洲中部平原是世界上著名的农业区之一，农作物以玉米、小麦、稻谷、棉花、大豆、烟草为主。

（二）南美洲概况

1.地理位置

南美洲位于西半球的南部，赤道横贯北部。南美洲东濒大西洋，西临太平洋，北抵加勒比海，南隔德雷克海峡与南极洲相望，陆地上以巴拿马运河为界，同北美洲分开。

2.面积与人口

南美洲总面积约1 797万平方千米（包括附近岛屿），约占世界陆地总面积的12%。南美洲人口约4.34亿，全洲人口分布不平衡，西北部和东部沿海一带人口较稠密，且高度集中在大城市。广大的亚马孙平原人口稀少，是世界上人口密度最小的地区之一。南美洲种族成分较为复杂，有印第安人、白人、黑人及各种混血种人。其中，印欧混血种人、白人最多。

3.语言和宗教

南美洲语言较为复杂，印第安人用印第安语，巴西的官方语言为葡萄牙语，法属圭亚那的官方语言为法语，圭亚那的官方语言为英语，苏里南的官方语言为荷兰语，其他国家均以西班牙语为官方语言。绝大部分居民信奉天主教，少数信奉新教。

4.自然环境

南美洲大陆海岸线长约28 700千米，比较平直，大半岛和大海湾较少，岛屿也不多，主要分布在大陆南部沿海地区。南美洲的地形分为鲜明的3部分：西部为狭长的安第斯山，东部为波状起伏的高原，中部为广阔平坦的平原低地。安第斯山脉全长约8 900千米，是世界上最长的山脉，也是世界最高大的山系之一。位于阿根廷境内的阿空加瓜山海拔6 962米，是南美洲最高峰。南美洲东部的巴西高原面积500多万平方千米，是世界上面积第二大的高原。南美洲北部的亚马孙平原面积约560万平方千米，是世界上面积最大的冲积平原。

南美洲河流众多，水量丰富。其中，亚马孙河全长6 480千米，是世界上流域面积最广、流量最大的河流，也是次于尼罗河的世界第二长河。其支流超过1 000千米的有20多条。南美洲湖泊较少，但多瀑布。安赫尔瀑布落差达979米，是世界上落差最大的瀑布。

南美洲是一个以湿润著称的大陆，暖季多雨，且沙漠面积较小。北部亚马孙平原一带属热带雨林气候，亚马孙平原南北两侧的巴西高原和圭亚那高原属热带草原气候，智利中部沿海地区属亚热带地中海气候，阿根廷属温带大陆性气候和亚热带季风气候。

5.国家和地区

南美洲有12个国家和1个地区，分别是哥伦比亚、委内瑞拉、圭亚那、苏里南、厄瓜多尔、秘鲁、巴西、玻利维亚、智利、巴拉圭、乌拉圭、阿根廷和法属圭亚那，其中面积最大的国家是巴西。

6.经济

南美洲各国的经济发展水平相差悬殊，巴西和阿根廷为南美洲经济最发达的国家，加上委内瑞拉、哥伦比亚、智利和秘鲁，这六国的国内生产总值占全洲的90%以上。各国的现代经济都高度集中在少数大城市或沿海地区，山区和边远地区经济落后。采矿业是南美洲的传统工业，智利的铜和硝石、玻利维亚的锡和锑、巴西的铁和锰、委内瑞拉的石油产量大多居世界前列或占重要地位。南美洲农业生产的潜力很大，咖啡、可可、橡胶、剑麻、木薯等的产量均居世界前列。

（三）美洲地区的旅游

美洲有着广袤的土地、绵长的海岸线、良好的生态环境，美洲还是玛雅文明、印加文明和阿兹特克文明的诞生地，有着众多吸引旅游者的旅游资源。美洲各国也越来越重视旅游业的发展，这使得美洲成为世界上重要的旅游区之一。就接待国际游客的数量来看，2000年为1.29亿人次，占当年全球国际游客人数的18.6%；2016年为2.01亿人次，占当年全球国际游客人数的16.3%；2018年为2.2亿人次，占当年全球国际游客人数的15.5%。

该地区旅游业发达的国家有美国、加拿大、墨西哥和阿根廷等。美国每年出国旅游的人数、国际旅游开支、旅游外汇收入3项指标均居世界前列。加拿大在接待入境旅游者等方面也排在世界前列。墨西哥曾是世界十大旅游目的地国之一，这里有以坎昆为代表的滨海游、以印第安文化遗迹为代表的古迹游。阿根廷的旅游资源丰富，伊瓜苏大瀑布、西北部的大峡谷、东部的大西洋海滨度假旅游区、南部的冰川和火地岛风光等对世界各国游客都有着强烈的吸引力。

四、非洲旅游区

（一）非洲概况

非洲（Africa）是阿非利加洲的简称。"阿非利加"在希腊文里是"阳光灼热"的意思。因赤道横贯非洲中部，全洲有3/4的土地会受到太阳的垂直照射，有一半以上的地区终年炎热，故称为"阿非利加"。

非洲是人类进化史上从古猿到森林古猿、腊玛古猿、能人、直立人、智人直到现代人都存在过的大陆，被认为是人类的诞生地。

1.地理位置

非洲位于东半球的西南部，东临印度洋，西濒大西洋，南望南极洲，北隔地中海和直布罗陀海峡与欧洲相望，东北部隔苏伊士运河和红海与亚洲相邻。

2.面积与人口

全洲面积 3 020 余万平方千米（包括附近岛屿），约占世界陆地总面积的20%，仅次于亚洲，为世界第二大洲。

非洲人口超过14亿，在世界各大洲中仅次于亚洲，居世界第二位。非洲人口的出生率、死亡率和自然增长率均居世界首位。非洲的人口密度为每平方千米46.4人，但分布极不平衡，尼罗河沿岸及尼罗河三角洲地区人口密集，有的地方每平方千米达 1 000人以上，而沙漠、干旱草原、半沙漠地带每平方千米不到 1 人，还有大片的无人区。

非洲民族众多，大多数民族属于黑色人种（又称尼格罗人种），其余属白色人种和黄色人种。

3.语言和宗教

非洲的语言复杂，主要分属4个语系。由于历史原因，英语、法语和葡萄牙语在非洲比较流行，分别成为许多国家的官方语言或通用语。非洲居民主要信奉传统宗教、伊斯兰教和基督教。

4.自然环境

非洲大陆北宽南窄，呈不等边三角形。大陆海岸线全长 30 500 千米，海岸平直，半岛和海湾不多。非洲岛屿不多，是世界各洲中岛屿数量最少的一个洲，岛屿总面积占全洲总面积不到3%。位于非洲大陆东南海面上的马达加斯加岛是世界第四大岛屿。

非洲地势高且平坦，平均海拔750米，高原占全洲面积的60%以上，有"高原大陆"之称。整个地势从东南半部向西北半部倾斜。东部的埃塞俄比亚高原海拔在 2 000米以上，有"非洲屋脊"之称。主要山脉有阿特拉斯山脉、德拉肯斯山脉、肯尼亚山和乞力马扎罗山。乞力马扎罗山位于赤道附近，最高峰基博峰海拔 5 895 米，是非洲最高峰，山顶终年积雪。在非洲东部还有一条总长超过 6 000 千米的世界上最大的裂谷带，称为东非大裂谷。东非大裂谷内有一系列狭长而深陷的谷地和湖泊，这里是非洲地震最频繁、最强烈的地区，但也有着壮丽的自然风光和丰富的动植物资源。

非洲是世界上沙漠面积最大的一个洲，沙漠面积约占全洲面积的1/3。主要沙漠有撒哈拉沙漠、纳米布沙漠和卡拉哈迪沙漠，其中撒哈拉沙漠是世界上面积最大的沙漠。

非洲较大的河流有尼罗河、刚果河、尼日尔河、赞比西河、奥兰治河、塞内加尔河等。尼罗河全长 6 670 千米，是世界上最长的河流；刚果河的流域面积和流量居世界第二位。非洲湖泊集中分布于东非高原，维多利亚湖是非洲最大的湖泊和世界第二大淡水湖，坦噶尼喀湖是世界第二深湖。

非洲年平均气温在20℃以上的地带约占全洲面积的95%，有"热带大陆"之称，其气候特点是高温、少雨、干燥，气候带分布呈南北对称状。降水量从赤道向南北两侧减少，降水分布极不平衡。

5.国家和地区

非洲有54个国家和若干个地区。为方便统计，人们习惯上将非洲分为北非、撒哈拉以南非洲（撒哈拉以南非洲又分为中非、东非、南非、西非）。

6.经济

非洲地大物博、资源丰富，许多矿物的储量位居世界前列，黄金、金刚石、铁、锰、铬、钴、磷灰石、铝土、铜、铀、石油等的产量都在世界上占有重要地位。南非是世界上最大的黄金生产国和出口国，赞比亚素有"铜矿之国"的美称。非洲还盛产可可、咖啡、棉花、小麦、玉米、木薯和棕榈油等农产品。

非洲各族人民很早就创造了光辉灿烂的古代文明，尼罗河流域是世界古代文明的摇篮，位于尼罗河下游的古埃及是世界四大文明古国之一。然而现在，非洲被称为世界上最贫困的大陆。

（二）非洲地区的旅游

非洲是一片神奇的土地，有着迷人的自然风光、奇异的野生动植物和丰富的人文遗迹，有着发展旅游业的良好基础。但是，受社会经济文化长期落后、政局不稳定、民族纷争、自然灾害频繁、传染病流行等因素的影响，非洲的旅游业长期处于落后地位，其特点是起步晚、基础差、发展慢。1950年，来非洲的国际游客仅有52万人次，占当年全球国际游客人数的2%。2000年，来非洲的国际游客增加到2 770万人次，占当年全球国际游客人数的3.8%。近年来，非洲的旅游业发展迅速。2004年，非洲接待境外游客总数平均增幅为7%，2005年为8.6%。2006年，非洲接待境外游客达4 030万人次，平均增幅为8.1%，增长率居全球之首。2018年，非洲接待国际游客人数占当年全球国际游客人数的4.8%。2023年，到访非洲的国际游客数量达到6 640万人次。

非洲旅游业发展较好的国家有南非、摩洛哥、突尼斯等。欧洲是非洲最大的客源市场。

第三节　中国旅游业

一、中国古代旅游

（一）远古时期

传说中，燧人氏是在漫游的过程中掌握取火技术的。黄帝也经常外出旅行，《史记》中记载，黄帝"披山通道，未尝宁居""迁徙往来无常处"。我国的许多地方，如峨眉山、王屋山、黄山、恒山、青城山等都留下了黄帝的游踪。黄帝之后的尧、舜、禹也曾巡游四方。禹为治水，足迹遍布大半个中国，领导人民疏九河、划九州、定名山大川。据说，禹铸九鼎时，在鼎上刻有图案和花纹，各地的妖魔鬼怪都列在上面，一鼎对应一个州，这样想去哪个州旅行的人只要记住鼎上的图案，就可以知道并预防可能要遇到的妖魔鬼怪，这可能是中国最早的旅行指南了。

（二）夏商周时期

夏商时期，商旅活动十分活跃，商人的足迹已经遍布他们所知道的地方。西周时期，周穆王游历天下，传说他西行三万五千里，最终到达西王母之邦。春秋战国时期，大批文人周游列国，出现了士人政治旅行的高潮，代表人物有孔子、孟子、墨子等。孔子先后在外14年，周游于诸侯国间宣传自己的政见。

观览天下 1-10　　　　　　　　　　　　"商人"的由来

现在我们把从事贸易的人称为"商人"，商人之"商"实际上源于商王朝之"商"。早在夏朝的时候，商部落就长于贸易。商朝灭亡后，一些商王朝遗民便复祖旧业，游走各地进行贸易，重农业的周人蔑称他们为"商人"。久而久之，"商人"逐渐成为从事贸易者的称号，并一直沿用至今。

（三）秦汉时期

秦朝的统一和汉朝的强大都为旅行提供了保障。秦始皇修筑了通往全国的驰道，改善了国内的交通。秦始皇统一六国后，先后五次出巡，最后病逝于巡游途中。秦二世、汉高祖、汉武帝等也都是这一时期帝王巡游的代表。秦汉时期的帝王还热衷于封禅（"封"即筑土为坛以祭天，"禅"即祭地），秦始皇、汉武帝、东汉光武帝等均曾远赴泰山封禅。司马迁是此时学术考察旅行的杰出代表，他读万卷书、行万里路，20岁即开始全国旅行，收集了大量史料，终成《史记》巨著。西汉时期的张骞两次出使西域，是"丝绸之路"的开拓者。东汉的甘英奉命出使，成为第一位到达西海（地中海或波斯湾）的中国人。

（四）魏晋南北朝时期

这一时期是中国封建社会大分裂和民族大融合的时期，也是山水旅游的大发展时期。大批知识分子寄情山水，加入士人漫游的行列，代表人物有魏晋时的阮籍、嵇康等"竹林七贤"，东晋诗人陶渊明，被称为我国山水诗鼻祖的南朝诗人谢灵运等。他们不仅是山水旅游的推动者，而且促进了山水诗、文、画的繁荣。这一时期的宗教旅游也非常兴盛，代表人物有道教宗师葛洪、陆修静，佛学家法显等。法显到印度学佛求法，陆去海返，著有《佛国记》，是我国杰出的旅行家。北魏的郦道元是这一时期考察旅行的代表，他行遍全国考察水道，写下了著名的地理学著作——《水经注》。

（五）隋唐时期

隋唐时期经济文化繁荣、交通畅通，这为旅游提供了良好的条件。这一时期，帝王巡游的代表当数隋炀帝，他为了巡游江都，开通了大运河；为了巡游北方，又在北方修了两条大道。隋唐开始实行的科举取士，调动了下层知识分子的从政热情，士人远游成风，还出现了李白、杜甫、岑参等一大批杰出的诗人兼旅行家。唐代百姓流行郊游活动，上巳节、端午节、重阳节等都是郊游的好时节。这一时期还出现了玄奘、鉴真等一批杰出的宗教旅行家。隋唐时期的国际旅游活动极为活跃，对外经济文化交流远远超过以往各代。唐朝的长安和洛阳聚集了各国的使节、商人，成为当时的国际大都会。

（六）宋元明清（鸦片战争以前）时期

宋代，文人漫游方兴未艾，苏轼、黄庭坚、陆游、范仲淹、范成大等都是当时有名的诗人兼旅行家，他们留下了许多旅游名篇。宋代为旅行者提供住宿的客店很多，还出现了由政府拨款、设在各地招待来往官吏的"公使库"。元代，著名的航海家汪大渊两次周游印度洋，甚至横渡地中海到达了北非的摩洛哥，被西方学者称为"东方的马可·波罗"。汪大渊著有《岛夷志略》一书。明代的郑和率领船队七次下西洋，最远到达红海沿岸和非洲东海岸，这是中国古代规模最大、船只和海员最多、时间最久的海上航行，对中外经济、文化交往起到了积极作用。明代，科学考察旅行之风极盛，其中的杰出代表有徐霞客和李时珍。徐霞客用三十余年的时间走遍中国大江南北，考察祖国的地质、地貌，描绘祖国的大好河山。徐霞客留下了许多游记资料，后经他人整理成书，名为《徐霞客游记》。明末清初的顾炎武、归庄、魏禧等也是文人漫游的代表人物。清代，康熙和乾隆分别六下江南，成为帝王巡游的最后一次高潮。

观览天下 1-11

《徐霞客游记》的开篇是短短24个字："癸丑之三月晦（1613年5月19日），自宁海出西门。云散日朗，人意山光，俱有喜态。"5月19日这一天是徐霞客从宁海西门出发、有史料记载的明确日子。自2011年起，每年的5月19日被定为"中国旅游日"。

二、中国近代旅游

1840年鸦片战争以后，中国被迫与外国签订了一系列不平等条约，对外开放门户，西方的商人、传教士、学者和形形色色的冒险家纷纷来到中国。中国的一些爱国志士为了寻求救国救民的真理，也纷纷走出国门。同时，通商口岸的开辟，大批工厂的出现，公路、铁路的兴建，客观上也为我国近代旅游业的发展和旅行社的产生提供了一定的物质条件。到了晚清时期，上海租界区已经出现了专门为外国游客服务的民间旅游组织。20世纪初，西方的一些旅游企业开始在我国设立办事处，基本上包揽了我国的旅游市场。

1923年8月，上海商业储蓄银行旅行部正式宣告成立，这是第一家由中国人创办经营的旅行社，其创办者是著名爱国资本家和金融家陈光甫。1924年，旅行部首次组织由上海赴杭州的国内游览旅行团，开创了我国包价旅游的先例。1925年，旅行部首次组织出国旅游。1927年，旅行部创办了我国第一本旅游行业的专业杂志——《旅行杂志》。1927年6月，旅行部正式更名为"中国旅行社"。继上海的中国旅行社之后，国内又相继出现了一些旅行社和旅游组织，如中国汽车旅行社、现代旅行社、公路旅游服务社等。

与此同时，旅馆、饭店、交通客运、旅游资源开发和景区建设等也有了一定的发展，旅游业作为一个新兴的行业已经产生。然而，受当时政治经济环境的影响，中国旅游业的发展受到了很大的限制。

三、中国现代旅游

中华人民共和国成立以后，我国的旅游业进入了新的历史阶段，其发展过程大体上可以1978年为界分为前、后两个阶段。从中华人民共和国成立到1978年以前的这一时期，全国的旅行社只有中国旅行社和中国国际旅行社总社，以及它们在主要城市设立的分支机构，其常规工作是接待归国访问的华侨和港澳同胞，以及由外事部门确定的国际友人在我国境内的观光和游览活动，现代意义上的国内旅游几乎没有出现。这一时期，旅游设施总体规模小、结构单一，旅游业还没有真正形成一个完整的产业。1978年，我国的入境旅游人数仅为180.9万人次。

1978年改革开放以后，我国旅游业获得了迅猛发展，并成为国民经济的重要产业，对社会发展的贡献不断增大。如今，我国已经从旅游资源大国发展成为世界旅游大国，并向世界旅游强国迈进。这主要体现为：

（一）健全完善了各级旅游管理机构，理顺了旅游管理体制

1964年，中国旅行游览事业管理局成立，行使行政管理和业务经营双重职能，与中国国际旅行社总社是"两块牌子，一套人马"。1978年，中国旅行游览事业管理局改名为"中国旅行游览事业管理总局"。1982年，中国旅行游览事业管理总局更名为"中华人民共和国国家旅游局"，简称"国家旅游局"。国家旅游局统一管理全国旅游工作，和中国国际旅行社总社实行政企分开，不再直接组团和承担接待任务。与此同时，各省、自治区、直辖市均成立了旅游局，部分市、县也成立了旅游局，并受地方政府和国家旅游局的双重领导。2018年3月，按照中共中央印发的《深化党和国家机构改革方案》，国家对文化部、国家旅游局的职责进行了整合，组建了中华人民共和国文化和旅游部，不再保留国家旅游局。

（二）旅游产业政策日益成熟

20世纪80年代，我国发展旅游业的主要目标是为国家多创外汇，因此我国制定了"大力发展入境旅游，积极发展国内旅游，适度发展出境旅游"的政策，勾勒出了我国旅游业发展的基本框架和顺序，即入境旅游被放到了优先发展的位置。1998年底，我国将旅游业定位为国民经济新的增长点。2005年下半年，我国将旅游发展政策调整为"大力发展入境旅游，全面提升国内旅游，规范发展出境旅游"。2009年，我国又将旅游发展政策调整为"大力发展国内旅游，积极发展入境旅游，有序发展出境旅游"，这是继2005年以后，我国旅游发展政策的又一次重大调整。

2014年8月9日，《国务院关于促进旅游业改革发展的若干意见》（国发〔2014〕31号）发布，文件指出："旅游业是现代服务业的重要组成部分，带动作用大。加快旅游业改革发展，是适应人民群众消费升级和产业结构调整的必然要求，对于扩就业、增收入，推动中西部发展和贫困地区脱贫致富，促进经济平稳增长和生态环境改善意义重大，对于提高人民生活质量、培育和践行社会主义核心价值观也具有重要作用。"

《中华人民共和国国民经济和社会发展第十三个五年规划纲要》提出："大力发展旅游业，深入实施旅游业提质增效工程。"2021年公布的《中华人民共和国国民经济和社会发展第十四个五年规划和2035年远景目标纲要》也对旅游业的发展提出了要求："深入发展大众旅游、智慧旅游，创新旅游产品体系，改善旅游消费体验。加强区域旅游品牌和服务整合，建设一批富有文化底蕴的世界级旅游景区和度假区，打造一批文化特色鲜明的国家级旅游休闲城市和街区。"《"十四五"旅游业发展规划》提出："坚持以文塑旅、以旅彰文。以社会主义核心价值观为引领，让旅游成为人们感悟中华文化、增强文化自信的过程，推动旅游业实现社会效益和经济效益有机统一。"

2022年10月，党的二十大胜利召开。党的二十大报告提出："加大文物和文化遗产保护力度，加强城乡建设中历史文化保护传承，建好用好国家文化公园。坚持以文塑旅、以旅彰文，推进文化和旅游深度融合发展。"这为推动文化和旅游业高质量发展指明了方向。

为进一步满足人民群众美好生活需要，发挥旅游业对推动经济社会发展的重要作用，2023年9月，国务院办公厅印发《关于释放旅游消费潜力推动旅游业高质量发展的若干措施》，从五个方面提出30条推动旅游业高质量发展的措施：一是加大优质旅游产品和服务供给，包括推进文化和旅游深度融合发展、实施美好生活度假休闲工程、实施体育旅游精品示范工程、开展乡村旅游提质增效行动、发展生态旅游产品、拓展海洋旅游产品、优化旅游基础设施投入、盘活闲置旅游项目；二是激发旅游消费需求，包括改善旅游消费环境、完善消费惠民政策、调整优化景区管理、完善旅游交通服务、有序发展夜间经济、促进区域合作联动；三是加强入境旅游工作，包括实施入境旅游促进计划、优化签证和通关政策、恢复和增加国际航班、完善入境旅游服务、优化离境退税服务、发挥旅游贸易载体作用；四是提升行业综合能力，包括支持旅游企业发展、加强导游队伍建设、提升旅游服务质量、规范旅游市场秩序；五是保障措施，包括健全旅游工作协调机制、强化政策保障、拓宽融资渠道、加强用地和人才保障、做好旅游安全监管、完善旅游统计制度。

（三）旅游业发展的各项条件逐渐完善

改革开放以来，我国经济实力不断增强，人民收入持续增长，闲暇时间大大增加，交通条件显著改善，旅游景区的吸引力不断提高，人们的旅游愿望日益强烈，这些都为旅游业的发展提供了良好的条件。

1.经济实力不断增强

1978年，我国国内生产总值只有3 645亿元人民币，在世界主要国家中居第十位。2007年，我国国内生产总值达246 619亿元人民币，在世界的排名上升到第四位，仅次于美国、日本和德国。2010年，我国经济总量仅次于美国，成为世界第二大经济体。2016年，我国国内生产总值达到744 127亿元人民币，经济总量稳居世界第二位，占世界经济总量的14.8%。2023年，我国国内生产总值达1 260 582亿元人民币，对世界经济增长的贡献率达32%，是世界经济增长的最大引擎。

同时，我国是世界制造业第一大国，拥有世界上最完备的现代工业体系，是世界上唯一拥有联合国产业分类中所列全部工业门类的国家。我国还是重要的贸易大国，截至2023年，我国已连续7年保持货物贸易第一大国地位。1978年，我国外贸进出口总额只有206亿美元，约占全球贸易总额的0.78%。2017年，我国货物贸易进出口总额突破4万亿美元，约占全球贸易总额的11.5%。2023年，我国货物贸易进出口总额达5.94万亿美元。其中，出口3.38万亿美元，占国际市场份额的14.2%，连续15年保持全球第一；进口2.56万亿美元，占国际市场份额的10.6%，连续15年保持全球第二。我国吸引外国直接投资额也在2020年首次超过美国，跃居全球第一位。

观览天下1-12

我国国内生产总值在1998年达到1.03万亿美元，首次突破1万亿美元，此后经历了持续高速增长。2005年，我国国内生产总值突破2万亿美元，2009年突破5万亿美元，到2014年突破10万亿美元。从1万亿美元到10万亿美元，我国用时16年。相比之下，美国1969年的国内生产总值是1.02万亿美元，到2000年达到10.25万亿美元，足足用了

31 年。2021 年，我国国内生产总值从 2020 年的 14.72 万亿美元增长到 17.82 万亿美元，增长了 3.1 万亿美元，不但创我国历史最高增量，而且创世界历史最高增量。

2. 人民收入持续增长

1978 年以前，我国城乡居民的生活基本上处于温饱不足的状态，农村还有 2.5 亿贫困人口。改革开放以来，城乡居民收入水平和富裕程度显著提高。城镇居民人均可支配收入由 1978 年的 343 元提高到 2023 年的 51 821 元，农村居民人均可支配收入由 1978 年的 134 元提高到 2023 年的 21 691 元。1978 年，我国人均国内生产总值仅 156 元，位居全世界最不发达的低收入国家行列；2023 年，我国人均国内生产总值已达到 89 358 元。

观览天下 1-13

国家统计局发布的数据显示，2017 年，全国居民人均可支配收入 25 974 元，比上年增长 9.0%，扣除价格因素，实际增长 7.3%；全国居民人均可支配收入中位数 22 408 元，增长 7.3%。按常住地分，城镇居民人均可支配收入 36 396 元，比上年增长 8.3%，扣除价格因素，实际增长 6.5%；城镇居民人均可支配收入中位数 33 834 元，增长 7.2%。农村居民人均可支配收入 13 432 元，比上年增长 8.6%，扣除价格因素，实际增长 7.3%；农村居民人均可支配收入中位数 11 969 元，增长 7.4%。

2023 年，全国居民人均可支配收入 39 218 元，比上年增长 6.3%，扣除价格因素，实际增长 6.1%；全国居民人均可支配收入中位数 33 036 元，增长 5.3%。按常住地分，城镇居民人均可支配收入 51 821 元，比上年增长 5.1%，扣除价格因素，实际增长 4.8%；城镇居民人均可支配收入中位数 47 122 元，增长 4.4%。农村居民人均可支配收入 21 691 元，比上年增长 7.7%，扣除价格因素，实际增长 7.6%；农村居民人均可支配收入中位数 18 748 元，增长 5.7%。

资料来源 国家统计局.中华人民共和国 2017 年国民经济和社会发展统计公报［EB/OL］.［2018-02-28］. https://www.stats.gov.cn/sj/zxfb/202302/t20230203_1899855.html；国家统计局.中华人民共和国 2023 年国民经济和社会发展统计公报［EB/OL］.［2024-02-29］. https://www.stats.gov.cn/sj/zxfb/202402/t20240228_1947915.html.

3. 闲暇时间大大增加

随着劳动效率的提高，我国人民享受的假期也越来越多。职工不仅享有带薪年休假，每周的工作时间也大大减少。此外，全体公民每年还享有 11 天的法定假日，这些假日往往与双休日结合，成为公民出游最集中的时间。

4. 交通条件显著改善

良好的交通条件是旅游业发展的前提。铁路运输方面，我国铁路营业里程由 1978 年的 5.2 万千米增加到 2023 年的 15.9 万千米，仅次于美国，居世界第二位。2023 年，我国高铁营业里程达到 4.5 万千米，居世界第一位，占世界高铁总里程的 70% 以上。铁路旅客发送量持续增长，2012 年为 18.93 亿人次，2017 年为 30.84 亿人次，2019 年为 36.6 亿人次，2023 年达到 38.55 亿人次。

公路运输方面，全国公路总里程由 1978 年的 89 万千米增长至 2023 年的 534.68 万千米。高速公路从无到有，2009 年为 6.51 万千米，2019 年为 14.96 万千米，2023 年达到

启智润心
1-4

从交通大国
向交通强国
迈进

18.36万千米，居世界第一位。现在，公路已成为我国经济社会发展的重要基础设施，公路运输也成为我国覆盖范围最广、通达程度最深、公益性最强的交通运输方式。2019年，全国公路完成营业性客运量130.12亿人次，占全国完成营业性客运量的73.9%。2023年，全国公路完成营业性客运量110.12亿人次，占全国完成营业性客运量的70%。

民航运输方面，1978年，我国民用航空航线里程只有14.9万千米。2023年，我国共有定期航班航线5 206条，国内航线4 583条，按重复距离计算的航线里程为1 227.81万千米，按不重复距离计算的航线里程为875.96万千米。目前，我国民航运输系统已成为世界第二大航空运输系统，民航运输已覆盖全国大部分人口和大多数城市，成为大众化的旅游交通方式。我国民航业完成旅客运输量，2019年为6.6亿人次，2023年为6.2亿人次。

5. 旅游景区的吸引力不断提高

我国地大物博、历史悠久、文化灿烂，有着优美的自然风光和丰富的人文旅游资源。近年来，我国各地不断加大旅游景区建设力度，旅游景区数量不断增加，基础设施日益完善，服务水平持续提升，有效满足了人们的美好旅游休闲生活需求。

6. 人们的旅游愿望日益强烈

随着我国经济的发展与人民生活水平的提高，人们的旅游愿望越来越强烈，越来越多的人开始把旅游当作一种生活方式，而不是一种可有可无的消遣。如今，旅游已经成为人们日常生活的重要组成部分，是衡量人们生活质量和幸福感的一个重要指标。

（四）旅游产业规模不断扩大

改革开放特别是党的十八大以来，我国旅游产业获得了巨大的发展。旅游产业从小到大、由弱渐强，日益成为新兴的战略性支柱产业和具有显著时代特征的民生产业、幸福产业。

截至2023年底，我国共有旅行社56 275家，星级酒店7 245家。截至2024年7月，我国共有5A级旅游景区339家。截至2024年7月，我国拥有世界遗产59项，其中，世界文化遗产40项（包含世界文化景观6项）、世界文化与自然双重遗产4项、世界自然遗产15项；世界地质公园47处，数量居全球首位。

党的二十大报告提出，"以中国式现代化全面推进中华民族伟大复兴""构建高水平社会主义市场经济体制""加快建设世界一流企业""以国内大循环吸引全球资源要素，增强国内国际两个市场两种资源联动效应""增强文化自信，围绕举旗帜、聚民心、育新人、兴文化、展形象建设社会主义文化强国""讲好中国故事、传播好中国声音，展现可信、可爱、可敬的中国形象"，这些都为我国建设旅游强国、我国旅游企业建设世界一流企业提供了战略指引。

（五）三大旅游市场全面发展

1. 入境旅游方面

改革开放前，我国入境旅游发展缓慢。改革开放后，我国入境旅游得到快速增长，入境旅游接待规模长期位居世界前列。2010年，我国入境旅游人数达13 376万人次，入境过夜旅游人数达5 566万人次，国际旅游外汇收入达458亿美元。2019年，我国入境旅游人数达14 531万人次，入境过夜旅游人数达6 573万人次，国际旅游外汇收入达

1 313亿美元。2023年，我国入境旅游人数为8 203万人次（其中，外国人1 378万人次，港澳台同胞6 824万人次），入境游客总花费为530亿美元。

为进一步促进中外人员往来，2023年11月，我国决定对法国、德国、意大利、荷兰、西班牙、马来西亚6个国家持普通护照人员试行单方面免签政策，政策施行时间为2023年12月1日至2024年11月30日。自2024年2月9日起，《中华人民共和国政府与新加坡共和国政府关于互免持普通护照人员签证协定》正式生效。自2024年3月1日起，《中华人民共和国政府与泰王国政府关于互免持普通护照人员签证协定》正式生效。2024年3月，我国决定对瑞士、爱尔兰、匈牙利、奥地利、比利时、卢森堡6个国家持普通护照人员试行免签政策，政策施行时间为2024年3月14日至11月30日。2024年5月，我国决定延长对法国、德国、意大利、荷兰、西班牙、马来西亚、瑞士、爱尔兰、匈牙利、奥地利、比利时、卢森堡12个国家免签政策至2025年12月31日。自2024年5月15日起，乘坐邮轮并经由境内旅行社组织接待的外国旅游团（2人及以上），可从天津、辽宁大连、上海、江苏连云港、浙江温州和舟山、福建厦门、山东青岛、广东广州和深圳、广西北海、海南海口和三亚等13个城市的邮轮口岸免办签证整团入境停留不超过15天。随着这些利好政策的实施，我国入境旅游市场将迎来快速发展。

观览天下1-14

近年来，我国移动支付发展迅速，银行卡、现金等传统支付方式比重下降，很多外籍来华人员对国内的支付环境不习惯、不适应。对此，我国正在采取措施，给外籍来华人员提供更多支付方便。一是推出一系列便利措施，让外籍来华人员乐意使用移动支付产品；二是推动更多外币兑换机构为外籍来华人员提供更加优质的兑换服务。

资料来源　陈果静.聚焦问题堵点　统筹综合施策　多部门合力优化支付服务措施［N］.经济日报，2024-03-02（2）.

2.国内旅游方面

20世纪80年代以前，很多中国人都没有"旅游"的概念。如今，我国已经形成了世界上最大的国内旅游市场，国内旅游人数和国内旅游消费均居世界第一位。2009—2023年我国国内旅游人数及国内旅游收入见表1-1。

表1-1　　　　2009—2023年我国国内旅游人数及国内旅游收入

年份	国内旅游人数（亿人次）	比上年增长（%）	国内旅游收入（亿元）	比上年增长（%）
2009	19.0	11.1	10 184	16.4
2010	21.0	10.6	12 580	23.5
2011	26.4	13.2	19 306	23.6
2012	29.6	12.1	22 706	17.6
2013	32.6	10.3	26 276	15.7
2014	36.1	10.7	30 312	15.4

年份	国内旅游人数（亿人次）	比上年增长（%）	国内旅游收入（亿元）	比上年增长（%）
2015	40.0	10.5	34 195	13.1
2016	44.0	11.2	39 390	15.2
2017	50.0	12.8	45 661	15.9
2018	55.4	10.8	51 278	12.3
2019	60.1	8.4	57 251	11.7
2020	28.8	−52.1%	22 286	−61.1%
2021	32.5	12.8%	29 191	31.0%
2022	25.3	−22.1%	20 444	−30.0%
2023	48.9	93.3%	49 133	140.3%

注：本表数据来自历年中华人民共和国国民经济和社会发展统计公报。

观览天下 1-15

据文化和旅游部数据中心测算，2024 年"五一"假期全国国内旅游出游合计 2.95 亿人次，同比增长 7.6%，按可比口径较 2019 年同期增长 28.2%；国内游客出游总花费 1 668.9 亿元，同比增长 12.7%，按可比口径较 2019 年同期增长 13.5%。

"五一"假期，最热门的旅游目的地依次为北京、上海、杭州、成都、重庆、广州、南京、武汉、西安、深圳，这些城市经济发达、交通便捷、文旅资源丰富，多为国家中心城市。

资料来源　王丽姣．"五一"假期国内旅游出游 2.95 亿人次，总花费 1 668.9 亿元［EB/OL］．［2024-05-06］．https://baijiahao.baidu.com/s?id=1798301919184439082&wfr=spider&for=pc.

3.出境旅游方面

改革开放之初，出境旅游对很多中国人来说是可望而不可即的事情。现在，我国已经成为出境旅游人数最多、全球增长速度最快、影响力最广泛的新客源输出国。1998 年，国内居民出境人数为 843 万人次，到 2007 年，这个数字达到了 4 095 万人次。2013 年，国内居民出境人数达到 9 819 万人次，境外消费高达 1 290 亿美元，约占全球出境旅游总消费的 11%，出境游人数和旅游消费均居全球第一位。2019 年，国内居民出境人数达 16 921 万人次，其中因私出境 16 211 万人次，赴港澳台出境 10 237 万人次。2023 年，国内居民出境人数达 10 096 万人次，其中因私出境 9 684 万人次，赴港澳台出境 7 704 万人次。

中国公民出境越来越便捷。截至 2024 年 3 月初，中国已与 157 个国家缔结了涵盖不同护照的互免签证协定，与 44 个国家达成简化签证手续协定或安排，同包括泰国、新加坡在内的 23 个国家实现全面互免签证，还有 60 多个国家和地区给予中国公民免签或落地签证便利。

旅游是推进文明交流互鉴、促进各国民心相通的重要方式。蓬勃发展的中国旅游业不仅有力地推动了我国社会经济的发展，而且成为牵引亚太旅游业乃至全球旅游业发展的"火车头"。

第四节　中国入境客源市场

一、我国入境客源市场的历史回顾

在我国，入境游客是指来中国（内地或大陆）观光、度假、探亲访友、就医疗养、购物、参加会议或从事经济、文化、体育、宗教活动的外国人和港澳台同胞。

中华人民共和国成立后，我国的入境客源市场基本上可以1978年为界，分为前后两个发展阶段。

（一）1978年以前

这一时期的入境游客主要是华侨和港澳同胞、来自社会主义阵营和一些友好国家的人士、西方国家的友好进步人士。

中华人民共和国成立后，回国观光探亲的海外侨胞和港澳同胞不断增多。1949年11月，以接待海外华侨为主旨的厦门华侨服务社成立，这是新中国第一家旅行社。此后，全国各主要城市陆续成立华侨服务社。1957年4月，华侨旅行服务社总社在北京成立，统筹全国各地华侨服务社的工作。1974年，华侨旅行服务社总社加用"中国旅行社总社"名称。

20世纪60年代中期以前，中国接待的外国旅游者主要来自社会主义国家，如苏联、朝鲜、越南、蒙古国和东欧的一些国家；接待的西方国家人士主要是共产党、工人党及其领导下的工会、青年和妇女组织，以及其他友好人士。1954年4月15日在北京成立的中国国际旅行社总社及其在全国设立的分社即承担了这方面的接待任务。1965年，我国接待的外国旅游者达到12 877人次。

20世纪70年代初期，随着我国在联合国合法席位的恢复，以及中美、中日关系逐步走向正常化，我国国际旅游的主要接待对象逐步转为西方人士，我国的国际旅游开始复苏。

（二）1978年以后

1978年，我国开始了改革开放，旅游业获得了新的生机。1978年当年我国就接待入境游客180.92万人次，相当于过去24年的总和。

20世纪80年代，我国制定了"大力发展入境旅游"的政策，入境旅游成为我国创汇的重要渠道之一。此后，"积极发展入境旅游"一直是我国旅游业的基本方针政策。在这一方针政策的指导下，我国的入境旅游获得了迅速发展。接待入境游客人数增长很快，2011年达到1.35亿人次，但随后几年这一数字有所回落，2014年降为1.28亿人次，2015年后人数开始回升，2019年达到1.45亿人次。旅游外汇收入逐年递增，从1988年的22亿美元增加到2019年的1 313亿美元（见表1-2）。2020—2022年，我国接待入境

游客人数出现大幅下降，2023年开始明显恢复。

表1-2　　　　　　我国历年接待入境游客人数及旅游外汇收入情况对比

年份	接待入境游客人数 （亿人次）	旅游外汇收入 （亿美元）
1988	0.32	22
1998	0.63	126
2008	1.30	408
2010	1.34	458
2011	1.35	485
2012	1.32	500
2013	1.29	517
2014	1.28	569
2015	1.34	1 137
2016	1.38	1 200
2017	1.39	1 234
2018	1.41	1 271
2019	1.45	1 313
2023	0.82	530

注：本表数据来自历年中华人民共和国民经济和社会发展统计公报。

课堂互动 1-1

联系实际谈谈为什么要积极发展入境旅游。

二、现阶段我国入境客源市场分析

（一）两大客源市场

我国的入境客源市场历来由两大部分组成：外国游客市场和港澳台游客市场。其中，港澳台游客市场一直是我国入境客源市场的主体，港澳台游客占我国入境游客的绝大部分，但在不同的时期其比重会有所不同。

从改革开放到20世纪90年代以前，入境外国游客的数量虽然每年都在增加，但其增速显然慢于港澳台游客的增速，因此这一时期外国游客的比重在入境游客中有下降趋势：1978年，外国游客占入境游客的13%，1980年这个数字变为9%，1981年为8.7%，1985年为7.7%，1988年为6%，1990年为6.4%。

20世纪90年代以后，入境外国游客的增速明显加快，其在入境游客中的比重基本呈上升趋势：1992年，外国游客占入境游客的10.5%，1994年这个数字为13.5%，

2000 年为 12%，2004 年为 15.5%，2006 年为 17.7%，2008 年为 18.7%，2011 年为 20.0%，2019 年为 21.9%。2020 年开始呈下降趋势，2023 年，外国游客占入境游客的比重为 16.8%。

在全部入境游客中，港澳台游客始终占大多数（见表 1-3）。2023 年，入境港澳台游客达 6 824 万人次，占全部入境游客的 83.2%。造成这一现象的原因主要有：①就近旅游是旅游流向的基本规律，香港、澳门地区与内地相连，台湾与祖国大陆只隔了一个台湾海峡，距离不远，交通便捷；②经济互补性强，贸易往来密切；③同是中华儿女，血脉相连，文化相通，联系紧密。

表 1-3　　2010—2023 年我国入境外国游客与港澳台游客人数及其所占比例

年份	入境游客总数（万人次）	入境外国游客		入境港澳台游客	
		总数（万人次）	占入境游客总数的比例（%）	总数（万人次）	占入境游客总数的比例（%）
2010	13 376	2 613	19.5	10 764	80.5
2011	13 542	2 711	20.0	10 831	80.0
2012	13 241	2 719	20.5	10 521	79.5
2013	12 908	2 629	20.4	10 279	79.6
2014	12 849	2 636	20.5	10 213	79.5
2015	13 382	2 599	19.4	10 783	80.6
2016	13 844	2 813	20.3	11 031	79.7
2017	13 948	2 917	20.9	11 032	79.1
2018	14 120	3 054	21.6	11 066	78.4
2019	14 531	3 188	21.9	11 342	78.1
2023	8 203	1 378	16.8	6 824	83.2

注：本表数据根据历年中华人民共和国国民经济和社会发展统计公报整理。部分数据因四舍五入的原因，存在总计与分项合计不等的情况。

课堂互动 1-2

观察表 1-3，分析这些数据的变化呈现什么规律，并讨论出现这一规律的原因。

（二）入境外国游客的洲别分析

在我国的入境客源中，外国游客以来自亚洲的居多，其次是来自欧洲和美洲的游客，故有"一个主体，两翼起飞"之说。"一个主体"指的是亚洲及太平洋地区，"两翼"指的是欧洲和北美洲。自 1978 年以来，这种格局一直延续至今。亚洲各国历来是我国最重要的海外客源市场，游客基数大，增长的绝对数也大。目前，亚洲游客的数量一般占我国入境外国游客数量的 60% 以上，其中 2013 年为 61.2%，2015 年为 63.9%，2018 年为 76.3%，2019 年为 75.9%。欧洲是我国仅次于亚洲的重要客源市场，发展基本平稳。北美洲是我国第三大客源市场，尤其是美国和加拿大，占美洲市场份额的

90%左右。在我国的入境客源中，来自大洋洲和非洲的外国游客人数较少，但发展潜力巨大。

下面以2015年、2019年的统计数据为例说明我国入境外国游客中，各大洲游客所占比例的变化（见表1-4）。

表1-4   2015年、2019年我国入境外国游客中各大洲游客所占比例

洲别	年份	
	2015	2019
亚洲	63.9%	75.9%
欧洲	18.9%	13.2%
美洲	12.0%	7.7%
大洋洲	3.0%	1.9%
非洲	2.2%	1.4%

注：本表数据根据历年中国统计年鉴整理，因四舍五入造成的数据误差可忽略不计。

（三）入境外国游客的国别分析

我国的入境外国游客来自不同的国家和地区，从国别上分析，以下述类型的国家居多：①与我国邻近的国家，如韩国、日本、俄罗斯、越南、缅甸等，这些国家与我国距离较近，来我国旅游较为便捷；②经济发达的国家，如美国、英国、澳大利亚、加拿大、德国等，这些国家居民的消费能力强，偏好出国旅游；③与我国经济文化交流较多的国家，如韩国、日本、美国等；④华人较多的国家，如马来西亚、新加坡等。

部分年份我国主要客源国排名见表1-5。

表1-5   部分年份我国主要客源国排名

位次	年份					
	2000	2010	2013	2017	2018	2019
1	日本	韩国	韩国	缅甸	缅甸	缅甸
2	韩国	日本	日本	越南	越南	越南
3	俄罗斯	俄罗斯	俄罗斯	韩国	韩国	韩国
4	美国	美国	美国	日本	日本	俄罗斯
5	马来西亚	马来西亚	越南	俄罗斯	美国	日本
6	新加坡	新加坡	马来西亚	美国	俄罗斯	美国
7	蒙古国	越南	蒙古国	蒙古国	蒙古国	蒙古国
8	菲律宾	菲律宾	菲律宾	马来西亚	马来西亚	马来西亚
9	英国	蒙古国	新加坡	菲律宾	菲律宾	菲律宾
10	泰国	加拿大	澳大利亚	新加坡	新加坡	新加坡

　　按入境旅游人数排序，2019年我国主要国际客源市场前20位国家如下：缅甸、越南、韩国、俄罗斯、日本、美国、蒙古国、马来西亚、菲律宾、新加坡、印度、泰国、加拿大、澳大利亚、印度尼西亚、德国、英国、朝鲜、法国、意大利（其中，缅甸、越南、蒙古国、印度、朝鲜含边民旅华人数）。

课堂互动 1-3

　　分析表1-5，回答以下两个问题：①我国前十大客源国通常是哪些国家？为什么会是这些国家？②2017—2019年，在我国前十大客源国中，哪些不是亚洲国家？为什么其能进入我国主要客源国的前十名？

（四）入境外国游客的来访目的分析

　　我国入境外国游客的来访目的主要是观光休闲。据统计，在我国入境外国游客中，以观光休闲为目的的外国游客占30%以上。部分年份我国入境外国游客按来访目的分所占比重见表1-6。

表1-6　　　　　　　部分年份我国入境外国游客按来访目的分所占比重

年份	来访目的				
	观光休闲	会议/商务	服务员工	探亲访友	其他
2013	38.5%	23.6%	12.2%	0.8%	25.0%
2014	33.9%	20.5%	12.5%	2.3%	30.9%
2017	37.1%	13.3%	14.8%	2.6%	32.3%
2018	33.5%	12.8%	15.5%	2.8%	35.3%
2019	35.4%	12.8%	14.5%	2.9%	34.3%

　　注：本表数据根据历年中国统计年鉴整理，因四舍五入造成的数据误差可忽略不计。

（五）入境外国游客的性别和年龄分析

　　就性别而言，入境外国游客以男性居多。据统计，2011年，在入境外国游客中，男性占64%，女性占36%；2019年，男性占58.7%，女性占41.3%。

　　就年龄而言，入境外国游客的年龄分布多年以来较为稳定，以年龄在25～44岁的游客居多，其次是年龄在45～64岁的游客。部分年份我国入境外国游客按年龄分所占比重见表1-7。

表1-7　　　　　　　部分年份我国入境外国游客按年龄分所占比重

年份	年龄段				
	14岁及以下	15～24岁	25～44岁	45～64岁	65岁及以上
2013	4.1%	7.9%	46.0%	36.2%	5.9%
2014	3.9%	7.8%	45.9%	36.5%	5.9%
2017	3.1%	13.2%	49.9%	29.2%	4.5%
2018	3.4%	13.7%	49.9%	28.4%	4.6%
2019	3.8%	14.0%	49.7%	27.8%	4.8%

　　注：本表数据根据历年中国统计年鉴整理，因四舍五入造成的数据误差可忽略不计。

（六）入境游客的入境方式分析

就入境方式而言，入境游客主要采用徒步和乘坐汽车的方式。据统计，2019年，徒步入境的游客占55.8%，乘汽车入境的游客占21.2%，乘飞机入境的游客占17.4%，乘船入境的游客占2.9%，乘火车入境的游客占2.6%。

外国游客与港澳台游客的入境方式具有显著的差别。外国游客入境以乘飞机为主，其次是徒步和乘汽车。香港同胞和澳门同胞入境以徒步居多，其次是乘汽车，再次是乘船和飞机。台湾同胞入境以乘飞机为主，其次是徒步和乘船，再次是乘汽车，乘火车入境的很少。

（七）入境游客的来访时间分析

就来访时间而言，入境游客多集中在8—11月来访，从而形成了入境游的旺季，尤其是在10月份，入境游客最多。入境游客最少的月份是每年的1月、2月、12月，从而形成了入境游的淡季。

（八）入境客流的入境口岸和主要流向

我国入境客流的入境口岸主要有北京、上海、天津、重庆、大连、福州、厦门、西安、桂林、杭州、昆明、广州、深圳、珠海、海口、三亚、济南、青岛、烟台、威海、成都、南京等。其中，深圳、北京、上海、广州四大口岸的入境客流最为集中。中远程游客主要从北京、上海、广州三大航空港入境，深圳则是我国陆上入境的最大口岸。

全国各地接待入境游客的数量分布不均，接待入境游客较多的地区多分布在经济发达地区、沿海地区、边疆地区和旅游资源特别丰富的地区。东部沿海地区历来是接待入境游客最多的地区，尤其是这些地区的中心城市、旅游城市和侨乡。中西部的中心城市、旅游城市、口岸城市、著名风景名胜区的入境客流也较大。

具体来说，入境客流主要流向我国的四类地区：

（1）全国政治、经济、文化中心和沿海地区著名的大城市，如北京、上海、广州等。

（2）沿海经济特区或侨乡，如深圳、厦门、汕头、珠海、泉州等。

（3）全国著名旅游城市和旅游胜地，如杭州、西安、南京、承德等旅游城市，以及张家界、长江三峡等旅游胜地。

（4）全国各大区域的中心城市，如成都、重庆、武汉、沈阳等。

（九）我国的地理条件对入境客流的影响

我国地大物博，自然环境、资源丰富多彩，有利于吸引入境客源，这使得我国很快成为世界主要的旅游目的地之一。然而，我国远离欧美等世界主要客源地，大部分国土深处内陆，东边是世界上最广阔的海域——太平洋，因此不利于吸引入境客源。美国、日本、德国、英国、法国、意大利、加拿大等发达国家是世界上主要的客源国，这些国家除日本外都离我国很远。同时，我国周边的一些国家如日本、韩国、泰国等，在自然山水方面与我国相比有一定的竞争力，是我国海外客源市场的主要竞争者，但这也说明我国海外客源市场的开发潜力巨大。

课堂互动1-4

　　在你生活的地方有没有入境游客？他们主要来自哪里？他们旅游的主要目的是什么？

本章小结

　　本章介绍了世界旅游业和中国旅游业的基本情况，主要内容包括：世界旅游业的产生、世界旅游业的发展现状、世界旅游业的分区、世界各大旅游区的基本情况、中国旅游业的发展历程、中国现代旅游的基本特点、中国入境客源市场的发展历程、中国入境客源市场的特点等。

知识导图

第一章

基础训练

（一）选择题（有一个或多个正确答案）

1.下列关于世界旅游业的说法正确的是（　　　　）。

A.旅游业与旅游同时产生

B.旅游业产生于近代

C.旅游业的创始人是美国人托马斯·库克

D.产业革命为旅游业的产生创造了条件

2.世界旅游业发展到现代，呈现出（　　　）等特点。

A.增长的快速性　　　　　　　　　B.旅游活动的普及性

C.旅游方式的多样性　　　　　　　D.旅游业竞争的激烈性

3.下列项目中不属于联合国旅游组织确定的六大旅游区的是（　　　　）。

A.欧洲　　　　　　B.美洲　　　　　　C.南极洲　　　　　　D.非洲

4.世界六大旅游区中影响最大的旅游区是（　　　　）。

A.欧洲　　　　　　　　　　　　　B.美洲

C.非洲　　　　　　　　　　　　　D.东亚及太平洋地区

5.世界六大旅游区中发展最迅速、潜力最大的旅游区是（　　　　）。

A.欧洲　　　　　　　　　　　　　B.美洲

C.非洲　　　　　　　　　　　　　D.东亚及太平洋地区

6.下面关于亚洲的描述正确的是（　　　　）。

A.面积最大的洲　　　　　　　　　B.人口最多的洲

C.地势最高的洲　　　　　　　　　D.火山最多的洲

7.下面关于欧洲的说法正确的有（　　　　）。

A.没有热带

B.面积最小的一个洲

C.多瑙河是欧洲最长的河流，流经国家最多

D.“西欧”与“欧洲”的意思是一样的

8.下面关于非洲的说法正确的有（　　）。

A.人口仅次于亚洲，居世界第二位　　　　B.世界上沙漠面积最大的洲

C.土地面积最大的洲　　　　　　　　　　D.大多数民族属于黑色人种

9.世界上最大的国际旅游客源地是（　　）。

A.亚洲　　　　　　　B.欧洲　　　　　　C.美洲　　　　　　D.大洋洲

10.美洲旅游业最发达的两个国家是（　　）。

A.美国　　　　　　　B.阿根廷　　　　　C.巴西　　　　　　D.加拿大

11.中国已经是（　　）。

A.旅游资源大国　　　　　　　　　　　　B.世界旅游大国

C.世界主要入境旅游接待国　　　　　　　D.世界旅游强国

12.我国的入境客源以来自（　　）的为最多。

A.欧洲　　　　　　　B.北美洲　　　　　C.亚洲　　　　　　D.南美洲

13.被西方学者称为"东方的马可·波罗"的中国古代旅行家是（　　）。

A.郑和　　　　　　　B.徐霞客　　　　　C.汪大渊　　　　　D.李时珍

（二）判断题

1.美洲可分为北美洲和拉丁美洲两部分。　　　　　　　　　　　　　（　　）

2.中国已成为世界第四大客源输出国。　　　　　　　　　　　　　　（　　）

3.中国已经形成了世界上最大的国内旅游市场。　　　　　　　　　　（　　）

4.我国已经成为亚洲出境旅游人数最多、全球增长最快、影响力最广泛的新客源输出国。　　　　　　　　　　　　　　　　　　　　　　　　　　　　　（　　）

5.在我国入境的外国游客中，以会议/商务为目的的外国游客所占比重最大。

　　　　　　　　　　　　　　　　　　　　　　　　　　　　　　（　　）

6.我国的入境客源市场历来由两大部分组成：外国旅游者市场和港澳台旅游者市场。

　　　　　　　　　　　　　　　　　　　　　　　　　　　　　　（　　）

（三）简答题

1.简述世界旅游业的发展历程。

2.简述东亚和太平洋地区的旅游业发展现状。

3.简要介绍欧洲和欧洲的旅游业。

4.简述中国旅游业的发展历程。

5.中国现代旅游的基本特点有哪些？

6.为什么说我国旅游业发展的各项条件正在逐渐完善？

7.我国三大旅游市场的发展现状如何？

8.我国入境客源市场经历了怎样的发展过程？

9.请对现阶段我国的入境客源市场进行简要分析。

在线测评
1-1

选择题

在线测评
1-2

判断题

第二章
亚洲客源国概况（上）

学习目标

知识目标：

熟知韩国、日本、马来西亚、新加坡、越南、缅甸等国家的地理位置、历史文化、风俗习惯及主要旅游资源，深入了解其旅游业发展现状、政策导向与市场特点。

技能目标：

能够根据不同国家的文化习俗，制定有针对性的旅游接待方案，具备跨文化交流中的沟通与协调能力，能妥善处理旅游接待中的文化差异问题。

素养目标：

培养包容开放的文化心态及捕捉行业动态的创新意识，增强对亚洲区域旅游合作的认同感与参与意识。

引　例 ▶▶▶

一家酒店即将接待一个韩国旅游团，酒店要求相关部门报送接待计划。下面是相关部门所报计划的一部分，你能指出其中不恰当的地方吗？

（1）餐饮部：韩国人喜欢吃米饭，口味清淡，不喜辛辣，餐厅将为韩国游客准备米饭及清淡的菜肴。

（2）客房部：为韩国游客留好房间，尤其是2、4、6、8等双数号的房间。

答案提示

第一节　　韩国

一、韩国概况

（一）地理位置

韩国全称大韩民国（Republic of Korea），位于亚洲大陆东北部，朝鲜半岛南半部。国土三面环海：东濒日本海；东南面隔朝鲜海峡与日本相对，其南部的釜山港与日本本州岛的最短距离约180千米；西临黄海，与我国山东省隔海相望，最短距离只有190千米。韩国北部与朝鲜民主主义人民共和国山水相连。

韩国首尔与中国北京的时差是+1小时（比中国北京时间快1小时）。

（二）面积与人口

韩国的国土面积为10.329万平方千米，约占朝鲜半岛总面积的45%。截至2023年底，韩国人口约5 132.5万。韩国为单一民族国家，属黄色人种。2023年，韩国人口平均预期寿命达83.3岁，其中男性80.3岁，女性86.1岁。

（三）语言和文字

1.语言

通用韩国语。韩语有几种不同的方言，但除了济州岛的方言外，各地的方言都很相似。

2.文字

15世纪以前，朝鲜半岛上的居民使用的是中国汉字，没有自己的标准文字。15世纪，在朝鲜王朝第四代君主的倡导下，王室学术机构的学者们创造了适合标记朝鲜语语音的字母体系，称为"训民正音"。训民正音原有28个字母，现在一共有24个字母（包括10个母音、14个子音），根据2～4个子音及母音的不同组合，变化出各种音字。这种文字既易于学习、书写和印刷，又易于计算机输入和操作。

观览天下 2-1　　　　　　　　　　　　　　　　　　　　*汉源韩字*

韩国文字中采用了大量汉字（繁体字），这些汉字被韩国人称为"汉源韩字"。在韩国的街道上，经常能看到用汉字书写的招牌、店名、标语、警句等。这些汉字的意思大部分与现代汉语相同，但也有一些已经发生了变化。举例来说，有的汉字仍沿用古代汉语的用法，如"驿"即"车站"；有的是借用汉语而创造的韩式汉字，如"三寸"即"叔叔"，"四寸"即"堂兄弟"；有的是由日语转化而来的汉语，其词义与现代汉语不同。

（四）宗教

韩国50%左右的人口信奉宗教。信仰人口最多的宗教是佛教，其次是基督教。

（五）自然环境

韩国海岸线曲折，东海岸多悬崖峭壁。

地形东北高、西南低，山地、丘陵、平原交错分布。山地和丘陵约占国土面积的70%，主要分布在中部和东部。太白山脉是韩国最长的山脉，长约500千米，绵亘整个东海岸。雪岳山海拔超过1 500米，因山顶每年约有半年被积雪覆盖而得名。雪岳山主峰大青峰海拔1 708米，是韩国东部山地最高峰。太白山脉向西南延伸为小白山脉，长约350千米。南部的济州岛是韩国第一大岛，岛上的汉拿山海拔1 950米，是韩国最高峰。西部以平原为主，主要平原有湖南平原、全南平原等。

韩国的河流源自东部，从西部和南部注入黄海和朝鲜海峡。洛东江和汉江是韩国最大的两条河流，也是孕育韩国文化的生命线。

韩国属海洋性特征较明显的温带季风气候，四季分明，夏冬两季长，春秋两季短。年均气温13～14℃，年均降水量1 300～1 500毫米，且降水量呈由南向北逐渐减少的趋势。韩国的冬季寒冷干燥，最低气温可达−15℃，且通常会出现"三寒四暖"现象（3天的严寒过后必有4天的暖和天气）。夏初常有台风侵袭。

（六）国旗、国歌、国花

1.国旗

韩国的国旗通称太极旗。1883年，太极旗被正式采纳为朝鲜王朝的国旗，1948年被确定为韩国国旗。1949年，韩国文教部正式确定韩国国旗现今的样式。韩国国旗的横竖比例为3∶2，白底代表神圣的国土，中间为太极两仪，四角为黑色四卦。

2.国歌

韩国的国歌为《爱国歌》，由朝鲜著名音乐家安益泰谱曲。

3.国花

韩国的国花是木槿花，每年7月至10月开花。

观览天下 2-2

韩国政府规定，韩国公民对国旗、国歌、国花必须尊重。电台会定时播放国歌，此时行人必须止步，人人起立向国旗敬礼。影剧院在放映电影、演出前也要放国歌，观众必须起立。外国人在上述场合若有所怠慢，会被认为是不友好的表现。

（七）行政区划

全国划分为1个特别市（首尔特别市）、2个特别自治市（道）（世宗特别自治市、济州特别自治道）、8个道（京畿道、江原道、忠清北道、忠清南道、全罗北道、全罗南道、庆尚北道、庆尚南道）、6个广域市（釜山、大邱、仁川、光州、大田、蔚山）。

（八）首都

首都为首尔（Seoul），位于韩国西北部的汉江流域，人口约941万（截至2023年），面积605平方千米，是韩国最大的城市。韩国首都圈包括首都首尔、京畿道和仁川，人口约2 610万（截至2023年），韩国约一半的人口居住在这里。

首尔是韩国的政治、经济和文化中心，是全国海、陆、空交通枢纽，也是全球最繁华的现代化大都市之一和世界著名旅游城市之一。首尔有众多的博物馆、剧场和美术馆，还有许多文物古迹和公园。著名的时尚购物中心有明洞、梨泰院、狎鸥亭洞，古董和特色商品集中在仁寺洞、黄鹤洞和长汉坪，南大门市场和东大门市场是最大的综合贸易市场，N首尔塔与63大厦是首尔著名的地标。

观览天下2-3

　　首尔原来的中文名是汉城。2005年1月，汉城市市长李明博在汉城市政府举行记者招待会，宣布把汉城的中文名改为"首尔"，"汉城"一词不再使用。韩国一度还有迁都的计划。2003年12月，韩国国会曾通过《新行政首都特别法》，决定将行政首都迁往中部地区。2004年8月，韩国政府确定了新行政首都的地址。然而，2004年10月，韩国宪法法院裁决《新行政首都特别法》违反宪法，韩国迁都计划因此停止执行。此后不久，韩国政府又提出在中部地区建设复合型"行政中心城市"，迁入部分行政机构。2006年，新行政中心城市被正式命名为"世宗"。2010年12月，《有关成立世宗市的特别法》获得通过。世宗特别自治市距首尔120多千米，面积约465平方千米。

二、韩国简史

（一）檀君建国

考古发现，大约70万年前，朝鲜半岛已有居民。传说最早建立朝鲜国家的是檀君，他英武无比、智勇双全，许多部落都归服于他。公元前2333年，檀君建立国家，取名为朝鲜（意思是"宁静晨曦之国"），定都平壤。现在，韩国的开天节就是为了纪念檀君建国而设的。

（二）新罗统一

4世纪，新罗形成国家政权。在中国唐朝政府的帮助下，新罗于668年基本统一了朝鲜半岛。新罗大量学习和吸收唐朝的制度和文化，尊佛教为国教，出现了历史上的"新罗盛世"。

观览天下2-4

　　新罗经常派大批留学生到长安学习，在唐朝的外国留学生中，以新罗人居多。许多新罗留学生还参加了唐朝的科举考试，如新罗学生崔致远12岁入唐求学，18岁考取进士，然后留在唐朝做官。639年到749年，新罗相继设立医学、天文和漏刻博士，以研究唐朝的医学、天文和历法；675年，新罗开始采用唐朝的历法。8世纪中叶，新罗仿效唐朝的政治制度改建其行政组织。788年，新罗也采用科举制度来选拔官吏，以《左传》《礼记》《孝经》为主要考试科目。828年，新罗来唐的使臣把茶种带回本国，从此新罗开始种茶。唐朝末年，中国的雕版印刷术也传到了新罗。

　　新罗商人来唐朝进行贸易的人也很多，唐朝很多地方设有"新罗馆（坊）"，这是新罗人集中侨居的场所。在唐朝的进口商品中，从新罗进口的商品数量居首位。

（三）高丽时期（918—1392年）

918年，王建建立高丽王朝，定都松都（今开城）。高丽王朝采用了中国的科举制度，选贤任能，制定科田法，巩固了中央集权，并大力宣扬佛教。

（四）朝鲜王朝时期（1392—1910年）

1392年，李成桂夺取了军政大权，自立为王，称太祖，改国号为朝鲜，迁都于汉城。朝鲜王朝以儒学立国，从而使该国的经济文化进入封建社会的鼎盛时期。

15世纪中叶，朝鲜王朝第四代君主在位执政时期（1418—1450年），朝鲜王朝在政治、经济、科学、音乐、医药等方面都取得了长足的进步，因此这一时期被誉为韩国历史上的"黄金时代"。

16世纪末，日本军阀丰臣秀吉极力主张向外扩张。1592年和1597年，日本两次出兵入侵朝鲜，一度攻占汉城、平壤等地。朝鲜的爱国将领英勇抗击，中国明朝政府也两度派兵援朝，终于击退了日本的入侵，这就是历史上有名的万历朝鲜战争。战争中，朝鲜爱国名将李舜臣指挥的铁甲龟船发挥了巨大的作用，年逾70的中国明朝老将邓子龙与李舜臣并肩作战，两人先后牺牲。

1897年10月12日，朝鲜王朝国王李熙（朝鲜高宗）自称皇帝，改国号为"韩"。

观览天下 2-5

中国的明朝与朝鲜王朝关系密切。两国一直友好相处，使臣往来频繁。中国向朝鲜王朝输出绢、布、药材等物品，还特别允许朝鲜王朝购买明朝严禁贩卖的火药和牛角。朝鲜王朝则向中国输出耕牛、马匹、纸张等。1404年，朝鲜王朝一次赠送中国耕牛1万多头。在中国活字印刷术的影响下，朝鲜王朝于15世纪初首创铜活字印刷术，后来中国的铜活字印刷术即来源于朝鲜王朝。

（五）日本占领时期

1910年，日本吞并朝鲜半岛。1919年3月1日，汉城（今首尔）爆发了反抗日本统治的独立运动，运动很快波及全国，史称"三一运动"。直到1945年日本投降，韩国一直处在日本的殖民统治之下。

（六）大韩民国时期

第二次世界大战后期，苏军和美军以北纬38度线为界，分别进驻朝鲜半岛北部和南部。1945年至1948年，朝鲜半岛南部经历了3年美国军政府的治理时期。1948年8月15日，朝鲜半岛南部宣布成立大韩民国，李承晚出任首届总统。同年9月9日，朝鲜半岛北部宣布成立朝鲜民主主义人民共和国。1949年6月30日，美国宣布美军从朝鲜南部完全撤出。1950年6月25日，朝韩战争爆发，美国等组成"联合国军"介入战争帮助韩国，中国人民志愿军也赴朝与朝鲜人民军并肩作战，把敌军从鸭绿江边逐回三八线附近。1953年7月27日，交战双方在板门店签订停战协定。

朝韩战争结束后，韩国开始恢复生产。1960年，李承晚在全国性学生运动中下台，同年8月，尹潽善任总统。1961年，朴正熙发动军事政变，此后长期执政，其间韩国经济实现持续高速增长，70年代跻身于新兴工业国之列。1979年，朴正熙遇刺身亡，全斗焕于1980年出任总统，韩国经济继续发展，成为国际市场上一个非常有竞争力的国家。1987年，韩国修改宪法，实行总统直选，同年卢泰愚当选总统。

三、韩国的政治、经济与文化

（一）政治

韩国实行三权分立原则，立法权属于国会，行政权属于以总统为首的政府，司法权属于独立的法院。国会实行一院制，每届任期4年。总统享有作为国家元首、政府首脑和武装力量总司令的权力，任期5年，不得连任。国务总理辅助总统工作。韩国的审判机关有大法院、高等法院、地方法院和家庭法院。大法院是最高审判机关。

韩国实行义务兵役制。陆军和海军陆战队服役期为18个月，空军为21个月，海军为20个月。

观览天下2-6

韩国目前仍采取准战时制度，很多地方都禁止拍照，这些地方包括总统官邸周围、飞机场、港口、地下商业区、军事基地附近、水库、地铁、国立博物院等。韩国每年3月、6月、9月、12月的15日（若为周末，则改为下周一）下午2点都会实施"民防卫训练"（一项以防空演习为中心的全国规模训练），历时约20分钟。

第二次世界大战后，韩国长期以对美外交为主。20世纪80年代以后，韩国在加强与美国等西方国家关系的同时，加强同中、俄的友好关系，并积极参与地区与国际事务。1991年，韩国与朝鲜同时加入联合国。

（二）经济

1.总体实力

20世纪60年代，韩国经济开始起步。70年代以来，韩国经济持续高速增长，创造了"汉江奇迹"，成为亚洲最发达的国家之一，被国际社会称为"新型工业化国家"。1997年，亚洲金融危机后，韩国经济进入中速增长期。国内生产总值2016年为1.41万亿美元，2023年为1.71万亿美元；人均国民总收入2016年为2.76万美元，2023年超过3.6万美元。

截至2023年12月底，韩国外汇储备额为4 201.5亿美元。

2.资源状况

韩国矿产资源较少，主要工业原料均依赖进口。虽然铁、无烟煤、铅等有一定的开采利用价值，但储量都不大。韩国的森林覆盖率较高，超过60%。

3.各产业概况

韩国工矿业产值约占GDP的28.1%，造船、钢铁、电子、汽车等是韩国的优势产业。韩国有许多著名的大企业集团，如三星集团、现代集团、LG集团、SK集团和韩国电信公司（KT）等。韩国的农业人口约占总人口的4.2%，农业产值（含渔业和林业）占GDP的1.8%。主要农作物有水稻、大麦、小麦、水果、蔬菜等，许多农产品依赖进口。

韩国有发达的交通运输体系。铁路总长约4 200千米（截至2023年）。2004年3月开通的首尔—釜山高速铁路，最高时速300千米。首尔、釜山、大邱、仁川、光州等城市建有地铁。全国公路总长约11.43万千米，其中高速公路约4 500千米（截至2023年）。韩国海上运输发达，主要港口有釜山、仁川、济州等。现有仁川、金浦、济州、大邱等8个国际机场。

观览天下 2-7　　　　　　　　　　　　　　　　**首尔地铁**

首尔地铁又称韩国首都圈电铁，是世界上单日载客量最大的铁路系统之一。目前，首尔有9条地铁线路，总里程327千米，共有296个车站，加上14条轨道交通线，合计有23条线路，700多个换乘站点，总里程接近1 100千米。

4.对外贸易

韩国经济以外向型为主，对外贸易发达。韩国外贸总额2013年为1.08万亿美元，2020年为0.98万亿美元，2023年为1.27万亿美元（其中，出口额6 326.9亿美元，进口额6 426.7亿美元）。[①]

过去，美国和日本分别是韩国的第一、第二大贸易伙伴。现在，中国、美国、越南是韩国前三大贸易伙伴。韩国主要进口产品有原油、半导体、天然气等，主要出口产品有汽车及其零部件、半导体、通信器材、船舶等。

5.货币与汇率

货币名称为韩元。纸币分为1 000韩元、5 000韩元、10 000韩元、50 000韩元4种。硬币分为1韩元、5韩元、10韩元、50韩元、100韩元、500韩元6种（其中，1韩元、5韩元已不流通）。

2021年7月1日，1人民币元=174.64韩元。

2024年7月1日，1人民币元=192.07韩元。

观览天下 2-8

过去，10 000韩元是韩国最大面额的纸币。2009年6月23日，韩国银行发行了面额为50 000韩元的纸币，这是韩国36年来首次发行新面额纸币，并且是首次在货币上印上女性肖像——16世纪女艺术家申师任堂肖像。申师任堂是著名儒学家李珥的母亲，她凭借自己的美德和聪慧，以及在书法、绘画、诗歌方面的杰出造诣，成为韩国女性的楷模。

（三）文化

1.教育

韩国重视教育。自1953年起实行小学六年义务教育，自1993年起普及初中三年义务教育。韩国高等教育机构数以千计，有公立、私立两种，其中私立占80%。著名大学有首尔大学、延世大学、高丽大学、梨花女子大学等。

2.新闻出版

韩国新闻出版业发达。《朝鲜日报》《中央日报》《东亚日报》为三大全国性日报，联合通讯社为韩国主要的通讯社，韩国广播公司（KBS）、文化广播公司（MBC）、首尔广播公司（SBS）等为韩国主要的广播公司。

3.文学艺术

韩国的文学艺术融合了儒学、佛教与近代西方文化，形成了本国的文化传统。

---

①　本书中有关外贸总额的数据均来自外交部网站，部分数据因四舍五入的原因，存在总计与分项合计不等的情况。

韩国的戏剧起源于远古的宗教仪式，主要包括假面剧（面谱剧）、木偶剧、曲艺、唱剧、话剧五类。其中，假面剧在韩国传统戏剧中占有重要地位，被称为韩国文化的象征。

韩国人素以喜爱音乐著称。现代音乐大致可分为民族音乐和西洋音乐两种，民族音乐又可分为雅乐和民俗乐两种。雅乐又叫"正乐"或"宫廷乐"，是韩国历代封建王朝在宫廷举行各种仪式时由专业乐队演奏的音乐。民俗乐包括杂歌、民谣、农乐等。玄琴、伽倻琴、杖鼓、笛子等都是传统音乐中的常用乐器。

韩国人也以喜爱舞蹈著称。传统舞蹈有宫廷舞、民俗舞、假面舞等，从外国引进的芭蕾舞和现代舞在韩国同样流行。韩国传统舞蹈非常重视舞者肩膀、胳膊的动作和韵律，扇子、花冠、鼓几乎成了韩国传统舞蹈中不可缺少的道具。假面舞、扇子舞、长鼓舞、剑舞等都是非常有特色的韩国舞蹈。

韩国的美术主要包括绘画、书法、版画、工艺、装饰等，既有民族特色，又有现代风格。韩国绘画分为东洋画和西洋画，东洋画类似于中国的国画，以传统的笔、墨、纸、砚为工具。与中国一样，书法在韩国也是一种高雅的艺术形式。

4.体育

韩国人喜欢运动，热衷于参加民间游戏和民间体育项目，主要民间游戏有荡秋千、踩跷跷板、放风筝、耍狮子等，主要民间体育项目有跆拳道、围棋、象棋、摔跤、拔河、射箭等。韩国人也喜欢现代体育运动，足球、篮球、排球、网球、柔道、拳击等都取得了令人瞩目的成绩。

韩国曾成功举办1986年汉城（今首尔）亚运会、1988年汉城（今首尔）奥运会、2002年世界杯足球赛、2014年仁川亚运会和2018年平昌冬季奥运会。

四、韩国的民俗

（一）姓名称谓

韩国人的姓名与我国很相似，姓多是一个字，名多是两个字，排列也是先姓后名。姓氏的传承也是父传子、子传孙，女性结婚后不改姓。兄弟的名字中常有一个字是相同的，以表明辈分，女子的名字则多以顺、玉、姬、子等字结尾。

观览天下 2-9　　　　　　　　　　韩国的姓氏

据统计，韩国共有411个姓氏，是世界上姓氏最少的国家之一。金、李、朴、崔、郑被称为韩国五大姓氏，其人口约占全国总人口的一半。此外，赵、姜、尹、张、韩、吴、林、申、安等也是韩国的主要姓氏。

一般情况下，男性称先生，女性称小姐或夫人、女士。韩国人一般不直呼别人的名字，兄弟姐妹间往往以彼此的关系称呼。韩国人有很强的乡土观念，初次见面进行自我介绍时，往往要在姓名之后加上祖籍。

（二）衣、食、住习俗

1.服饰

韩国人注重着装的整洁得体。爱穿白色衣服，故韩国人又被称为"白衣民族"。

韩国的传统服装很有特点，既吸收了中国古代服装的式样，又创造了自己的特色。韩国男装主要由宽袖短褂（袄）、长袍和肥大的裤子组成。褂的右襟在里、左襟在外，用带子在右胸前系一个活扣。韩国男子至今仍有戴帽子的习惯，式样有宕巾、笠、冠等。韩国女装最具特色和风韵，分为上衣和裙子。上衣短小，裙子一般较长，腰线高至胸部，色彩艳丽、图案丰富，极富美感。

韩国人在工作场合或出席商务社交活动时，一般穿西装、系领带、穿皮鞋；每逢节假日，无论是在家还是走亲访友，男女老幼都爱穿传统服装。

观览天下 2-10 　　　　　　　　　　　　　　　　　　　**幸州裙**

韩国妇女在劳动时还穿一种叫"幸州裙"的围裙。这种围裙的得名还有一段故事：1593年，日本军队围攻距离首尔20多千米的幸州，城中军民顽强抵抗，幸州城中的妇女用围裙运送石头支援前线，鼓舞了守城将士的士气，打败了日本军队。从此，韩国妇女系的围裙就多了一个名字——"幸州裙"。

2.饮食

韩国人讲究饮食，有"食为五福之一"的说法。韩国人的主食是大米和面食（鸡汤面和冷面等），菜肴介于中国菜和日本菜之间，特点是"五味五色"的调和。五味即甜、酸、苦、辣、咸；五色即红、白、黑、绿、黄。韩国的特色风味菜有泡菜、八珍菜（以绿豆芽、黄豆芽、水豆腐、干豆腐、粉条、桔梗、蕨菜、蘑菇为主料）、韩定食、烤牛肉、烤牛排、大酱（发酵豆制品）、辣椒酱、咸菜、生鱼片、狗肉、石锅拌饭、参鸡汤等。

观览天下 2-11 　　　　　　　　　　　　　　　　　　　**韩国美食**

韩国人爱吃泡菜，泡菜几乎成了韩国饮食的代名词。泡菜是一种以芹菜、白菜、包菜、萝卜、黄瓜等为主料，加上盐、蒜、洋葱、生姜、红辣椒和海鲜等腌泡而成的辣菜，有清脆、爽口、香辣的特点，是韩国人佐饭、下酒、开胃的最佳菜肴，深受韩国人喜爱。

烤牛肉、烤牛排亦深受韩国人喜爱。烤牛肉又被称为"布尔高基"，是将切好的牛肉片用调味品腌制后，放在餐桌的火盆上烧烤而成。烤牛排是将切好的牛排用料卤制后放在铁板上烤熟而成。

韩国人爱吃冷面，冷面有水冷面（加汤）和拌冷面（加辣椒酱调味）两种。冷面的制作方法多种多样，配料以肉类、蔬菜或水煮蛋为主。

韩定食是一种韩国式客饭，由采用了蒸、煮、汤、拌等不同烹饪方法制作而成的各式小菜构成，菜品丰富，花色繁多。韩定食并无一定的菜品要求，各餐馆提供的韩定食未必一样，但一般会包括"九折坂"（一种把蔬菜、肉、木耳、鸡蛋等8种食物包在面煎饼上吃的饮食）和"神仙炉"（一种火锅，内放肉、鱼、蔬菜和蘑菇等炖煮）。

石锅拌饭是韩国独有的美食。做法是：白米饭上盖上肉类、鸡蛋、黄豆芽等，配以作料，盛在滚烫的石碗内，放适量的辣椒酱后搅拌而食。

参鸡汤是一种营养丰富的炎夏补品。做法是：在童子鸡膛内放上人参、糯米、大枣、大蒜等后长时间炖煮，并加上盐、胡椒等调味后食用。

韩国人爱喝酒，尤其喜欢以酒待客，并相互敬酒。传统的待客酒是度数不高的清酒和浊酒。韩国人虽喜欢劝酒，但对不喝酒的客人也不会勉强。韩国的传统饮料是柿饼汁，这是一种将柿饼（或梨、橘、桃等水果）、桂皮粉、松仁、蜂蜜、生姜等放在水中煮沸后滤去渣皮而制成的甜辣清凉的饮料。

韩国人也普遍使用筷子和汤匙，在餐桌上，每个人都有自己的汤碗和饭碗。菜放在桌子的中部，以方便大家享用。

现在，韩国人的饮食已日趋多样化。中餐馆、西餐馆吸引了越来越多的韩国人。汉堡包、炸鸡、热狗等快餐食品在韩国亦很普遍。

3.住宅

传统韩国房屋讲究背山面水而建，具有中国江南园林特色。传统住宅用土和木材建成，多为平房，呈长方形、L形或U形，内有客厅、厨房和起居室。现代住宅多用混凝土建成，但基本结构没有太大改变。韩国民宅建造之前要考虑保暖，因此房屋都不大，门窗不多，房间地下建有火炕，通过火炕为房屋加热取暖。韩国人家中一般没有专门的卧室，起居室往往是睡觉和吃饭的地方。家中陈设也较简单，朴实无华。

（三）主要节庆

1.传统节日

韩国和中国一样有阴历算法，中国的许多传统节日，同样也是韩国的节日，但是由于地域和民族文化不同，因此两国节日在具体内容和形式上会有些差异。

春节　阴历正月初一。韩国人和中国人一样，也过阴历春节，并且把春节看成一年中最重要的传统节日。每逢春节，很多在外漂泊的游子都会回家与家人团聚。这一天，大家会穿上民族服装，举行祭祀、岁拜和歌舞活动。春节一直延续到正月十五。

大望节（元宵节）　阴历正月十五。食种果（栗子、核桃、松子等）、饮耳明酒、吃五谷饭等。

寒食节（清明节）　4月5日前后。主要活动是扫墓、祭奠。

佛诞日　阴历四月初八。佛祖诞辰日。

江陵端午祭　阴历五月初五。挂艾叶，喝菖蒲酒，将扇子作为礼物赠送，妇女们用菖蒲水洗头发，或用菖蒲露化妆，进行荡秋千、摔跤等娱乐活动。

观览天下 2-12

端午节在中国已有2 000多年的历史。韩国的江陵端午祭源于中国，在韩国流传了1 000多年。现在中韩两国都在同样的时间过端午，但习俗已有所不同。中国的端午节以纪念屈原为主，民俗活动有吃粽子、赛龙舟、挂菖蒲和艾叶、喝雄黄酒等。韩国的江陵端午祭主要由舞蹈、祭祀、民间艺术展示、民众娱乐活动等内容构成，不吃粽子，不赛龙舟。2005年11月，韩国江陵端午祭被联合国教科文组织认定为"人类口头和非物质遗产代表作"。

中国也启动了端午节申报世界非物质文化遗产程序，该项目由湖北省代表中国向联合国递交申报表。2009年5月，端午申遗进入初评阶段。本次申报的遗产名称为"中国端午节"，由湖北秭归的"屈原故里端午习俗"、湖北黄石的"西塞神舟会"、湖南汨罗的"汨罗江畔端午习俗"、江苏苏州的"苏州端午习俗"4部分内容组成（上述三省四地的端午习俗已于2006年列入第一批国家级非物质文化遗产名录）。2009年9月30日，中国端午节入选世界非物质文化遗产。

七夕节　阴历七月初七。

中秋节　阴历八月十五。中秋节在韩国受重视的程度不亚于春节。除了全家团聚之外，中秋节还是追忆祖先恩德的日子。

观览天下 2-13

韩国的中秋节与春节一样，全国都放假。每到中秋节假期，韩国都会上演"民族大迁移"的壮观场面，就像中国的春运一样。韩国私家车很多，平均每家有1.5辆车，中秋节假期，很多人会开私家车回乡，因此高速公路上堵车现象十分严重。

重阳节　阴历九月初九。

冬至节　12月21日或22日。吃冬至粥，做室内游戏。

2.现代节庆

元旦　1月1日。

独立运动纪念日　3月1日。纪念1919年3月1日反抗日本殖民统治的独立运动。

植树节　4月5日。

儿童节　5月5日。

制宪节　7月17日。纪念1948年7月17日通过大韩民国的第一部宪法。

光复节　8月15日。纪念从日本殖民统治下光复（1945年）和大韩民国政府成立（1948年）。

开天节　10月3日。传说中的古朝鲜建国日。

韩文节　10月9日。纪念朝鲜世宗颁布《训民正音》，普及朝鲜半岛民族语言。

（四）礼仪禁忌

1.日常社交礼仪

韩国人崇尚礼貌礼仪。见面礼有鞠躬、点头、握手、拥抱等多种，视情况而定。上下班时必互致问候。

韩国人在交往中，很注重身份、地位、辈分、老幼、男女之间的差别，对地位及辈分高的年长者和男性都要表示尊重。说话时要用尊称或敬语；见面时要先问候；同行时要让路，晚辈不能走在长者、尊者的前面；年轻人未经许可，不能在长者面前吸烟。

韩国人注重家庭成员和亲戚之间的联系，把合作和帮助看成义不容辞的责任。他们相互参加成员间的各种聚会，尤其是在传统节日、婚礼、长者六十或七十寿辰、孩子生日的时候，往往都要聚会庆祝。

韩国有重男轻女的传统。在社交场合，男女分开活动，出门、上车时妇女要让男子先行，聚会致辞也是以"先生们、女士们"开头。

去韩国人家里做客最好带一些小礼品。去韩国人家里或韩式饭店吃饭时，进屋要脱鞋，把鞋留在门前，鞋头要朝门外。袜子要干净，如果袜子很脏或有破洞会被人看成没有教养。入座时，宾主都要盘腿席地而坐，不能将腿伸直，更不能叉开。

观览天下 2-14

20世纪80年代中期以来，韩国取消了街头垃圾桶，但这并没有导致乱扔垃圾的情况发生。逛街时如果要扔垃圾，韩国人一般会交给购物地点的商贩，或者自己带走处理。然而，一些来韩国旅游的外国游客并不清楚这一点，他们仍然满大街找垃圾桶，有时还错把邮筒当成垃圾桶。

日本街头也没有垃圾桶，而且实行严格的垃圾分类，市民出行时或者把垃圾带回家，或者送到有垃圾站的商店和餐厅等地方。

2. 婚姻礼节

韩国的婚礼包括传统婚礼、现代婚礼和宗教婚礼3种形式。举行传统婚礼时，新娘两颊点上红圈，穿上红色的冠服，再衬以七彩的圆衫，双手捧一块白布，新郎双手用红布包裹一只鸳鸯，行传统礼仪迎娶新娘。受儒家思想的影响，韩国重视婚姻关系，不轻易解除婚姻关系，再婚或寡妇再嫁也较难。

原配夫妇结婚60周年时要举行"回婚礼"，两位老人穿上结婚时穿的婚服，接受子孙们的祝贺。

3. 寿礼

婴儿出生满100天时，亲戚邻里要送礼祝贺，主人家要摆宴款待客人。人到60岁时，子女要为父母大摆寿宴，子孙们依次向寿星行跪拜礼。

4. 丧礼

人死之后通常停灵3天后举行葬礼。坟上植草，坟前放一块平板石作为祭桌。每逢清明节和中秋节，后人要扫墓、祭奠。

5. 民间禁忌习俗

韩国人普遍忌讳4，因为4与韩语中的"死"同音，被认为不吉利，故楼号、房号、桌号等都要避开4，甚至敬酒不能敬4杯，点烟不能连点4人，送礼不送4个。一般人说话也尽量不说4。韩国人喜欢单数，不喜欢双数，但婚期要择双日，单日意味着过不长久。

韩国人迷信生辰八字，认为婚姻双方的生肖不能相克。一般同姓不能结婚，尤其是籍贯相同的同姓。

逢年过节不能生气吵架，相互见面时忌说不吉利的话。阴历正月头几天不能杀鸡宰猪，不能扫地倒垃圾。寒食节忌生火。

不能伸一个手指指人，而要伸出手掌，掌心向上；招呼别人过来时手心要向下。

忌在别人家修剪指甲，否则两家死后结怨；吃饭时忌戴帽子，否则一辈子受穷；睡觉时忌枕书，否则读书无成；在别人家做客时忌把盘中菜吃光；渔民吃鱼不翻面。

交谈时，忌问男主人妻子的情况；酒可以送给男子，但不宜送给女子；忌送外国烟，因为在韩国持有或吸洋烟要被罚款；接受礼品不宜当面打开。

课堂互动 2-1

请列举韩国文化现象中的一些中国元素。

五、韩国旅游业

（一）旅游业历史和现状

韩国旅游业的发展与其经济的发展是同步的，起步于20世纪50年代，60年代后初步发展，80年代后得到大发展。在入境旅游方面，1978年，韩国接待国际游客首次突破100万人次，1991年突破300万人次，2019年达到1 700余万人次，创历史最高。2023年，访韩外国游客为1 103万人次。韩国的入境游客主要来自中国、日本、美国、欧洲和东盟诸国。

在出境游方面，韩国于1980年解除了出境游限制，1988年全面放开出境游，出境游出现井喷式增长。1990年，韩国出境旅游人数为156万人次，2010年达1 248.8万人次。2017年，韩国出境旅游人数达2 661万人次，同比增长19%；旅游支出达271亿美元，同比增长14.3%。2023年，韩国出境旅游人数达2 272万人次，出境旅游支出达224亿美元。韩国的出国旅游者主要是就近旅游，中国和日本是最主要的旅游目的地国。

（二）主要旅游资源

韩国风景优美，有许多文化和历史遗产，旅游资源丰富。著名的自然旅游资源有：①十大名山：汉拿山、雪岳山、智异山、五台山、伽倻山、俗离山、德裕山、月岳山、雉岳山、鸡龙山。②著名瀑布：正房瀑布、天帝渊瀑布、天地渊瀑布。③著名溪谷：千佛洞溪谷、土旺山溪谷、海印寺溪谷。④著名海滨海岛旅游地：瑞山海岸、济州岛、江华岛、巨济岛。⑤著名湖泊：火山湖白鹿潭。⑥"韩国八景"：雪岳山的四季、城山的日出、智异山的云海、闲丽水道的岛景、红岛的晚霞、周王山的奇岩、内藏山的红叶、佛影的溪流。

著名的人文旅游资源有：①历史遗迹：景福宫、德寿宫、昌庆宫、昌德宫。②著名寺院：海印寺、松广寺、通度寺、佛国寺、洛山寺、华严寺。③为数众多的公园、博物馆、书院、美术馆等。

1.首尔

首尔既是一座现代化大都市，也是一座历史悠久的文化名城，历代王朝在此修建了许多宫殿，享有"皇宫之城"的美誉。主要名胜古迹有景福宫、南大门、昌德宫、光化门、昌庆宫、文庙、宗庙、庆熙宫、德寿宫等。首尔还有曹溪寺等400多座寺庙，有青瓦台（原总统府）、韩国国立中央博物馆、韩国国立民俗博物馆、世宗文化会馆等著名建筑。

景福宫　位于首尔钟路区，1395年朝鲜王朝太祖李成桂监督修建。景福宫得名于中国古代诗歌总集《诗经》中的诗句——"君子万年，介尔景福"，宫殿外形也酷似中国的皇家宫殿（如图2-1所示）。

图2-1　景福宫

南大门（崇礼门）　位于首尔中区南大门路，建于1398年，是朝鲜王朝都城的城门之一。主体建筑为双层木结构的楼阁，耸立在石砌的拱门之上。南大门是现存最典型的朝鲜王朝建筑，亦是目前首尔留存历史最悠久的木结构建筑物，1962年12月确定为韩国"一号国宝"，被誉为韩国的"国门"。

观览天下2-15

2008年2月10日晚上，崇礼门木造二重楼阁遭到纵火焚毁，仅存石基。

崇礼门纵火案发生后，悲伤情绪弥漫于韩国社会。不少韩国人在变成废墟的崇礼门前失声痛哭，许多韩国人自发地向崇礼门献花表达哀思。一名市民在花篮缎带上写道："没有保护好祖先的遗产，非常抱歉。"

2013年5月，崇礼门历时5年复建正式竣工，这一古迹又重新与人们见面。

昌德宫　位于首尔钟路区，是朝鲜王朝第三代国王的离宫，也是朝鲜王宫里保存最完整的一座宫殿。

江华岛　韩国第五大岛，岛内到处可见高丽王朝遗迹，主要旅游资源有传灯寺、摩尼山、净水寺、支石墓等。岛上充满田园风光，盛产人参和编织花纹席。

2.庆州

庆州位于庆尚北道东南庆州盆地中部，是新罗王朝的首都（公元前57年至公元935年）。这里四面环山，三条河流交汇环绕，自然风光优美。尤为引人注目的是，这里是韩国历史文化及文物最丰富的地方，被誉为"没有围墙的文化博物馆"和"韩国古代文化的摇篮"，佛教寺庙、王室陵墓、王宫、古堡、天文台等遍布全市。韩国政府已将庆州开辟为"露天博物馆"，每年10月在这里举办"新罗艺术节"。

3.釜山

釜山位于韩国的东南部沿海，全名釜山广域市，是韩国第二大城市和最大的国际海港，也是韩国主要的金融、贸易城市，购物和娱乐设施齐全。主要旅游资源有：韩国最大且最有名的海滨浴场——海云台、韩国历史最悠久的温泉——东莱温泉、韩国著名的禅宗寺庙——梵鱼寺等。

4.济州岛

济州岛是一个火山岛，位于韩国西南海域，面积1 850.3平方千米，是韩国最大且最有名的岛屿。这里风景优美、民风淳朴，有"梦幻乐园"之称。这里有丰富的植物、多姿多彩的地形地貌、奇洞异石、壮观的瀑布，有济州独特的民风民俗，游客在这里还可从事登山、骑马、狩猎、冲浪、潜水、打高尔夫球等活动。因此，济州岛是韩国著名的度假休闲胜地和欢度蜜月的乐园，有"东方夏威夷"之称。

观览天下2-16　　　　　**济州岛独特的民风民俗**

济州岛远离大陆，岛上民俗古老、民风淳朴，洋溢着原始、神秘的气息：①女耕男织。济州岛保留着母系氏族社会的一些特点，男人在家操持家务，女人下地耕田或下海采集贝类。济州岛妇女特别能吃苦，游泳、潜水技术高超。②"三多三无三宝"。"三多"即石头多、风多、女人多；"三无"即无乞丐、无小偷、无大门；"三宝"即海产、植物、方言。济州岛并非女子数量比男子多，而是因为女子外出劳动，所以让人感觉女子很多。③外出挂旌椰。旌椰是一种挂在家门两旁石柱窟窿中的木条，挂一根表示主人暂时到邻居家串门去了，挂两根表示主人很晚才能回来。旌椰被看成济州岛美好风俗和优秀文化的最具代表性的标志。

5.雪岳山国立公园

雪岳山被称为"韩国的阿尔卑斯山"，这里山势险峻、怪石林立、花木锦簇，是韩国著名的旅游胜地，以滑雪等冬季运动和海滩度假闻名。雪岳山有千佛洞溪谷、飞龙瀑布、六潭瀑布等自然景观，以及神兴寺、五岁庵、权金城等名胜古迹。

6.多岛海海上国家公园

在韩国西南海域分布着 1 700 多个岛屿，这些岛屿似明珠，似玛瑙，争奇斗艳，创造了一个个美景，这就是韩国著名的多岛海海上国家公园。红岛因日落美景而闻名。最有名的是珍岛，受潮汐的影响，这里每年都会出现海水"中分"的现象，露出一条宽约40米、长约 3 000米的平坦大道，当地人称这一奇观为"灵登"，并且要举行"灵登祭"，以祈祷风调雨顺及渔业兴旺。

（三）饭店和旅行社

韩国的饭店分为5个级别，以国花木槿花的数目为标志，特级为5朵，一级为4朵，二级为3朵，三级为2朵，四级为1朵。

韩国旅行社有综合旅行社和专业旅行社之分，较有名的旅行社有韩进旅行社、韩洲旅行社、乐天旅行社等。

六、中韩关系

（一）外交关系

中韩于1992年8月24日建立大使级外交关系。2003年7月，两国宣布建立全面合作伙伴关系。2008年5月，两国宣布建立战略合作伙伴关系。

除了互在对方首都设大使馆外，中国在韩国釜山、光州和济州设有总领事馆，韩国在中国上海、青岛、广州、沈阳、成都、西安、武汉和香港设有总领事馆，在大连设有领事办公室。

（二）经贸关系

中国是韩国第一大贸易伙伴、第一大出口市场和第一大进口来源国，韩国是中国第三大贸易伙伴国。2020年，中韩贸易额为 2 852.6亿美元，韩国与中国的贸易顺差为602.6亿美元；2023年，中韩贸易额为 3 107.4亿美元（其中，韩国出口额 1 617.5亿美元，韩国进口额 1 489.9亿美元），韩国与中国的贸易顺差为127.6亿美元。

韩国是中国第二大外资来源国，中国是韩国第二大投资对象国。截至2022年6月底，韩国对中国实际投资累计达930.8亿美元，中国对韩国实际投资累计达66亿美元。

（三）科技、文化与教育交流

中韩两国科技部门及不少地方政府之间均建立了友好交往与合作关系。

中韩两国自古就有频繁的文化交流。中国的儒学对韩国有很大影响，韩国是除中国以外对孔庙历史记载最早、孔庙分布最广且数量最多的国家。直到今天，每年春秋两季，首尔孔庙都要举行祭孔大典。

中韩两国在文学、艺术、体育、社会科学、广播电影电视、新闻出版、图书馆、博物馆等领域的交流发展迅速。双方已建立214对友好省市关系，双方的友好团体有中韩友好协会、韩中文化协会、21世纪韩中交流协会、韩中文化友好协会等。截至2022年底，在韩国的中国留学生人数超过6万人，居韩国外国留学生人数之首。

（四）旅游关系

韩国曾长期是我国第二大客源国，2005年，来我国旅游的韩国游客近355万人次，韩国超过日本，一跃成为我国第一大客源国。现在，韩国仍然是我国的主要客源国。来我国旅游的韩国游客人数，2011年为419万人次，2013年为397万人次，2016年为477.5万人次，2019年为434.66万人次。韩国游客的入境方式以飞机为主，其次是船舶。旅游目的主要是观光休闲和会议/商务。

🔄 **课堂互动 2-2**

韩国为什么能成为我国主要的客源国？

1998年，韩国成为中国全面开放的旅游目的地国家，也是中国居民出境旅游的主要目的地国之一。赴韩的中国游客1998年为21.1万人次，2000年为44.3万人次，2010年为197万人次。2014年，中国赴韩旅游人数创新高，达到612.7万人次，占韩国海外游客的四成多，为韩国带来了18.6万亿韩元的收入，韩国成为中国人到外国旅游人数最多的国家。2016年，中国赴韩旅游人数达到807万人次。2017年，中国赴韩旅游人数降为417万人次，同比减少48.3%。2020年，中韩人员的往来大幅度减少，仅有132.4万人次。2023年，中韩人员往来开始恢复，人数达到376.44万人次，其中中国赴韩人数为247.08万人次。

观览天下 2-17

启智润心
2-1

中韩游客
"双向奔赴"
新招牌

为了鼓励中国游客到韩国旅游，从2009年7月15日起，韩国简化了中国游客申请签证的手续：中国公民只需要出具近6个月的信用卡账单或者有存款的存折复印件，以及房产证、车证或收入证明，即可申请签证。拥有信用白金卡或金卡的申请人只需要出具近6个月的信用卡账单即可。从2012年8月13日起，中国公民只需要前往韩国一次，便可获得韩国一年多次有效往返签证。自2016年1月28日起，韩国对中国游客放宽多次往返签证的申请条件，年龄限制从60岁以上降至55岁以上。此外，中国公民可以免签进入韩国济州岛。

第二节　日本

一、日本概况

（一）地理位置

日本的全称是日本国（Japan），意为"日出之国"。日本位于太平洋西岸，西隔东海、黄海、朝鲜海峡、日本海与中国、朝鲜、韩国、俄罗斯相望。

日本东京与中国北京的时差是+1小时（比中国北京时间快1小时）。

（二）面积与人口

1. 面积

日本陆地面积约37.8万平方千米，约为中国陆地面积的1/26，美国陆地面积的1/25，世界陆地总面积的1/396。全部领土由北海道、本州、四国、九州4个大岛和其他6 800多个小岛屿组成，因此日本又被称为"千岛之国"。这些岛屿北起北海道，南至冲绳，大体呈东北—西南走向排列。本州岛面积最大，是日本最重要的岛屿。

2. 人口

日本全国人口约12 339万（截至2024年1月）。日本城市人口占全国人口的80%左右，且绝大部分人口分布在各岛的沿海平原和沿河地带，山区人口稀少。以东京、大阪、名古屋三大城市为中心的地区集中了全国一半的人口。日本是世界上人口老龄化程度最严重的国家之一。

观览天下 2-18

日本的人口正在减少。2017年6月，日本人口为12 650万，2019年11月降为12 616万，2021年3月降至12 562万，2024年1月降至12 339万。2023年，日本出生的婴儿数量为75.86万人，创下有统计历史以来的最低水平。

日本还面临严重的人口老龄化问题。国际上通常将"年龄中位数"指标作为划分人口年龄构成类型的标准。"年龄中位数"是指把一个国家的全部人口按年龄高低排列，位于最中间的那个人的年龄。年龄中位数在20岁以下为年轻型人口，在20～30岁为成年型人口，在30岁以上为老年型人口。2011年，日本的年龄中位数为44.7岁，年龄之大居世界第一位。截至2023年10月，日本65岁以上人口比例为29.1%，刷新历史最高纪录；75岁以上人口达到2 007万人，首次超过2 000万人。

日本的劳动年龄人口自2018年以来持续低于60%。截至2023年10月，日本的劳动年龄人口为7 395.2万人，占全体人口的比例为59.5%，相比美国（64.7%）、英国（63.3%）、韩国（70.4%）等国，日本劳动年龄人口占比更少。

资料来源　刘洁秋.日本人口连续十三年减少，老龄化危机加重［EB/OL］.［2024-04-14］. https://baijiahao.baidu.com/s?id=1796279155463385435&wfr=spider&for=pc.

3. 长寿之国

日本有"世界第一长寿国"之称，人口平均预期寿命居世界各国第一位。2023年，日本人口平均预期寿命为84.3岁，其中，女性86.9岁，男性81.5岁。

截至2023年9月15日，日本百岁老人的数量已达到92 139人。

4. 民族

日本的主要民族为大和族，北海道地区约有1.3万阿伊努族人。

（三）语言和文字

1. 语言

日本是单一语言的国家，通用语言是日本语，北海道地区有少量人会阿伊努语。

2.文字

日本起初只有语言，并没有文字。4世纪前后，汉字传入日本，日本从此正式开始了使用文字记载语言的历史。早期，日本正式的文章都是汉文。8世纪以后，来唐朝学习的留学生吉备真备和学问僧空海和尚创造了日文假名字母，吉备真备采用汉字楷体偏旁造成"片假名"，空海采用汉字草体造成"平假名"。但汉字在日文中仍占有相当大的比例，目前，日文中常用的汉字约有2 000个。

观览天下 2-19

日本明治维新以后，转而开始学习西方文化，将大量西方知识翻译成汉字，这在无形中促进了当时的中国人对世界的了解。有人统计，中国人今天使用的社会和人文科学方面的名词术语，约有70%是从日本输入的，这些词语包括服务、组织、纪律、政治、政府、政党、干部、政策、理论、申请、解释、哲学、原则、理论、科学、经济、商业、健康、法律、警察、封建、共和、文学、美学、抽象、名词、取缔、取消、手续、场合、代价、亲属、继承、条件、卫生、代表、同化、压力等。

（四）宗教

日本有神道教、佛教、基督教等多种宗教，最主要的宗教为神道教和佛教，信仰人口分别占宗教人口的52.3%和42.2%。神道教起源于日本古代历史和神话，是日本固有的宗教，祭祀场所是神社。佛教起源于印度，6世纪由中国经朝鲜传入日本。在日本，同时信仰两种以上宗教的人很多，很多家庭既设神龛也设佛坛，家庭成员可能既参加神社的活动，也参加寺院的活动。结婚仪式多按神道教的仪式在神前举行，而葬礼多采用佛教的仪式，从寺院里请和尚诵经。

（五）自然环境

1.海岸线曲折

日本岛屿众多，海岸线曲折，形成了很多优良港湾，如太平洋沿岸的横滨和神户，都是世界上著名的海港。

2.多山之国

日本是世界上罕见的多山之国，地形崎岖，平原狭小，山地约占全国总面积的76%。地势最高的地方是本州岛中部，海拔3 776米的富士山是日本最高峰。日本平原很少，仅占国土面积的20%。邻近东京湾的关东平原是日本最大的平原，总面积16 172平方千米。

3.河湖众多

日本河流众多，流程都不长，水量充沛，水流湍急，有丰富的水力资源，但不利于航行。信浓川、利根川、石狩川等都是日本著名的河流。信浓川长367千米，是日本最长的河流。利根川是日本流域面积最广的河流。日本湖泊众多，多为小而深的火口湖。琵琶湖面积约674平方千米，是日本最大的湖泊。

4.火山地震之国

日本群岛位于环太平洋火山地震带上，地震频发，火山众多，被称为"火山地震之国"。全球有1/5的地震发生在日本，每年可感地震达1 500多次，平均每天4次，6级以上的地震每天也有1次。1923年关东大地震（8.1级）、1995年阪神大地震（7.3级）都造成了重大人员财产损失。2011年3月11日，日本发生9.0级特大地震，并引发了海啸和核电站泄漏事故，被称为日本自第二次世界大战以来面临的最大危机。日本又是一个"坐在火山上的国家"，全国有火山200多座，占世界火山总数的1/10。日本著名的高山多是火山活动的产物，如富士山就是日本著名的活火山，最近一次喷发在1707年。

观览天下2-20　　　　　　　　　　**日本的几次大地震**

　　1923年9月1日，日本的东京和横滨一带发生大地震（这一带被称为关东地区，故称关东大地震）。地震造成约15万人死亡和失踪，东京85%的房屋和横滨96%的房屋被震毁，财产损失超过65亿日元。地震发生时，恰值中午，东京、横滨等地的居民正忙着烧火做饭，地震袭来，炉倒灶翻，火焰四溅；地震又破坏了煤气管道，使煤气四溢；地震带来的冲击波还在这一地区激起了巨大的狂风。几种因素相结合，导致东京等地变成了一片火海，大火一连烧了三天三夜，直至将火场内所有东西都化为灰烬。关东大地震是20世纪世界上最大的地震灾害之一，对日本的防灾工作产生了深远的影响。

　　阪神大地震于1995年1月17日清晨发生在日本阪神经济区主要城市之一的神户一带，此次地震造成6 434人死亡，43 792人受伤，水、电、煤气、公路、铁路和港湾都遭到严重破坏，直接经济损失1 015亿美元。阪神大地震直接引起了日本对地震科学和都市建筑地震防范的重视。

　　2011年3月11日，日本东北部太平洋海域发生9.0级强震并引发海啸（此次地震被称为"东日本大地震"或日本"3·11"大地震），对日本东北部岩手县、宫城县、福岛县等地造成了毁灭性的破坏，并引发了福岛第一核电站核泄漏。根据日本警察厅的数据，东日本大地震共造成15 900人遇难、2 523人失踪。

5. 温泉之国

　　日本众多的火山形成了众多的温泉，全国有大小温泉近2万处，是世界上最大的温泉之国。

6. 温带海洋性季风气候

　　日本国土狭长，跨越多个气候带，北自亚寒带向南依次过渡到温带、亚热带，但总体上以温带海洋性季风气候为主，气候温和湿润，四季分明。6月多梅雨，夏秋季多台风，冬季较为寒冷，常有大雪，尤其是日本海沿岸山区，降雪可达几米深。

观览天下2-21

　　日本与我国的许多地方属于同一纬度，但是由于日本四面环海，因此其不同于我国同一纬度的地域，气温要比我国同纬度地区高一些。又因为日本空气湿度较高，所以会感觉比实际气温要冷得多。如果横向比较，笼统地说，北海道、日本东北地区和我国东北地区气温接近，本州与我国长江中下游地区气温接近，而九州、四国与我国华南地区气温接近。在日本，由气候引起的洪水、台风、暴风雪、山体滑坡和塌方等自然灾害多发，且日本地处环太平洋火山地震带，地震、火山爆发等也比较频繁，因此日本人在出行前了解天气情况、收听气象预报和自然灾害预警已成为习惯。

（六）国旗、国歌、国花

日本的国旗是太阳旗，旗面为白色，正中有一轮红日。传说日本是太阳神创造的，天皇是太阳神的儿子，太阳旗即来源于此。国歌是《君之代》。樱花是日本的国花，开遍日本全境。日本人把樱花看成最神圣、最文明、最能代表日本人情感的花。每到樱花盛开的季节，日本人都会去赏樱花，因此日本也被称为"樱花之国"。

课堂互动 2-3

樱花的花期很短，但为什么在日本至少有3个月的时间可以看到樱花？

（七）行政区划

日本全国分为1都（东京都Tokyo）、1道（北海道Hokkaido）、2府（大阪府Osaka和京都府Kyoto）和43个县（省）。都、道、府、县是平行的一级行政区，直属中央政府，但各都、道、府、县都拥有自治权。都、道、府、县的办事机构称为"厅"，即"都厅""道厅""府厅""县厅"，行政长官称为"知事"。每个都、道、府、县下设若干个市、町（相当于中国的镇）、村，其办事机构称"役所"，即"市役所""町役所""村役所"，行政长官称为"市长""町长""村长"。

（八）首都

东京是日本的首都，全名东京都，是日本的政治、经济和文化中心。东京位于关东平原南端，面积2 155平方千米。截至2024年1月，东京人口约1 411万，是世界上人口最多的城市之一。东京古称江户，1868年改为现名，并定为首都。工业以出版印刷、精密仪器、电子、电机等最为发达。商业网点密布，银座、新宿、秋叶原、涩谷、池袋等都是东京著名的商业区。银座在假日禁止车辆通行，以方便公众购物或散步，被称为"步行者天堂"。秋叶原是世界著名的"电器街"。三越、高岛屋、小田急等都是东京著名的百货公司。

二、日本简史

（一）大和的统一

考古发现，至少在1万年前，日本列岛就有人类居住。1世纪前后，开始出现奴隶制国家。后来，本州中部开始形成奴隶制国家大和。大和国不断向外扩张，于5世纪统一了日本。大和国的最高统治者称天皇。

（二）大化改新

6世纪到7世纪，日本的社会矛盾尖锐，大贵族奴隶主势力强大，控制了政权。645年，改革派发动宫廷政变获得成功，新上台执政的孝德天皇决心参照中国唐朝的制度实行改革，史称"大化改新"。这一时期，日本向中国派遣了多批遣隋使、遣唐使和大批留学生，学习中国的制度和文化，大化改新就是由留学唐朝后回国的人策划的。大化改新是日本由奴隶社会向封建社会过渡的标志。大化改新以后，大和国正式改名为日本国。

观览天下 2-22

大化改新是日本历史上的重大事件，这一事件从一次宫廷政变开始。政变前，日本的政权实际上由大贵族苏我氏掌管，天皇大权旁落。中大兄皇子对苏我氏恨之入骨，在改革派大臣中臣镰足等的支持下，决心铲除苏我氏的势力。645年6月的一天，天皇在皇宫中接见来自朝鲜的使臣，中大兄皇子手持利剑，将站在天皇身边的权臣苏我入鹿杀死。苏我入鹿的父亲也在第二天自杀。第三天，中大兄皇子拥立其舅舅为孝德天皇，仿效中国唐朝定年号为"大化"，并迁都难波（今大阪）。646年，大化改新开始。

（三）奈良时代和平安时代

710年至794年，日本定都奈良，史称奈良时代。794年，日本建新都于平安京（今京都），794年至1192年这一时期，被称为日本历史上的平安时代。

（四）幕府时代

12世纪，源氏武士集团消灭了平氏武士集团，在镰仓（今东京以南）设立了武士政权机关，组成了具有中央政权性质的镰仓幕府，日本进入由武士阶层掌管实权的幕府时代（包括镰仓幕府、室町幕府、德川幕府3个幕府历史时期）。幕府统治在日本延续了600多年，直到1867年，幕府制度被废除。

（五）明治维新

19世纪中期的日本仍是一个落后的封建主义国家，实权掌握在幕府手中，实行闭关锁国政策。1853年，一支美国舰队闯入日本港口，要求"通商"，否则就向日本开战（史称"黑船事件"）。第二年，日本同意向美国开放港口，其他资本主义国家也陆续向日本提出了同样的要求。具有资本主义改革思想的地方实力派萨摩和长州两藩，在"尊王攘夷"和"富国强兵"的口号下倒幕。自1868年开始，明治天皇政府实行了一系列资产阶级性质的改革，这就是日本历史上著名的"明治维新"。明治维新使日本从一个封建主义国家逐步转变为资本主义国家，摆脱了沦为殖民地国家的命运。因此，明治维新是日本历史上的重大转折点。

（六）对外扩张

明治维新后，日本资本主义发展迅速，日本很快走上了侵略扩张的道路。1894年，日本发动甲午战争。1904年，日本挑起日俄战争。1910年，日本侵吞朝鲜。1914年，日本参加了第一次世界大战。1926年，日本进入昭和时代。1931年，日本发动九一八事变，占领中国东北。1937年7月7日，日本挑起卢沟桥事变，发动全面侵华战争。1941年，日本又偷袭美国珍珠港，发动太平洋战争。1945年8月15日，日本宣布无条件投降，成为战败国，这也标志着第二次世界大战的结束。

（七）第二次世界大战后的发展

1945年9月至1951年9月，日本处于美国直接军事占领之下。1947年5月，日本实施新宪法，由天皇制国家变为以天皇为国家象征的议会内阁制国家，天皇为日本和日本国民总体的象征。1951年9月，日美签订《日美安全保障条约》，结成军事同盟关系。20世纪50年代后半期，日本大量引进欧美技术，进入经济高速发展时期。到20世纪60年代末，日本一跃成为工业发达、技术领先的经济大国，经济实力仅次于美国，成为世界第二经济大国。20世纪90年代，日本经济陷入低迷，从2002年起缓慢恢复。2008年以来，日本经济先后受到国际金融危机和"3·11"大地震的冲击。

观览天下 2-23　　　　　　　　古代的琉球国到哪儿去了

琉球国最初是指在琉球群岛建立的山南、中山、山北 3 个国家的对外统称，后来三国统一为琉球国（1429—1879 年）。1372 年，琉球国开始向中国明王朝进贡，接受明太祖的册封，成为中国的藩属国。清代，琉球国继续向清政府进贡。1872 年，日本削琉球国号设为琉球藩，琉球王向清政府求助，但此时清政府自身难保，无暇他顾。1879 年，日本正式吞并琉球国，改为日本的一个县，即冲绳县。

今天的冲绳人依旧过阴历春节，在清明节扫墓，在端午节赛龙舟，在中秋节赏月，这些中国的传统习俗在冲绳完好地保存了下来。

琉球王国遗迹于 2000 年被联合国教科文组织评为世界文化遗产。

三、日本的政治、经济与文化

（一）政治

日本现行宪法是《日本国宪法》，于 1947 年 5 月 3 日颁布实施（故每年 5 月 3 日为日本的"宪法纪念日"）。该宪法确定日本实行以立法、司法、行政三权分立为基础的议会内阁制。天皇为国家象征，无权参与国政。

国会是国家最高权力机关和唯一立法机关，分众、参两院。众议院定员 465 名，任期 4 年。参议院定员 248 名，任期 6 年，每 3 年改选半数，不得中途解散。

司法权属于最高法院及下属各级法院。日本法院采用"四级三审制"：最高法院为终审法院；高等法院负责二审；各都、道、府、县均设地方法院 1 所（北海道设 4 所），负责一审；全国各地设有简易法院和家庭法院，负责民事及不超过罚款刑罚的刑事诉讼。检察机构与四级法院相对应，分为最高检察厅、高等检察厅、地方检察厅、区检察厅。

内阁为最高行政机关，对国会负责。内阁由内阁总理大臣（首相）和分管各省厅的大臣组成。首相由国会选举产生，天皇任命。

日本军队称为自卫队，分为陆上自卫队、海上自卫队和航空自卫队。自卫队实行志愿兵役制。

（二）经济

1.总体实力

日本曾是世界第二经济大国，但近几十年来，日本经济发展缓慢。近 30 年中的大部分时间，日本国内生产总值的增速都徘徊在 0～2%。2010 年被中国超越后，日本成为世界第三经济大国。日本国内生产总值 2019 年约 554.5 万亿日元，2022 年约 546 万亿日元，2023 年为 559 万亿日元。

日本经济的总体特点是：第三产业尤其是服务业占主导地位，且比重将继续上升；传统的工业、制造业占较高的比例，但比重将继续下降；高新技术和现代农业发达。

日本是世界第一大债权国，其海外资产是国内生产总值的 2 倍。截至 2024 年 3 月末，日本外汇储备为 12 906 亿美元（截至 2020 年 4 月末为 13 685 亿美元）。

2.资源状况

日本矿产资源贫乏，煤、铁的储量较少，金属矿仅铜的储量较大。现代工业必不可少的铁矿石、铝、镍等几乎全部从国外进口，其中石油完全依靠进口。水力和地热资源丰富，水力资源蕴藏量约为每年1 353亿千瓦时。日本森林资源丰富，森林覆盖率约67%，是世界上森林覆盖率最高的国家之一，但日本木材自给率仅为20%左右，是世界上进口木材最多的国家。日本动植物种类繁多，是世界上动植物种类最丰富的国家之一。

观览天下2-24

因资源贫乏，日本政府积极开发核能。截至2011年2月，日本拥有54台核电机组，总发电装机容量为4 946.7万千瓦，居世界第三位。2011年3月福岛核电站核泄漏事故发生后，日本国内的很多核电站相继宣布停止发电，日本甚至还经历了短暂的"零核电"状态。截至2024年，包括已重启机组在内，日本政府和电力公司认为有33台核电机组具备运行条件。

资料来源　中国能源研究会核能专委会. 2023年日本核能发电量创福岛核事故后最高水平［EB/OL］.［2024-02-01］. http://www.heneng.org.cn/home/zc/infotwo/id/73128/sid/10/catId/181.html.

3.各产业概况

日本有高度发达的工业，生产能力居世界前列，机械制造、建筑、化工等是主要工业部门。其中，机械制造是日本最大的工业部门，也是日本高科技产业的代表，汽车工业是日本的支柱产业与最大的输出部门。京滨、阪神、名古屋、北九州、濑户内海等都是日本重要的工业区。索尼株式会社、松下电器产业株式会社、丰田汽车株式会社等都是日本著名的公司。

日本农业总体规模小，基本上实行以家庭为单位的小规模经营，但现代化、集约化水平较高。日本以种植水稻、小麦、马铃薯、甘薯、豆类、甜菜和水果为主，蚕丝和茶叶是重要物产。日本虽然人均耕地不多，但稻米已能自给，蔬菜和水果仍需要大量进口。畜牧业规模一直较小。日本水产丰富，渔业发达，捕鱼量、渔民数、渔船数等居世界前列，鱼消费量居世界第一位。北海道由于有暖流和寒流交汇，是世界著名的渔场。

4.对外贸易

外贸在日本国民经济中占有重要地位。日本进出口总额2015年约154.1万亿日元，2020年约137.7万亿日元，2023年约211.1万亿日元（其中，出口额约100.9万亿日元，进口额约110.2万亿日元）。主要进口商品为原油、天然气、煤炭、服装、医药品等，主要出口商品为汽车、钢铁、半导体等电子零部件、一般机械、化学制品等。主要贸易对象是中国、美国、韩国等。从2004年起，中国取代美国成为日本最大的贸易伙伴。

5.货币与汇率

货币名称为日元。自2012年6月1日起，中日两国启动人民币与日元直接兑换，这是人民币首次与美元以外的主要货币进行直接交易。

2021年7月1日，100日元=5.8224人民币元。

2024年7月1日，100日元=4.4682人民币元。

（三）文化

1.教育

日本学校教育分为学前教育、初等教育、中等教育、高等教育4个阶段，学制为小学六年、初中三年、高中三年、大学四年，其中小学到初中为九年义务教育。目前，九年义务教育的实施率已达100%，高中升学率也很高，几乎成了义务教育。大学有国立大学、公立大学和私立大学之分，私立大学占多数。大学学制有二年制、四年制、六年制（口腔、医学专业）之分。著名的国立综合大学有东京大学、京都大学等，著名的私立大学有早稻田大学、庆应义塾大学等。日本的社会教育很发达，函授、夜校、广播、电视教育等较普遍。

2.新闻出版

日本新闻出版事业发达，在世界各国中位居前列。主要的全国性报纸有《读卖新闻》《朝日新闻》《每日新闻》《日本经济新闻》《产经新闻》等，报纸的人均发行量居世界前列。较有影响的杂志有《中央公论》《东洋经济》《文艺春秋》等。共同通讯社是日本最大的通讯社，时事通讯社是日本第二大通讯社。主要广播电台和电视台有日本广播协会（NHK）、东京广播公司（TBS）、日本电视网（NTV）等。

3.文学艺术

日本的文学艺术在古代曾受中国的影响，近代以后又融入了西方文化的元素，同时保留着日本独特的民族性。

"和歌"（包括长歌、短歌、片歌、连歌等）、"俳句"（由17个音节组成的诗歌）、"川柳"（具有讽刺、诙谐意味的短诗）等都是日本传统的文学形式。《古事记》是日本现存最古老的官修史书和文学作品之一。《万叶集》是日本现存最早的一部和歌集。《源氏物语》（作者是女作家紫式部）是世界上最早的长篇写实小说，代表了日本古典现实主义文学的最高峰。第二次世界大战以后，日本文学复兴，产生了川端康成、大江健三郎、井上靖等杰出作家。

大和绘（日本传统绘画）、浮世绘（日本版画）、能剧（"能"即才能或技能），以及歌舞伎（日本典型的民族表演艺术）等都是日本独特的艺术形式。能剧是日本传统戏剧的代表，也是世界上现存最古老的戏剧之一。它起源于日本的古代舞蹈戏剧形式和12世纪至13世纪在日本神社和寺院举行的各种节庆戏剧，演员仅通过面部表情和形体动作暗示故事的本质，现在这一剧种在日本仍具有顽强的生命力。

茶道、花道和书道是日本著名的"三道"。茶道即品茶之道，讲究茶具的美观、茶叶的品位及敬茶、喝茶的方法，自古以来就作为一种美感仪式受到上流阶层的喜爱，并被一般民众广泛接受。现在，茶道亦被用于训练集中精神，或者培养礼仪举止。日本国内有许多传授茶道各流派技法的学校。花道是一种在茶室内再现野外盛开的鲜花的技法，15世纪时由中国传入日本，随后在日本广泛流行。在日本的宾馆、百货商店、公共设施的大厅等场所，经常可欣赏到优美的插花艺术。目前，日本也有许多传授花道各流派技法的学校。书道即书法，也是古代时由中国传入日本的。此外，香道也是日本的一种传统艺术，即从艺术和信仰的角度欣赏香料，以求得精神寄托和享受的活动。

电影艺术的发展在日本亦很突出。日本是世界上电影产量最多的国家之一，很多电影达到了世界先进水平，如黑泽明导演的《罗生门》、今村昌平导演的《楢山节考》、中日合拍的《一盘没有下完的棋》等。20世纪七八十年代引进中国的一批日本电影如《追捕》《人证》等，给很多中国人留下了深刻的印象。

4.体育

日本的体育在亚洲排在前列。1964年，东京成为亚洲第一个举办奥林匹克运动会的城市。日本传统体育运动项目有相扑、柔道、剑道、空手道、合气道等。相扑被称为日本的"国技"，每年在东京及其他城市举行多次相扑大赛，深受日本人欢迎。柔道在全世界都享有盛誉，其基本原理不是攻击，而是利用对方的力量来护身。柔道共分为十段五级，以腰带颜色来表示级别。剑道是从过去武士的剑术中派生出的日本击剑运动，比赛者身着专用防护服，按照严格的规则，用一把竹刀互刺对方的头、躯体以及手指尖。空手道是从中国经琉球王国传入日本的格斗运动，格斗时不使用任何武器，仅使用拳和脚。合气道的主要特点是以柔克刚。作为一种精神锻炼和健身运动，合气道很受老年人和女性的欢迎。在现代体育项目中，棒球深受日本人喜爱，也被称为日本的"国球"。围棋也是深受日本人喜爱的传统竞技项目，本因坊战、名人战和棋圣战是日本著名的围棋赛。

观览天下2-25　　　　　　　　　　　　　　**相　扑**

相扑源于日本神道教的宗教仪式，最早为一种宫廷观赏运动，后来成为武士训练的一部分。18世纪兴起的职业相扑运动已与现在的相扑比赛非常相似。相扑比赛前有踩脚仪式（四顾），其目的是将场地中的恶鬼驱走，同时还可放松肌肉。场地上还要撒盐，因为神道教教义认为盐能驱赶鬼魅。比赛在一个台子上进行，台子中部有一个直径为4.55米的圆圈，选手除脚掌外，身体任何部分不得触及台子表面，且身体不得超出圆圈。选手（力士）的最高等级是横纲；接下来是大关、关胁、小结、前头4个等级，都属于力士中的上层；再下面是十两、幕下、三段、序二段；最低一级称为序之口。

四、日本的民俗

（一）姓名称谓

日本人的姓名排列与我国相似，姓在前、名在后，且绝大部分使用汉字。日本一般是子承父姓，世代沿袭，女子婚后一般要改姓夫姓。

在过去，日本只有贵族有姓，一般平民有名无姓。明治维新后，为编制户籍，开始要求人人有姓，于是人们多以身边有特征的事物或地名、居所为姓，形成了五花八门的姓氏。日本是世界上姓氏最多的国家之一，数目多达14万，常见的姓氏有铃木、佐藤、田中、渡边、山本、高桥、小林、中村、伊藤、斋藤等。日本姓氏多由2个字组成，也有3个字或1个字的，如阿部川、林。

观览天下2-26

日本人的名字中常带有长幼标志，如太郎（长子）、次郎（次子），长男、次男，正一、正二，大子（长女）、中子（次女）。字数一般也是1~3个。男子名字的最后一个字以"郎""夫""雄"最为常见，女子名字中多含"子"字，如幸子、雪子、芳子、千代子等。

　　称呼日本人时往往只称姓，但在正式场合宜称全名。一般情况下，男性称先生，女性称女士或小姐。对上级一般要称职务。在家中，对父母、长辈、兄姐不能直呼其名，而应以双方的关系来称呼。一对夫妇生下孩子后，夫妻的称谓就变得独特起来，丈夫称妻子为"妈妈""母亲"，妻子称丈夫为"爸爸""父亲"，这是日本特有的孩子本位称呼法。

（二）衣、食、住习俗

日本的衣、食、住兼具东西方文化风格，又有本民族特色。

1.服饰

　　日本既流行传统服饰——和服，也流行西服和各种便装与时装。和服在日本也称"着物"，是仿照我国隋唐服式改制的，至今仍有我国古代服装的某些特色。现在，和服已经不是日本人的日常服装，但在传统花道、茶道以及婚礼、庆典等隆重的社交场合，和服仍然是公认的必穿礼服。男性居家休息的时候也穿和服。钵卷是一种缠在头上的布制带子，古时称为"抹额"，日本人在特别紧张或决心干好某事时，仍有扎钵卷的习惯。日本人很早就穿木屐（也叫下驮），当时是为了便于水田作业，而将竹板或木板捆绑在脚上，使脚不至于陷入泥中，今天的日本人仍爱穿木屐。

观览天下 2-27　　　　　　　　　　　　　　　　　　和　服

　　和服不使用纽扣，只用一条打结的腰带。腰带的种类很多，打结的方法也各有不同。我们常看到的和服背后的一个方盒状装饰品，其实就是一种广泛使用的打结方法，叫"太鼓结"，即在后腰打结处的腰带内垫一个纸或布做的芯子，看上去像一个方盒。由于打结很费事，因此第二次世界大战以后，日本又出现了备有现成结的"改良带"和"文化带"。从和服款式和花色的差别上，往往能判定穿着者的年龄和婚姻状况：未婚者穿紧袖外服，已婚者穿宽袖外服；梳"岛田"式发型（呈钵状）、穿红领衬衣的是姑娘；梳圆发髻、穿素色衬衣的是主妇。

2.饮食

　　日本人以米饭为主食，喜欢吃鱼、海菜制品，喜欢喝酱汤。日本人自称是"彻底的食鱼民族"，每年人均吃鱼70千克，达到世界平均值的5倍，超过日本人对大米的需求量。日本人惯吃"和食"，"和食"种类繁多，但一般由3种食物构成：饭、酱汤、时菜。日本人常吃素食，麦茶、荞麦面、纳豆、煎饼、腌咸菜等都体现了日本素食文化的精髓。日本人还喜欢吃冷面（把面放进冷汤里进食），很少吃动物"下水"，不喜吃猪蹄、鸡爪之类，宴会上也不能出现猪心、猪肝等。寿司、生鱼片、天妇罗（用面糊炸的菜）、鸡素烧（日式火锅）等是日本的传统饭菜。现在，日本人的餐桌上除了有传统日式饭菜，中餐、西餐亦很普遍，有时一张餐桌上会同时摆上中餐、西餐、日式餐。每逢节日或生日，日本人多吃红豆饭以示吉利。

　　日本人口味清淡，饭菜制作虽然简单，但很注意色泽搭配，讲究配料新鲜。在日式餐馆里，饭菜一般用精制的饭碗、汤碗、菜碟盛好，一人一份。筷子多为铁制，很少用一次性木筷。

日本人有喝茶的习惯，且一般喝温茶。日本人喜欢喝清酒。清酒是日本最有代表性的酒，以大米和水为主要原料。

观览天下 2-28   **寿司与生鱼片**

寿司是日本的传统食品，也是日本人最喜爱的传统食物之一。寿司的种类不下数百种，基本做法是先用米饭加醋调制，再包卷鱼肉、海鲜、时令蔬菜、鸡蛋等。包卷寿司的外皮所用的原料，以优质的紫菜、海苔、豆腐皮、蛋皮、海带、大白菜等最为常见。

生鱼片被誉为"日本的国菜"，由金枪鱼、比目鱼、乌贼等切制而成。这些鱼片薄而透明，吃时蘸上芥末和其他作料，味道鲜美。招待客人时，如果餐桌上有生鱼片，往往表示最高的礼节。

3. 住宅

日本传统住房多采用木结构，现在已渐渐改变，西洋式的建筑风格越来越普及。日式住宅中的一个突出特点是房间里有垫得高高的"榻榻米"（草垫）和纸拉门、木板套窗、壁龛（用于放置各种艺术品和装饰品）等。日式住宅中没有床和椅子，人们直接或垫上坐垫坐在"榻榻米"上。卧具平时收藏在壁橱中，需要时再拿出来铺好。

（三）主要节庆

日本节日众多，这些节日大多是依照各地神社（庙宇）的祭祀活动沿袭下来的，因此日本将节日称为"祭"。据统计，日本几乎每天都有一个地区举行"祭"。日本的节日中还有相当一部分是由中国传来的。

元旦（新年） 1月1日。1872年以前，日本和中国一样过阴历年。如今，日本只过阳历年，这是日本最热闹的一个节日。按照日本的风俗，除夕前要大扫除，并在门口挂草绳，插上橘子，门前摆松、竹、梅（称"门松"），除夕晚上全家团聚吃过年面，元旦早上吃年糕汤（称"杂煮"）。从元旦到1月3日这三天称为"正月"，是不干活的，人们去参拜神社或到朋友家拜年、喝酒，吃新年里独特的美味佳肴，举行各种娱乐活动。

成人节 1月第二个星期一。此节日源于中国古代的"冠礼"，从683年起，日本开始实行加冠制度。1948年，日本政府规定年满20岁的人要过"成人式"。成人节这一天，年满20岁的男女青年要身穿传统服装参加官方或民间团体为他们举办的成人仪式，内容包括宣誓、参拜神社、参加各种传统的文娱活动、接受长者的祝贺等。现在，日本政府已将法定成年年龄从20岁下调至18岁。

建国纪念日 2月11日。根据日本神话，神武天皇于公元前660年2月11日统一日本，建立日本国。

天皇诞生日 2月23日（相当于国庆节）。天皇德仁于1960年2月23日出生，于2019年5月1日即位，年号"令和"。

女孩节（偶人节） 3月3日。在日本，女孩出生后，孩子的父母尤其是外祖父母，差不多都要为女孩买一套精美的小偶人（也叫"雏人形"），每年3月3日要把小偶人拿出来陈列，祝愿家中女孩健康成长与吉祥，直到出嫁时带走。

宪法纪念日　5月3日。1947年5月3日，日本废除了明治宪法，开始实行新宪法。

男孩节（端午节）　5月5日。这一天，有儿子的家庭门前均悬挂着祝男孩健康成长的"鲤鱼旗"（日本人认为鲤鱼是力量和勇气的象征）。因为端午节与男孩节同日，所以这天家家户户的门上也插菖蒲叶，屋内挂钟馗驱鬼图，吃驱邪的糕团（称"柏饼"）或粽子。这一天也是日本的公休日。

七夕（乞巧节）　7月7日。这是中国的传说与日本古老习俗相融合的节日。传说中，牵牛星只能在这一天跨过天河与织女星相会。这一天，人们在庭院前供上玉米和茄子，把写有歌词、心愿的五彩诗笺系在竹竿上，祈祷女孩的手艺像织女一样灵巧。

海之日　7月第三个星期一。从1996年起，这一天成为国民纪念日。日本四面环海，为了感谢来自海洋的恩典，并祈祷国家昌盛而确定了这一节日。

盂兰盆会　8月15日左右。这是日本民间最大的传统节日，又称"魂祭"或"灯笼节"等，原是追祭祖先、祈祷冥福的日子，现已是家庭团圆、阖家欢乐的节日。每到盂兰盆会时，日本各企业均放假7～15天，人们会回到故乡团聚。

敬老日　9月第三个星期一。这一天，日本各地都要开展敬老活动，为老人体检、修缮房屋、赠送慰问品等。日本厚生劳动省在这一天还要发布"长寿者名单"（百岁以上高龄者才能入围），并登载在各地报纸上。

体育节　10月第二个星期一。纪念1964年第18届夏季奥林匹克运动会在东京开幕。

文化节　11月3日。对文化事业有卓越贡献者会在这一天被授予"文化勋章"。

七五三节　11月15日。这一天，3岁和5岁的男孩、3岁和7岁的女孩会穿上鲜艳的和服去参拜神社，祈求神灵保佑他们在成长的道路上一帆风顺。参拜结束后，孩子们还要吃"赤豆饭"和专为庆贺七五三节而做的红色或白色的棒形糖果——"千岁糖"。

勤劳感谢日　11月23日。设立该节日的宗旨是"尊重勤劳，祝贺生产，国民相互感谢"。

（四）礼仪禁忌

1.日常社交礼仪

（1）见面礼节。日本以"礼仪之邦"著称，非常讲究礼节。平时人们见面总要互施鞠躬礼，很少握手，除非女性或长辈主动伸手，男性或晚辈可迎握，但不可用力过大或久握不放。

观览天下2-29　　　　　　　　　　　　　　**日本的鞠躬礼**

日本的鞠躬礼分为15度、45度、90度3种。一般的问候如"早上好"，鞠躬15度即可，表示感谢时鞠躬45度，初次见面或表示敬意时鞠躬90度。行鞠躬礼时不能戴帽子，手上也不能拿东西，亦不能把手插在口袋里。

日本人在初次见面时一般要互换名片，如果初次相见不带名片，不仅失礼，而且对方会认为你不好交往。在互赠名片时，要先行鞠躬礼，并双手递接名片。接到对方名片后要认真阅看，如果看也不看就随手放入口袋是很失礼的。阅看名片要专心，并尽量记住对方的姓名、身份、职务、公司，用点头动作表示已清楚对方的身份。如果房间里有多人，应该向每个人递送名片，并接受他们的名片，不能遗漏任何人。

日本人常用的礼貌用语有"您好""对不起""请多关照""打搅您了"等。与人说话时，不能长时间凝视对方；路遇朋友要交谈时，会走到路边或一旁低声说话，并注意让对方处在交通安全处。

日本人通常会为朋友准备一些见面礼（据统计，一个日本家庭每月要花费7.5%的收入用于送礼），中国的文房四宝、名人字画、工艺品等最受欢迎，但字画的尺寸不宜过大。所以在旅游中，日本人爱购物，有时甚至不惜为此减少景点。接受礼品的人一般都会回赠礼品。

观览天下 2-30

"对不起"是日本人使用频率最高的词语之一。如果不小心冒犯了对方，日本人会说"对不起"。即使没有冒犯对方，日本人也可能说"对不起"。比如，一个人滑倒了被人扶起，滑倒的人可能会说"对不起"，因为他觉得自己滑倒让人搀扶是给他人添了麻烦，所以要道歉。日本人道歉频繁，一个很大的原因是日本人认为道歉是维护个人形象、挽回个人尊严的一种方式。

（2）访问礼节。去日本人家里做客应预约时间，避免过早、过晚或在吃饭时间去他人家里做客。进门前先按门铃通报姓名，如果未装门铃也不要敲门，而应拉开门问一声："对不起，里面有人吗？"

进门后要主动脱外衣和帽子，解去围巾，穿上备用的拖鞋。天气再炎热，也不能只穿背心或赤脚去别人家中。

去日本人家做客必须带上礼品。礼品不宜过于贵重，若过于贵重，主人会认为你有求于他；礼品也不宜过于便宜，若过于便宜，主人会认为你轻视他。若是一般性走访，带上些包装食品即可，一般不送花，因为花的讲究太多，有的花专用于求爱或办丧事。礼品要有包装，一般要包上好几层，并系上一条漂亮的缎带或纸绳。日本人认为，绳结之处有人的灵魂，表示送礼的人有诚意。为了避免因送的礼品不合适而使客人感到窘迫，主人一般不会当着客人的面拆开礼品。自己用不上的礼品可以转赠给别人，这并不会使人感到尴尬。

在他人家里就座时，宜背对着门坐，只有在主人的劝说下，才可坐在壁龛前的座位上（专为贵宾准备的）。在日本人家里不要东张西望，不要提出四处看看的请求，即使上厕所也要征得主人的同意，因为日本人不习惯让客人参观自己的住房，尤其忌讳男子闯入厨房。在日本人家里也不要随意触摸装饰品，不要私自从书架上拿书。如果主人家里有其他客人在场，应主动打招呼。主人给客人倒水、倒茶宜倒八分满。日本人不习惯以烟待客，他们自己吸烟时，一般不向客人敬烟，毕竟吸烟有害健康。客人未经允许，不要在主人家里抽烟。

如果有事访问，应尽早进入话题并及早结束，谈话时间不宜太久。除非特意被招待吃饭，否则客人应在吃饭前主动提出离开。

（3）宴请礼节。日本人设宴饮酒时，不习惯自斟自饮，而喜欢相互斟酒。传统的敬酒方式是在每人面前放一块干净的白纱布，而在桌子中间放一碗清水。斟酒前，主人先把自己的酒杯在清水中涮一下，然后杯口朝下在纱布上按一按，让纱布吸干杯上的水珠，再斟满酒双手递给客人。客人饮完后，也同样做，以示主宾之间亲密无间。进餐时不吸烟。如果不清楚某种菜的吃法，应向主人请教。

宴会结束后，一般由客人先提出离开，并向主人表示感谢。回家后要打电话告诉对方，自己已安全返回，并再次表示感谢。若宴会不久后再次相遇，仍不要忘记表示感谢。

（4）其他社交礼仪。日本人注重守信、守时，"不给他人添麻烦"是重要的生活准则；等级观念很强，上下级之间、长辈与晚辈之间的界限分得很清楚；日本人不轻易流露自己的感情，视恼怒和急躁的言行举止为粗野；与西方人相反，一切礼让均先男后女。

2.婚姻礼节

在古代，日本青年男女的婚姻一般由父母决定，现在则讲究自由恋爱，但通过相亲形式缔结婚姻人的也不少。

日本人缔结婚姻一般经历如下程序：①接纳礼，即男女两家互赠钱物，相当于订婚；②结婚仪式，可根据宗教信仰和个人喜好，选择在神社、基督教堂或寺院举行；③新婚合影；④设婚宴，日本人称为"披露宴"，有日本式、中国式、西方式3种，一般要花费巨额费用，日本人认为"宁省一生，不省婚礼"；⑤欢送新郎、新娘蜜月旅行；⑥旅游归来后，新郎、新娘拜见新娘父母，数日后，新郎、新娘父母互相拜访。

3.寿礼

日本人到42岁时才可以称"寿"，通常称为"初老"；60岁称"还历"；77岁称"喜寿"；88岁称"米寿"；99岁称"白寿"，即百字少一；活到百岁就是"百寿"了。

4.丧礼

日本人十分重视葬礼，认为这是将死者的灵魂从现世送往冥界的一种仪式。丧葬仪式一般由以下程序组成：①彻夜守灵；②葬礼，分佛教式（烧香）、神式（供"玉串"）和基督教式（献花）3种；③告别仪式，于葬礼结束后1个小时进行；④出殡；⑤参加葬礼者回家或回公司时请屋内的人向自己身上撒盐，以示洗净。亲属过世后第一个新年不参加庆祝活动。

5.民间禁忌习俗

尽管日本经济发达，但民间禁忌仍然不少。

（1）数字方面。古时日本人视奇数为吉祥之数，其中"7、5、3"是最无忌讳的数字。最忌讳4和42，因为4与"死"同音，而42是"死"的动词形式。因此，房号、楼层号、车号、宴会桌号、礼品数都尽量避免以4开头或结尾。9和6也不受欢迎，因9的发音与"苦"相同，而6是强盗的标记。受西方人影响，日本人也不喜欢13，尤其是当13号遇上星期五。

（2）送礼方面。新婚礼物应避免2或2的倍数，故送钱的话宜送3万、5万、7万日元这样的数字。新婚礼物还应避免送易破碎的物品，因为"破碎"意味着良缘破裂。不宜将梳子作为礼品，因为它的发音与"苦死"相同。不送手绢，因为它会使人联想到擦眼泪，意味着要分手。按照日本人的习俗，向个人赠礼必须在私下进行，不宜当众送出。

（3）颜色方面。日本人最忌讳绿色，认为绿色不吉利；不喜欢紫色，认为紫色代表悲伤。崇尚白色，喜庆时饰以红白色或金银色，丧葬时饰以黑白色或蓝白色。

（4）花卉及图案方面。忌讳荷花，因为荷花为祭奠用花；探视病人时，忌以仙客来、山茶花为礼；不喜欢淡黄色或白色的花卉及花卉图案；一般人不能使用菊花图案，因为菊花为皇室专用。喜欢樱花、松、竹、梅及乌龟、仙鹤图案，忌讳夕阳风景画。

（5）饮食方面。做客吃饭忌一碗就够，即使吃饱了也应象征性地再添点；用餐时忌整理衣服和头发；吃饭时忌将筷子垂直插在米饭中，因为日本人习惯在亲人死后在其枕边放一碗米饭，并将筷子插于其中；筷子不可单只使用。

（6）其他方面。睡觉时忌讳头朝北，因为佛教中释迦牟尼的卧姿头朝北；称呼残疾人时忌用"残疾"之类的词语，应称为"××（残疾部位）不自由的人"；参加婚礼时忌说"破碎""重复""断绝"之类的词语；忌问年轻妇女的年龄及婚姻情况；忌三人合影（中间的人被左右夹着，预示不幸）；见面时忌说"你吃过饭了吗"之类的话；公共场合忌大声喧哗；通信忌用双层信封（含"祸不单行"之意）；上山忌带海鱼；打猎忌7人同伙；在船上忌唱歌、吹口哨，不允许向海里投掷梅干核儿；忌用带把的勺子向外舀水；忌隔屏风递东西；忌两人共缝一件衣服和用不打结的线做女红。

课堂互动 2-4

接待日本客人时应注意什么？

五、日本旅游业

（一）旅游业的历史和现状

日本近代旅游业始于1871年。20世纪60年代以前，日本的旅游业以入境旅游为主，1971年以后，出境游才超过入境游。1963年，日本制定了《观光基本法》，确定了发展旅游业的基本目标。2006年12月13日通过了《推进观光立国基本法》，并自2007年1月1日起实施。随着日本经济的高速发展、人们休息时间的增加，旅游已成为日本国民不可缺少的活动。

在国内旅游方面，日本在1996年即达到平均每人每年2.4次、平均每次4.81天的水平。2005年，日本国内旅游人数达到3.26亿人次。旅行目的主要是温泉疗养和观赏自然景观。温泉旅游和樱花之旅是日本最大众化的旅游项目。

在出境旅游方面，日本长期是亚洲出境游人数较多的国家之一。2011年，日本出境游人数为1 699万人次，出境游消费达497.7亿美元。2023年，日本出境游人数达到962.4万人次。在日本人的出国旅游目的地中，排在前列的分别是美国、中国和韩国。去美国的日本游客中，近半数的游客去的是夏威夷。

在入境旅游方面，过去，日本的入境游客主要来自北美地区，从1978年开始，亚洲旅游者开始占主流。2018年，访日外国游客人数首次突破3 000万人次，达3 119万人次，2019年达3 188万人次，2023年达2 507万人次。中国、韩国等是日本的主要客源国。

（二）主要旅游资源

日本多山，多河流湖泊，多火山温泉，再加上悠久的历史文化，从而形成了丰富的旅游资源。火山温泉和樱花等都是日本最具代表性的旅游资源。松岛（仙台市松岛湾）、宫岛（广岛县西南部）和天桥立（京都府西北部，是受宫津湾潮流和海风影响而堆积起来的细长沙洲）被称为日本三景。日本还有众多的古都、历史遗迹、古寺院、神社等。奈良、京都、镰仓被称为日本三大古都，现为古都保护区；偕乐园（茨城县水户市）、兼六园（石川县金泽市）、后乐园（冈山县冈山市）被称为日本三大名园；姬路城、名古屋城、大阪城、二条城、松本城、熊本城、犬山城等都是日本著名的古城。日本还有众多的博物馆和文物，东京、大阪等现代都市也为游客的旅游购物和都市参观提供了良好的去处。

1. 著名旅游城市及其景点

（1）东京。东京不仅是日本的首都，也是著名的旅游城市。主要景点有：

东京晴空塔　又称东京天空树，也曾被称为新东京铁塔，于2008年7月动工，2012年5月22日正式启用。塔高634米，是世界第二高塔（仅次于828米高的迪拜哈利法塔）。

东京迪士尼乐园　修建于1982年，分为世界市集、探险乐园、西部乐园、动物天地、梦幻乐园、卡通城及明日乐园7个园区。

上野公园　日本著名的赏樱花之地，是日本第一座公园。

浅草寺　位于东京都台东区，是东京最古老、最有名的寺院。浅草寺的大门叫"雷门"，是日本和浅草地区的象征。

（2）京都。京都位于日本西部，于794年仿照中国唐朝都城长安城的样式建造，体现了中国隋唐时期的建筑风格。从794年至1868年的1 000多年中，这里一直是日本的首都，有"千年古都"之称。这里有许多历史古迹和神话传说，是日本文化艺术的摇篮、佛教中心和道教圣地。如果说东京代表着今天的日本，京都则代表着过去的日本。这里几乎每天都有各种祭祀活动，最有名的是"京都三大祭"：祇园祭、时代祭、葵祭。著名景点有京都御苑（皇宫）、清水寺、三十三间堂、金阁寺、银阁寺、本愿寺、平安神宫、二条城、桂离宫、岚山等。

桂离宫　桂离宫的建筑和庭园堪称日本民族建筑的精华，有"京都第一名胜"之称。

岚山　著名的赏樱花和红叶的地方，周恩来曾于1919年游览岚山，并写下了《雨中岚山》诗篇。

（3）奈良。奈良是日本三大古都之一，710—794年是日本的首都，称为"平城京"。奈良也是日本的佛教中心和文化发祥地，被日本国民视为"精神故乡"。1950年，奈良被评为国际文化城。其主要景点有：

奈良公园　位于奈良市东部，东西长约4 000米，南北宽约2 000米，园内流水潺潺，一年四季景色优美如画。园内还有东大寺、兴福寺、春日大社等奈良颇具代表性的寺庙。

东大寺　建于728年，是日本佛教华严宗的总寺院。东大寺大佛殿正面宽57米、深

50米、高51米，是世界上最大的木构造建筑，东大寺大佛是日本第一大佛。寺内还有日本最重的梵钟。寺内的戒坛院系为鉴真传戒而建，鉴真曾在此为圣武天皇、孝谦天皇及僧侣们讲授戒律。南大门、二月堂、三月堂等也是东大寺内著名的景点。东大寺现已被列入《世界遗产名录》。

唐招提寺　由中国唐代高僧鉴真（688—763年）于759年主持建造，约770年竣工，是日本佛教律宗的总寺院，也是中日友谊的见证。寺院大门上的红色横额"唐招提寺"是日本孝谦天皇仿王羲之、王献之的字体所书。寺内松林苍翠、庭院幽静、殿宇重重，保留有古代的讲堂、戒坛、金堂、鼓楼、礼堂及佛像、法器和经卷等。

观览天下 2-31

鉴真是应日本圣武天皇的邀请东渡日本的，经过6次努力，历尽艰险，双目失明，终于在754年偕同弟子到达日本。鉴真除讲授佛经，还详细介绍了中国的建筑、雕塑、文学、书法、绘画等技术知识，对中日经济文化交流作出了杰出贡献。鉴真亦精通医学，虽双目失明，仍能以鼻嗅分辨各种药物，为日本医药学的发展作出了贡献。鉴真圆寂后，中日两国很多官员、僧人、文人都曾作诗称颂，其不朽之功绩为中日两国人民的友谊史册书写了灿烂的篇章。

（4）长崎。长崎是一座充满异国情趣的港口城市，自古以来就是日本的对外窗口，古代中国文化和近代西方文明都从这里传入日本。主要名胜古迹有兴福寺、大浦天主堂等。1945年，美国的一颗原子弹在此爆炸，现在这里建有长崎和平公园和长崎原爆资料馆。

（5）大阪。大阪是日本最大的商业城市及世界大港之一，古称浪速、难波，1583年由丰臣秀吉所建。主要景点有天守阁（大阪历史文化的象征性建筑，如图2-2所示）和四天王寺等。

（6）横滨。横滨位于东京湾西岸，是日本第一大贸易港。横滨既是日本重要的工商业城市，也是一个重要的旅游城市，主要景点有华侨聚居的中华街、日本曹洞宗大本山总持寺、兼营动物园的野毛山公园、被称为"日本建筑史缩影"的三溪园等。

图2-2　天守阁

2. 主要旅游名山

日本的旅游名山有富士山、大雪山、吉野山、阿苏山、谷川岳等。

富士山　作为日本的象征，富士山早已名扬世界。富士山位于山梨县与静冈县交界处，海拔3 776米，是日本第一高峰。富士山是一座活火山，气势雄伟，山顶呈圆锥形。景色四季各异，春季樱花盛开，夏季满目苍翠，秋季红叶满山，冬季白雪皑皑，常被作为绘画和文学创作的题材。自古以来，富士山就是日本开展山岳信仰活动的重要场所。现代人也喜欢登临富士山，并在山顶观看日出。富士山周围有富士五湖和青木原树海等景观，还有过去为镇住富士山喷火而建造的富士山本宫浅间大社。每年8月26日和27日举行的"镇火大祭"又被称为"吉田火祭"，是日本三大奇祭之一。

赏景怡情
2-1

日本富士山

大雪山　最高峰旭岳海拔2 290米，是北海道最高峰。

吉野山　位于奈良县，以樱花著称，附近还有吉野神社、如意轮寺等遗迹。

阿苏山　九州中部的一座活火山，它拥有世界上最大的火山口，口内有被称为"阿苏五岳"的五座山峰。

谷川岳　地势险恶，天气变幻莫测，被称为"魔山"。

3.旅游观光胜地

北海道　位于日本列岛最北部，这里气候宜人，一年四季都可开展旅游活动，夏季可避暑，冬季可开展滑雪等各种体育活动，春秋季也各有特点。这里有北海道的屋脊——大雪山国立公园，有神秘的知床半岛，有分布着众多火山和湖泊的支笏洞爷国立公园，有曲折多变的二世古积丹小樽海岸国定公园，还有登别、定山溪、层云峡等许多温泉区。北海道全年有1 200多个庆典活动，如冬季举行的札幌冰雪节、纹别流冰节，夏季在富良野举行的薰衣草节等，都各具特色。

箱根　位于神奈川县西南部，距东京约90千米。它与富士山齐名，是日本最有代表性的观光胜地之一。这里集山、湖、温泉于一体，自然风光优美。主要景点有早云寺、大涌谷、芦之湖等。

屋久岛　位于日本鹿儿岛南端，1993年被列为世界自然遗产。这里有高耸的山峰、奔流的瀑布和茂密的森林，有"海上的阿尔卑斯"之称。屋久岛最典型的自然景观是古屋久杉树，树龄均超过1 000年，其中一株的树龄甚至有7 200年。

六、中日关系

（一）外交关系

1972年9月25日，日本首相田中角荣及外相大平正芳访华；29日，中日两国政府发表联合声明，实现邦交正常化。1973年，两国互设大使馆。1978年8月12日，两国在北京签署了《中华人民共和国和日本国和平友好条约》。此后，两国领导人互访频繁，两国友好关系不断发展，并确认了"和平友好、平等互利、长期稳定、相互信赖"为中日关系的四项原则。中国在日本大阪、札幌、福冈、长崎、名古屋、新潟设立了总领事馆，日本在中国上海、广州、沈阳、重庆、青岛和香港设立了总领事馆。

（二）经贸关系

日本曾是中国第一大贸易伙伴（截至2003年，日本连续11年成为中国第一大贸易伙伴），现在日本是中国第四大贸易伙伴、第二大贸易对象国、第二大出口对象国和进口来源国。中国则是日本最大贸易伙伴、第二大出口对象国和最大进口来源国。

2013年，中日贸易额为3 119.95亿美元，日本对中国出口占日本全部出口份额的20.6%，而中国对日本出口在中国全部出口份额中所占的比重为7.9%。2023年，中日贸易额为3 180亿美元，其中，中国出口额1 575.2亿美元，中国进口额1 604.7亿美元。

日本是中国第二大外资来源地，截至2023年末，累计在华投资设立企业5.6万家，实际在华投资超过1 400亿美元。截至2022年底，中国对日本累计直接投资约50亿美元。

（三）科技、文化与教育交流

中日两国于1980年签署了《中华人民共和国政府和日本国政府科学技术合作协定》，此后，两国的科技交流与合作发展迅速，特别是在应用技术合作方面成绩显著。

中日两国的文化交流源远流长。中华人民共和国成立后，中日两国一直保持民间文化交流，主要形式有文艺演出、文物展览、人员往来等。1979年12月，两国签署《中华人民共和国政府和日本国政府为促进文化交流的协定》，此后，中日文化交流与合作更为广泛和深入，日本已成为中国最重要的文化贸易伙伴之一。截至2023年5月，中国在日本留学生人数超过11万人。两国目前共缔结友好城市263对。

观览天下 2-32　　　　　　　　　　　　**中日文化交流的特点**

中日文化交流具有以下特点：①文化交流范围广、规模大、数量多、活动频繁、内容丰富。例如，1999年的"中日文化友好年"活动、2002年的"中日文化年"活动、2007年的"中日文化体育交流年"活动、2008年的"中日青少年友好交流年"活动等。②共同文化渊源深厚，文物、书法、诗歌、水墨画、戏剧（京剧、歌舞伎）等传统东方文化的交流独树一帜。③民间交流占主体，约占双方文化交流总量的95%以上。④双方在商业展演、音乐影视、动漫游戏等领域的交流与合作发展迅速。

（四）旅游关系

中日两国隔海相望，地域邻近，文化接近，旅游交往频繁。20世纪80年代以来，来我国旅游的日本游客逐年增加。在2004年以前，日本一直是我国最大的客源市场。2007年，日本来华旅游人数近400万人次。2010—2015年，来华旅游的日本游客逐年减少，但日本仍然是我国主要的客源国。2016年，来华旅游的日本游客达258.99万人次，比2015年略有增加。2018年，来华旅游的日本游客增加至269.1万人次（约占日本当年总出境人数的14.2%）。表2-1显示了2010—2018年来华日本游客数量的变化情况。

表2-1　　　　2010—2018年来华日本游客数量的变化情况

年份	人数（万人次）	与上年比较（%）
2010	373.12	12.50
2011	365.82	−1.96
2012	351.82	−3.83
2013	287.75	−18.21
2014	271.76	−5.56
2015	249.77	−8.09
2016	258.99	3.69
2017	268.30	3.59
2018	269.10	0.30

日本游客的入境方式以飞机为主，其次是船舶和汽车。旅游目的以观光休闲和会议/商务为主。

课堂互动 2-5

日本为什么能成为我国主要的客源国？

我国改革开放以来，赴日本的游客逐年增加，目的多数为公务、旅游、探亲、留学。2002年中国公民赴日本旅游人数达到76万人次，2008年达到100万人次。2009年7月1日，中国公民赴日本自由行正式开通，赴日本旅游的中国游客数量迅速增长，2013年为131.4万人次，2016年达到637万人次，2019年达到959万人次。

2020年，中日双边人员往来骤降至151.7万人次，其中中国公民赴日本人数为128.5万人次。2023年，中国赴日本游客人数达242.5万人次，与2022年相比有大幅增长。

第三节　马来西亚

一、马来西亚概况

（一）地理位置

马来西亚（Malaysia）位于亚洲东南部，国土分东、西两部分。西马位于马来半岛南部，北与泰国接壤，南与新加坡隔柔佛海峡相望，东临南海，西濒马六甲海峡。东马位于加里曼丹岛北部，与印度尼西亚、菲律宾、文莱相邻。

马来西亚介于太平洋和印度洋之间，是亚洲、大洋洲、欧洲、非洲四大洲海上交通的相交处，其西海岸是被称为"东方的苏伊士运河"的马六甲海峡。因此，马来西亚的战略位置十分重要。

马来西亚吉隆坡与中国北京无时差。

（二）面积与人口

马来西亚的面积约33万平方千米。人口约3 370万人（截至2023年），其中马来裔占70.1%，华裔占22.6%，印度裔占6.6%，其他种族占0.7%。马来西亚人口分布不均，约83%的人口分布在西部地区。2023年，马来西亚人口平均预期寿命为74.7岁，其中，男性72.6岁，女性77.1岁。

（三）语言

国语为马来语，通用英语，汉语使用较广泛。

（四）宗教

伊斯兰教为国教，其他宗教有佛教、印度教和基督教等。马来人有80%信仰伊斯兰教，华人多信佛教（也有信基督教的），印度人信奉印度教。

（五）自然环境

西马地势北高南低，中部为山地，沿海多平原。东马为森林覆盖的丘陵和山地，西部沿海为冲积平原。京那巴鲁山（又译基纳巴卢山）海拔4 095米，是马来西亚最高峰。

马来西亚属热带雨林气候，高温多雨，无一年四季变化，只存在旱、雨季的区别。气候稳定，四季皆适宜旅游。

（六）国旗、国歌、国花

1.国旗

马来西亚国旗呈横长方形，主体部分由红白相间的14道横条构成。国旗左上方有一个深蓝色的长方形，上有一弯黄色新月和一颗14个尖角的黄色星。

2.国歌

马来西亚的国歌是《我的祖国》。

3.国花

马来西亚的国花是朱槿。

（七）行政区划

全国分为13个州和3个联邦直辖区。13个州分别是西马的柔佛、吉打、吉兰丹、马六甲、森美兰、彭亨、槟榔屿、霹雳、玻璃市、雪兰莪、登嘉楼和东马的沙巴、沙捞越；3个联邦直辖区分别是吉隆坡、布城和纳闽。

（八）首都

吉隆坡（Kuala Lumpur）人口约204万（截至2024年4月），其中2/3是华人。吉隆坡位于马来西亚半岛西海岸，靠近赤道，是马来西亚的政治、经济、文化中心。吉隆坡是马来西亚这个多民族、多宗教国家的缩影，这里有众多的清真寺、佛教及印度教的寺庙、基督教的教堂，还有众多中国式建筑。吉隆坡还是世界著名的旅游胜地，拥有美丽的热带风光和众多名胜。

布城（Putrajaya）是马来西亚的联邦行政中心，位于吉隆坡以南35千米处。总理府及部分政府工作人员于1999年6月迁入，2005年搬迁完毕。

二、马来西亚简史

马来半岛很早就有人居住。1世纪初，马来半岛建立了羯荼、狼牙修等古国，马来半岛一直处于分裂割据的状况。15世纪初，以马六甲为中心的满剌加国统一了马来半岛的大部分，成为东南亚一带最强大的国家，也是这一区域的国际贸易中心。伊斯兰教也在15世纪传入马来西亚。

从16世纪开始，这里先后被葡萄牙、荷兰、英国占领。1826年，英国将槟榔屿、马六甲、新加坡三地合并为"海峡殖民地"，由东印度公司总督管辖。沙捞越、沙巴历史上属于文莱，1888年两地沦为英国保护地。

第二次世界大战期间，马来半岛、沙捞越、沙巴被日本占领。第二次世界大战以后，英国恢复对这3个地区的殖民统治。1948年2月，马来亚联合邦成立。1957年8月31日，马来亚联合邦宣布独立。1963年9月16日，马来亚联合邦与新加坡、沙捞越、沙巴合并组成马来西亚（1965年8月9日，新加坡退出马来西亚）。

三、马来西亚的政治、经济与文化

（一）政治

马来西亚实行君主立宪联邦制。统治者会议是马来西亚的最高权力机关，由柔佛等9个州的世袭苏丹和马六甲等4个州的州元首组成。最高元首为国家首脑、伊斯兰教领袖兼武装部队统帅，由统治者会议从马来西亚9个州的世袭苏丹中选举产生，任期5年。最高元首拥有立法、司法和行政的最高权力，以及任命总理、拒绝解散国会等权力。国会是最高立法机构，由上议院和下议院组成。

最高审判机构为联邦法院。各州设有地方法院和推事庭，另外还有特别军事法庭和伊斯兰教法庭。

（二）经济

1.总体实力

20世纪70年代以前，马来西亚是一个以农业为主的国家；70年代以来，马来西亚大力推行出口导向型经济，电子业、制造业、建筑业和服务业发展迅速。自1987年起，马来西亚的经济连续10年保持8%以上的高速增长，1998年经济出现负增长。2014年，马来西亚国内生产总值为10 125亿林吉特，人均国内生产总值为33 088林吉特。2023年，马来西亚国内生产总值为1.57万亿林吉特，人均国内生产总值为51 475林吉特。截至2024年4月15日，马来西亚外汇储备为5 369亿林吉特（约1 134亿美元）。

2.各产业概况

马来西亚鼓励发展以本国原料为主的加工工业，尤其是锡、石油和天然气的开采，重点发展电子、汽车、钢铁、石油化工和纺织品等。马来西亚的农业以经济作物为主，粮食自给率约为70%。主要粮食作物是稻米，主要经济作物是橡胶、油棕、热带水果等。橡胶、油棕和胡椒的产量和出口量居世界前列，有"橡胶王国"之称。林木资源丰富，盛产热带硬木。服务业是马来西亚就业人数最多的行业。

观览天下2-33

马来西亚是热带水果的天堂。当地常见的水果有香蕉、黄梨、木瓜、椰子、阳桃、番石榴、龙眼、奇异果、葡萄、热带苹果等，乡村还有一些几乎绝迹的水果品种。在马来西亚，除了吃水果外，喝新鲜果汁也是一种重要的品尝水果的方式。

马来西亚的主要港口有巴生、槟城、关丹、新山、古晋和纳闽等。吉隆坡、槟城、兰卡威、古晋等地建有国际机场，主要航空公司有马来西亚航空公司和亚洲航空公司。

3.对外贸易

马来西亚外贸总额2009年为9 882亿林吉特，2020年为17 772亿林吉特，2023年为26 370亿林吉特。主要贸易伙伴为中国、新加坡、美国等。

4.货币与汇率

货币名称为林吉特（Ringgit）。

2021年7月1日，1人民币元=0.64174马来西亚林吉特。

2024年7月1日，1人民币元=0.66210马来西亚林吉特。

（三）文化

1.教育

马来西亚推行"国民教育政策"，重视马来语的普及教育，努力塑造以马来文化为基础的国家文化。华文教育比较普遍，有较完整的华文教育体系。主要高校有马来亚大学、马来西亚国民大学等，私立高等院校发展很快。

观览天下2-34

从20世纪70年代开始，马来语取代英语，成为马来西亚大多数学校的教学语言。2003年，马来西亚政府要求学校在上数学和科学课时使用英语进行教学，以提高学生的英语水平，提升就业时的国际竞争力。但有人认为，使用英语教学不利于马来语的发展和"现代化"，不利于学生提高数学和科学课的成绩。2009年，马来西亚政府又宣布，从2012年起，马来西亚公立学校的数学和科学课恢复使用马来语教学，停止用英语教学。

2.新闻出版

全国约有50份报纸，主要报纸有马来文的《每日新闻》《阳光日报》等，英文的《星报》《新海峡时报》等，华文的《星洲日报》《南洋商报》等。

主要通讯社为马来西亚国家新闻社（简称马新社），为半官方通讯社。主要广播电台和电视台有马来西亚广播台、马来西亚电视台等。

3.文学

19世纪，阿卜杜拉·本·阿卜杜尔·卡迪尔的传记、游记等作品问世，使得马来西亚的文学有了较大的发展。19世纪末到20世纪初，华侨曾锦文把《三国演义》《西游记》等中国古典小说译成马来文，使得中国古典文学在马来西亚广为流传。马来西亚当代最著名的作家是沙农·艾哈迈德，其代表作有《满路荆棘》等。

四、马来西亚的民俗

马来西亚是一个多民族国家，各民族都有自己的风俗习惯。马来人是马来西亚人数最多的民族，也是东南亚的一个重要民族，除马来西亚有分布外，印度尼西亚、泰国等国也有分布。此外，由于马来人多数信奉伊斯兰教，因此马来人有许多习俗是与伊斯兰教有关的。

（一）姓名称谓

同家族的马来人没有固定的姓，儿子以父亲的名为姓，父亲则以祖父的名为姓。称呼姓名时是名在前、姓在后，男子的姓与名之间用"宾"隔开，女子的姓与名之间用"宾节"隔开，表示"某某的儿子（女儿）"。

（二）衣、食、住习俗

1.服饰

马来人的传统服装整体特点是宽大，遮手盖脚且色彩鲜艳。男子上装叫"巴汝"，无领，胸围和袖子都很大，长至臀部；下装是长裤和纱笼（用一块布缝合两端而成）。

遇到喜庆节日，马来西亚男子的典型礼服就是上穿"巴汝"，下着西式长裤，腰上围纱笼，头戴宋谷帽，足蹬皮鞋。马来西亚女子的服装主要是纱巾、上衣和纱笼，上衣宽大如袍，纱笼则以手工纺织成各式图案。"克巴亚"也是马来西亚女子的传统服饰，是一种无领长袖的连衣裙。无论男女，在公共场合都不能露出胳膊和腿部。

工作时，马来人往往穿轻便的西装。

2.饮食

马来西亚是饮食的天堂，有多种多样的烹调风格。马来西亚的饮食基本上可分为三大类，即马来餐、华人餐和印度餐。

马来人以大米为主食，肉食以牛肉为主。口味较重，喜欢吃辣，多以胡椒和咖喱调味。较有名的食物有椰浆饭、马来糕点、竹筒饭、罗惹、咖喱鸡、飞天薄饼、黄姜饭等，沙嗲和咖喱牛肉风行全国。马来人进餐时用手抓取，一般用右手五指并拢抓饭，用拇指将饭填入口中。在穆斯林宴席上，不用左手碰触食物。马来人常饮咖啡和茶，爱嚼槟榔和烟草，禁止喝酒。

观览天下2-35 沙 嗲

沙嗲可能是马来西亚最有地方特色的风味佳肴，即将用香料腌过的鸡肉或牛肉穿成串，然后放在炭火上烤熟，最后拌上沙嗲酱进食。沙嗲味道清香，令人回味。

3.住宅

马来人的传统住房是一种叫"浮脚楼"的单层建筑。这是一种木建筑，房顶用树叶（现在也用木板）铺盖。为了防潮，房屋地板离地面有数尺高，门口放一张梯子，客人来访必须先脱鞋，然后顺梯而上。

（三）主要节庆

政府规定的全国性节日有10个，即元旦、开斋节（穆斯林）、春节（华人）、哈芝节（穆斯林）、屠妖节（印度人）、五一节、圣诞节、卫塞节、现任最高元首诞辰，以及国庆节（8月31日，这一天又被称为独立日）。除少数节日日期固定外，其余节日的具体日期由政府在前一年统一公布。

观览天下2-36 灾难意识日

马来西亚有一个很特殊的纪念日——"灾难意识日"，时间是每年的12月26日。过去，马来西亚在这一天多次遭受过自然灾害的袭击：1996年的这一天，沙巴州遭受热带风暴袭击，有100多人死亡；2004年的这一天，槟榔屿等州部分地区遭到印度洋海啸袭击，有60多人死亡。2005年，马来西亚政府决定将每年的12月26日定为"灾难意识日"。

（四）礼仪禁忌

1.日常社交礼仪

马来人热情、大方、谦恭，日常生活中非常重视礼仪。时间观念很强，讲究准时、守信用。社交场合见面一般施握手礼，握手时双方的手仅仅触摸一下，然后各自用手扪胸示礼。男士不可先伸出手与女士握手。马来人视左手为不洁，因此见面握手、递接东西时必须用右手，不能随便用左手，不得不用左手时一定要说声"对不起"。男子与宾朋见面时，必须戴宋谷帽，以示敬意。

　　家庭生活中，全家必须尊敬和服从父母，子女在父母面前应端坐。若席地而坐，男子应盘膝，女子应屈膝，双腿伸向一旁。儿子见父母时不能脱帽，不能吸烟。去他人家里拜访时，必须衣着整齐，脱鞋后进门。来客人时，主人应以马来糕、点心、菜、咖啡、冰水及栳叶（一种传统的可食用中药材）等招待客人，而客人必须吃一点、喝一点，否则可能被视为对主人不敬。马来人的客厅没有桌椅、沙发，宾主都席地而坐。交谈内容不要涉及他人年龄和家务事。主人挽留吃饭时，客人不要随便拒绝，否则将被视为失礼。在傍晚祈祷的时间内不要打搅教徒。

　　在商务活动中，请客吃饭是一项重要内容。饭前重视洗手，一般用流水冲洗，而不用毛巾干擦。餐桌上一般会备有水盂，供客人在用餐过程中随时浸涮手指。

2. 婚姻礼节

　　马来西亚并不禁止一夫多妻。婚礼一般要持续两三天，讲究"三礼"：饰发礼、染手掌礼、并坐礼。染手掌礼非常隆重，一般要进行一整天。传统马来人"重女轻男"，结婚后住女方家。

3. 民间禁忌习俗

　　禁酒、禁赌、禁食猪肉、禁食自死物；斋月期间必须斋戒；除阿訇外，禁止他人用手触摸头部和背部；不用食指指人，因为马来人认为这是对人的一种侮辱；马来人的内厅是做祈祷的地方，神圣不可侵犯，因此不可穿鞋进屋；孕妇不能打人骂人，要怜惜牲畜，马来人认为只有这样才能保证出生的婴儿善良忠孝；婴儿出生后一段时间内，父亲不能坐门槛，不能理发，不能屠宰或伤害动物；对死者表示哀痛和伤心时不能号啕大哭，他们认为哭声和眼泪对死者和生者都不吉利。

🔹 **课堂互动2-6**

接待马来西亚客人时应注意什么？

五、马来西亚旅游业

（一）旅游业历史和现状

　　马来西亚是东南亚著名的旅游胜地，有着迷人的热带风光、风景优美的海滨、众多的名胜古迹，丰富的旅游资源为马来西亚的旅游业创造了良好的发展条件。现在，旅游业已成为马来西亚第三大经济支柱产业和第二大外汇收入来源。

　　马来西亚旅游业在20世纪60年代初创，70年代迅速发展。接待外国游客1970年为7.6万人次，1980年为153万人次，1998年增加到685.6万人次，2006年为1 754万人次，2019年为2 610万人次，2023年约2 014.2万人次。游客主要来自新加坡、印度尼西亚和中国等国家。与此同时，马来西亚的出国旅游也发展迅速，旅游目的地主要是东盟国家，其次是美国和欧洲国家。

　　马来西亚重视旅游基础设施建设，除了改善交通条件，还开辟了众多国家公园、野生狩猎区、海上公园等旅游区，兴建了大批酒店和山间别墅。

（二）主要旅游资源

马来西亚全国分为四大旅游区：吉隆坡–马六甲旅游区、东部海岸旅游区、槟榔屿–兰卡威旅游区、沙巴–沙捞越旅游区。主要旅游点有：吉隆坡、云顶高原、槟榔屿、马六甲、京那巴鲁国家公园、兰卡威群岛、刁曼岛、热浪岛、邦咯岛等。

1.吉隆坡

首都吉隆坡是一座整洁美丽的文化名城，也是世界著名的旅游城市。这里有繁荣的商业区、花园式的住宅区、各种风格的建筑，处处体现着浓郁的多元文化气息。吉隆坡城市建筑别具一格，古老和现代建筑兼收并蓄，东方和西方建筑和谐共存，是一个"世界建筑博览馆"。著名的景点有国家清真寺（东南亚地区最大的清真寺）、国家博物馆、国家美术馆、吉隆坡石油双塔（如图 2-3 所示）、独立广场、国家体育馆、马来西亚国家皇宫、黑风洞等。

赏景怡情
2-2

马来西亚
吉隆坡

图2-3 吉隆坡石油双塔

2.云顶高原

云顶高原位于吉隆坡东北约50千米处，是东南亚最大的高原避暑地，为华人巨商林梧桐的云顶集团于1965年所建。这里山峦叠翠，花草繁茂，空气凉爽清新，是东南亚最大的避暑胜地。这里还是东南亚最大的赌场，也是马来西亚唯一合法的赌场，内有东南亚最大的酒店和最长的缆车，还有高尔夫球场、保龄球场、游乐场等各种娱乐设施。

3.槟榔屿

槟榔屿是马来西亚西北部一个风光明媚的小岛，因盛产槟榔而得名。它扼守在马六甲海峡北部，与马来半岛隔一条3 000米宽的海峡相望，地理位置十分重要。

槟榔屿是马来西亚著名的旅游胜地，有"东方珍珠""印度洋绿宝石"的美誉。这里有美丽的海滩和原野风光、众多欧洲和亚洲风格的建筑，这里也是购物者的天堂。著名旅游地有槟榔山、极乐寺、卧佛寺、蛇庙、植物园等。极乐寺是东南亚最大的佛寺之一，也是马来西亚最大的华人庙宇。卧佛寺也称泰禅寺，内有一尊长33米的卧佛雕像。蛇庙内可谓是蛇的世界，到处都是盘绕缠蜷的蝮蛇，信徒称之为"青龙"。

4.马六甲

马六甲是马六甲州的首府，位于马来西亚半岛西部。马六甲是马来西亚历史最悠久的古城，始建于1402年，曾是满剌加国的都城，也是东西方贸易的枢纽，曾受葡萄牙、荷兰、英国的殖民统治。历史上，华人、印度人、阿拉伯人等先后来到这里，使这里成为多种民族、宗教、语言、风俗习惯相融合的地方，形成了这个城市鲜明的历史特色。这里有古代的街道、中国式的住宅、荷兰式的红色楼房和葡萄牙式的村落，以及具有浓郁地方特色的手杖、藤器、牛角制品等手工艺品。名胜古迹有青云亭、三宝山、荷兰红屋（马六甲博物馆）、圣保罗教堂、葡萄牙古城堡、荷兰街等。

青云亭　原名观音亭，是一座用楠木建造的庙宇，也是马来西亚最古老的中国庙宇。庙堂里陈设的木雕和漆器，全部是从中国运来的精品。寺内石碑上铭刻着中国明代著名航海家郑和访问马六甲的事迹。

三宝山　亦称"三保山"，又名"中国山"，明朝航海家郑和到达马六甲时曾驻扎于此。这里也是中国境外最大的华人墓地。

荷兰红屋　建于17世纪，是东南亚地区现存最古老的荷兰式建筑。300多年来，它一直是政府机关所在地，直至1980年才改为马六甲博物馆，馆内保留了马六甲各个时期的历史遗物。

5.京那巴鲁国家公园

京那巴鲁国家公园位于马来西亚沙巴州，是一片神秘的热带丛林和生态宝库。公园内有5 000～6 000种植物、90种低地哺乳动物、22种山地哺乳动物和326种鸟类。全国最高峰京那巴鲁山就在公园的中心。2000年，京那巴鲁国家公园被列入世界自然遗产。

六、中马关系

中国与马来西亚的友好往来历史悠久。西汉时期，中国就有人去马来半岛及婆罗洲从事贸易。1世纪至7世纪，中国和马来半岛的一些邦国经常互派使节访问。明朝政府与马六甲王国关系密切，郑和下西洋时曾五次到达马六甲王国。进入近代，大批沿海地区的中国人去马来半岛与沙巴州谋生，并参与了当地的开发。

（一）外交关系

1974年5月31日，中马两国建立正式外交关系，马来西亚成为东盟国家中第一个与中国建交的国家。1990年，马来西亚取消了对其公民访华的限制，两国之间的人员交流不断增多，中马关系开始进入新的发展阶段。2004年，两国领导人就发展中马战略性合作达成共识。2013年，两国建立全面战略伙伴关系。2023年，两国宣布共建中马命运共同体。

中国在马来西亚古晋、哥打基纳巴卢和槟城设有总领事馆，马来西亚在中国上海、广州、昆明、南宁、西安和香港设有总领事馆。

（二）经贸关系

中国是马来西亚最大的贸易伙伴，马来西亚曾连续多年为中国在东盟国家中的最大贸易伙伴。中马双边贸易额2013年为1 060.8亿美元，2016年为868.8亿美元，2020年为1 311.6亿美元，2023年为1 902.4亿美元（其中，中国出口额873.8亿美元，中国进口额1 028.6亿美元）。中国从马来西亚进口的主要商品有集成电路、计算机及其零部件、棕榈油和塑料制品等，中国向马来西亚出口的主要商品有计算机及其零部件、集成电路、服装和纺织品等。

截至2023年7月，马来西亚实际对华投资累计92亿美元，中国对马来西亚各类投资累计168.7亿美元。

（三）科技、文化与教育交流

中马两国的科技与文化交流频繁。双方已签署《中华人民共和国政府和马来西亚政府科学技术合作协定》（1992年），成立科技合作联委会。双方还签署了《中华人民共和国政府和马来西亚政府教育交流谅解备忘录》（1997年）、《中华人民共和国政府和马来西亚政府文化合作协定》（1999年）、《中华人民共和国政府和马来西亚政府高等教育合作谅解备忘录》（2009年）等合作协议。

（四）旅游关系

中马之间旅游交往密切，马来西亚历来是中国主要的客源国之一。20世纪90年代以前，马来西亚来华的旅游者每年约1万人次。1990年马来西亚取消对其公民的访华限制后，当年的访华旅游者即达3.68万人次，2001年提高到46.86万人次，2011年为124.51万人次，2019年为138.35万人次。

课堂互动2-7

马来西亚为什么能成为我国主要的客源国之一？

马来西亚从1990年开始成为中国全面开放的出境旅游目的地国家，现在已是中国游客出境旅游的主要目的地之一。在马来西亚的街上，随处可见中文招牌，经常可以听到广州话。2013年，中国公民首站赴马来西亚旅游人数达到135.16万人次；2014年有所减少，此后逐渐恢复，2016年为212万人次，2019年为241.23万人次。中国目前是马来西亚继新加坡和印度尼西亚之后的第三大客源国，是马来西亚在东盟国家外最大的游客来源国。

自2023年12月1日起，中国对马来西亚持普通护照人员实施单方面免签政策，马来西亚对中国公民实施入境免签便利措施。免签措施进一步加强了两国人员的交流，增进了相互理解。

第四节 新加坡

一、新加坡概况

（一）地理位置

新加坡全称新加坡共和国（Republic of Singapore），位于马来半岛南端、马六甲海峡出入口，北隔柔佛海峡与马来西亚相邻，南隔新加坡海峡与印度尼西亚相望，是一个一面临海、三面海峡环抱的岛屿国家，地理位置十分重要，被称为"世界的十字路口"之一。整个国家都在赤道附近，是一个热带国家。

新加坡所在的时区与中国北京相同（东八区）。

观览天下 2-37 新加坡国名的来历

新加坡又称为"狮城"。马来史籍中记载，公元14世纪，苏门答腊的一位王子乘船到达这里的时候，看见一头神奇的野兽，后来得知是一头狮子，"狮城"之名由此而来。由于当地居民受印度文化的影响较深，喜欢用梵语作为地名，而"新加坡"是梵语"狮城"的谐音，"新加坡"之名因此便流传开来。过去，华侨也称新加坡为"息辣"（马来语"海峡"的意思）。由于新加坡的面积小，因此这里也曾被称为"星洲""星岛"。

（二）面积与人口

新加坡面积为735.2平方千米（截至2023年），由新加坡岛及附近63个小岛组成，其中新加坡岛占全国面积的88.5%。新加坡总人口约592万（截至2023年），其中新加坡公民和永久居民407万。华人占74%左右，其余为马来人、印度人和其他种族。新加坡人多居住在城市，因此被称为"城市国家"。2023年，新加坡人口平均预期寿命达到83.2岁。

（三）语言

新加坡以马来语为国语。英语、汉语、马来语、泰米尔语为官方语言，英语为行政用语。大多数新加坡人都会使用英语和汉语。

（四）宗教

新加坡是一个多宗教的国家。主要宗教为佛教、道教、伊斯兰教、基督教和印度教。华人大多信仰佛教或道教，马来人信仰伊斯兰教，印度人信仰印度教，巴基斯坦人大多信仰伊斯兰教，西方人一般信仰基督教。

（五）自然环境

新加坡地势低平，平均海拔15米，境内最高的武吉知马山海拔仅163米。海岸线长193千米。新加坡岛的南部和东部分布着众多岛屿，较大的岛屿有德光岛、乌敏岛、圣淘沙岛等。

新加坡属热带海洋性气候，常年高温潮湿多雨。年平均气温24～32℃，年平均降水量2 345毫米。充足的水热条件使得这里常年植被茂盛、水果飘香。因受海洋调节，这里的气候并不炎热，一年四季皆适宜旅游，5月和9月是最佳旅游时间。

（六）国旗、国歌、国花

1.国旗

新加坡国旗由两个相等的横长方形组成，上为红色，下为白色。左上角有一弯白色新月和五颗白色五角星。红色代表平等和友谊，白色象征纯洁和美德，新月表示新加坡是一个新建立的国家，五颗星代表国家的五大理想，即民主、和平、进步、正义和平等，新月和五颗星的组合象征着新加坡人民的团结和互助精神。

2.国歌

新加坡的国歌是《前进吧，新加坡》（马来语《Majulah Singapura》）。

3.国花

新加坡的国花是卓锦·万代兰。这是兰花（东南亚通称兰花为胡姬花）的一种，由卓锦女士培植而成，花朵清丽端庄、生命力顽强。

（七）首都

首都新加坡市（Singapore City）位于新加坡岛南部，南临新加坡海峡。全市面积约占岛屿面积的1/3，但通常人们并不把新加坡岛与新加坡市严格区分开来。

新加坡市不仅是世界著名的港口，而且以美丽、清洁、繁荣著称，被称为"花园城市"、东南亚的"卫生模范"。

二、新加坡简史

历史上有关新加坡的最早记载是在公元3世纪，8世纪属室利佛逝王朝。由于新加坡所处的地理位置是航海必经之地，不断有包括中国帆船在内的各国帆船造访，因此，这里被称为"淡马锡"（意思是"海城"），后来这里又被称为"狮城"。18世纪至19世纪，这里是马来柔佛王国的一部分。

观览天下2-38

中国的史籍中多次记载过新加坡。《新唐书》称这里为"萨卢都"，《宋史》称这里为"柴历亭"。1330年，中国元代航海家汪大渊首次来到新加坡岛，后来他在著作《岛夷志略》中将之称为"单马锡"，并指出当时这里已经有华人居住。绘制于明代洪熙元年（1425年）至宣德五年（1430年）的《郑和航海图》则将新加坡称为"淡马锡"。

1819年，英国人莱佛士抵达新加坡，与柔佛苏丹订约，开始在这里设立贸易中转站，实行自由贸易政策，这也使得此处人口大量增加，几年内就从150人增至1万人，其中大半是华人。1824年，新加坡沦为英国殖民地，成为英国在远东的重要转口贸易商埠和在东南亚的主要军事基地。苏伊士运河通航后，新加坡作为东西方交通枢纽的地位愈加重要。

1942年，新加坡被日本占领。第二次世界大战以后，新加坡成为英国直属殖民地。1959年，新加坡实现自治，成为自治邦。1963年9月，新加坡与马来亚、沙巴、沙捞越共同组成马来西亚。1965年8月9日，新加坡脱离马来西亚，成立新加坡共和国，同年9月成为联合国成员，10月成为英联邦成员。

三、新加坡的政治、经济与文化

（一）政治

1965年12月，《新加坡共和国宪法》颁布。宪法规定：实行议会共和制；总统为国家元首，经议会选举产生。1992年，国会颁布《民选总统法案》，规定从1993年起，总统由民选产生，任期由4年改为6年；总统委任议会多数党领袖为总理；总统和议会共同行使立法权。

设最高法院和总检察署。最高法院由高庭和上诉庭组成。最高法院大法官由总理推荐、总统委任。1994年，新加坡废除上诉至英国枢密院的规定，确定最高法院上诉庭为终审法庭。

观览天下 2-39   李光耀

李光耀于1923年生于新加坡，1946年赴英国留学，并加入英国工党。1950年，他回到新加坡，开始从事律师工作。1954年，他参与创建人民行动党，任该党秘书长。1959年，他出任新加坡自治邦政府首届总理。1965年新加坡独立后，他长期担任总理。1990年，他辞去总理职务，留任内阁资政。李光耀任内阁资政期间，曾多次来华访问或出席有关会议。2015年3月，李光耀逝世。

（二）经济

1.总体实力

新加坡的经济属于典型的外贸驱动型经济，国际贸易、加工业和旅游业是新加坡的三大支柱产业。尽管自然资源匮乏，但凭借优越的位置和鼓励贸易的政策，新加坡实现了经济的繁荣，是东南亚最大的海港、重要商业城市和转口贸易中心，也是国际金融中心和重要的航空中心。2023年，新加坡国内生产总值为6 733亿新加坡元（约合4 879亿美元），人均国内生产总值11.4万新加坡元（约合8.2万美元）。

政府统一修建公共组屋，居民住房拥有率达91%。

2.各产业概况

新加坡是世界第三大炼油中心。制造业产品主要包括电子、化学与化工、生物医药、精密机械、交通设备等。新加坡用于农业生产的土地很少，只占国土总面积的1%左右，主要用于园艺种植、家禽饲养、水产养殖和蔬菜种植等，全国农业产值不到国民经济总产值的0.1%。绝大部分粮食、蔬菜从马来西亚、中国、印度尼西亚和澳大利亚进口。

新加坡服务业发达，以金融服务、零售与批发贸易、旅游、交通和通信等为代表的服务业是新加坡经济增长的龙头。新加坡是世界上重要的转口港及航空中心。新加坡港有200多条航线，连接了世界上600多个港口，是世界上最大的燃油供应港口。新加坡樟宜机场是世界上最繁忙的航空港之一，连续多年被评为世界最佳机场，2019年航空客运量达6 830万人次，2023年为5 890万人次。

3.对外贸易

对外贸易是新加坡经济的重要支柱。外贸总额2013年为9 802亿新加坡元，2017年为9 671亿新加坡元，2023年为12 060亿新加坡元（其中，出口额为6 384亿新加坡元，进口额为5 676亿新加坡元）。主要进口商品为电子真空管、原油等，主要出口商品为成品油、电子元器件等。中国、马来西亚、美国是新加坡主要的贸易伙伴。

4.货币与汇率

货币名称为新加坡元（Singapore Dollar）。

2021年7月1日，1新加坡元=4.8095人民币元。

2024年7月1日，1新加坡元=5.2713人民币元。

（三）文化

新加坡处处显示了多元文化的特征。华人、马来人、印度人、印度尼西亚人、阿拉伯人、欧洲人在这里毗邻而居，他们都为新加坡的文化增添了色彩。各式各样的传统服饰、饮食、节日显示着新加坡文化的包容与繁荣。许多国家把新加坡看成不同民族与文化和谐共处的好榜样。

1.教育

新加坡重视教育，儿童6岁便开始享受免费的国民教育，强调双语（学生除了学习英文，还要兼通母语）、体育、道德教育，强调创新和独立思考能力并重。大多数学校为公立。主要大学有新加坡国立大学、南洋理工大学、新加坡管理大学和新加坡科技设计大学等。

新加坡重视道德建设，注重把儒家文化和伦理灌输到人们的工作和生活中，宣传奉献精神和群体精神，树立敬老尊贤的社会风气以及强烈的家庭观念和家庭责任感。

2.新闻出版

英文报有《海峡时报》《商业时报》等，中文报有《联合早报》《联合晚报》等，马来文报有《每日新闻》等，泰米尔文报有《泰米尔日报》等。新加坡广播电台用马来语、英语、汉语、泰米尔语广播。新加坡新传媒集团由多家经营电视和广播的企业合并而成，播送汉语、英语、马来语、泰米尔语节目。

四、新加坡的民俗

（一）服饰和饮食

1.服饰

新加坡人爱穿绸料衣物。华人妇女多爱穿旗袍。马来人一般上穿宽大的上衣，下穿长及足踝的纱笼。政府部门对其职员的穿着要求较严格，在工作时间不准穿奇装异服。

2.饮食

在新加坡可以吃到来自世界各地的美食，中国菜、马来菜、泰国菜、印尼菜、印度菜、西餐、快餐等应有尽有。较有特色的菜肴有：鸡饭、椰浆饭、福建炒虾面、印度炒面、印度薄饼、沙嗲海鲜烧烤、红龟粿、印度羊肉汤、肉骨茶、清汤、文头雪等。

新加坡以华人居多，且大部分华人来自广东省，所以多数新加坡人喜欢粤闽风味菜肴，尤其爱吃水产。主食为米饭，有时也吃包子，但不喜欢吃馒头。每日下午有吃点心的习惯，普遍有饮茶的习惯。春节时有饮"元宝茶"（寓意财运亨通）和吃油炸糯米、红糖年糕等风味小吃的习惯。

观览天下2-40　　　　　　　　　　　　　　**娘惹食品**

由于历史原因，新加坡在饮食方式和习惯方面融合了马来人和华人的烹调特色，其中最具代表性的饮食是娘惹食品。"娘惹"原本是指华人与马来人婚配的后代子裔，尤其是指女性，后来泛指华人与马来人相融的文化。娘惹食品是新加坡与马来西亚最特别、最精致的传统佳肴之一。典型的娘惹食品有甜酱猪蹄、煎猪肉片、竹笋炖猪肉以及由椰浆、香兰叶、糯米和糖精制而成的娘惹糕等。

（二）主要节庆

新加坡日历上印有公历、中国农历、印历和马来历4种历法，根据各种历法有许多节日。

　　新加坡的重要节日有华人新年（同中国春节）、泰米尔新年（4、5月间）、卫塞节（5月的月圆日）、开斋节（伊斯兰教历十月新月出现之时）、国庆节（8月9日）、圣诞节（12月25日），此外还有元旦、复活节、哈芝节、劳动节等。

　　每年4月17日的食品节是新加坡独具特色的节日。这一天，各家都会准备丰盛的食品聚餐，食品商店也会精心制作美食招徕顾客。顾客在这一天通常能买到降价销售的食品。

（三）礼仪禁忌

1.日常社交礼仪

　　新加坡人待人接物彬彬有礼、举止文明，处处体现着对他人的尊重。见面礼节通常是握手或鞠躬。佛教徒与客人见面时，常以双手合十为礼，此时客人也应以同样的礼仪还礼。

　　新加坡人的时间观念较强，有准时赴约的习惯。参加商务活动一般要互换名片，会谈中尽可能不要吸烟。平时的闲谈话题一般是旅游方面的一些见闻或当地的烹饪。新加坡人不喜欢挥霍浪费，宴请时不要过于讲排场。新加坡政府极力阻止付小费，即便是对服务员的额外服务支付小费，也可能遭到对方拒收。

　　新加坡人站立时，体态端正，不把双手放在臀部，认为那是发怒的表现。新加坡人坐姿端正规矩，双脚不分开。如果交叉双脚，则把一条腿的膝盖直接叠在另一条腿的膝盖上。

　　新加坡人注重环境保护，不随地弃物和吐痰。公共场所禁止吸烟。酷爱花草，尤其喜欢兰花。喜欢花草茂盛、装饰华丽的环境。喜欢养鸟，许多人将此作为一项最好的消遣活动。讲究卫生，喜欢沐浴。

观览天下2-41

　　在新加坡，人们随处可以见到罚款的告示牌。在公园里，可以见到"不准钓鱼""不准乱抛垃圾""不准骑自行车"等告示牌；在地铁站外，竖着"不准坐矮墙"的告示牌；在影剧院内，挂着"不准吸烟"的劝告；在马路上，有"不准乱过马路""限制区"的告示牌。此外，随地吐痰，骑摩托车不戴安全帽，电梯内吸烟，损坏树木，制造交通、卫生、治安事故等不良行为也要受到处罚，就连上厕所不冲水也要受到处罚。新加坡的这一做法引起了人们的广泛讨论，赞同者有之，反对者亦有之。但毫无疑问，新加坡之所以能成为花园城市，与这些严厉的处罚不无关系。

2.婚姻礼节

　　各民族的婚姻礼节不同。华人举行婚礼要挑黄道吉日，新娘要穿代表喜庆的红色衣服，并尽可能多地宴请亲朋好友。在婚礼中，新娘会将一只小小的瓷制茶杯端给公婆，如果公婆接下茶杯，就表示新娘已被接纳到这个家庭。

　　马来人的婚事要经过求亲、送订婚礼物、订立婚约等程序。马来人举行婚礼时几乎邀请全村的人参加，来宾离开时每个人手上都握有一个煮熟的鸡蛋，表示多子多孙。

　　印度人的婚礼在庙里伴着宗教的圣歌和祷告举行。举行婚礼时，丈夫跪在新娘面前，悄悄地在新娘脚趾上套上一枚戒指。婚礼的高潮是新娘戴上花环，宾客向新人们抛花束。

3.丧礼

新加坡的华人讲求儒家孝道。如果家中老人行将去世，其子孙都要赶回家中陪伴，丧礼也非常隆重。

4.民间禁忌习俗

新加坡人不喜欢7这个数字，也不喜欢4、6、13、69这些数字。不喜欢黑色、紫色，但偏爱红色，认为红色对人有激励作用，是庄严、热烈、勇敢的象征。忌讳乌龟，认为这是不祥的动物。大年初一不扫地，认为会把好运气扫走。

忌讳说脏话，对"恭喜发财"之类的话很反感，认为有教唆他人发不义之财的意思。男子留长发会受到舆论谴责。

不能摸别人的头，因为头被视为心灵所在。不能用食指指人，双手不能随便叉腰。就餐时不要把筷子放在碗和盘上，也不要交叉摆放，应放在托架上。

穆斯林禁食猪肉，忌讳使用猪制品，忌讳谈论有关猪的话题。印度人将牛视为圣物，不吃牛肉。马来人、印度人忌讳左手传递东西。

> **课堂互动 2-8**
>
> 接待新加坡客人时应注意什么？

五、新加坡旅游业

（一）旅游业历史和现状

新加坡是亚洲旅游业最发达的国家之一，也是人们出国旅游时重要的交通中转站。近年来，新加坡每年接待的国际游客数量是本国国民数量的3倍以上，每年出国旅游的游客数量接近本国国民数量的2倍。

新加坡有重要的地理位置、优美的自然环境和宜人的气候，这为新加坡旅游业的发展提供了良好的基础。此外，新加坡还被称为"海上花园""购物天堂""美食天堂""亚洲最佳会议城市"，这些都使得新加坡的旅游业锦上添花。

新加坡的旅游业始于20世纪50年代初。1964年，新加坡成立了旅游促进局，其职责主要是制定旅游法规和政策，开展宣传促销。长期以来，新加坡政府非常重视旅游景点的建设，努力完善各种旅游服务设施，强化旅游管理，加强旅游促销，从而使新加坡成为世界重要的旅游中心之一，旅游业已成为新加坡的三大经济行业和创汇行业之一。

赴新加坡旅游的外国游客，1978年突破200万人次，1998年达到560万人次，2012年为1 442.3万人次（不含从陆路入境的马来西亚公民），2019年为1 911万人次，2023年为1 360万人次。外国游客主要来自中国、东盟国家、澳大利亚、印度和日本。

新加坡的出境旅游发展也很快。1996年，新加坡出境旅游人数超过当时的全国人口数量。2018年，新加坡出境旅游人数达1 038万人次，出境游目的地以东南亚、东北亚、欧洲、北美洲为主。

观览天下 2-42

　　新加坡地狭人稠，自然旅游资源也不够丰富，却吸引了成千上万的外国游客。这主要归功于下列因素：①新加坡地理位置优越，处于几大洲的"十字路口"上，交通便捷；②新加坡经济发达，对外贸易频繁，这为其带来了许多商务客人；③航空运输和海上运输发达，便于游客入境；④新加坡是著名的花园城市，环境优美，治安状况良好；⑤新加坡货物品种齐全，价格便宜，是购物者的天堂；⑥新加坡有宜人的气候及优良的接待设施，并且吃住较为便宜；⑦新加坡政府宣传促销的力度大，从而大大提升了新加坡的知名度。

（二）主要旅游资源

　　新加坡有为数众多的景点，这对游人构成了很大的吸引力。这些景点包括鱼尾狮像、圣淘沙岛、新加坡动物园、新加坡植物园、牛车水、天福宫、武吉知马自然保护区、裕廊飞禽公园等。

1.鱼尾狮像

　　鱼尾狮像（如图 2-4 所示）坐落在新加坡河畔，是新加坡的标志和象征，由著名雕刻师林浪新于 1972 年雕刻完成。该雕像为狮头鱼身，坐立于水波之上，狮子口中喷出一股清水。狮头代表传说中的"狮城"新加坡，鱼尾象征古城"淡马锡"，代表新加坡是由一个小渔村发展起来的。

图 2-4　鱼尾狮像

2.圣淘沙岛

　　圣淘沙岛位于新加坡岛以南 500 米处，原来是一个平静的渔村，后来成为英国的军事基地，1972 年成为一个度假岛屿。现在这里是新加坡最佳的度假地，也是世界著名的综合性旅游度假地。这里有古炮台遗迹、海事展览馆、蜡像馆、蝴蝶园、昆虫博物馆、海底世界、新加坡环球影城等景区和各种娱乐设施。

3.新加坡动物园

　　新加坡动物园于 1973 年开园，占地 0.28 平方千米，有 300 多个品种约 3 050 只动物，其中许多动物已濒临灭绝，包括科莫多巨蜥、睡熊、金丝猴等。这里还有世界上最大的群居人猿。该园最大的特色是采用开放式设计，以热带森林与湖泊为屏障，游客可以不受铁笼和铁柱的遮拦而将动物看得一清二楚。

4.新加坡植物园

　　新加坡植物园是新加坡首个世界文化遗产。园内有亚热带、热带的奇异花卉和珍贵树木 2 万多种，还收藏了大量植物标本。

5.牛车水

牛车水是新加坡著名的唐人街，早期的华工多聚居于这里，因当年华人用牛车运水而得名。这里有大片古老的中式房屋、庙宇以及各种小店铺、大排档。

6.天福宫

天福宫是新加坡最古老的庙宇，宫内正殿供奉着"天后娘娘"（即海神妈祖）。与众不同的是，天福宫的后殿不但供奉着佛祖释迦牟尼的塑像，也供奉着孔子的坐像。孔子像的左右分别是观音和弥勒佛，旁边还有刘备、关羽、张飞的立像。

7.武吉知马自然保护区

武吉知马自然保护区是世界上仅有的保留有大片原始热带雨林的两个城市之一。该保护区内的树种比北美洲的树种还要多，这里是了解大自然的天然课堂，被称为"新加坡最佳徒步旅行景点"。

8.裕廊飞禽公园

裕廊飞禽公园坐落在新加坡西部裕廊山的斜坡上，是世界上少数规模庞大的禽鸟公园之一，有"鸟类天堂"之称。

六、中新关系

（一）外交关系

中新两国于1990年10月3日建立外交关系。建交以来，两国友好关系不断得到发展。两国除互设使馆外，新加坡还在中国上海、厦门、广州、成都和香港设有总领事馆。

观览天下2-43

新加坡与中国人民的友好往来有着悠久的历史。早在10世纪以前，中国与新加坡就有了海上交通和贸易往来。14世纪，新加坡已经有华人居住。1819年新加坡成为自由港后，华人的数量大增，占历年总人口的半数以上。华人与当地居民共同开发建设了新加坡。新加坡独立后，新加坡政府立即取消了中国银行新加坡分行被无理关闭的禁令，支持恢复中国在联合国的合法席位。

（二）经贸关系

中新双方经贸合作密切，发展迅猛，双方互为重要的贸易伙伴。1999年，两国签署《中华人民共和国政府和新加坡共和国政府经济合作和促进贸易与投资的谅解备忘录》，建立了两国经贸磋商机制。2008年，两国签署《中华人民共和国政府和新加坡共和国政府自由贸易协定》，新加坡成为第一个同我国签署自贸协定的亚洲国家。2018年，两国签署升级双边自贸协定议定书。2023年4月，双方实质性完成中新自贸协定升级后续谈判。

2013—2023年，中国连续11年成为新加坡最大贸易伙伴国，新加坡连续11年成为中国第一大新增投资来源国。2022年4月，新加坡超越日本，成为我国累计最大外资来源国。截至2023年12月，新加坡在华实际投资累计1 412.3亿美元，中国对新加坡投资累计896.3亿美元。

两国的贸易额 2010 年为 700.6 亿美元，2015 年为 795.7 亿美元，2020 年为 890.9 亿美元，2023 年为 1 083.9 亿美元（其中，中国出口额 769.6 亿美元，中国进口额 314.3 亿美元）。两国间的重要合作项目有苏州工业园区、天津生态城和中新（重庆）战略性互联互通示范项目等。

（三）科技、文化与教育交流

中新两国科技合作密切，1992 年签署《中华人民共和国政府和新加坡共和国政府科学技术合作协定》，1993 年建立了中新科技合作联委会。2006 年，两国政府签署《中华人民共和国政府和新加坡共和国政府文化合作协定》。双方在文化艺术、图书馆、文物等领域的交流与合作不断深入。

1999 年，双方签署《新加坡共和国教育部与中华人民共和国教育部教育交流与合作备忘录》及中国学生赴新加坡学习、两国优秀大学生交流等协议。

（四）旅游关系

1979 年，新加坡来华旅游人数为 1.3 万人次。20 世纪 80 年代以来，新加坡来华旅游人数不断增加，2000 年为 40 万人次，2002 年为 50 万人次，2010 年为 100.37 万人次。近年来，新加坡来华旅游人数略有下降，2018 年为 97.84 万人次。

1990 年，新加坡成为中国全面开放的出境旅游目的地国家，中国公民出国旅游最早就是从新加坡、马来西亚、泰国开始的。中国公民赴新加坡旅游人数 1998 年为 19 万人次，2010 年为 82.57 万人次，2019 年超过 360 万人次，2023 年为 136 万人次。

自 2024 年 2 月 9 日起，中国和新加坡互免签证，双方持普通护照人员可免签入境对方国家从事旅游、探亲、商务等私人事务，停留不超过 30 日，这大大便利了双方的人员往来。

第五节　越南

一、越南概况

（一）地理位置

越南全称越南社会主义共和国（The Socialist Republic of Vietnam），位于中南半岛东部，全境处北回归线以南。北与中国接壤，西与老挝、柬埔寨交界，东面和南面临南海。

越南河内与中国北京的时差是 -1 小时（比中国北京时间慢 1 小时）。

（二）面积与人口

越南的面积为 329 556 平方千米，人口为 1.03 亿（截至 2023 年）。主要民族为京族，占总人口的 86%，其他民族有岱依族、芒族、侬族等。

（三）语言和文字

越南的主要语言为越南语，又称京语，这既是越南的官方语言，也是通用语言。汉语、法语、英语、俄语等几种语言也有一部分人在使用。

古代，越南的正式文书一般使用汉字，普通文书一般使用兼有汉字和喃字的越南文。现在越南使用的文字叫"国语字"，它由17世纪到越南的法国传教士根据先前传教士的拼写原则整合而成，用罗马字母表示。

（四）宗教

宗教有佛教、天主教、和好教与高台教等，以佛教为主。

（五）自然环境

越南地形狭长，南北长约1 600千米，东西最窄处仅50千米。境内多山，山地和高原占全部国土面积的3/4，整个地势由西北向东南倾斜。位于西北部的番西邦峰海拔3 143米，是越南的最高峰，也是中南半岛的最高峰。红河与湄公河是流经越南的主要河流，这两条河流形成的红河三角洲与湄公河三角洲是越南的主要平原。

越南属热带季风气候，高温多雨，夏季平均气温28.9℃，冬季平均气温18.9℃。越南北方有春、夏、秋、冬四季之分，南方只有雨、旱两季之别，5月至10月为雨季，11月至次年4月为旱季。

观览天下2-44

人们常用"一根扁担挑着两筐稻米"形容越南的国土形状。"一根扁担"指的是越南中部狭长地带的长山山脉；"两筐稻米"指的是越南北部的红河三角洲和越南南部的湄公河三角洲，这两个三角洲也是世界上著名的稻米产区。

（六）国旗、国歌

越南的国旗为长方形，长宽比为3：2，旗面为红色，中心为一枚五角金星。越南的国歌是《进军歌》。

（七）行政区划

全国划分为58个省和5个直辖市。

（八）首都

越南的首都河内位于红河平原中部，面积3 340平方千米，人口805万（截至2019年），是全国人口第二大城市（仅次于胡志明市）。

观览天下2-45

河内在历史上多次更名。公元621年，河内是中国唐朝交州的治所宋平县。后来又先后被命名为罗城、大罗城、升龙、龙渊、龙编、中京、京都、东郡、东京、中都、上京、北城等。1831年，越南阮朝的明命帝将此地定为陪都，见此城环抱于红河大堤之内，遂改称"河内"，并沿用至今。

二、越南简史

历史上，越南中北部长期为中国领土。公元968年成为独立的封建国家，此后历经多个封建王朝并不断向南扩张，但仍为中国的藩属国。1884年，越南沦为法国保护国，第二次世界大战时被日本占领。1945年9月2日，胡志明领导的越盟在越南北方的河内宣布独立，成立越南民主共和国。同年9月，法国再次入侵越南，越南进行了艰苦的抗法战争。1954年5月，越南取得"奠边府大捷"，越南北方获得解放。《日内瓦协议》签订后，越南以北纬17度线为界南北分治，北方由胡志明领导，南方由保大帝领导。1961年，越南战争爆发。1973年1月，《关于在越南结束战争、恢复和平的协定》签订，美国退出越南战争，同年3月从越南南方撤出全部军队及其同盟者军队和军事人员。1975年5月，南方全部解放。1976年7月，越南南北实现统一，定国名为越南社会主义共和国。1986年，越南开始实行革新开放。2006年，越南加入世界贸易组织。

观览天下2-46

　　秦朝建立以前，越南属于百越中的骆越之地（越南之得名，也源于地处百越之南）。秦始皇统一六国之后，在南岭以南设立南海、桂林、象三郡，越南北部属于象郡管辖。公元前203年，秦朝的南海尉赵佗建立南越国，越南中北部成为南越国的一部分。西汉时期，汉武帝灭南越国，在越南北部和中部设立了交趾、九真、日南三郡。在此后的1 000多年，越南中北部一直是中国（汉朝、东吴、晋朝、南朝、隋朝、唐朝、南汉）的直属领土，越南独立后将这一时期称为"北属时期"。五代十国时期，越南（当时叫安南）利用中国四分五裂的局面，脱离了中国的控制。968年，越南（交趾）正式独立，但仍为中国的藩属国，并且仍未脱离中华文化的影响。1885年，中法战争结束，中国清政府与法国签订《中法新约》，放弃了对越南的宗主权。

三、越南的政治、经济与文化

（一）政治

　　国会是国家最高权力机关，任期5年，通常每年举行两次例会。国家主席为国家元首，由国会代表以无记名投票的方式选出。政府是国家最高行政机关，总理和国家副主席由国家主席提名，经国会选举产生。司法机构由最高人民法院、最高人民检察院及地方法院、地方检察院和军事法院组成。

（二）经济

1.总体实力

　　越南基本上形成了以国有经济为主导、多种经济成分共同发展的格局。越南国内生产总值2010年为1 016亿美元（人均国内生产总值为1 168美元），2019年为2 620亿美元（人均国内生产总值为2 800美元），2023年为4 300亿美元（人均国内生产总值为4 284美元）。

2.各产业概况

　　越南是传统的农业国，粮食作物主要有稻米、玉米、马铃薯、番薯等，是世界上主要的稻米出口国之一；经济作物主要有甘蔗、咖啡、橡胶、胡椒等。越南有3 000多千米长的海岸线，水产品丰富。越南矿产丰富，储量较大的有煤、铁、铝等，因此煤炭、原油等也构成了越南的主要工业产品，此外还有服装纺织品、电子产品等。服务业增长较快，2019年服务业占GDP的比重为45%，2023年服务业占GDP的比重为62.29%。

　　河内市和胡志明市是两大交通枢纽。河内市至胡志明市的铁路线贯穿南北，河内市还有两条铁路线连通中国的广西和云南。胡志明港、海防港、岘（xiàn）港是越南的主要港口，河内市的内排国际机场、岘港市的岘港国际机场、胡志明市的新山一国际机场是越南的主要机场。

3. 对外贸易

近年来，越南对外贸易保持高速增长，进出口总额2017年为4 251.2亿美元，2019年为5 172.6亿美元，2023年为6 830亿美元（其中，出口额为3 555亿美元，进口额为3 275亿美元）。原油、服装纺织品、水产品、大米、木材等是越南的主要出口产品，汽车、机械设备及零件、成品油、钢材等是越南的主要进口商品，越南的主要贸易对象为中国、美国、欧盟、东盟、日本、韩国等。

4. 货币与汇率

货币名称为越南盾。

2021年7月1日，1人民币元=3 535.8越南盾。

2024年7月1日，1人民币元=3 499.4越南盾。

（三）文化

1. 教育

越南已形成较完备的教育体系，包括幼儿教育、初等教育、中等教育、高等教育、师范教育、职业教育及成人教育等。普通教育学制为十二年（五年小学、四年初中、三年高中）。小学义务教育已得到普及，2001年开始普及九年义务教育。著名高校有河内国家大学、胡志明市国家大学、顺化大学、岘港大学等。

2. 新闻出版

越南的主要报刊有《人民报》《人民军队报》《大团结报》等。越南通讯社是越南的国家通讯社。主要广播电台和电视台有"越南之声"广播电台、越南中央电视台。

3. 体育

越南流行较广的传统体育项目有武术、象棋、藤球和赛牛等。从1991年开始，越南将每年的3月27日定为"体育日"。

四、越南的民俗

（一）姓名称谓

越南人的姓名称谓与我国类似，也是姓在前、名在后。阮、陈、吴、黎等都是越南的主要姓氏。越南人在称呼对方时，喜欢将称呼与对方名字中的最后一个字连用，如果最后一个字是"强"，则可根据对方的年龄和亲疏程度，称为"强伯""强叔""强哥""强弟""强先生"等。

（二）服饰和饮食

1. 服饰

正式场合男士着西装，平时男士的穿着较简单随意。越南女士喜欢穿花色窄袖长袍，上身束腰，下摆舒展，同时穿一条黑色或白色的宽腿拖地长裤。越南女性多留披肩长发，或用发夹束于脑后，还喜欢戴项链、戒指。

2. 饮食

越南人以大米为主食，吃饭也用筷子。蔬菜多数味道浓烈，且习惯生吃。喜欢吃一种被称为鱼露的调味品。槟榔是越南人必不可少的待客佳品，许多人有饭后嚼槟榔的习惯。越式米粉、法式面包、咖啡和鲜榨果汁等都是越南的常见饮食，波罗蜜干、绿豆糕、芭蕉干、红薯条、椰汁花生等是越南的特色食品。

（三）主要节庆

越南受汉文化影响颇深，传统节日与我国基本相同，主要有春节、清明节、端午节、中秋节、重阳节等，以春节最为隆重，越南民谣"肥肉姜葱红对联，幡旗爆竹大粽粑"是越南人传统春节的写照。

越南的现代节日主要有越南共产党成立日（2月3日）、越南南方解放日（4月30日）、胡志明诞辰日（5月19日）、越南国庆日（9月2日）等。

（四）礼仪禁忌

1. 日常社交礼仪

越南人热情礼貌，多以兄弟姐妹相称。见面礼一般是问好、点头致意或握手，也有人按法式礼节相互拥抱。

2. 民间习俗

越南人供奉祖先，普遍崇信城隍、财神等。一般百姓家里常设有供桌、香案，逢年过节在家中进行祭拜。

越南人常以槟榔作为婚姻信物，求婚时以槟榔为"信"，对方收下即表示同意。

越南还保留了一种古代流传下来的染齿习俗，即把牙齿染成黑色，这被认为是女性貌美的重要标志之一。随着时代的发展，这种风俗已不再流行。

3. 禁忌

忌讳三人合影，忌讳用一根火柴连续给3个人点烟，忌讳被人摸头顶，席地而坐时不能以脚对人。

课堂互动 2-9

接待越南客人时应注意什么？

五、越南旅游业

越南旅游业起步于20世纪80年代，在近年来获得快速增长，取得了较好的经济效益。接待外国游客的数量，2000年为214万人次，2010年为505万人次，2019年为1 800万人次，2023年为1 260万人次。中国、韩国、日本、美国是越南的主要客源国。

越南多山的地貌、漫长的海岸线、茂密的森林、温暖多雨的气候，形成了丰富的旅游资源，为旅游业的发展奠定了良好的基础。河内市、胡志明市、海防市、岘港市是主要的旅游城市。顺化历史建筑群、会安古镇、圣子修道院、下龙湾、升龙皇城等被联合国教科文组织列入《世界遗产名录》。

1. 河内市

河内市历史悠久，始建于621年，曾为越南封建王朝的京城，被誉为"千年文物之地"。1945年八月革命以后，越南民主共和国定都于此，1976年南北统一后成为全国首都。河内市气候宜人，树木常青，一年四季鲜花盛开，有"百花春城"之称。主要名胜古迹有巴亭广场、还剑湖、西湖、独柱寺、玉山寺、龟塔等。

巴亭广场　位于河内市中心，面积 145 000 平方米，是越南举行重要活动的场所，政府办公机关和外国大使馆围绕在广场周边。巴亭广场西侧是胡志明陵，陵墓西北是胡志明在河内的旧居；巴亭广场西南面是胡志明博物馆，独柱寺在胡志明博物馆前；巴亭广场东侧是巴亭会堂。在广场四周，数条辐射状的林荫大道将广场与河内市的其他部分相连。

还剑湖　位于河内市中心，是河内市的著名景点，有"河内第一风景区"之称。还剑湖南北长约 700 米，东西宽约 200 米，平均水深约 1.5 米。湖水清澈，湖岸遍植树木，湖中有玉山寺、龟塔等名胜。

西湖　位于河内市西北部，是河内市最大的湖泊，面积超过 5 平方千米。西湖自古即为河内名胜，至今湖畔仍有镇国寺、真武观、金莲寺等建筑。

2. 胡志明市

胡志明市位于越南南部、湄公河三角洲东北，是越南最大的城市和越南的经济中心、全国最大的港口。胡志明市旧称西贡，1975 年越南民主共和国统一全国后，为纪念越南共产党的主要创立者胡志明，改称现名。胡志明市风景优美，河流绕城而过，法式建筑遍布全城。主要景点有统一宫、莲潭公园、古芝地道等。

3. 岘港市

岘港市是越南中部的中心城市，港阔水深，为天然良港，也是越南第四大城市。岘港市蓝天碧海、风光旖旎、景色迷人，有长达 30 千米的海滨沙滩，是著名的海滨游览胜地。主要景点有岘港占族博物馆、海云峰、山茶半岛、殿海古城、迦南岛等。顺化历史建筑群、会安古镇与圣子修道院环绕在岘港市周边。

4. 顺化历史建筑群

顺化位于越南中部，是越南末代王朝的京都。顺化历史建筑群以历史古迹著称，其中，顺化皇城是阮氏王朝的皇宫，也是越南现存最大、最完整的古建筑群。1993 年，顺化历史建筑群被联合国教科文组织列入《世界遗产名录》。

图 2-5　下龙湾

5. 会安古镇

会安古镇位于岘港市南约 30 千米，是越南保存最好的古城之一，古代就是越南著名港口和商业中心。这里仍可见到大量中国风格建筑，如观音庙、关帝庙、福建会馆、广肇会馆、潮州会馆、琼府会馆等。1999 年，会安古镇被联合国教科文组织列入《世界遗产名录》。

6. 下龙湾

下龙湾（如图 2-5 所示）位于北部湾西部，是越南广宁省的一个海湾，距河内 150 千米。下龙湾总面积约 1 553 平方千米，是闻名遐迩的旅游胜地，主要景点有天堂岛、巡洲岛、吉婆岛、天宫洞、斗鸡石等。由于景色酷似中国的桂林山水，因此下龙湾又被称为"海上桂林"。1994年，下龙湾被联合国教科文组织列入《世界遗产名录》。

六、中越关系

（一）外交关系

中越两国于1950年1月18日建交。建交后，中国政府和人民全力支持越南抗法、抗美斗争，越南视中国为坚强后盾。20世纪70年代后期，中越关系恶化。1991年，中越两国实现关系正常化，经贸往来得到迅速发展。2008年，中越建立全面战略合作伙伴关系，各领域的友好交往与合作日益深化。2023年12月，双方宣布构建具有战略意义的中越命运共同体。

（二）经贸关系

中越两国有1 000多千米长的边境线，地缘相近，交通便利，贸易往来密切，尤其是20世纪90年代以来，双方贸易额大幅增长，1991年为3 200万美元，2010年为273亿美元，2013年为654.8亿美元，2019年为1 620亿美元，2023年为2 297.9亿美元（其中，中国出口额1 376.1亿美元，中国进口额921.8亿美元）。目前，中国是越南最大的贸易伙伴，越南是中国在东盟最大贸易伙伴和全球第四大贸易伙伴。越南向中国出口的产品主要有矿产资源和农产品等，中国向越南出口的产品主要有机电产品、机械设备等。

截至2024年3月，中国对越南累计直接投资达276.4亿美元。中国企业在越南参与实施的一系列项目有力拉动了当地经济社会的发展。

（三）旅游关系

21世纪以来，越南来华旅游人数增长迅速，2005年为20万人次，2009年为83万人次，2013年达到136.54万人次，成为我国第五大客源国。此后，越南来华旅游人数增长迅猛，2023年1—10月，越南来华旅游人数达1 200万人次，占我国入境游客总数的10%。表2-2显示了部分年份越南来华游客数量的变化情况。

表2-2　　　　部分年份越南来华游客数量的变化情况

年份	入境旅游人数（万人次）	与上年比较（%）
2010	92.00	11.0
2011	100.65	9.4
2012	113.72	13.0
2013	136.54	20.1
2015	216.08	26.4
2016	316.73	46.6
2017	654.42	106.6

从2000年起，越南成为中国公民出境旅游目的地国家。中国赴越南旅游人数2002

年为72.8万人次，2010年为121万人次，2017年突破400万人次。2019年，中国赴越南旅游人数突破580万人次，占当年越南国际游客总数的近1/3，是越南第一大旅游客源国。2023年，中国赴越南游客人数超过170万人次。

观览天下2-47

在中越界河归春河上游，广西崇左德天跨国瀑布与紧邻的越南板约瀑布相连，形成了亚洲最大、世界第四大跨国瀑布，奇特的喀斯特地貌和自然山水风光相得益彰，是中越边境线上一张亮丽的旅游名片。2023年9月15日至2024年9月14日，中越德天（板约）瀑布跨境旅游合作区开启试运营，这是中国第一个跨境旅游合作区，给中越游客跨境游带来了新的体验。

资料来源　覃广华.文化中国行｜一条瀑布跨两国［EB/OL］.［2024-05-03］. http://www.xinhuanet.com/world/20240503/e2ab9c09d6804ecda33e9ac28c302563/c.html.

启智润心 2-2
加强两国旅游政策协调沟通　共同开发旅游线路、打造旅游产品

第六节　缅甸

一、缅甸概况

（一）地理位置

缅甸全称缅甸联邦共和国（The Republic of the Union of Myanmar），位于中南半岛西部，东北与中国毗邻，西北与印度、孟加拉国相接，东南与老挝、泰国交界，西南濒临孟加拉湾和安达曼海。

缅甸内比都与中国北京的时差是-1.5小时（比中国北京时间慢1.5小时）。

（二）面积与人口

缅甸的面积为676 578平方千米，人口为5 417万（截至2023年）。缅甸共有135个民族，包括缅族、克伦族、掸族、克钦族、钦族、孟族等。其中，缅族人口最多，约占总人口的65%。

（三）语言

缅甸的官方语言为缅甸语、英语，各少数民族均有自己的语言。

（四）宗教

缅甸人信奉的宗教主要有佛教、伊斯兰教、基督教、印度教等。全国85%以上的人信奉佛教，约8%的人信奉伊斯兰教。

（五）自然环境

缅甸地形多样，山高谷深，河流湍急。地势北高南低，北、西、东三面环绕着山脉和高原，北部靠近中国边境的开卡博峰高5 881米，为全国最高峰。伊洛瓦底江全长2 714千米，是缅甸第一大河。

缅甸属热带季风气候，雨量丰沛，全年气温变化不大，年平均气温27℃。自然灾害较少。全年可分为热季（3月至5月中旬）、雨季（5月中旬至10月）、凉季（11月至次

年2月）。

（六）国旗、国歌

缅甸国旗为黄绿红三色，中间有一颗白色五角星。国歌为《世界不灭》。

（七）行政区划

全国分7个省、7个邦和联邦区。省是缅族主要聚居地，邦多为各少数民族聚居地，联邦区的首都是内比都。

（八）首都

缅甸首都为内比都，人口约129万。但同缅甸有外交关系的国家将大使馆设在仰光。

二、缅甸简史

1044年缅甸形成统一国家后，经历了蒲甘、东吁和贡榜3个封建王朝。19世纪，英国对缅甸发动侵略战争，占领了缅甸。1886年，缅甸成为英属印度的一个省。1937年，缅甸脱离英属印度，由英国总督直接统治。1942年5月，缅甸被日本占领。第二次世界大战结束后，缅甸重新被英国控制。

1948年1月，缅甸脱离英联邦宣布独立，以吴努为首的政府实行多党民主议会制。1962年3月，缅甸国防军总参谋长奈温将军发动政变，推翻吴努政府，成立革命委员会。1974年1月，定国名为"缅甸联邦社会主义共和国"。1988年9月，军队接管政权，宣布废除一党制，实行多党民主制，改国名为"缅甸联邦"。2011年1月，缅甸联邦议会召开首次会议，正式将国名改为"缅甸联邦共和国"，并启用新的国旗和国徽。

三、缅甸的政治、经济与文化

（一）政治

缅甸是一个总统制的联邦制国家，实行多党民主制。总统是国家元首和政府首脑。缅甸联邦议会实行两院制，由人民院和民族院组成。

最高法院为国家最高司法机关，最高检察院为国家最高检察机关。省邦、县及镇区3级均设有法院和检察院。

（二）经济

1.总体实力

缅甸实行市场经济（1962—1988年曾实行计划经济）。缅甸国内生产总值2019年为760亿美元（人均国内生产总值1 407美元），2022年为593.6亿美元（人均国内生产总值1 095.8美元）。截至2023/2024财年5月底，缅甸共吸引外资948亿美元。

2.各产业概况

缅甸矿产资源丰富，主要有锡、钨、锌、铝等，宝石和玉石在世界上享有盛誉，石油和天然气储量丰富。水力资源约占东盟国家水力资源总量的40%，但尚未充分利用。缅甸盛产柚木、檀木、铁力木、花梨木等。缅甸柚木产量世界第一，国际市场上75%的柚木产自缅甸。

观览天下 2-48

柚　木

　　柚木是缅甸的国树。这是一种热带树种，属落叶或半落叶大乔木，叶子大，开白花，树干通直，树冠齐整。因为柚木对多种化学物质有较强的耐腐蚀性，又耐磨、耐看，稳定性好，不易变形，所以广泛用于造船、造桥和房屋建筑中，是制造高档家具、地板的优质材料。

　　主要工业有石油和天然气开采、小型机械制造、纺织、印染、制糖、造纸等。缅甸是传统农业国，从事农业的人口超过60%。主要农作物有水稻、小麦、甘蔗、玉米、花生、芝麻等。

　　缅甸交通以水运为主，主要港口有仰光港、勃生港和毛淡棉港，其中仰光港是缅甸第一大港口，也是世界上主要的稻米输出港之一。主要机场有仰光国际机场、内比都国际机场、曼德勒国际机场等。

3.对外贸易

　　缅甸主要出口天然气、玉石、大米等产品，主要进口石油与汽油、商业用机械、汽车零配件等产品。中国、泰国、新加坡、日本等国是缅甸的主要贸易伙伴。2022/2023财年，缅甸对外贸易总额为339.73亿美元（2021/2022财年为162.73亿美元），其中，出口额为166.2亿美元，进口额为173.53亿美元。

4.货币与汇率

　　货币名称为缅甸元（又称缅币）。

　　2021年7月1日，1人民币元=253.75缅甸元。

　　2024年7月1日，1人民币元=288.06缅甸元。

（三）文化

　　缅甸着力维护民族文化传统，保护文化遗产。传统文化在缅甸占主导地位，有着广泛的影响。缅甸文化深受佛教文化影响，其建筑、音乐、舞蹈、绘画、雕塑、风俗习惯等很多都留下了佛教文化的印记。

　　缅甸教育分学前教育、基础教育和高等教育。基础教育学制为十年，一至四年级为小学，五至八年级为普通初级中学，九至十年级为高级中学。缅甸实行小学义务教育，目前全民识字率约94.75%。高等教育学制为三至六年，普通高校本科学制为四年。著名学府有仰光大学、曼德勒大学等。

　　缅甸的主要报纸有《缅甸之光》《镜报》等。缅甸通讯社为国家通讯社。

　　武术、缅甸拳等是缅甸传统的体育项目。

四、缅甸的民俗

（一）姓名称谓

　　缅甸人有名无姓，通常在名字前加一种尊称，以区别性别、年龄、身份和地位。常用的尊称有："貌"（弟弟）、"哥"（兄长）、"玛"（姐妹）、"吴"（先生）、"杜"（女士）等。

观览天下 2-49

　　缅甸人用来取名的字少之又少，有人统计，所用的字总共不到100个。那么，用这么少的字组合成名字，难道不会重名吗？当然会。但缅甸人自有办法，他们在名字前或名字后加上籍贯或工作单位、职业名称等，这样一来，多数重名的现象得以避免。

（二）服饰和饮食

1.服饰

　　缅甸流行穿民族服装。男女都穿纱笼，色彩鲜艳。男女纱笼的穿法不一样，男式叫"笼基"，女式叫"特敏"。男女上衣均为右衽，也有对襟的。女子上衣的颜色多为乳白色或粉红色，多用薄纱制成。妇女一般留长发、卷发髻，并插花，喜欢佩戴各种首饰。在缅甸北部的少数民族地区，妇女有在颈部套铜圈而成"长颈女"的习俗。缅甸人很少穿鞋袜，男女老少都爱穿拖鞋。

2.饮食

　　缅甸人以大米为主食。口味特点是酸、辣、清淡，不油腻。烹调方法以炸、烤、炒、凉拌为主。

　　缅甸人爱吃鸡、鸭、鱼、虾、虾酱、鱼酱，喜食咖喱，喜欢用水果做菜；喜欢喝鱼片汤、鸭肉粥、椰子面、椰子粥、凉拌面、凉拌米粉；喜欢以鱼虾为原料制作食品，用糯米、椰子、白糖为原料做成各色糕点小吃；喜欢将竹笋腌成酸笋，与其他蔬菜、肉类混炒；喜欢咀嚼槟榔；热衷于饮茶，且有在茶馆里喝早茶、吃点心的习惯。

观览天下 2-50

　　在缅甸人家里，家人通常围绕着一个矮圆桌坐在席子上吃饭，且吃饭时通常用右手抓着吃。在城市，人们也用勺子和叉子吃饭。缅甸的餐馆里通常使用桌椅吃饭，提供勺子和叉子，上菜时通常一起上，而不是做好一道上一道。在餐馆吃饭时，人们通常会为自己点一盘咖喱，配菜则一起分享。

（三）主要节庆

独立节　1月4日，纪念缅甸1948年1月4日脱离英联邦宣布独立。

联邦节　2月12日。

建军节　3月27日。

泼水节　4月中旬（缅历新年）。

浴榕节　4月下旬，缅历二月月圆日，

点灯节　10月，缅历七月月圆日。

（四）礼仪禁忌

1.日常社交礼仪

　　缅甸人和善好客，尊敬老人，社会犯罪率比较低。缅甸人认为"右为贵，左为贱"，讲究"男右女左"，吃饭时按男右女左入座。递接物品时，不能用左手。

2.民间禁忌习俗

　　缅甸人视乌鸦为"神鸟"，不能捕捉和伤害；视牛为"神牛"，行人和车辆在路上遇

到牛，都要回避让路；泼水节时，不能向僧侣和孕妇泼水。

缅甸人虔心向佛，不能对寺庙、佛像、和尚有任何不敬；日常生活中经常参神拜佛，进入佛塔或寺庙时，必须脱鞋；不穿过短、过透的衣服；对和尚十分尊敬和崇拜。在有佛教信仰的家庭，男孩子都必须入寺庙当一段时间（可能是几周，也可能是几个月、几年）的和尚，然后才能还俗结婚；也有人从此皈依佛门，成为佛家弟子。

观览天下 2-51

在佛教思想的影响下，缅甸人乐善好施，施舍已成为缅甸人的一种习惯。施舍不讲究物品的贵重，只看重是否心甘情愿。

在缅甸的公共汽车站、公园、佛塔、住宅大门口等场所，经常能看到盛满清水的水罐和水杯，供路过的人饮用。汽车站的凉棚、公园里供人休息的石凳和亭子，也可能是捐建的，上面会刻有捐建者的名字。

缅甸人还捐钱修建寺庙、佛塔。有的人一生省吃俭用，然后捐献出全部积蓄用来修一座佛塔，以完成自己的心愿。

缅甸人视东方为吉祥的方向，因此佛龛都供在室内东墙上；睡觉时头必须朝东，忌讳头朝西睡。

头顶被认为是高贵的地方，因此不能随便触摸他人头部，包括孩童的头部。与朋友同行，不能勾肩搭背。男子忌讳在晾着衣服的绳索或杆子下穿行。

缅甸人忌讳数字9，因此忌讳9人共同远行；若是9人同行，则需要带一块儿石头。受西方文化的影响，缅甸人也忌讳数字13。

缅历四月十五日至七月十五日为佛教僧侣安居期间，缅甸人不得举行婚礼。缅甸人也忌讳在缅历九月、十月、十二月结婚。出席缅甸人的婚礼，忌讳穿蓝、灰、黑等颜色的衣服。

课堂互动 2-10

接待缅甸客人时应注意什么？

五、缅甸旅游业

缅甸政府重视旅游业，积极吸引外资，建设旅游景点，完善旅游设施，发展旅游产业。2019年，来缅的外国游客达到438万人次，旅游收入达24 274亿缅元，约占国内生产总值的4.6%。2022年，入境缅甸的外国游客达23.34万人次，比2021年增长78%。

缅甸历史悠久，文化积淀深厚，风景优美，民俗独特，名胜古迹众多。主要旅游城市有内比都、仰光、曼德勒、蒲甘等，著名景点有仰光大金塔、曼德勒古城、额布里海滩等。

1.内比都

内比都是缅甸首都，位于仰光以北，北依山势，南望平川，战略地位重要。2005年11月，缅甸政府部门开始分批从仰光迁往内比都。主要旅游景点有内比都大金塔、内比都动物园、缅甸国家地标公园等。

2.仰光

仰光位于缅甸南部的伊洛瓦底江三角洲，是缅甸第一大城市。城内佛塔随处可见，遍植鲜花和常绿植物，传统建筑与现代建筑交相辉映。主要旅游景点有仰光大金塔、茵雅湖等。

仰光大金塔　位于仰光圣丁固达拉山，又称"瑞光大金塔"，是驰名世界的佛塔，已成为缅甸的国家象征，是缅甸最著名的佛教游览地。据史料记载，仰光大金塔始建于公元前585年，初建时只有20米高，后来经过多次修缮，目前塔身高112米，底座周长427米，用砖砌成。塔身贴有纯金箔，金碧辉煌，所用黄金超过7吨。塔的四周还挂有1.5万多个金、银铃铛。塔顶全部用黄金铸成，周围镶嵌的红宝石、翡翠和钻石有上千颗之多。相传塔内珍藏了佛祖释迦牟尼的8根头发。中国洛阳白马寺内缅甸捐建的缅式佛塔即采用了仰光大金塔的样式。

3.曼德勒

曼德勒位于缅甸中南部的内陆，是缅甸第二大城市，中部地区的经济、文化和交通中心，因背靠曼德勒山而得名。曼德勒有丰富的文化遗产，是缅甸王朝的最后一个首都，其王城被较完整地保存了下来。曼德勒佛塔众多，很多高僧、学者、作家和艺术家云集于此。主要旅游景点有曼德勒古城、曼德勒山、乌本桥（世界上最长的柚木桥）等。

4.蒲甘

蒲甘位于缅甸中部、伊洛瓦底江中游，是缅甸著名的历史古城、佛教文化遗址和旅游胜地，被称为"万塔之城"。这里曾是古代蒲甘王朝的首都，现在仍然保留着缅甸各个历史时期建造的众多佛塔、佛寺，是缅甸古代建筑艺术的缩影，体现了古时当地劳动人民的智慧和创造力。蒲甘的手工业发达，漆器、浮雕和传统布艺最为著名。

六、中缅关系

（一）外交关系

中缅两国是山水相连的友好邻邦，两国人民之间的传统友谊源远流长。两国于1950年6月8日正式建交。20世纪50年代，两国共同倡导了和平共处五项原则。60年代，两国通过友好协商，圆满解决了历史遗留的边界问题。2011年，双方决定建立全面战略合作伙伴关系。2020年1月，两国领导人宣布构建中缅命运共同体。

（二）经贸关系

中国是缅甸第一大贸易伙伴。双边贸易额2017年为135.4亿美元，2019年为187亿美元，2023年为209.5亿美元（其中，中国出口额114亿美元，中国进口额95.5亿美元）。中国对缅甸主要出口成套设备和机电产品、纺织品、摩托车配件和化工产品等，从缅甸主要进口原木、锯材、农产品和矿产品等。

中缅经贸合作领域已从单纯的贸易扩展到工程承包、投资和多边合作。

（三）文化交流

中缅两国的文化交流源远流长。建交以来，两国文化交流稳定发展，部长级文化代表团互访不断。1960年中国国庆节期间，吴努总理率领由400多人组成的友好代表团访华，并在北京举办了"缅甸文化周"。1961年1月缅甸独立节期间，周恩来总理率领由530多人组成的代表团回访缅甸，并在仰光举办了"中国电影周"。这些都充分体现了中缅两国之间的胞波（兄弟）情谊。1996年两国签署《中华人民共和国文化部和缅甸联邦文化部文化合作议定书》，2004年两国签署《中华人民共和国教育部与缅甸联邦政府教育部教育合作谅解备忘录》，在文化教育领域开展了广泛的合作与交流。

观览天下 2-52

据史料记载，中缅两国的人员往来和文化交流至少从汉代就已开始。唐代，缅甸骠国王子曾率领乐工，跨越千山万水到访中国古都长安，著名诗人白居易为此写下了千古绝唱——《骠国乐》。

（四）旅游关系

近年来，中缅人员往来日益密切。2017年，缅甸来华旅游人数达965.55万人次（包含缅甸边民旅华人数），缅甸成为我国第一大客源国。赴缅旅游的中国游客人数也快速增加。2018年10月，缅甸对中国游客实行落地签。2018年，赴缅甸中国游客约30万人次。2019年1—7月，赴缅甸中国游客达385 942人次，与往年同期相比增长了151%。

本章小结

韩国、日本、马来西亚、新加坡、越南和缅甸都是我国的重要客源国。本章介绍了韩国、日本、马来西亚、新加坡、越南和缅甸6个国家的基本情况，内容包括各国的地理位置、面积与人口、语言和文字、宗教、自然环境、行政区划、简史、政治、经济、文化、民俗、旅游业，以及各国与中国的关系等。

知识导图

第二章

基础训练

（一）选择题（有一个或多个正确答案）

1.日本领土主要由（　　　）4个大岛组成。

A.北海道　　　　　B.本州　　　　　C.九州　　　　　D.鹿儿岛

E.四国　　　　　　F.冲绳

2.下面关于日本的描述正确的有（　　　）。

A.世界上有名的长寿之国

B.资源丰富

C.世界上人口密度最大的国家之一

D."火山地震之国"

3.下面（　　　）行为是日本人忌讳的。

A.以玻璃制品为新婚礼物　　　　　B.睡觉时头朝北

C.将梳子和手绢送人　　　　　　　D.做客吃饭只吃一碗

4.韩国信仰人口最多的宗教是（　　　）。

A.基督教　　　　　　　　　　　　B.伊斯兰教

C.佛教 　　　　　　　　　　　　　　　D.儒教

5.下面关于韩国的描述正确的有（　　　）。

A.雪岳山是韩国最高峰 　　　　　　　B.矿产资源匮乏

C.木槿花是韩国的国花 　　　　　　　D.是亚洲经济较发达的国家之一

6.（　　　）被称为韩国文化的象征。

A.唱剧 　　　　　　　　　　　　　　B.木偶剧

C.话剧 　　　　　　　　　　　　　　D.假面剧

7.中国是韩国的（　　　）。

A.第一大贸易伙伴 　　　　　　　　　B.主要投资对象国

C.第一大出口市场 　　　　　　　　　D.第一大进口来源地

8.马来西亚的国教是（　　　）。

A.佛教 　　　　　　　　　　　　　　B.伊斯兰教

C.基督教 　　　　　　　　　　　　　D.印度教

9.马来西亚（　　　）产品的产量居世界前列。

A.橡胶 　　　　　　　　　　　　　　B.油棕

C.胡椒 　　　　　　　　　　　　　　D.粮食

10.马来西亚传统服饰的整体特点有（　　　）。

A.宽大 　　　　　　　　　　　　　　B.有领

C.鲜艳 　　　　　　　　　　　　　　D.紧身

11.马来西亚的传统服饰有（　　　）。

A.巴汝 　　　　　　　　　　　　　　B.宋谷帽

C.纱笼 　　　　　　　　　　　　　　D.克巴亚

12.马来人的传统禁忌有（　　　）。

A.禁酒 　　　　　　　　　　　　　　B.禁赌

C.禁食猪肉 　　　　　　　　　　　　D.禁抽烟

13.旅游业已成为马来西亚第（　　　）大经济支柱产业。

A.一 　　　　　　　　　　　　　　　B.二

C.三 　　　　　　　　　　　　　　　D.四

14.马来西亚历史最悠久的古城是（　　　）。

A.彭亨 　　　　　　　　　　　　　　B.古晋

C.槟榔屿 　　　　　　　　　　　　　D.马六甲

15.新加坡是（　　　）。

A.岛屿国家 　　　　　　　　　　　　B.热带城市国家

C.海上花园 　　　　　　　　　　　　D.亚洲最佳会议城市

16.下列属于新加坡官方语言的有（　　　）。

A.英语 　　　　　　　　　　　　　　B.汉语

C.马来语 　　　　　　　　　　　　　D.西班牙语

17.新加坡人信仰的宗教主要有（　　）。

A.佛教　　　　　　　　　B.道教　　　　　　　　　　C.伊斯兰教

D.基督教　　　　　　　　E.印度教

18.新加坡是（　　）。

A.世界最大的海港　　　　　　　　B.世界第三大炼油中心

C.国际金融中心　　　　　　　　　D.国际航空中心

19.中国是新加坡的（　　）。

A.最大贸易伙伴　　　　　　　　　B.主要客源国

C.主要旅游目的地国　　　　　　　D.第三大贸易伙伴

20.越南的通用语言是（　　）。

A.越南语　　　　　　　　　　　　B.法语

C.汉语　　　　　　　　　　　　　D.英语

21.越南信仰人数最多的宗教是（　　）。

A.佛教　　　　　　　　　　　　　B.天主教

C.和好教　　　　　　　　　　　　D.高台教

22."千年文物之地"和"百花春城"指的是越南的（　　）。

A.胡志明市　　　　　　　　　　　B.岘港市

C.河内市　　　　　　　　　　　　D.海防市

23.缅甸人口最多的民族是（　　）。

A.掸族　　　　　　　　　　　　　B.克伦族

C.克钦族　　　　　　　　　　　　D.缅族

24.在缅甸，信仰人数最多的宗教是（　　）。

A.佛教　　　　　　　　　　　　　B.伊斯兰教

C.基督教　　　　　　　　　　　　D.印度教

在线测评
2-1

选择题

25.缅甸的知名物产包括（　　）。

A.宝石　　　　　　　　　　　　　B.玉石

C.柚木　　　　　　　　　　　　　D.檀木

（二）判断题

1.日本一直是中国最大的贸易伙伴。　　　　　　　　　　　　　　（　　）

2.日本一直是中国最大的客源市场。　　　　　　　　　　　　　　（　　）

3.日本的出境游人数多于入境游人数。　　　　　　　　　　　　　（　　）

4.韩国是除中国以外对孔庙历史记载最早、孔庙分布最广且数量最多的国家。

　　　　　　　　　　　　　　　　　　　　　　　　　　　　　　（　　）

5.江华岛是韩国最大、最有名的岛屿。　　　　　　　　　　　　　（　　）

6.韩国人和中国人一样，也过春节和端午节。　　　　　　　　　　（　　）

7.马来人握手、递接东西时习惯用左手。　　　　　　　　　　　　（　　）

8.在马来西亚，男子与宾朋见面时，应脱帽以示敬意。　　　　　　（　　）

9.在马来西亚，主人挽留吃饭时，客人不要随意拒绝，否则将被视为失礼。（　　）

在线测评
2-2

判断题

10.新加坡是世界上人口密度最大的国家。   （   ）

11.新加坡人习惯支付小费。   （   ）

12.多数新加坡人喜欢粤闽风味的菜肴。   （   ）

13.越南最大的城市是河内市。   （   ）

14.缅甸人有名无姓。   （   ）

15.缅甸人视东方为吉祥的方向，因此佛龛都供在室内东墙上。（   ）

（三）简答题

1.请列举日本文化现象中的一些中国元素。

2.日本的服饰和饮食各有什么特点？

3.与日本人交往时要注意哪些礼节？

4.日本人有哪些民间禁忌习俗？

5.日本是一个旅游资源丰富的国家吗？为什么？

6.韩国的语言和文字有什么特点？

7.韩国的服饰有什么特点？

8.韩国有哪些特色饮食？

9.与韩国人交往时要注意哪些礼节？

10.韩国人有哪些民间禁忌习俗？

11.马来西亚人的日常社交礼仪有哪些？

12.马来西亚人有哪些民间禁忌习俗？

13.马来西亚在衣、食、住方面有哪些习俗？

14.新加坡人的日常社交礼仪有哪些？

15.新加坡人有哪些民间禁忌习俗？

16.简述新加坡旅游业概况。

17.越南的民俗中哪些与中国类似？

18.缅甸人的饮食有什么特点？

19.缅甸人有哪些礼仪禁忌？

第三章

亚洲客源国概况（下）

学习目标

知识目标：

掌握菲律宾、蒙古国、泰国、印度、印度尼西亚、哈萨克斯坦等国家的地理位置、历史文化、风俗习惯及主要旅游资源，体会亚洲内陆与海岛国家的独特风情，了解其经济发展与旅游业的相互关系及未来发展趋势。

技能目标：

能够根据各国游客的特点设计具有吸引力的旅游线路，提升旅游产品策划与营销能力。

素养目标：

增强对不同地域文化的理解与热爱，树立可持续旅游发展理念，关注旅游产品开发中的生态与文化保护。

引 例 ≫≫≫

　　某旅行社安排导游小李两天后接待一个泰国旅游团，为做好接待工作，小李立即着手收集泰国游客在饮食和日常交往方面的一些习惯，下面是小李收集的资料，请判断一下是否有错误之处：

　　（1）泰国人喜欢吃大米饭，尤其喜欢炒饭和蒸饭；

　　（2）爱吃红烧、甜味的菜肴，但不喜欢放调味品；

　　（3）喜喝热茶。

答案提示

第一节 菲律宾

一、菲律宾概况

（一）地理位置

菲律宾全称菲律宾共和国（Republic of the Philippines），位于亚洲东南部。东临太平洋，西濒南海，北隔巴士海峡与中国台湾遥遥相对，南和西南隔苏拉威西海、巴拉巴克海峡与印度尼西亚、马来西亚相望。全境处于热带地区。

菲律宾马尼拉与中国北京无时差。

观览天下 3-1 **菲律宾的得名**

菲律宾在很早以前，以吕宋、麻逸、苏禄、胡洛等名称闻名。1521 年，麦哲伦率领西班牙远征队踏上这个群岛，当时正好是天主教宗教节日，于是就为群岛起了一个有宗教意义的名称——圣拉哈鲁群岛。后来，麦哲伦因干涉岛上内部战争被当地人杀死，这个名称也就被人们遗忘了。1542 年，西班牙航海家洛佩兹来到这个群岛，根据西班牙皇太子的名字将群岛命名为"费利佩群岛"，也就是"菲律宾群岛"。1898 年 6 月，菲律宾宣布独立，将国名改为菲律宾共和国。

（二）面积与人口

菲律宾面积为 29.97 万平方千米，人口约 1.1 亿（截至 2022 年），是世界上第十二个人口过亿的国家。马来人占全国人口的 85% 以上。2023 年，菲律宾人口平均预期寿命为 70.4 岁。

观览天下 3-2 **菲律宾的华人**

菲律宾的华人有 200 多万，大部分聚居在大马尼拉地区。根据人类学家的研究，在菲律宾人中，华人血统约占 20%。过去由于教育不发达，大部分有华人血统的人没有机会接受华文教育，又因为信奉天主教，所以其华人特征逐渐减少，成了纯粹的菲律宾人。

华人在菲律宾百年来的经济发展史上一直扮演着先锋的角色，尤其是在引进国外的技术、资本与生产设备等方面。据统计，菲律宾 500 家最大的公司中，华商约占 1/3，并在纺织及成衣、漂染、钢铁、五金、制糖、塑料、木材加工、建筑材料、百货及金融等行业占有优势。

（三）语言

全国有 70 多种语言。国语是菲律宾语（以他加禄语为基础），英语为官方语言。

（四）宗教

国民约 85% 信奉天主教，4.9% 信奉伊斯兰教，少数人信奉独立教和新教，华人多信奉佛教，原住民多信奉原始宗教。

（五）自然环境

菲律宾是一个群岛国家，由 7 000 多个大小岛屿组成，其中吕宋岛、棉兰老岛等 11 个主要岛屿占全国总面积的 96%。吕宋岛是菲律宾面积最大的岛屿，约占全国总面积的 35%，棉兰老岛是全国第二大岛。海岸线长约 18 533 千米，蜿蜒曲折。

菲律宾的地形以山地为主，山地的面积约占全部国土面积的 3/4，平原面积狭小。河流均较短小，水力资源丰富。菲律宾多地震和火山，棉兰老岛的阿波火山是全国最高峰。

菲律宾属季风型热带雨林气候，高温多雨，湿度大，台风多。5 月至 10 月为雨季，11 月至次年 4 月为旱季。年平均气温 27℃，年降水量 2 000～3 000 毫米。全年皆适合旅游。

（六）国旗、国歌、国花、国树

1.国旗

菲律宾国旗是在反抗西班牙殖民统治、争取独立的斗争中确定的。旗面右边是红蓝两色的直角梯形，两色的上下位置可以调换。左边为一个白色等边三角形。三角形的 3 个角上各有一颗黄色五角星，三角形中央是放射着 8 束光芒的黄色太阳。

2.国歌

菲律宾的国歌是《菲律宾民族进行曲》。歌词作者为何塞·帕尔马。

3.国花

菲律宾的国花是一种被称为"桑巴吉塔"的茉莉花。花色洁白、香味浓郁，有单瓣和双瓣两种。

观览天下 3-3

"桑巴吉塔"是忠于祖国、忠于爱情的象征，菲律宾青年常常将它作为献给爱人的礼物。据说，这一做法古代就有了。古代菲律宾男子向姑娘求婚时，一般都赠送茉莉花花环，如果姑娘接受求婚，就会将花环挂在脖子上。然后，两个人在月光下许下誓约——"桑巴吉塔"（我答应永远爱你）。因此，茉莉花在菲律宾又称为"誓爱花"。

在国际交往中，菲律宾人常把用茉莉花做的花环献给外国贵宾，以表示纯真的友谊。

4.国树

国树是纳拉树，它是紫檀木的一种，高大挺拔，终年常绿，木质坚硬，是制作高级家具和乐器的良好材料。纳拉树的树皮在受伤时会渗出一种猩红色的液体，菲律宾人说这象征自己民族血管里流动着随时准备捍卫独立而洒在祖国大地上的鲜血。

（七）行政区划

全国划分为吕宋、维萨亚和棉兰老三大部分，设有首都地区、科迪勒拉行政区、棉兰老穆斯林自治区等 18 个地区，下设 81 个省和 117 个市。

（八）首都

首都马尼拉也称"小吕宋"，濒临天然的优良港湾——马尼拉湾。马尼拉建城历史悠久，16 世纪就是著名的商贸港口。现在，马尼拉是全国政治、经济、文化中心，集中了全国半数以上的工业企业，产值占全国的 60%。马尼拉也是全国最大的交通枢纽和贸易港口，全国出口货物的 1/3 和进口货物的 4/5 都集中在这里。

大马尼拉市，即国家首都大区，包括马尼拉、马卡蒂、奎松和帕萨伊等 17 个市镇。面积约 638.55 平方千米，人口约 1 846 万（截至 2020 年 10 月）。

二、菲律宾简史

中国史书记载，10 世纪前，亚洲东南部群岛出现了麻逸国。14 世纪 70 年代，该群岛南部出现了一个海上强国——苏禄王国。

1521 年，麦哲伦率领西班牙远征队到达这个群岛。1565 年，西班牙殖民者侵占了菲律宾，统治长达 300 多年。1892 年，菲律宾资产阶级民族主义启蒙思想家何塞·黎刹在马尼拉组织召开了菲律宾同盟成立大会，号召通过温和手段和合法途径，把菲律宾建成一个统一的民族共同体，发展民族经济并改良社会制度。1896 年，博尼法西奥等人成立了秘密团体，领导了反对西班牙殖民者的武装起义。1898 年 6 月 12 日，菲律宾宣告独立，成立菲律宾共和国，阿奎纳多任总统。此时，美国与西班牙爆发战争，西班牙战败，美国占领菲律宾，代价是付给西班牙 2 000 万美元。1942 年，菲律宾被日本占领。第二次世界大战结束后，菲律宾再次沦为美国殖民地。1946 年 7 月 4 日，美国同意菲律宾独立。

观览天下 3-4　　　　　　　　　　**菲律宾国父——黎刹**

何塞·黎刹（1861—1896 年），菲律宾国父，民族英雄，资产阶级民族主义启蒙思想家、作家、诗人。

黎刹是华人后裔，其高祖父柯仪南于 1662 年（清康熙元年）出生于福建刺桐（今福建晋江），后移居菲律宾。黎刹是一名眼科医生，精通多种语言，并且多才多艺。他 18 岁就写出了《给菲律宾青年》这首鼓舞人心的爱国诗篇，1882 年赴欧洲学习，与一批流亡的菲律宾爱国志士组成爱国团体，创办刊物，掀起"宣传运动"，成为启蒙运动中最杰出和最有影响力的人物。他的文章贯穿着民族主义思想，观点鲜明，文笔犀利，针砭时弊。

1892 年返回菲律宾后，黎刹成立了一个非暴力的改革社团，后被流放。1896 年 12 月 30 日，西班牙殖民当局以"通过写作煽动人民叛乱"的罪名将黎刹处死。临刑前，黎刹写下绝命诗——《永别了，我的祖国》（即《最后书怀》，后由梁启超译成中文），表达了他对祖国无比的热爱。

临刑前，黎刹与一位纯朴美丽、热爱菲律宾的爱尔兰姑娘约瑟芬·布蕾肯举行了刑场上的婚礼。据说，黎刹在被押赴刑场时，昂首缓行，如同散步一样，殖民者心惊胆战、如临大敌。

为了纪念国父黎刹的殉难，12 月 30 日成为菲律宾的英雄节（也称"黎刹日"）。现在马尼拉市中心建有黎刹公园，公园里屹立着这位爱国英雄的铜像。2000 年，应邀来我国进行国事访问的菲律宾总统埃斯特拉达专程到福建晋江参加黎刹塑像奠基典礼，并为塑像奠基培下第一锹土。

资料来源　柯贤伟.菲国父黎刹祖根在晋江（侨史钩沉）[N].人民日报：海外版，2000-05-31（7）.

启智润心
3-1

黎刹是中菲两国人民的骄傲

三、菲律宾的政治、经济与文化

（一）政治

菲律宾实行行政、立法、司法三权分立政体。总统是国家元首、政府首脑兼武装部队总司令，由选民直接选举产生，任期6年，不得连选连任。国会是最高立法机构，由参、众两院组成。司法权属最高法院和各级法院，最高法院拥有最高司法权。

（二）经济

1. 总体实力

过去，菲律宾的经济以农业为主。20世纪60年代后期，菲律宾采取开放政策，积极吸引外资，经济获得了较快发展。1982年，菲律宾被世界银行列为"中等收入国家"。菲律宾国内生产总值2017年为3 890亿美元（人均国内生产总值约3 593美元），2022年为4 042.8亿美元（人均国内生产总值约3 498.5美元）。

2. 各产业概况

菲律宾的矿产主要有铜、金、银、铁、铬、镍等。制造业主要是食品加工、化工产品、无线电通信设备等。主要农作物有稻谷、玉米、椰子、甘蔗、香蕉、木薯等。椰子的产量和出口量均居世界首位，有"世界椰王"之称。香蕉出口量亚洲第一。森林覆盖率达53%，有乌木、檀木等名贵木材。水产资源丰富，金枪鱼资源居世界前列。服务业产值约占国内生产总值的60%，是全球主要劳务输出国之一。

观览天下3-5　　　　　　　　　　**世界上最专业的保姆——菲佣**

根据菲律宾政府2022年发布的数据，2021年该国向海外派遣了大约186万名劳工。这些劳工中有相当一部分人从事专业的家政服务，被称为"菲佣"，即来自菲律宾的高级佣工。菲佣有文化、懂英语，素有"世界上最专业的保姆"之美誉，菲佣与"英国管家"并称为世界家政服务的两大知名品牌。菲律宾人不仅不歧视女佣，反而觉得一个家庭有女性到海外务工是一件很光彩的事情，许多受教育程度高的女性都愿意外出当女佣。菲佣为菲律宾创造了1/4的外汇收入。

菲佣的足迹可以说遍布全球。由于雇菲佣要支付较高的工资，因此雇主都集中在一些高收入阶层。

铁路运输不发达，主要集中在吕宋岛。公路货运量占全国货运量的65%。马尼拉、宿务、怡朗、三宝颜等是主要港口。各类机场有近300个，主要机场有尼诺伊·阿基诺国际机场、马克丹国际机场和达沃国际机场等。

3. 对外贸易

过去，菲律宾的出口产品主要是矿产、原材料等，近年来，成衣、电子产品、工艺品、家具、化肥等的出口额已超过传统出口商品。2023年，菲律宾对外贸易总额为1 998.3亿美元（2019年为1 825.2亿美元），其中，出口额为736.2亿美元，进口额为1 262.1亿美元。主要贸易伙伴为中国、日本、美国、韩国等。

4. 货币与汇率

货币名称为菲律宾比索。1菲律宾比索=100分。

2021年7月1日，1人民币元=7.5894菲律宾比索。

2024年7月1日，1人民币元=8.048菲律宾比索。

（三）文化

1.教育

菲律宾政府重视教育，鼓励私人办学。中小学实行义务教育，小学入学率达91.05%，中学入学率达68.15%。初、中等教育以政府办学为主，高等教育主要由私人控制。全国共有高等教育机构1 599所。著名高等院校有菲律宾大学、雅典耀大学、德拉萨大学等。

2.新闻出版

主要英文日报有《马尼拉公报》《菲律宾星报》等，主要菲文日报有《前进报》等，主要华文日报有《世界日报》《菲律宾商报》等，发行量最大的是英文日报。菲律宾主要新闻机构有菲律宾通讯社、人民电视台、国家广播电台等。

3.文学艺术

近代著名诗人弗朗西斯科·巴尔塔萨尔被誉为"菲律宾人的诗王"，他在狱中所写的《弗罗兰第和萝拉》被誉为菲律宾近代文学的第一篇杰作。19世纪后期，菲律宾民族英雄何塞·黎刹的长篇小说《不许犯我》和《起义者》艺术地再现了菲律宾的民族觉醒，影响深远。

观览天下3-6

菲律宾民族英雄何塞·黎刹的长篇小说《不许犯我》和《起义者》以大胆的笔触揭露了殖民当局的罪行，在菲律宾反殖民斗争史上留下了不可磨灭的一页，也是对东方文学作品的重大贡献。我国文学史上的巨匠鲁迅先生曾高度评价黎刹及其作品。鲁迅说，从黎刹的文学作品中可以听到"爱国者的声音""真挚、壮烈、悲凉的声音""复仇和反抗的呐喊"。

菲律宾各民族能歌善舞，都有自己独特的民族音乐和舞蹈。从1973年起，菲律宾每年7月都会在马尼拉举行"菲律宾民间艺术节"。

四、菲律宾的民俗

在东南亚诸国中，菲律宾是一个极为特殊的国家。长达4个世纪的殖民地历史使得菲律宾成为东南亚诸国中最不亚洲化的一个国家。

（一）姓名称谓

姓名大多为西班牙语称谓，顺序为：教名、母姓首字、父姓。称呼专业技术人员时往往要称其职称（教授、工程师等）。

（二）服饰与饮食

1.服饰

菲律宾人最有特色的服装是他们的国服。菲律宾的国服是外交场合、庆祝活动和宴会的正式礼服。菲律宾男子的国服叫"巴隆他加禄"，这是一种丝质、紧身、长袖衬衣，长可及臀。前领口直到下襟两侧，都有抽丝镂空图案，花纹各异。菲律宾女子的国服叫"特尔诺"，这是一种结合了西欧国家服装特点的圆领短袖连衣裙，两袖挺直，两边高出肩膀，宛若蝴蝶展翅，也被形象地称为"蝴蝶服"。

菲律宾妇女还喜欢穿有两排金属纽扣的、紧身的短袖背心，穿紧脚口的宽大裤子，喜欢结发髻，裹彩色头巾，戴手镯、项链和耳环。老年人爱穿麻、草或木制的拖鞋。在正式场合，菲律宾人爱穿西装。

少数民族的穿戴各不相同，但都穿着较简单。例如，伊富高人男子往往上身祖露，下身围一块花布；女子的穿着类似裙子。丁冈人男子普遍仅在腹部围一块布，有的也穿前襟分开的上衣；女子穿短上衣，用布缠绕腹部。矮黑人的服装最为原始，男女均用布或树叶围于腰间。

观览天下 3-7

据说，在西班牙统治时期，殖民者为了方便从远处区分西班牙人和菲律宾人，下令所有菲律宾人必须把衬衣穿在外面，且不允许把衬衣下摆扎在裤内。菲律宾人于是在衬衣上绣上各种图案，以此表示菲律宾人的自豪。后来，这种服装被正式确定为菲律宾男子的国服。

2.饮食

菲律宾人的饮食习惯既有东南亚的一些特色，又深受西班牙、美国和中国饮食习惯的影响。主食是大米，有时也吃玉米和薯粉，并伴以蔬菜和水果等。喜吃椰汁煮饭、香蕉叶包饭。农民在煮饭前才舂米，米饭放在瓦缸或竹筒里煮。最喜欢吃的水果是杧果（被称为菲律宾的"国果"）。无论是主菜还是汤，都喜欢用少量的食醋和香辣调味品。名菜有咖喱鸡肉、肉类炖蒜、烤乳猪等。"勒琼"（Lechon）是菲律宾典型的年节佳肴，以猪肉为主原料烧烤而成。"阿多波"（Adobo）则是菲律宾一道著名的家常菜，以鸡肉或猪肉腌渍煮熟而成，入味且不易腐坏。

菲律宾人不爱吃生姜，也不喜欢吃兽类内脏和腥味大的东西，对整条鱼也不感兴趣。

用手抓饭吃是菲律宾人的古老习惯，现仍被广泛采用，不过在宴会上都会备有餐具。菲律宾人招待客人时，一般按下述次序上菜：汤→蔬菜沙拉→主菜→煮鱼或贝类→水果。

（三）主要节庆

菲律宾是世界上节日较多的国家之一，全国性节日有20多个。

新年　1月1日。

圣周节　从复活节前的周日开始到复活节的7天时间被称为圣周。这是菲律宾天主教的重要节日。

巴丹日　4月9日。纪念在第二次世界大战中阵亡的战士。

圣伊斯多节　5月15日。庆丰收节。

独立日　6月12日。国庆日。

美食月　9月。全国各地举办美食节。

圣诞节　从12月16日开始至次年1月6日结束。菲律宾圣诞节的庆祝时间世界最长。

英雄节　12月30日。纪念国父黎刹殉难。

观览天下 3-8

菲律宾曾将 7 月 4 日作为独立日，因为这一天也是美国的独立日。1962 年，菲律宾政府宣布将独立日改为 6 月 12 日，因为这一天是菲律宾摆脱西班牙殖民统治的日子。

（四）礼仪禁忌

1.日常社交礼仪

见面时一般会握手，男子间有时以拍肩膀表示亲热。菲律宾一些原始部落的人行握手礼的方式有些独特，握手之后即转身向后走几步，意思是自己身后没有藏刀，以示真诚。

穆斯林见面时要施双手握手礼，在户外相见若没戴帽子，则必须用左手捂头。

尊重长者，见长者要问候、让座。年轻人见长辈，应吻长者手背以示尊重。姑娘见长辈，应吻长辈面颊。不能在老人面前抽烟。

在城市，受西方礼仪的影响，人们习惯给予女士特别关照。但在农村，由于女多男少，妇女地位较低。

家庭观念强，较喜欢打听私人情况，谈话时涉及家庭问题较受欢迎，避免谈及政治倾向性问题。对个人尊严问题很敏感，过于坦率和直言不讳可能会被视为鲁莽。谈话时要小声。见面、交谈时长时间与人对视被认为是不礼貌的行为。

菲律宾人好客，对客人十分真诚。客人进门时要脱鞋。客人对主人最大的赞赏是吃得津津有味。参加晚宴或其他社交集会后要送去一件礼品或一封感谢信。收礼不当面拆开。约会不一定准时，迟到 15 分钟较好。

过量饮酒会被视为贪婪。

2.婚姻礼节

菲律宾各个民族的传统婚姻习俗有较大差异。一般情况下，多数人是自由恋爱结婚。农村流行男青年唱歌弹吉他向姑娘求爱。恋爱中，男子多以化妆品、水果、花束等为礼物赠送女方，花的颜色以白色和粉色为佳。结婚仪式均在教堂中举行。

菲律宾穆斯林的婚姻由父母决定。男方通过媒人向女方家庭提出求婚。结婚仪式由阿訇主持，并举行盛大的宴会款待客人。

菲律宾实行早婚制，少女十二三岁便被视为已达结婚年龄。此外，菲律宾的法律规定，1 个男子最多可有 4 个妻子。

3.民间禁忌习俗

菲律宾人忌讳 13 和星期五；喜欢白色，恋爱中的男子不以茶色和红色花赠送女子；忌讳左手传递东西或食物，认为左手是肮脏之手。穆斯林禁食猪肉，禁止饮酒和吸烟。

五、菲律宾旅游业

（一）旅游业历史和现状

20 世纪 70 年代以来，菲律宾重视发展旅游业，并于 1973 年成立了旅游部。现在，旅游业已是菲律宾外汇收入的重要来源之一。2007 年，菲律宾旅游业收入达 48 亿美元，约占国内生产总值的 4%，其中外国游客带来的收入达 30.9 亿美元。菲律宾的入境游客主要来自韩国、美国、日本、澳大利亚、中国等国，其中，韩国长期为菲律宾第一大客源国。2023年，菲律宾接待入境游客共计545万人次。其中，韩国继续保持菲律宾最大国际游客来源国，入境人数达142万人次，占比26.4%；其次分别为美国（占比16.6%）、日本（占比5.6%）、澳大利亚（占比4.9%）、中国（4.8%）。

（二）主要旅游资源

菲律宾自然景观绚丽，历史悠久，古老民俗与东西方文化交融，形成了众多的名胜古迹。主要旅游景点有百胜滩、伊富高省原始梯田、塔尔火山、马荣火山、维甘历史古城、蓝色港湾、长滩岛、科隆岛等。马尼拉市、宿务市、碧瑶市和奎松市等都是著名的旅游城市。

图3-1　黎刹公园

1.马尼拉市

马尼拉市是一个著名旅游城市，有"热带花园之都"之称。主要景点有黎刹公园（如图3-1所示）、菲律宾国家博物馆、马尼拉日落大道、圣奥古斯丁教堂、唐人街、菲律宾文化村、椰子宫、马拉卡南宫（菲律宾总统府所在地）等。

观览天下 3-9　　　　　　　　　　**菲律宾唐人街**

菲律宾唐人街以王彬、知彬彬、洲仔岸、后街仔4条平行的大街为主体，有着浓厚的中国气息。其中，王彬街是唐人街的主要街道，一般被视为唐人街的代名词。王彬是一位华侨，曾捐钱支持菲律宾反抗西班牙殖民统治的革命运动，于1912年去世。菲律宾政府为颂扬他，特将华人区的一条街道改名为"王彬街"，以示纪念。街上有他的铜像和纪念碑。

2.宿务市

宿务市是菲律宾第二大城市，也是菲律宾最古老的城市。这里有发达的工商业、美丽的海滨风光、完善的旅游设施，被称为"南方皇后市"。

观览天下 3-10

宿务市位于菲律宾中南部，是菲律宾中部和南部的经济文化中心和交通转运中心，这里也是1521年麦哲伦登陆菲律宾的第一站。宿务市气候宜人、景色秀丽，加上物价水平不高，有"离天堂最近的地方"之美誉。

3.碧瑶市

碧瑶市位于吕宋岛的本格特省境内，海拔1 450米，气候温和，是菲律宾的避暑胜地，有"夏都"之称。市区和近郊分布着众多的公园和名胜，如伯纳姆公园、曼尼斯公园、莱特公园、麦逊宫、贝尔大教堂（集佛教、天主教、道教于一体）等。

4.百胜滩

百胜滩位于马尼拉东南约105千米，一路上都是由岩壁和热带树木所形成的溪谷美景，凭借刺激的泛舟活动而闻名。著名的百胜滩瀑布落差约有100米。

5.伊富高省原始梯田

伊富高省原始梯田位于吕宋岛北部的伊富高省巴拿威镇及周边地区，以巴拿威梯田最为有名。这些梯田位于海拔1500米以上的山上，连绵分布于5座高山，是2000多年前由伊富高人开凿的。梯田的面积约400平方千米，大的有2500平方米，小的仅有4平方米，梯田外壁高度1~4米，砌造梯田所用的石方超过埃及金字塔。如果把这些梯田首尾连接起来，其长度能环绕半个地球。伊富高人还从山顶挖塘蓄水，接引山泉瀑布，一直灌溉到山脚，使梯田终年不干。

这些梯田是菲律宾人民勤劳智慧的结晶，也是人类古代文明的遗产，菲律宾人称之为"世界第八大奇迹"。1995年，伊富高省原始梯田被列入世界文化遗产。

6.塔尔火山

塔尔火山位于吕宋岛西南部八打雁省境内的塔尔湖中，是世界上最矮的活火山。塔尔火山的四周被塔尔湖环绕，中间有一个面积约1平方千米的火山湖，形成了湖中有山、山中有湖的美丽景观。

7.马荣火山

马荣火山是菲律宾境内最活跃的火山之一，尖圆体正，外形很像日本的富士山，有"世界上最完美的火山锥"之称。马荣火山下半部森林茂密，上半部则几乎没有树，常常云雾缭绕。

8.维甘历史古城

维甘历史古城是亚洲保存最完好的西班牙殖民城市，其建筑风格体现了菲律宾、中国和欧洲文化的融合。1999年，维甘历史古城被列入世界文化遗产。

9.长滩岛

长滩岛是菲律宾中部的一个岛屿，位于班乃岛西北2000米处，形似哑铃。长滩岛是著名的度假胜地，被誉为世界上最美丽的十大海滩之一。这里有一片长达4000米的白色沙滩，被誉为"世界上最细的沙滩"。

六、中菲关系

中菲两国人民的友好交往历史源远流长，华人华侨与当地人民和睦相处，为菲律宾的社会进步和经济繁荣作出了重要贡献。被称为菲律宾国父的何塞·黎刹说过："在葡萄牙航海家麦哲伦来到菲律宾前，中国人已经熟悉了菲律宾，并与菲律宾有了经济和文化的联系。"

（一）外交关系

中国同菲律宾于1975年6月9日建交。建交以来，中菲高层互访不断，中菲关系总体发展顺利。中菲除互设大使馆外，中国在菲律宾宿务、拉瓦格、达沃设有总领事馆。菲律宾在中国厦门、广州、上海、重庆、香港、澳门设有总领事馆。

（二）经贸关系

中国是菲律宾的主要贸易伙伴之一。2010年，中菲双边贸易额达277亿美元。现在，中国是菲律宾第一大贸易伙伴、第一大进口来源地、第二大出口市场。2023年，中菲双边贸易额达719亿美元，中国对菲律宾全行业投资达1.7亿美元。

（三）科技、文化与教育交流

中菲两国在科技、文化与教育领域的交流与合作不断深化，已签署《中华人民共和国政府和菲律宾共和国政府科学技术合作协定》（1978年）、《中华人民共和国政府和菲律宾共和国政府文化合作协定》（1979年）等一系列合作文件。新华社在马尼拉设有分社，中央广播电视总台国际频道在菲律宾落地，中菲结有38对友好省市。2019年，在华学习的菲律宾学生总数达3 246名。

（四）旅游关系

菲律宾多年来一直是我国的主要客源国之一。2010年，菲律宾来华旅游人数达82.83万人次，2015年为100.4万人次，2018年为120.5万人次。

1992年，菲律宾成为我国全面开放的出境游目的地国家。2011年，共有24.3万中国游客前往菲律宾旅游，人数占菲律宾当年接待外国游客总数的6.2%。2017年，中国公民赴菲律宾旅游人数达到96.8万人次，中国跃升为菲律宾第二大客源国。2019年，中国公民赴菲律宾旅游人数达174万人次，比2018年增长了38.58%。

2023年1月，中菲签署《中华人民共和国文化和旅游部和菲律宾共和国旅游部旅游合作谅解备忘录执行计划（2023—2028）》，进一步推动双方的旅游合作。

◆ 课堂互动3-1

菲律宾为什么能成为我国的主要客源国？

第二节　蒙古国

一、蒙古国概况

（一）地理位置

蒙古国（Mongolia）是一个位于亚洲中部的内陆国，东、南、西与中国接壤，北与俄罗斯相邻。

蒙古国乌兰巴托与中国北京无时差。

（二）面积与人口

全国面积为156.65万平方千米，是面积居世界第二的内陆国，也是地广人稀的草原之国。全国人口约350万（截至2023年12月），人口密度每平方千米2.2人，是世界上人口密度最小的国家。喀尔喀蒙古族约占全国人口的80%，此外还有哈萨克等少数民族。城市居民占总人口的60%以上，其中生活在乌兰巴托的居民占全国居民总数的43%。

（三）语言和文字

官方语言为喀尔喀蒙古语。通行的文字为斯拉夫蒙古语。

（四）宗教

居民主要信奉藏传佛教。

（五）自然环境

全国大部分地区为山地和高原，山地集中在西部，阿尔泰山脉自西北向东南延伸。群山之间分布着许多盆地和谷地，东部为地势平缓的高地，南部是大片戈壁沙漠。境内有河流3 800条、湖泊3 500个，主要河流为色楞格河、鄂尔浑河、克鲁伦河，主要湖泊为乌布苏湖、库苏古尔湖、哈拉乌斯湖（又译哈尔乌苏湖）、吉尔吉斯湖等。北部的库苏古尔湖水域总面积为2 760平方千米，最深处达262.4米，是蒙古国最大的淡水湖泊，素有"东方的蓝色珍珠"之美誉。

蒙古国属于典型的大陆性高寒气候，年平均气温仅1.6℃。夏季短暂，且昼夜温差大。冬季漫长而寒冷，常有暴风雪，是东亚"寒潮"的发源地之一。季节温差大，冬季最低气温可达-50℃，夏季戈壁地区的最高气温可达40℃以上。

观览天下3-11

蒙古国地广人稀，又建立了很多自然保护区，这为戈壁熊、野马、野骆驼、野驴、黄羊和猎隼等濒危野生动物的生存提供了良好的条件。戈壁熊是世界上唯一能够在戈壁沙漠上生存的熊，被蒙古国视为国熊，目前全球戈壁熊数量仅52只。野马是当今地球上存活的极为稀少的野生马，20世纪60年代，野马在蒙古国绝迹，后又从国外引进。野骆驼已成为地球上比大熊猫更为珍稀的野生动物，目前全球野骆驼数量不足1 000峰。被列入世界濒危动物红皮书的野驴在蒙古国也大量繁殖，在戈壁地区常能看到上千头野驴成群出没。蒙古国还有世界上最大的黄羊种群。在蒙古国的草原上还经常可以看到猎隼搏击长空的英姿。猎隼是一种猛禽，以草原上的小型动物和鸟类为食，可驯养用于狩猎，目前已属世界濒危物种。2012年，蒙古国政府将猎隼确定为国鸟。

（六）国旗

蒙古国国旗呈长与宽之比为2∶1的横长方形，并分为3个相等的竖长方形。两边为红色，中间为蓝色。左边的红色长方形中有黄色的火、太阳、月亮、长方形、三角形和阴阳图案。

（七）行政区划

全国划分为首都和21个省。

（八）首都

首都为乌兰巴托，人口约150万（截至2022年），人口中年轻人占70%以上，是世界上人口最年轻的城市之一。

乌兰巴托为蒙古国第一大城市，是全国的政治、经济、文化和交通中心。全国大部分工厂、企业设在这里，工业总产值占全国工业总产值的一半以上。纯羊毛地毯、裘皮服装、山羊绒和驼绒制品是该市主要的出口创汇产品。乌兰巴托几乎集中了全国所有的高等院校，还有大量的中等专科学校、职业技术学校和十年制中学。

乌兰巴托既是蒙古国草原上一座古老的城市，又是一座新兴的年轻城市。在鳞次栉比的高楼大厦之间，传统的蒙古包仍依稀可见。市内主要名胜有自然博物馆、造型艺术博物馆、博格达汗宫博物馆和甘登寺等，市郊有成吉思汗旅游点和滑雪场等。

观览天下 3-12

乌兰巴托始建于1639年，当时称"敖尔告"（蒙古语为"宫殿""宫邸"之意）。在此后的150年中，乌尔格的位置常有变动，直到1778年才定居于现址附近，并取名"库伦"和"大库伦"。1924年蒙古人民共和国成立后，改"库伦"为"乌兰巴托"（意思是"红色英雄城"），并定为首都。

二、蒙古国简史

13世纪初，成吉思汗统一大漠南北各部落，建立了统一的蒙古汗国。1911年12月，蒙古王公在沙俄支持下宣布"自治"，随即于1919年放弃"自治"。1921年，蒙古人民党领导的人民革命取得胜利，并于同年7月建立君主立宪政府。1924年11月26日，废除君主立宪，成立蒙古人民共和国。1992年2月，改国名为"蒙古国"。

三、蒙古国的政治、经济与文化

（一）政治

蒙古国实行议会制。国家大呼拉尔是国家最高权力机关，行使立法权。总统是国家元首兼任武装力量总司令。政府为国家权力最高执行机关，政府成员由国家大呼拉尔任命。法院行使司法权，由最高法院和各级地方法院构成。检察机构由总检察署和各级地方检察署构成。

（二）经济

1.总体实力

蒙古国曾长期实行计划经济，1991年开始向市场经济过渡。国内生产总值2018年为32.2万亿图格里克，2023年为68.9万亿图格里克。

2.各产业概况

蒙古国素有"畜牧业王国"之称，畜牧业是蒙古国的传统产业，也是国民经济的基础，主要饲养羊、牛、马、骆驼等，2022年底牲畜存栏量约7 000万头。农业产值约占农牧业总产值的1/4，主要农作物有小麦、大麦、土豆等。森林覆盖率约为8%。矿产资源丰富，有铜、钼、金、银等80多种矿产。交通运输以铁路和公路为主，成吉思汗国际机场是主要的国际机场。

3.对外贸易

矿产品、纺织品和畜产品是最主要的出口产品，主要进口产品是机器设备、食品等。2023年，蒙古国外贸总额为244亿美元。主要贸易伙伴为中国、俄罗斯、欧盟、加拿大、美国、日本、韩国等。

4.货币与汇率

货币名称为图格里克。

2021年7月1日，1人民币元=440.26图格里克。

2024年7月1日，1人民币元=465.25图格里克。

（三）文化

1.教育

蒙古国实行国家普及免费普通教育制。全国有高校100多所，主要国立高校有蒙古国立大学、蒙古科技大学等。

2.新闻出版

主要报刊有《日报》《世纪新闻报》等。蒙古通讯社（简称蒙通社）系官方通讯社，创建于1921年。国家公共广播电台是蒙古国唯一非私营广播电台，也是蒙古国最有影响力的新闻机构。

3.艺术

蒙古国较有特色的传统艺术形式有长调歌、喉音演唱、民间舞蹈等。长调歌是一种适合在草原上传唱的民间歌曲，男女歌手均可演唱，内容以赞美自然风光和歌颂爱情为主。它音域宽广、旋律悠扬、节奏缓慢，在马头琴或其他民族乐器的伴奏下，有很强的抒情效果。喉音演唱是蒙古民族独特的民歌演唱方法，在世界上独一无二。它由男歌手表演，特色是用喉部发音，声音低沉洪亮，可表现高山、瀑布、流水等各种自然界的声音。蒙古国民间舞蹈多为单人表演，以肩、胸、腰、臂的动作为主，伴奏简单，适合在蒙古包内以及众人围坐的情况下表演，如摇肩舞、顶碗舞等。

观览天下3-13　　　　　　　　　　　　　**马头琴**

马头琴是蒙古国人最喜爱的一种民族乐器，因琴杆上端雕有马头而得名。琴身木制，长约1米，有两根弦，共鸣箱呈梯形，马皮蒙面。马头琴声音婉转、悠扬，是演奏蒙古国长调最好的乐器，能够准确表达出蒙古国人的生活，如辽阔的草原、呼啸的狂风、悲伤的心情、奔腾的马蹄声、欢乐的牧歌等。

4.体育

摔跤、赛马和射箭是蒙古国人最喜爱的民族体育项目。每年的那达慕大会都要进行这三项技能的比赛。

四、蒙古国的民俗

（一）衣、食、住习俗

1.服饰

传统服饰为大襟长袍（俗称蒙古袍）、腰带、帽子和高筒靴。蒙古袍是蒙古国人的传统服饰，男女均穿，领子较高，纽扣在右侧，领口、袖口常用漂亮的花边点缀。蒙古袍有皮袍、棉袍、布（绸、缎）袍之分。男式袍多用棉布料，也有用缎料的，腰带喜用金黄色和橙黄色；女式袍因地域和部族的不同而异，一般均以缎料为主，爱扎紫色和绿色等颜色的腰带。蒙古国人爱戴帽子。帽子一般以兽皮做里，绸、缎做面。冬季有风雪帽、皮帽、羊绒帽，夏季有尖顶圆帽、毡帽。靴子为高筒，有革制、毡制和布制之分。男式布靴、毡靴绣有花纹，女式布靴、毡靴则用鲜艳的彩线绣有花草鸟兽图案。

在节庆之日或探亲访友时，蒙古国妇女爱戴首饰。男子左侧腰悬挂绣褡裢，内装鼻烟壶，右侧挎腰刀和火镰。

现在，城市居民多穿现代服装，只有在庆典和重要节日时才着蒙古袍，但牧区的人们仍多着蒙古袍。

2.饮食

饮食大致有茶食、粮食、奶食和肉食。奶食品主要以牛、羊、马、驼的奶为原料加工制作而成，如奶豆腐（乳酪，味微酸，油香适口）和奶酪（味极酸）等。羊肉是蒙古国人爱吃的肉食之一，其中蒙古烤羊肉颇有名气，带着草原气息，鲜嫩无比。

蒙古国人常以马奶酒招待贵客。这种酒澄澈醇香、酒性柔软、口感酸甜，有驱寒、活血、舒筋等功效。

蒙古国菜肴受俄罗斯西餐的影响很大。主菜通常是一点儿蔬菜沙拉，一点儿米饭团，一点儿炸土豆条配香肠、牛扒、肉等。

3.蒙古包

蒙古国牧民至今仍保持着游牧的生活方式，无定居房屋，靠蒙古包栖身。蒙古包是蒙古国人祖祖辈辈住惯了的移动房屋，是牧民在草原上逐水草而居的家。蒙古包主要由三大构件组成：可折叠的网状围壁条木、搭起伞状圆顶的椽木、覆盖圆壁和顶棚的白色厚毡。牧民们赶着羊群、牛群、马群转场时，都会带着关键的蒙古包构件，以便随时"安营扎寨"。蒙古包顶有圆形天窗，可用来通风、采光、排烟。

（二）主要节庆

宪法纪念日　1月13日。

独立日　3月13日。

国庆节-那达慕　7月11日。

白月节　日期与我国藏历新年相同，是蒙古国民间最隆重的节日。过去只在牧区庆祝，称为"牧民节"，1988年12月定为全民节日。

观览天下3-14　　　　　　　　　　　　　国庆节-那达慕

那达慕，蒙古语意为"游戏"或者"娱乐"，原指蒙古国历史悠久的"男子三竞技"（摔跤、赛马和射箭），现指一种富有浓郁民族特点的、按照古老的传统方式举行的集体娱乐活动。1921年，蒙古人民党领导的人民革命取得胜利，于7月10日成立君主立宪政府，并将次日定为国庆日。从1922年起，那达慕就定期在每年7月11日举行，并成为国庆活动的一个主要组成部分。1997年6月13日，蒙古国决定将国庆节易名为"国庆节-那达慕"。

（三）日常社交礼仪

同辈相遇时说"你好"，晚辈遇到长辈要主动请安。走路、上车、入座等情况下要礼让老人或长辈。蒙古国人热情好客，即使遇见过路人，也会将其当作宾客招待。遇有贵宾临门，主人会站在蒙古包门前将双手高举过头，然后把右手放在胸前，微微施礼。进入蒙古包后，主人会请客人坐在蒙古包中最尊贵的位置上，男宾应从左手方绕过摆放在蒙古包正中央的炉子走向座位。客人入座时应盘腿或将两腿伸向门口。当主人用盛在银碗中的马奶酒招待客人时，客人如一饮而尽，主人会认为这是对自己的尊敬和诚意。此外，敬献哈达和敬献鼻烟都是蒙古国日常社交礼仪的重要组成部分。

1.敬献哈达

敬献哈达是蒙古国常见的社交礼仪。哈达一般为丝织品，长度不一，有蓝、白、黄、绿、红5种颜色，以蓝色为尊。敬献哈达时，应将哈达的叠口对着接受者。晚辈向长辈敬献哈达时，应一边致祝词一边双手献上哈达，长辈也应双手接哈达，然后将其搭在颈上。如果是长辈向晚辈赠送哈达，则长辈可直接将哈达搭在晚辈颈上。有时，蒙古国人会将酒碗置于哈达上向贵宾敬酒，客人可只取杯饮酒而不必接哈达。

2.敬献鼻烟

敬献鼻烟是蒙古国游牧民的一种日常见面礼。当路遇行人或到牧民家做客时，行人或主人会掏出鼻烟壶敬递给对方，或者互相交换鼻烟壶表示敬意和友好。若有客人来，从长者开始，年少者依次欠身，双手递上鼻烟壶，同时接过长者的鼻烟壶，取出少量吸闻后，再双手返还并拿回自己的鼻烟壶。在吸闻鼻烟时，大家互致问候和敬意。若客人与主人谈论悲伤的事情，则互换鼻烟壶时不打开鼻烟壶盖，用大拇指扶着鼻烟壶盖递出。当谈到亲人病丧时，蒙古国人讲究把荷包与鼻烟壶一起递出。鼻烟壶并非男性才有，有些妇女也礼节性地使用鼻烟壶。同辈女性之间互换鼻烟壶时，接住对方的鼻烟壶后应躬身施礼，用壶体轻轻地碰一下自己的前额，然后返还。

观览天下3-15   **蒙古国人的鼻烟文化**

鼻烟在清朝初期传入中国，并在游牧的蒙古民族中流行起来。如今，吸闻鼻烟已成为蒙古国人不可或缺的习惯，并形成了蒙古国人独特的鼻烟文化。

鼻烟是以香味较好的干烟叶加入名贵药材磨成粉末装入密封容器陈化而成的，吸闻时用手指送少量鼻烟到鼻孔。

鼻烟壶的材质讲究，可由凤凰石、玛瑙、珊瑚、玉石、水晶、琥珀等材料制成，其中凤凰石、珊瑚、玉石制成的鼻烟壶极为贵重。

鼻烟壶一般被装进荷包里、揣在怀里或挂在腰间。荷包有多种颜色和图案，黄色代表爱情和感激，红色代表喜庆，白色代表纯洁。

有的蒙古国人相信鼻烟壶可以为主人防病或者祛除顽疾。例如，认为白玉鼻烟壶可以保佑主人身体不受外伤；认为珊瑚鼻烟壶将为主人带来好运，并会给孕妇带来健康和平安。

（四）民间禁忌习俗

应邀进入蒙古包前要将马鞭放在门外，否则会被视为对主人的侮辱；在进入蒙古包时不能踩门槛；忌讳生人靠在蒙古包上；在接递物品时，以双手接递为敬，也可只用右手，但不能只用左手接递；不喜欢别人用手指点他们的头部；忌讳把鼻烟壶放到地上或者踩踏；忌往火里扔脏东西，不能从火上跨越，不能在火旁放刀斧等锐器；善于骑马，也爱惜马，将其视如珍宝，故不喜欢吃马肉；送礼物时忌送帽子，因为帽子的口朝下，送人会破坏别人的运气；穿蒙古袍时，忌挽袖子，因为这样会使人理解为要打架。

红色和蓝色是蒙古国人喜爱的传统颜色；蒙古国人不喜欢黑色，认为黑色象征贫困、不幸和各种恶魔。由于自古以来逐水草而居，蒙古国人特别敬水，忌讳在河里洗澡、洗脏东西，更忌讳在河里倒垃圾、大小便。禁止在寺庙周围打猎，禁止在寺内杀牲畜，不能在经堂内吸烟、吐痰。

随着时代的变迁，有一些禁忌已渐渐消失。

（五）祭敖包

祭敖包是蒙古国民间最普遍的一种祭祀活动。人们常常到敖包祈祷、还愿，病愈的人则在敖包上留一件病时旧物，表明是神压服了病魔。祭祀时，众人围着敖包从左向右（顺时针方向）走3圈，并在上面添加石块，祈神降福。专门的大型祭祀活动一般在阴历五月十三举行。

观览天下 3-16　　　　　　　　　　**敖　包**

蒙古语"敖包"的意思即"堆子"，用沙土、石头或树木堆成，通常在行人经过较多的大路旁，最初只是作为道路或行政区划的界线，后来就成了家乡和祖先的标志，并被认为是氏族保护神居住和享祭的场所。路过敖包的人一般均下马、下车。由于不断往敖包上面添加石块，日积月累，有的敖包可高达数米，底基周围可达十余米。我国蒙古族同胞也有祭敖包的习惯。

课堂互动 3-2

接待蒙古国客人时应注意什么？

五、蒙古国旅游业

蒙古国拥有辽阔的草原、充足的阳光、清新的空气、优美的自然风光，是世界上少数保留游牧文化的国家之一，每年6—8月是旅游旺季。近年来，蒙古国非常重视旅游业的发展，尤其重视以游览草原风光为主的特色旅游业的发展，力争把旅游业发展成为带动蒙古国经济增长的支柱产业。2023年，蒙古国接待外国游客数量超过65万人次，旅游业创收12亿美元。主要旅游景点有哈拉和林古都、库苏古尔湖、乌布苏湖盆地、南戈壁、东戈壁和阿尔泰狩猎区等。

1.哈拉和林古都

哈拉和林古都位于蒙古国中部鄂尔浑河上游，是蒙古国的历史名城。13世纪，成吉思汗定都于此，后来这里长期为蒙古国的政治中心。现在，游客在这里既可以看到众多的古迹，还可以体验蒙古国人的传统生活方式。

2.库苏古尔湖

库苏古尔湖位于蒙古国北部，被称为"东方的蓝色珍珠"，库苏古尔风景区被称为"东方的瑞士"。这里空气新鲜、湖面广阔、湖水碧蓝，湖的四周密布原始森林，是马鹿、梅花鹿、黑熊等野生动物的良好栖息场所。这里盛产鱼类，最负盛名的当属库苏古尔白鱼，其肉质鲜嫩，用白水煮过即可食用。奇特的是，库苏古尔湖的湖水会在冬天的某一夜顷刻之间结冻，且在封冻之际会发出山崩地裂般的轰鸣声。湖水封冻之后，一团团浓雾从天而降，将苍天和大地融为一体。库苏古尔风景区1992年被蒙古国定为四大国家公园之一。

六、中蒙关系

（一）外交关系

蒙古国与中国陆上相邻4710千米，是与中国陆地边界线最长的邻国。1949年10月16日，蒙古国与中国建交，成为最早承认中华人民共和国的国家之一。1994年，双方签订《中华人民共和国和蒙古国友好合作关系条约》。2011年，两国宣布建立战略伙伴关系。2014年，中蒙关系提升为全面战略伙伴关系。

目前，双方对持外交、公务护照人员互免签证。

（二）经贸关系

中国是蒙古国最大的贸易伙伴和最大的投资国。2020年，中蒙双边贸易额达66.3亿美元（其中，中国出口额16.2亿美元，中国进口额50.1亿美元）。2023年，中蒙双边贸易额增至165.9亿美元。

（三）科技、文化与教育交流

1987年，中蒙签署两国政府《1987—1988年度科技合作计划》。此后，双方定期举行科技合作会议和签订年度科技合作计划。中蒙两国自1951年起建立文化联系。1994年，双方签署《中蒙文化合作协定》。2008年5月，蒙古国立大学孔子学院揭牌。2010年6月，乌兰巴托中国文化中心揭牌。中蒙两国教育交流始于1952年，多年来，两国在教育领域的交流与合作发展顺利。1998年，双方签署《中华人民共和国政府和蒙古国政府关于相互承认学历、学位证书的协定》。

（四）旅游关系

中蒙两国的旅游关系密切，蒙古国是中国的主要客源国之一，也是中国公民出境旅游的目的地国家之一。2008年，蒙古国来华游客约70.5万人次，2013年为105万人次，2018年为191.58万人次。赴蒙古国旅游的中国公民2013年达23.64万人次，2018年为19.45万人次。

2024年3月，中蒙二连浩特—扎门乌德经济合作区正式获批，作为持续深化中蒙全面战略伙伴关系的标志性平台，合作区将加速推动中蒙在经贸、人文、旅游等领域的发展。

🔁 课堂互动3-3

蒙古国为什么能成为我国主要的客源国之一？

第三节　泰国

一、泰国概况

（一）地理位置

泰国全称泰王国（The Kingdom of Thailand），位于中南半岛中南部，与柬埔寨、老挝、缅甸、马来西亚接壤，东南临泰国湾（太平洋），西南濒安达曼海（印度洋）。

泰国曼谷与中国北京的时差是−1小时（比中国北京时间慢1小时）。

观览天下 3−17

泰国称自己的国家为"孟泰"。"孟"在泰语中是国家的意思，而"泰"是自由的意思，"孟泰"即"自由之国"。

（二）面积与人口

泰国面积约51.3万平方千米。人口6 790万（截至2024年4月）。泰国有30多个民族，泰族为主要民族，约占人口总数的40%，其余为老挝族、高棉族等。

（三）语言

泰语为国语。英语为通用语言。

（四）宗教

佛教是泰国的国教，90%以上的民众信仰佛教，约5%的民众信仰伊斯兰教，还有少数人信奉新教、天主教、印度教和锡克教。

观览天下 3−18　　　　　　　　　　　　　　　**黄袍佛国**

泰国绝大多数人信仰佛教。几百年来，佛教对泰国人的日常生活有着强烈的影响。无论是在城市还是乡村，寺庙都是社会生活和宗教生活的中心。泰国的文学艺术、风俗习惯和建筑等深受佛教的影响。在泰国，到处可见身披黄色袈裟的僧侣，以及富丽堂皇的寺院。因此，泰国又有"黄袍佛国"和"千佛之国"的美名。

在泰国，凡是信仰佛教的男子，满足一定年龄，都要削发为僧出家一次，连王室和贵族也不例外。不曾入寺修行的男子会给子孙带来耻辱。许多人家里专门有一间房屋放置佛像和祭坛，供早晚膜拜。很多人脖子上都系有佛饰，一旦到了被认为是亵渎神明的地方，就会把佛饰解下放在怀里。泰国僧侣在社会生活中拥有许多特权，长老普遍受人尊敬。许多重大节日的庆典都必须由僧人主持。

泰国多大象，又被称为"大象之邦"。其中，白象被视为佛教圣物、佛的化身，只能由王室供养。

（五）自然环境

泰国地势北高南低，北部的因他暖山海拔2 500多米，是全国最高峰。境内河流纵横，湄南河是全国第一大河。

泰国大部分地区属热带季风气候，南部沿海平原属热带雨林气候。全年分为热（2月至5月）、雨（6月至10月）、凉（11月至次年1月）三季。泰国是一个自然灾害较少的国家，基本上没有台风与地震等的侵扰。

观览天下 3−19

泰国人习惯将国家的疆域比作大象的头部，北部代表"象冠"，东北部代表"象耳"，泰国湾代表"象口"，南方的狭长地带则代表"象鼻"。

（六）国旗、国歌、国花、国树

1.国旗

泰国国旗呈长与宽之比为3∶2的长方形，由5个横长方形平行排列构成。中间的长方形为蓝色，两边的长方形分别为白色和红色，且上下对称分布。红色代表民族，象征各族人民的力量与献身精神。白色代表宗教，象征宗教的纯洁。蓝色代表王室，蓝色居中象征王室在各族人民和纯洁的宗教之中。

2.国歌

泰国的国歌是《泰王国歌》。

3.国花

泰国的国花是金链花。

4.国树

泰国的国树是桂树。泰国人认为桂树是吉祥的象征。

（七）行政区划

全国分中部、南部、东部、北部和东北部5个地区，共有77个府，府下设县、区、村。曼谷是唯一的府级直辖市。

（八）首都

首都曼谷是泰国最大的城市，也是全国的政治、经济、文化中心。全国主要工业部门集中在曼谷，全国大部分高校也集中在曼谷。

二、泰国简史

历史上，泰国称为暹罗。1238年，素可泰（意思是"幸福的黎明"）王朝建立，开始形成较为统一的国家。13世纪末，素可泰王朝成为湄南河流域最大的王国。最有名的一位国王是兰甘亨，他创制了泰国文字，主张向中国学习，并两次来到中国。

观览天下3-20　　　　　　　　　　　　　　　　兰甘亨

国王兰甘亨是泰国杰出的政治家、外交家和文学家，深受泰国人民的尊敬和爱戴，被誉为"泰国之父"。他曾多次遣使臣来到中国，他本人在1294—1300年间两次访问中国（元朝），在中泰两国友好关系史上传为美谈。

后来，泰国又经历了大城王朝、吞武里王朝和曼谷王朝。16世纪，葡萄牙、荷兰、英国、法国等殖民主义者先后入侵。1782年，曼谷王朝第一位国王拉玛一世将王室都城从吞武里迁到曼谷，并建造了大王宫。

19世纪中期，拉玛四世国王与英国签订条约，同意开放港口，与外国通商，并进行了社会和经济改革。拉玛四世国王是泰国历史上第一位接受西方学术思想的国君，他精佛学、重科学，知识广博，还通晓多种语言。继位的拉玛五世（即泰国史上著名的朱拉隆功大帝）继续进行改革，他废除了奴隶制度，兴建学校、博物馆、图书馆，发展道路系统，创办邮电局，并在国内修建了第一条铁路。

1932年，建立君主立宪政体，颁布宪法。1939年，更名为泰国。1941年，泰国被日本占领，泰国宣布加入轴心国。第二次世界大战以后，泰国恢复暹罗国名，1949年再次更名，正式定名泰国。

三、泰国的政治、经济与文化

（一）政治

泰国实行君主立宪制。国王是国家元首、武装部队最高统帅。国会是国家最高立法机构，由上、下两院组成。司法制度属大陆法系，以成文法作为法院判决的主要依据。司法系统由宪法法院、司法法院、行政法院和军事法院构成。司法法院又分为最高法院、上诉法院和初审法院3级。

（二）经济

1.总体实力

泰国曾是一个落后的农业国，第二次世界大战以前，80%以上的泰国人口从事农业。自20世纪50年代开始，泰国开始大力发展工业。60年代至80年代，泰国经济实现高速增长。1996年，泰国被列为中等收入国家。国内生产总值2010年约3 182亿美元，2020年约5 092亿美元，2023年为5 130亿美元。

2.各产业概况

泰国是传统农业国，可耕地面积约占全国土地面积的40%，主要作物有稻米、玉米、木薯、橡胶等。泰国是世界著名的稻米生产国和出口国，稻米出口量居世界第一位。泰国木薯、橡胶的产量居世界首位，是世界天然橡胶最大出口国。主要矿产资源有钾盐、锡等。泰国盛产热带水果，主要水果有被誉为"果中之王"的榴梿和被誉为"果中之后"的山竹以及荔枝、龙眼、红毛丹等。

泰国渔业发达，虾的产量居世界前列。泰国湾和安达曼海是著名海洋渔场。曼谷、宋卡、普吉等地是重要的渔业中心和渔产品集散地。

泰国的铁路主要为窄轨。海运发达，廉差邦港是泰国最大的物流枢纽，其他主要港口还有曼谷港、宋卡港、普吉港等。泰国的素万那普国际机场是东南亚地区重要的空中交通枢纽，清迈国际机场是泰北地区最大、最重要的航空枢纽，普吉国际机场是泰南最繁忙的国际机场。

3.对外贸易

泰国的主要出口产品有汽车及零配件、珠宝首饰、橡胶、加工海产品、大米、木薯等，主要进口产品有机电产品及零配件、工业机械等。泰国对外贸易总额2020年为4 458.6亿美元，2023年为5 743亿美元（其中，出口额为2 845亿美元，进口额为2 897亿美元）。中国、日本、东盟、美国、欧盟等是泰国重要的贸易伙伴。

4.货币与汇率

货币名称为泰铢。1泰铢=100萨当。

2021年7月1日，1人民币元=4.9527泰铢。

2024年7月1日，1人民币元=5.1151泰铢。

（三）文化

1.教育

泰国实行十二年义务教育，即小学六年、初中三年、高中三年。著名高等院校有朱拉隆功大学、泰国国立法政大学、泰国农业大学、清迈大学、孔敬大学等。

2.新闻出版

主要泰文报纸有《民意报》《经理报》《泰叻报》等，主要华文报纸有《新中原报》《中华日报》等，主要英文报纸有《曼谷邮报》《民族报》等。泰国广播电台为国家电台。

3.文学艺术

泰国文学最早产生于13世纪末的素可泰王朝时期。曼谷王朝时期出现的诗剧《伊瑙》和长篇叙事诗《昆昌与昆平》在泰国文学史上占有重要地位。20世纪以来出现的著名作家有西巫拉帕（被称为泰国新文学的奠基人）、克立·巴莫、高·素朗卡娘等。

泰国有丰富多彩的民间舞蹈和优美典雅的古典舞蹈。丰收舞、长甲舞（演员戴着长长的指甲）、蜡烛舞、集体舞都是民间流行的舞蹈。泰国古典舞蹈有"宫内"与"宫外"之别，宫内舞蹈强调姿势优美典雅；宫外舞蹈则较自由风趣。

四、泰国的民俗

（一）姓名称谓

第一次世界大战以前，泰国人只有名字而没有姓氏。战后拉玛六世国王宣布，每个人都可以有姓，因此至今泰国人虽然有姓，但很少用，通常只叫名字。泰国人称呼人名时，通常在名字前加一个"坤"（Khun）字，无论男女均可用，表示"先生""夫人""小姐"之意。在泰国公司内，职员们经常以"Pee"（兄姐）和"Nong"（弟妹）相称，给人一种亲切的感觉。

观览天下3-21

在泰国，妇女婚后一般冠夫姓。过去的法律甚至规定，女性婚后必须到民政部门重新登记，把名字前面的称谓从代表单身的"小姐"改为代表已婚的"夫人"。为体现对女性权利的尊重，2008年6月4日，泰国实施了一项新法律，规定泰国女性从此无论已婚、离婚或丧偶，都可自由选择将称谓登记为"小姐"或"夫人"。

（二）服饰和饮食

1.服饰

泰国男子的传统民族服装是绊尾幔纱笼和帕农纱笼。绊尾幔是用一块长约3米的布包缠双腿，再把布的两端卷在一起，穿过两腿之间，塞到腰背处。帕农是一种用布缠裹腰和双腿的服装。泰国女子的传统服装是筒裙。

随着社会的发展和外来文化的影响，现代泰国人的着装已经发生了很大变化。城市里的男子惯于穿制服、西装，大多数场合可穿长裤、衬衣，领带可系也可不系。女子则喜欢穿西服裙，上衣的式样也千变万化。在乡村，虽然多以民族服装为主，但农村青年人中穿西裤和衬衫的已相当普遍。

2.饮食

泰国人以大米为主食，副食主要是蔬菜和鱼。咖喱味的牛肉、鸡肉、虾是泰国菜的代表。最喜欢吃的食物是咖喱饭（由大米、肉片或鱼片加青茶调以辣酱做成），常吃鸡粥、猪油糕、酸猪肉、烤肉皮、剁生牛肉等。传统的烹饪方法是蒸煮、烘焙或烧烤，后来也引入了煎、炸、炒的菜肴制作方法。不爱吃红烧、甜味的菜肴，喜欢喝冰茶。

泰国菜注重调味，调味品很多，如咖喱、辣椒、鱼露、虾酱、椰奶等。偏爱辛辣味，辣椒和鱼露被当成最好的调味品。

泰国人吃得杂，老鼠、蜗牛、田鸡、蛇、蝗虫都可成为菜肴，但不吃猫或狗。泰国人喜好生吃食物，有些蔬菜、海产品放些调料就生吃。

上菜时，不是按照一定的顺序，而是一次上齐。完整的泰餐应该包括一份汤、一份有调味品的咖喱菜以及鱼、蔬菜。就餐时，泰国人习惯屈膝围桌而坐，用手抓着吃，不用筷子。

（三）主要节庆

宋干节 4月13日至15日。宋干节又名泼水节、求雨节，是泰历新年，也是泰国最盛大的节日。13日，家家户户打扫庭院，燃放花炮，人们打扮一新准备过节；14日，人们将在寺庙内堆沙塔，并在上面插上鲜花彩旗；15日是节日高潮，人们去寺庙聆听僧人的美好祝福，之后人们互相泼水祝福。

水灯节 泰历十二月十五日。水灯节是泰国民间最热闹、最富诗意的传统节日。当日，男女老幼将把用芭蕉叶或芭蕉树皮做成的水灯放进河里。这一天也是男女青年谈情说爱的节日。

国庆日 12月5日。国王诞辰日。

其他节日还有：博桑伞节（1月，清迈）；放生节（2月）；清迈花节（2月4日至6日，有花车游行和选美比赛）；万佛节（泰历三月十五日）；大象节（3月13日，素辇府）；农耕节（泰历六月）等。

观览天下3-22 农耕节

农耕节是一个颇具特色的节日，每年的这个节日，泰国都要在曼谷大皇宫旁边的王家田广场举行大典。大典开始时，主犁官在号角乐声中扶着由两头白色公牛拉的金色木犁耕田6圈，后面跟着2名挑金担的少女和2名挑银担的少女，主犁官不时从金担和银担中抓出一把把谷种，撒在田里。仪式后，围在广场周围的人涌进田中，将种子和泥土一起挖出装进塑料袋中，带回家去。他们相信，这些种子和王家田的"圣土"会带来丰收和好运。

（四）礼仪禁忌

1.日常礼仪

泰国人以热情好客著称，喜欢微笑，历来以"微笑国度"闻名于世。给客人戴花环和花串是泰国民间的一种尊贵礼仪。

泰国人问候的方式是双手合十，置于胸前，然后礼貌地点头鞠躬。双掌举得越高，表示尊敬程度越深：平民百姓见到国王，双手要举过头顶；晚辈对长辈，双手合十于前额；平辈之间，双手举至鼻子高度；长辈对晚辈，双手举至胸前即可。地位较低或年纪较轻者应先合十致意。别人向你合十，你必须还礼，否则就是失礼。握手礼只在政府官员和知识分子中流行。男女之间不握手。

与别人谈话时不得戴墨镜，不能用手指着对方说话。从别人面前走过时必须躬身，表示不得已而为之的歉意。学生从老师面前走过时，必须合十躬身。

喜欢数字9，因为"9"的发音吉祥，有兴旺发达之意，故请客多请9人。泰国人习惯准时赴约。喜爱蓝色，认为这种颜色象征安定和永恒。喜欢荷花。

路遇僧侣应主动让路，晴天遇到僧侣必须绕开其身影，在车上应主动为僧侣让座。进入佛教寺庙时，衣着应得体端庄，身着短裙、短裤或袒胸露背者都不得入内。进入佛堂时，游客需要脱鞋，注意不可脚踏门槛。进入清真寺内也要脱鞋，男士要戴帽，女士应穿长裤或长裙，头发用领巾包扎。

2.婚姻礼节

泰国至今仍保留着一些奇异的婚俗。在农村，男女青年到十五六岁即可自由选择对象。正式结婚后，男方要在女方家居住一段时间，然后才可住自己的新房。如果家中只有一个女儿，女婿就要成为岳父母家的成员。

泰国人的婚礼必须由德高望重的僧人主持。

3.民间禁忌习俗

在泰国，忌对佛教、佛像和僧侣有不敬的行为。不可施舍现金给僧侣（触犯戒律）。购买佛饰不能说"买"，要说"求租"。不要触摸佛像，不要爬上寺院内外的任何一尊佛像。不能手指僧侣。女性应避免触碰僧侣，即使是轻微触碰也不行；如果有东西要转交僧侣，应先交给其他在场男子，再由该男子转交给僧侣。佛日禁止杀生。

头是人身上最高的部位，泰国人忌讳触碰人的头部，即使是友善的表示也不行，小孩儿的头也不能触摸。脚是人身上最低的部位，用脚指人或物被视为极度不礼貌的行为。长辈在场时，晚辈必须坐在地上或跪坐，以免高于长辈头部。不能将物品从人头上掠过。睡觉时头不朝向西面，因为尸体头部朝西停放。泰国人建筑房屋时，也习惯房屋坐北朝南或坐南朝北，而不朝西。

递物品时应用右手，因为泰国人用右手吃饭，左手拿不洁之物；由于写死人姓氏用的是红颜色墨水，因此绝不用红笔签名；进入泰国人家里要脱鞋，不能踩门槛；交谈时忌讳双腿交叉；盘腿而坐时，不能脚心对人；在人经常走的地方，禁止悬挂衣物，特别是内裤和袜子之类；在某些农村，忌赞美别人的小孩儿长得漂亮。

泰国禁赌，即使在酒店房间里也不能玩牌或打麻将。

◆ 课堂互动3-4

接待泰国客人时，在礼节和饮食方面应注意什么？

五、泰国旅游业

（一）旅游业历史和现状

泰国的旅游业起步于20世纪50年代。1994年，泰国接待外国游客602万人次，旅游外汇收入66亿美元，旅游业成为泰国第一大创汇行业。2019年，泰国接待外国游客约3 980万人次，旅游外汇收入约1.93万亿泰铢。2023年，泰国累计接待外国游客超过2 800万人次，旅游外汇收入约1.2万亿泰铢。

泰国酒店的设施、服务均属上乘，在国际上享有盛誉。

（二）主要旅游资源

泰国有迷人的热带风情、独特的文化传统和民族风俗以及独具特色的佛教文化，是亚洲重要的旅游国家之一。曼谷、清迈、普吉岛、帕塔亚被称为泰国四大旅游中心，清莱、华欣、苏梅岛等是泰国新兴的旅游点，游客数量增长较快。

1.曼谷

曼谷的意思是"天使之城"，由于该市地势较低，河流众多，因此又被称为"东方威尼斯"。曼谷是世界著名的旅游城市，自1782年成为都城开始，这里一直是泰国的政治、经济、文化、交通中心。市内有大小寺庙400多座，有"佛都"之称。精致美丽的佛教建筑外观和辉煌华丽的内部装饰成为曼谷独特的风景。主要景点有大皇宫、玉佛寺、郑王庙、卧佛寺、金佛寺、大理寺、云石寺等。

赏景怡情
3-1

泰国曼谷
大皇宫

图3-2　大皇宫

大皇宫　又称大王宫（如图3-2所示），是泰国曼谷王朝的王宫，位于曼谷市中心、湄南河畔。大皇宫始建于1782年，以后经过多次改建和扩建，终于形成了总面积近22万平方米、曼谷市内最壮观的古建筑群。大皇宫集聚泰国建筑、绘画、雕刻和装潢艺术的精粹，被誉为"泰国艺术大全"。

玉佛寺　位于大皇宫的东北角，是大皇宫的一部分，面积约占大皇宫的1/4，是泰国最著名、最大的佛寺，与卧佛寺、金佛寺一同被称为"泰国三大国宝"。玉佛寺是专供历代王室举行宗教仪式和日常礼佛的地方，因寺内的玉佛殿中供奉着玉佛而得名。玉佛高66厘米、阔48厘米，由一整块碧玉雕刻而成，被看成泰国的镇国之宝。每当换季时节，泰国国王都会亲自为玉佛更衣，并举行隆重的仪式，以保国泰民安。泰国内阁更迭之时，新政府的全体成员都要在玉佛寺向国王宣誓就职。每年农耕节时，国王还要在这里举行宗教仪式，祈祷丰收。玉佛寺内还陈设着几块《三国演义》大瓷屏风，其上彩绘人物栩栩如生。

观览天下3-23　　　　　　　　　　　　　　**曼谷唐人街**

曼谷有很多华人，市区内的耀华力路、三聘街、石龙军路三条大街以及与其相连的许多街巷都是华人比较集中的街道，有"曼谷唐人街"之称。曼谷唐人街位于曼谷市区西部，属于曼谷的老街区，现在则是最繁华的商业区之一，行人、车辆川流不息，金铺、珠宝店、钟表店、中西药房、中国土特产店、中国食品店、名酒店、中国餐馆等一家挨一家，让人眼花缭乱。在这里从事经营的几乎全是华人、华侨，潮州话在这里通行无阻，有着浓郁的潮汕风情。曼谷唐人街不仅是曼谷典型的华人居住社区，而且是一个工商业繁华的热闹市场，现已成为曼谷的一张城市名片，吸引了四面八方的游人前往观光、购物。

2.清迈

清迈是泰国第二大城市，也是泰国佛教圣地之一，有寺庙近百座。清迈盛产玫瑰，有"泰北玫瑰"的雅称。这里也是泰国著名的避暑胜地。

观览天下3-24

清迈是一座历史名城，始建于1296年。这里气候宜人、风景秀丽，旅游服务设施完备，再加上这里浓郁的民族特色，每年都吸引了大批国内外游客前来观光游览。清迈每年还会举办丰富多彩的活动，如泼水节、水灯节、龙眼节、荔枝节等，以吸引游客。

3.普吉岛

普吉岛位于印度洋安达曼海东南部，是泰国最大的岛屿，有"安达曼海上的明珠""海山仙阁"之称。这里海滩类型丰富，石灰岩造型地貌星罗棋布，是东南亚最具代表性的旅游度假胜地。

赏景怡情
3-2

泰国普吉岛
（VR）

4.帕塔亚

帕塔亚（亦称"芭达雅"，当地作"芭堤雅"）位于曼谷东南约150千米，是泰国著名的海滨旅游度假胜地。帕塔亚气候宜人，风光旖旎，处处鲜花，是泰国著名的花城。帕塔亚因阳光、沙滩、海鲜、珊瑚岛以及人妖表演而名扬天下，被誉为"东方夏威夷""海上乐园""亚洲度假区皇后"。

5.古城博物馆

古城博物馆位于泰国北榄府境内，始建于1965年，历时20年建成，荟萃了泰国各地历史上有代表性的建筑物，是世界上最大的露天博物馆，有"小泰国"之称。游客在这里可以大体了解泰国自素可泰王朝以来的历史和文化艺术的概貌。

6.巴真菩提树

位于泰国巴真府诗马哈菩县鹄毕区万考村的巴真菩提树是泰国最老、最大的菩提树。据考证，此树从印度移植而来，已有1100年的历史。巴真菩提树的主干粗达16米多，10人方能合抱；高约6米，上部的枝杈高度约为主干的3倍。

六、中泰关系

（一）外交关系

1975年7月1日，中国与泰国建立外交关系。2012年4月，中泰两国建立全面战略合作伙伴关系。泰国是东盟国家中第一个与中国建立战略合作伙伴关系的国家。2022年，两国发表《中华人民共和国和泰王国关于构建更为稳定、更加繁荣、更可持续命运共同体的联合声明》。

中泰除互设大使馆外，中国在泰国清迈、宋卡、孔敬设有总领事馆，泰国在中国广州、昆明、上海、成都、厦门、西安、南宁、青岛、香港设有总领事馆。

观览天下 3-25

中泰关系源远流长。6世纪时，中国南部的一部分傣族人曾南迁至今泰国境内。13世纪元兵大举南侵时，又有大批中国傣族人南迁至今泰国境内。18世纪时，缅甸入侵暹罗，华人郑信（中国史书称郑昭）组织华人并号召暹罗军队奋起抵抗，最终战胜了入侵者并统一了全国，郑信也成为吞武里王朝的开国之君，受到泰国人民的尊敬。后人为纪念郑信的丰功伟绩，特在吞武里区域内建立了郑王庙，并在大罗斗圈广场中央为郑信塑造了一座纪念碑，碑上耸立着郑信的骑马戎装铜像。19世纪时，大量华人移居泰国，从事锡矿的开采和橡胶种植，为泰国的经济发展作出了重要贡献。

（二）经贸关系

中国是泰国第一大贸易伙伴，泰国是中国在东盟国家中的第三大贸易伙伴。中泰双边贸易额2011年为647.4亿美元，2018年为801.4亿美元，2023年为1 262.8亿美元（其中，中国出口额757.4亿美元，中国进口额505.4亿美元）。

中国是泰国第二大投资来源国，也是泰国的主要投资对象国之一，泰国在中国投资的公司主要有正大集团、盘谷银行等。

（三）科技与文化交流

中泰两国在科技、文化领域的交流与合作稳步发展。双方签署了《中华人民共和国政府和泰王国政府科学技术合作协定》（1978年）、《中华人民共和国政府和泰王国政府关于文化合作的协定》（2001年）等。

中泰双方还成立了泰中友好协会（1976年）、中泰友好协会（1987年），缔结了41组友好城市和省府。

观览天下 3-26

近年来，随着中泰双方交流的增多，泰国兴起了学习汉语的热潮。目前，泰国已有15所孔子学院。随着"一带一路"倡议的提出，泰国的"汉语热"持续升温，学习汉语已经成为泰国人最热衷的事情之一。

（四）旅游关系

中泰旅游业发展很快。泰国历来是中国的主要客源国之一。2008年，来中国旅游的泰国游客达55.43万人次，2013年为65.17万人次，2018年为83.34万人次。

1988年，我国开放了赴泰国的探亲旅游，泰国也成为最早对中国公民开放的旅游目的地国家。1993年，双方签订了《中华人民共和国政府和泰王国政府关于旅游合作的协定》。中国公民赴泰国旅游人数2005年为59.55万人次，2011年为152.26万人次，2019年达1 098万人次，2023年约350万人次。

2024年3月1日，中国与泰国互免签证协定正式生效。根据协定，中方持公务普通护照、普通护照人员和泰方持普通护照人员，可免签入境对方国家单次停留不超过30日（每180日累计停留不超过90日），这大大便利了双方的人员往来。2024年1—7月，赴泰中国游客超过350万人次，稳居第一位。

启智润心
3-2

中泰友好的
使者——诗
琳通公主

⊘ **课堂互动 3-5**

泰国为什么能成为我国主要的客源国之一？

第四节　印度

一、印度概况

（一）地理位置

印度全称印度共和国（The Republic of India），位于亚洲南部的南亚次大陆上，东北部同中国、尼泊尔、不丹接壤，孟加拉国夹在东北国土之间，东部与缅甸为邻，东南部与斯里兰卡隔海相望，西北部与巴基斯坦交界。东临孟加拉湾，西濒阿拉伯海，海岸线长 5 560 千米。

印度新德里与中国北京的时差是−2.5 小时（比中国北京时间慢 2.5 小时）。

观览天下 3-27 　　　　　　　　　**"印度"名称的由来**

印度得名于印度河。最早记录印度历史的是古希腊历史学家希罗多德，他在其所著的《历史》一书中把印度河以东的广大地域称为印度，后来西方人沿用了这一名称。在我国，《史记》称这里为"身毒"，《汉书》则称这里为"天竺"，唐代玄奘在其所著的《大唐西域记》中改称这里为"印度"。实际上，在古代，南亚次大陆上没有一个国家自称为"印度"。现今，印度共和国沿用了"印度"这一名称，但它的印地语国名则是"婆罗多"（取名于古代婆罗多族）。

（二）面积与人口

印度面积约 298 万平方千米（不包括中印边境印占区和克什米尔印度实际控制区等），居世界第七位，是南亚次大陆面积最大的国家。

印度人口约 14.4 亿（截至 2023 年），居世界第一位，其中农村人口约占总人口的70%。印度有 100 多个民族，其中印度斯坦族人口最多，约占总人口的 46.3%，其他较大的民族有马拉提族、孟加拉族等。

（三）语言

印度的语言复杂，是世界上使用语言最多的国家之一。印地语为国语，印地语和英语同为印度的官方语言。

（四）宗教

印度的宗教主要有印度教、伊斯兰教、锡克教等。印度教教徒和穆斯林分别占总人口的 80.5% 和 13.4%。

观览天下 3-28

印度民族、宗教众多（世界各大宗教在印度都有信徒），语言繁杂，文化各异，被称为世界上保存最完好的"人种、宗教、语言博物馆"。

（五）自然环境

全国分为西北部边境高山区、恒河流域平原区和印度半岛区三大区。印度西北部的高山区属喜马拉雅山脉南坡，干城章嘉峰海拔8586米，为全国最高峰。中北部是恒河平原。南部为印度半岛的主体德干高原，东、西高止山脉分列高原两侧。沿海有狭窄的平原。主要河流有恒河、布拉马普特拉河等，其中恒河最长。

大部分地区属热带季风气候，一年分为凉季（11月至次年2月）、旱季（3月至5月）和雨季（6月至10月）三季。全国年降雨量约1170毫米，但地区差异很大，乞拉朋齐是世界上降雨量最多的地区之一，被称为"世界雨极"。

（六）国旗、国歌、国花

1.国旗

印度国旗呈长与宽之比为3∶2的长方形，由橙、白、绿3个相等的横长方形组成，白色长方形中心有一个含24根轴条的蓝色法轮。橙色象征勇敢和自我牺牲的精神，白色象征真理与和平，绿色象征繁荣、信心与人类的生产力。

2.国歌

印度的国歌是《人民的意志》。

3.国花

印度的国花是荷花。

（七）首都

印度首都是新德里（New Delhi），人口3500万（截至2023年），位于印度西北部、亚穆纳河西岸。新德里是全国政治、经济和文化中心，也是印度北方最大的商业中心。

二、印度简史

印度是世界四大文明古国之一，在公元前2500年至公元前1500年之间创造了灿烂的印度河文明（哈拉帕文化）。哈拉帕和摩亨佐·达罗是印度河文明的中心，也是两个较大的奴隶制城邦。

公元前1500年左右，原居住在中亚的雅利安人中的一支进入南亚次大陆，征服当地土著，创立了婆罗门教。公元前1000年左右，这里开始形成种姓制度，社会分为4个等级，即婆罗门、刹帝利、吠舍和首陀罗。各等级之间高低贵贱有别，下一等级的人没资格从事高一等级的职业，不同等级的人不能通婚。

公元前6世纪，印度进入列国纷争时期。公元前4世纪崛起的孔雀王朝（也称孔雀帝国）是印度历史上第一个统一的奴隶制国家。公元前3世纪阿育王统治时期，孔雀王朝已成为一个空前强大的统一帝国，佛教兴盛并开始向外传播。4世纪，笈多王朝建立，形成中央集权大国。笈多王朝终结后，印度形成了许多小国，印度教在这一过程中兴起。

1526年建立的莫卧儿帝国是当时的世界强国之一。1600年，英国侵入，建立东印度公司。1757年，印度沦为英国殖民地。1849年，印度全境被英国占领。1857年，印度爆发印度民族大起义。1858年，英国政府直接统治印度。

1947年6月，英国通过《蒙巴顿方案》（蒙巴顿为英国最后一任驻印度总督），将印度分为印度和巴基斯坦两个自治领。1947年8月15日，印度独立。1950年1月26日，印度共和国成立，但仍为英联邦成员。

观览天下3-29　　　　　　　　　　　**圣雄甘地**

在印度实现独立的进程中，甘地（1869—1948年）起到了重要的作用。甘地是印度民族解放运动领导人、印度国民大会党领袖。他发起和领导了声势浩大的非暴力不合作运动，是印度人民反抗英国统治的精神领袖。甘地赢得了很多人对他的爱戴和忠诚，甚至包括具有不同宗教信仰的欧洲人以及具有不同政治倾向的印度人。1948年1月30日，甘地在前往一个祈祷会的途中遭到印度教顽固教徒刺杀。

三、印度的政治、经济与文化

（一）政治

印度宪法规定，印度为联邦制国家，采取英国式的议会民主制。总统为国家元首和武装部队统帅，由议会两院及各邦议会当选议员组成选举团选出，每届任期5年。议会两院由联邦院（上院）和人民院（下院）组成。以总理为首的部长会议是最高行政机关。总理由总统任命人民院多数党的议会党团领袖担任。最高法院是最高司法权力机关，最高法院法官由总统委任。各邦设有高等法院，县设有县法院。总检察长由政府任命。

（二）经济

1.总体实力

印度独立后，经济有较大发展，粮食基本自给，工业体系也基本完备。1991年7月，印度开始实行全面经济改革，放松了对经济的管制，经济增长加快。印度国内生产总值2017年为2.597万亿美元，2019年为2.85万亿美元，2023年为3.57万亿美元（人均国内生产总值2 500美元）。

2.各产业概况

印度矿产资源丰富，其中云母产量居世界第一位，煤和重晶石产量居世界第三位，铝土储量居世界前列。森林覆盖率为24.62%（2021年）。

主要工业包括纺织、食品加工、化工、制药等，汽车、电子产品制造、航空和空间技术等工业近年来发展迅速。印度是全球软件、金融等服务业的重要出口国，服务业是印度创造就业、创汇和吸引外资的主要部门。

印度有大量的可耕地，面积约占世界可耕地的10%，主要农作物为稻谷、小麦、棉花、黄麻等。印度是世界上最大的粮食生产国之一，也是世界上重要的产棉国和产茶国，印度棉织品和红茶世界闻名。印度也是世界第一大产奶国，牛的头数居世界第一位。

国内运输以公路和铁路为主。印度的主要港口有孟买、加尔各答等，其中，孟买为印度最大的港口。新德里、孟买、加尔各答等地建有机场。

3.对外贸易

印度主要出口产品为制成品、初级产品（主要包括农产品和矿产品）和石油类产品，主要进口产品为石油类产品、电子产品、金银、机械、化工产品等。2023/2024财年，印度进口额为7 766.8亿美元，出口额为8 548亿美元。中国、美国、德国等是印度的主要贸易伙伴。

4.货币与汇率

货币名称为印度卢比。

2021年7月1日，1人民币元=11.492印度卢比。

2024年7月1日，1人民币元=11.47印度卢比。

（三）文化

1.教育

印度实行十二年一贯制中小学教育。高等教育包括三年学士课程、两年硕士课程和三年博士课程。此外，印度还有各类职业技术教育、成人教育等非正规教育。著名大学有德里大学、尼赫鲁大学、加尔各答大学等。

2.新闻出版

印度报刊大多属于私人和财团所有，最大的三家日报依次为《印度时报》《美丽马拉雅拉报》《古吉拉特新闻》。主要新闻机构和通讯社有：新闻发布署（相当于政府中央通讯社），印度报业托拉斯（印度最大的通讯社，半官方性质），印度联合新闻社（印度第二大通讯社）等。全印广播电台、全印电视台是印度主要的广播电台和电视台。

3.文学艺术

印度最古老的文学典籍是《吠陀》，但印度上古文学中最著名的作品是《摩诃婆罗多》和《罗摩衍那》两部史诗，它们对印度后来的文学产生了深远的影响。泰戈尔是印度著名的文学家，他一生创作了50多部诗集和大量的小说、戏剧，代表作为《吉檀迦利》。1913年，泰戈尔获诺贝尔文学奖。

> **观览天下3-30**　　　　　　　　**《摩诃婆罗多》和《罗摩衍那》**
>
> 　　《摩诃婆罗多》和《罗摩衍那》的篇幅之长，在世界文学史上是绝无仅有的。《摩诃婆罗多》约10万颂（颂是一种印度诗体，每颂2行，每行16个音），《罗摩衍那》约2.4万颂。《摩诃婆罗多》的篇幅是荷马史诗的8倍，是世界上最长的史诗，被誉为"印度古代社会的百科全书"。在印度一年一度的庙会上，艺人们都要分段朗诵它，听众常常被感动得流下眼泪。
>
> 　　印度的音乐、舞蹈、电影风格独特，享誉全球。印度传统舞蹈注重用身体的每个动作和脸部表情来表现主题，且通常为独舞。印度电影业兴盛，有"电影王国"之誉。

4.体育

印度是亚运会的发祥地。20世纪80年代以前，印度是亚洲田径强国，在亚运会历史上辉煌一时，但作为世界排名第一位的人口大国，印度在世界各大体育赛事中的成绩并不突出。在2008年北京奥运会上，印度选手宾德拉获得男子10米气步枪金牌，这是印度自1920年参加奥运会以来获得的首枚个人金牌。现在，印度人最喜爱的运动是板球和瑜伽。

观览天下 3-31　　　　　　　　　　　　　　　　　　瑜　伽

瑜伽起源于古代印度，已流传数千年，是东方最古老的强身术之一。"瑜伽"一词原是"结合""和谐"的意思，古印度人修炼瑜伽术是为了追求天人合一的修行最高境界。位于印度北部的瑞诗凯诗堪称"世界瑜伽之都"，这座小城有几百所瑜伽学校，每年有成千上万名不同肤色的瑜伽爱好者不辞辛苦地赶到这里进行瑜伽修习。

四、印度的民俗

（一）印度教信仰

印度人绝大部分信仰印度教。印度教盛行"万物有灵"的自然崇拜。虔诚的印度教徒一生有三大夙愿：到圣城朝拜湿婆神，到恒河洗圣浴、饮圣水，死后葬于恒河。

印度教以黄牛为神，对黄牛顶礼膜拜，因此印度教徒禁食牛肉或用黄牛制品。在供奉湿婆神的庙门口有牛的塑像，游人进庙，首先要脱下皮鞋，因为皮鞋大多以牛皮制成。在印度的大街上，牛可自由行走，车辆要为其让路。印度每年还要举行敬牛的节日活动。

象和猴在印度教中也有较高的地位。在印度教的神话中，象不仅是一些神祇的坐骑，甚至还是一些神的化身；猴子则被视为圣兽。狮子和老虎在印度同样受到尊崇。

（二）服饰和饮食

1.服饰

印度妇女额头上常点有吉祥痣，表示喜庆、吉祥之意，喜欢戴项链、耳环、鼻圈、胸饰、戒指、脚镯等饰物。

纱丽为印度女性的传统服装，这是一块较长的布料，穿着时以披裹的方式缠绕在身上。纱丽的穿裹方式变化繁多，不同的种族、区域、信仰，穿裹方式不同。印度妇女擅长利用扎、围、绑、裹、缠、披等技巧，从而使纱丽在身上呈现不同的形态。

印度男性大多包有头巾，头巾有多种包裹方法，花样变化极多。印度男性大多穿着一袭宽松的立领长衫，搭配窄脚的长裤。拉贾斯坦男性的裤子是以一条白色布块裹成的。

2.饮食

印度人的日常饮食，南北方有很大差别。北方人以小麦、玉米、豆类等为主食，南方和东部沿海地区的人们以大米为主食，中部德干高原则以小米和杂粮为主食。

印度人普遍喜欢吃印度烙饼和咖喱大米饭。喜食的蔬菜是白菜、土豆、番茄、洋葱、茄子、菜花等，不吃蘑菇、木耳和笋类蔬菜。喜食的肉类是羊肉、鸡鸭和鱼虾，但印度食素者多，食荤者少。在许多人眼里，有地位、有修养的人是不吃肉的。印度教信徒奉牛为神，忌食牛肉，普遍食羊肉和鸡肉。穆斯林食牛肉，忌食猪肉。印度人喜欢的饮料是红茶、牛奶和咖啡，或喝冷开水，没有喝热水的习惯。印度人几乎不喝酒。

印度菜多汁，味道厚重。印度人做菜喜欢用调料，如咖喱、黑胡椒、豆蔻、辣椒、生姜、大蒜等，但印度人做饭或做菜绝不用酱油或酱类调料。印度人对咖喱粉（用胡椒、姜黄和茴香等20多种香料调制而成的一种黄色粉末状香辣调料）可谓情有独钟，几乎每道菜都用。

印度人爱吃甜食。甜食种类很多，有煎的、炸的、烘的、烤的，一应俱全。

印度人的早餐一般是一杯牛奶、几片面包加果酱和黄油，中午饭和晚饭则是印度风味，每餐都有豆子汤。印度人进餐时一般是一只盘子、一杯凉水，把米饭或饼放在盘内，菜和汤浇在上面。多数印度人就餐时用右手直接抓取食物，不用刀叉和筷子。

（三）主要节庆

共和国日　1月26日。1950年的这一天，印度议会通过了《印度共和国宪法》，印度共和国建立。

独立日　8月15日。1947年的这一天，印度人民摆脱了英国的殖民统治，获得了独立。

洒红节　每年3月、4月间。印度教四大节日之一。该节日正处于印度冬去春来、部分作物即将开镰收割的季节，因此也被称为春节。

排灯节　又称万灯节、印度灯节，每年10月、11月间。印度教徒最大的节日，全国庆祝3天。

圣水沐浴节　又称大壶节，每隔12年举行1次。

（四）礼仪禁忌

1. 日常礼仪

印度人见面常以双手合掌为礼。合掌时，对长辈宜高，对平辈宜平，对晚辈则低，分别表示尊敬、对等和关怀。嘉宾到来时，常将花环戴到客人的脖子上表示欢迎。点吉祥痣也是欢迎客人的礼节之一。进入庙宇或主人的房间时应脱鞋。印度人在回答问题时，如果头部向左右两边摆动，则表示肯定的意思。

2. 诞生礼

印度人传统上重男轻女，如果生下的是男孩，家人会立刻敲锣庆祝。印度人庆祝小孩儿出生与平安成长的方式是到寺庙进行普迦仪式、唱颂祈祷文，然后和亲朋好友举行餐宴。

3. 婚姻礼节

印度人崇尚早婚。大多数婚姻由父母做主，并讲究门当户对。子女到了适婚年龄，父母一般都会代子女寻找语言、区域、社会背景相同且星相相配的对象。

昂贵的嫁妆是印度人的传统婚俗。如果没有嫁妆，女儿是嫁不出去的。婚礼之前，双方家长会通过充当媒人的祭司讨论嫁妆事宜，女方答应男方提出的嫁妆要求后，双方才选定婚礼日期，并开始筹备婚礼。

婚礼是印度人一生中最重大的仪式，程序烦琐。婚礼前一天，新娘的父母要举行一个小的典礼来欢迎新郎的家人和亲属。婚礼当天，新郎要带领迎亲队，到新娘家里接新娘。新娘家则架起火坛，双方亲友在祭司念诵的吉祥真言中，绕行火坛祝祷。之后，祭司在火坛前面将新娘的纱丽和新郎的围巾系在一起，代表婚姻长久。晚宴在新娘家里进行，当天晚上新郎要在新娘家过夜，第二日才将新娘迎娶回家。

4.葬礼

当有印度教徒去世时，家人会用黄色或白色绢布包裹尸体，然后将尸体放在两根竹制的担架上，以游行方式抬到河坛举行火葬仪式。火葬前，死者的长子手持油灯绕行遗体3圈。柴堆被点燃时，死者的长子必须将头发剃光，只在后脑勺留一小撮，然后到河里沐浴净身。火葬结束后，死者的骨灰会被投入圣河，代表灵魂已经脱离躯壳，得到解脱。

5.民间禁忌习俗

妇女严禁随意出门和抛头露面，严禁不戴面纱；男女间在公开场合严禁握手、拥抱和接吻；忌用左手递接东西或进食；在印度朋友家做客，忌进入主人的厨房；忌用吹口哨的方式招呼侍者；许多人讨厌并忌用白色；不可直接触摸他人的头部，因为印度人认为头部是神圣的；忌讳的数字是3和13。

🔵 **课堂互动 3-6**

接待印度客人时应注意哪些事项？

五、印度旅游业

（一）旅游业历史和现状

印度是一个文明古国，是印度教、佛教的发源地，古城、宗教建筑、帝王宫殿和陵墓遍布全国。印度还是一个民俗风情独特、景色秀丽的国家，有着发展旅游业的良好基础。现在，旅游业是印度政府重点发展的产业之一，也是一个提供大量就业岗位的重要行业。2018年，印度入境旅游人数达1 056万人次，国内旅游人数达1.854亿人次，出境旅游人数达2 621万人次。

（二）主要旅游资源

印度的人文旅游资源和自然旅游资源都很丰富，主要旅游城市有阿格拉、德里、斋浦尔、孟买、瓦拉纳西等。克什米尔羊毛（绒）围巾及丝织品、手工地毯、珠宝首饰、大吉岭红茶、挂毯、骆驼皮鞋、檀香、檀木笔、檀香木雕等是印度知名的旅游商品。

图3-3　泰姬陵

1.阿格拉

阿格拉是印度最著名的旅游城市之一，是外国游客到印度的首选之地。这里保存有许多历史建筑，建筑的优美世所罕见。阿格拉著名的景点有泰姬陵、阿格拉红堡、法塔赫布尔·西格里古城等。

泰姬陵　在阿格拉市郊，距新德里200多千米（如图3-3所示）。始建于1631年，占地面积17万平方米。整个建筑全部用洁白的大理石建成，宏伟壮观、精美绝伦，被称为"世界七大建筑奇迹"之一。1983年，泰姬陵被联合国教科文组织列入《世界遗产名录》。

2. 德里

德里是印度著名的古城，有着数千年的历史，分为旧德里和新德里两部分。德里保存了许多著名的古代建筑和寺院，主要有胡马雍陵（莫卧儿王朝陵墓之最）、顾特卜塔（又译库特卜塔）、贾玛清真寺（印度最大的清真寺）等。

3. 斋浦尔

斋浦尔是印度古城，1727年始建，至今仍保存着肃穆的宫殿和城堡，它与德里、阿格拉构成了印度著名的旅游金三角。这里也是印度著名的宝石加工集散中心，各式钻石珠宝经这里流向印度及世界各地。

4. 孟买

孟买是印度纺织业的发源地，现在是印度最大的海港和重要的交通枢纽，素有印度"西部门户"之称。孟买原为阿拉伯海上的7个小岛，后经不断疏浚和填充，成为半岛。孟买依山傍海，市容典雅秀丽，月牙形的海岸上各式建筑交相辉映，有"皇后项链"之美称。主要景点有维多利亚花园、威尔斯王子博物馆、巴布勒纳特古庙、黄金市场街（亚洲最长的首饰街）等。

5. 瓦拉纳西

瓦拉纳西（如图3-4所示）位于印度北方邦东南部，是印度著名的圣地之一，被认为是印度最古老和最神圣的城市。7世纪时，中国唐代高僧玄奘曾来这里。这座古城寺庙林立，一年有400多个宗教节日，每天都吸引着成千上万的印度教信徒前来朝拜。这里出产的纱丽、槟榔和杧果闻名全印度。

图3-4　瓦拉纳西

观览天下3-32　　　　印度七大历史奇迹

　　2009年，印度新德里电视台与印度旅游部共同举办了"印度七大历史奇迹"评选活动。选出的印度七大历史奇迹为：太阳神庙、米纳克希神庙、卡久拉霍雕塑群、红堡、贾沙梅尔堡、那烂陀大学和朵拉维腊遗址。阿姆利则金庙获得了"和谐奇迹"的称号，印度最负盛名的泰姬陵获得了"奇迹中的奇迹"称号。

六、中印关系

（一）外交关系

中印两国建交于1950年4月1日，印度是非社会主义国家中第一个同中国建交的国家。1954年6月，周恩来总理对印度进行第一次正式访问，两国总理重申了著名的和平共处五项原则。1954年10月，印度总理尼赫鲁访问中国，他是中华人民共和国接待的第一位外国政府首脑。1959年，中印关系恶化。1976年双方恢复互派大使后，中印关系逐步改善。2005年，中印两国宣布建立战略合作伙伴关系。

（二）经贸关系

中国是印度第一大贸易伙伴，印度是中国在南亚的最大贸易伙伴。中印双边贸易额2010年为617亿美元，2015年为716.2亿美元，2020年为777亿美元，2023年为1 362.2亿美元（其中，中国出口额1 176.8亿美元，中国进口额185.4亿美元）。在中印贸易中，中国主要出口机电产品、化工产品等，主要进口矿产品及原料、化工产品等。

（三）旅游关系

印度是我国主要的客源国之一。印度旅华人数2000年为12.09万人次，2010年为54.93万人次，2015年为73.05万人次，2018年为86.3万人次，2019年达到86.96万人次。

2003年，印度成为我国全面开放的出境旅游目的地国家，中国公民去印度旅游的人数逐年增加。中国公民首站访印度人数2011年为11.83万人次，2019年为19.78万人次。

第五节　印度尼西亚

一、印度尼西亚概况

（一）地理位置

印度尼西亚共和国（Republic of Indonesia）简称印度尼西亚或印尼，位于亚洲东南部，地跨南北半球和亚洲及大洋洲。东临太平洋，西濒印度洋；与巴布亚新几内亚、东帝汶、马来西亚接壤；与泰国、新加坡、菲律宾、澳大利亚等国隔海相望。

印尼雅加达与中国北京的时差是−1小时（比中国北京时间慢1小时）。

（二）面积与人口

印尼由太平洋和印度洋之间约17 508个大小岛屿组成，面积1 913 578.68平方千米，是世界上最大的群岛国家，号称"万岛之国"。

印尼人口2.81亿（截至2023年12月），是世界第四人口大国（仅次于印度、中国和美国）。2023年，印尼人口平均预期寿命为71.3岁。印尼有数百个民族，主要有爪哇族、巽（xùn）他族、马都拉族、马来族等。其中，爪哇族人口最多，占总人口的45%；其次为巽他族，占总人口的14%。印尼人口分布不均，近2/3的人居住在爪哇岛和巴厘岛，其中超过1亿人生活在爪哇岛。

（三）语言

民族语言有200多种，官方语言为印尼语，英语为第二语言。政府部门、商业活动广泛使用英语。

观览天下3-33

为了保护和发展印尼语，印尼成立了印尼语语言中心。该中心发起了一场"热爱印尼语"的运动，即将新增加的印尼语词汇贴在雅加达的大商场内，供市民认识和学习。该中心提醒印尼年轻人在使用各种通信工具时，应尽可能使用母语。

（四）宗教

印尼约87%的人口信奉伊斯兰教，是世界上穆斯林人口最多的国家。6.1%的人口信奉基督教，3.6%的人口信奉天主教，其余人口信奉印度教、佛教等。巴厘岛居民多信奉印度教。

（五）自然环境

印尼的岛屿分布较为分散，主要有苏门答腊岛、加里曼丹岛、苏拉威西岛、爪哇岛、努沙登加拉群岛（除东帝汶部分）、马鲁古群岛、新几内亚岛（除巴布亚新几内亚部分）等，海岸线总长54 716千米。地形以山地丘陵为主，新几内亚岛上的查亚峰海拔4 884米，为全国最高峰。

印尼的火山数量之多、活动之频繁，在全球范围内都极为罕见，因此被称为"火山之国"。印尼地处环太平洋地震带，地震、海啸等地质灾害较为频繁，苏门答腊岛西南部、爪哇岛南部易受地震、海啸影响。

观览天下3-34

在印度尼西亚松巴哇岛北岸有一座休眠火山，名为坦博拉火山。1815年4月，坦博拉火山喷发了，并且一直持续到7月中旬，其释放的能量相当于第二次世界大战末期美国投在日本广岛的那颗原子弹爆炸产生威力的6.2万倍。这次火山爆发使得数万人丧生，火山山顶的高度也由原来的4 100米下降为2 800米。

印尼大部分地区属热带雨林气候，年平均气温25~27℃，无四季分别。年平均降水量在2 000毫米以上，努沙登加拉群岛降水较少，是全国较干燥的地区。由于常年高温多雨，登革热、伤寒、疟疾等疾病较常见。

（六）国旗、国歌、国花

1.国旗

印尼国旗为长与宽之比为3∶2的横长方形，并由上红下白两个相等的横长方形构成。红色象征勇敢、正义及国家的繁荣昌盛；白色象征自由、公正、纯洁，表达了印尼人民反对侵略、爱好和平的美好愿望。

2.国歌

印尼的国歌是《伟大的印度尼西亚》。

3.国花

印尼的国花是毛茉莉。

（七）行政区划

印尼共有一级行政区（省级）38个，包括雅加达首都、日惹、亚齐3个地方特区和35个省；二级行政区（县/市级）514个。

（八）首都

首都雅加达（Jakarta），位于爪哇岛西北部，濒临爪哇海，人口1 056万（截至2024年4月），是印尼乃至东南亚最大的城市。古代，雅加达以输出胡椒和香料闻名，因遍地椰树，又被称为"椰城"。雅加达是印尼政治、经济、文化中心和海陆空交通枢纽，是太平洋与印度洋之间的交通咽喉，也是亚洲通往大洋洲的重要桥梁。

二、印度尼西亚简史

印尼历史悠久。爪哇是人类发源地之一，远古时期已有人在此繁衍生息。约公元前5世纪，原先居住在中南半岛的部分居民沿马来半岛南下，逐渐散布在印尼的各岛屿上。

3世纪至7世纪，这里建立了一些分散的王朝，其中有加里曼丹东部的古戴王国、西爪哇的达鲁玛王国、苏门答腊岛上的室利佛逝王国。13世纪末、14世纪初，克塔拉亚萨在爪哇建立了印尼历史上最强大的封建帝国——麻喏巴歇王国（亦称满者伯夷王国），统一了印尼，其版图包括今天的印度尼西亚和马来半岛。

15世纪，葡萄牙、西班牙、英国相继入侵。1596年荷兰入侵，1602年成立具有政府职权的"东印度公司"，1799年底改设殖民政府。

1942年日本占领印尼。1945年日本投降后，印尼爆发争取民族独立的八月革命，并于8月17日宣告独立，成立印度尼西亚共和国，苏加诺出任总统。

印尼独立后，先后武装抵抗英国、荷兰的入侵，其间曾被迫改为印度尼西亚联邦共和国并加入荷印联邦。1950年8月重新恢复为印度尼西亚共和国，1954年8月脱离荷印联邦。1955年4月，第一届亚非会议（也称"万隆会议"）在印尼万隆举行，印尼作为发起国之一扮演了重要的角色。1998年5月20日，执政长达32年的苏哈托总统辞职。1999年8月，东帝汶通过全民公投决定脱离印尼独立。2004年7月，印尼举行历史上首次总统直选。2019年，印尼举行历史上首次总统和立法机构同步选举（第四次总统直选）。

三、印度尼西亚的政治、经济与文化

（一）政治

印尼现行宪法规定，印尼为单一的共和制国家，实行总统制。总统为国家元首、行政首脑和武装部队最高统帅。每任5年，只能连任1次。总统任命内阁，内阁对总统负责。人民协商会议是国家立法机构，由人民代表会议（国会）和地方代表理事会共同组成，负责制定、修改和颁布宪法，并对总统进行监督，每5年换届选举。最高法院和最高检察院独立于立法和行政机构。

（二）经济

1.总体实力

印尼是东盟最大的经济体。印尼国内生产总值2013年约7 570亿美元（人均国内生产总值3 154美元），2019年约1.11万亿美元，2023年约1.37万亿美元（人均国内生产总值4 920美元）。

截至2023年3月，印尼贫困人口约2 590万，贫困率为9.36%。

2.各产业概况

印尼矿产资源丰富，锡、煤、镍、金、银等的产量居世界前列。石油储量居东南亚各国首位，是世界著名的液化天然气出口国。采矿、纺织、轻工等是印尼的主要工业部门。

印尼多火山，火山喷出的火山灰以及海洋性气候带来的充沛雨量，使印尼成为世界上土壤最肥沃的地带之一，主要农作物为稻米、玉米、大豆。印尼盛产经济作物，棕榈油、橡胶、咖啡、可可等产量居世界前列。印尼植被丰富，森林覆盖率超过60%。为保护林业资源，印尼宣布自2002年起禁止出口原木。

交通运输以公路和水路为主，其中公路承担了国内近90%的客运和50%的货运。印尼车辆靠左侧行驶。雅加达、泗水、万隆、棉兰等主要城市交通拥堵状况严重。铁路运输较为落后。全国有各类港口约670个，主要港口有丹戎不碌港、泗水港、勿拉湾等。空运近年来发展迅速，全国有179个航空港，其中达到国际标准的有23个。

> **观览天下3-35**
>
> 雅加达的堵车现象世界知名。上下班高峰时期，路上的机动车几乎是一步一停，摩托车则见缝插针，在汽车间穿来穿去。为了减少堵车现象的发生，雅加达交管部门规定，下午4时至7时，在交通拥堵的一些马路行驶的车辆的乘客必须在3人以上。
>
> 印尼的列车同样拥挤。在雅加达等大城市，不时能看到超载的城铁列车上满是扒着车门或车顶的乘客。为避免意外事故的发生，印尼自2012年5月1日起开始实施"限乘令"，规定乘客数量不得超过座位数量的2倍。然而，这一规定只实行了3天就被迫取消，因为"限乘令"实施后，列车往往没开出几站就达到了限乘标准，导致大量乘客无法上车。

3.对外贸易

对外贸易在印尼的国民经济中占有重要地位。印尼外贸总额1997年为951亿美元，2007年为1 886亿美元，2017年为3 256.2亿美元，2023年为4 807.1亿美元（其中，出口额为2 588.2亿美元，进口额为2 218.9亿美元）。主要贸易伙伴为中国、日本、新加坡、美国等。主要出口产品有石油、天然气、纺织品和成衣、煤、棕榈油、橡胶等；主要进口产品有机械运输设备、化工产品、汽车及零配件、发电设备等。

4.货币与汇率

货币名称为印度尼西亚卢比，通称印度尼西亚盾。

2021年7月1日，1人民币元=2 243.9印度尼西亚卢比。

2024年7月1日，1人民币元=2 255.3印度尼西亚卢比。

（三）文化

1.教育

印尼实行九年义务教育。印度尼西亚大学（雅加达）、卡查马达大学（日惹）、艾尔朗卡大学（泗水）等是印尼著名的大学。

2.新闻出版

主要印尼文报纸有《罗盘报》《专业之声报》《印尼媒体报》等；英文报纸有《雅加达邮报》《印尼观察家报》等；中文报纸有《国际日报》《商报》等。

通讯社有安塔拉通讯社，系官方通讯社。主要广播电台和电视台有印尼国家电台和印尼国家电视台等。美都电视台是印尼首家新闻电视台，它开创了印尼播放中文新闻的先例。

3.文学艺术

印尼古典文学长时间受印度梵文文学的影响，后来逐渐形成了一些本地特色。伊斯兰教传入印尼后，印尼出现了长篇叙事诗和传奇小说。20世纪后，印尼的现代文学诞生。

印尼是著名的歌舞之邦，许多民族都有自己独特的民歌、舞蹈和乐器。印尼最流行、最受人们喜爱的戏剧形式是"哇扬戏"。

4.体育

每年的9月9日是印尼全国的体育日。羽毛球被视为国球，足球、拳击、排球、网球也是印尼人喜爱的体育运动。

四、印度尼西亚的民俗

（一）衣、食、住习俗

1.服饰

印尼男子一般穿衬衫式上衣及长裤型纱笼。女子的日常上衣长而宽，长袖无领，多配以金色铜扣。女子习惯戴金银首饰。用巴迪布制作的长袖男衬衣和女士纱笼已被定为印尼国服，适宜在各种正式或非正式场合穿。爪哇男人平时习惯身裹纱笼，外出或参加庆典时，总会在腰间挂一把精致漂亮的"格里斯"（即短剑），相信格里斯可辟邪驱秽。

观览天下3-36　　　　　　　　　　　　　**巴迪布**

巴迪布是一种蜡染花布，其特点是布上印有精致华丽的图案，如花卉、蝴蝶、几何图案等。色彩一般以黄、黑、红为主，也有的以蓝、褐、白为主。这种布不仅深受印尼人民喜爱，而且早已世界闻名。现在的巴迪布有用传统手工绘制印染的，也有用机器生产的。

2.饮食

印尼人以大米为主食，玉米或薯类、面食也较普遍。印尼人最喜欢的一种米饭是什锦黄饭。印尼人喜欢用香蕉叶或棕榈叶把大米或糯米包成菱形蒸熟而吃，称为"克杜巴"。

观览天下 3-37 什锦黄饭

什锦黄饭是一种用汁液染成黄色的米饭。印尼人视黄色为吉祥的象征，故黄米饭成为礼饭，在婚礼和祭祀上必不可少。什锦黄饭的做法是：把姜黄洗净，然后搓成碎末，榨出浓汁，加上椰汁、香茅草等。煮饭时将上述汁液放入锅中，出锅后即成黄米饭。吃饭时，饭上盖以肉丝、鸡蛋丝、炸黄豆和炸红葱等。

因大部分人信仰伊斯兰教，所以居民多不吃猪肉，而是吃牛羊肉和鱼虾之类（巴厘岛人正相反，他们信仰印度教，不食牛肉，而以吃鸡肉、猪肉为主）。喜欢吃"沙嗲""登登"（一种牛肉干）等。印尼人吃鱼虾的方法很讲究，除了普通的煎、炸之外，还有一些特殊吃法：吃鱼时，将鱼开膛，在鱼肚里涂上香料和辣酱，然后整条烤熟；吃虾时，把活虾放在玻璃锅内，倒上酒精、点上火、盖上锅盖，在极短的时间里把活虾煮熟，然后蘸辣酱吃。

印尼盛产香料，印尼菜肴多加香料和辣椒、葱、姜、蒜等调味品，因此印尼菜多有辛辣、味香的特点。凉拌什锦菜是印尼人的大众菜，其做法是：将喜欢吃的蔬菜洗净切好，拌以花生酱等各种作料。

印尼人吃饭不用筷子，而是用勺和叉子，更喜欢用手抓饭吃，即把米饭盛在盘里，用右手指将饭捏成小团，送到嘴里。同时，饭桌边一般放一碗清水，供沾湿手指用。

印尼人有饭后喝咖啡或茶的习惯。印尼人喜欢喝红茶，不少人也开始喜欢喝茉莉花茶和绿茶。由于地处热带，印尼人一般不喜欢吃热饭、热菜，不喝很烫的汤，甚至咖啡也要稍微冷却之后才喝。喜欢喝冷饮，如用菠萝、椰子、杧果等制作的冷饮。穆斯林不饮酒，席中不上酒类饮料。

印尼人喜欢吃甜食，餐后点心品种较多，常见的有炸香蕉及用米粉、糯米粉、面粉、木薯粉、豆粉加椰蓉、糖等制作的各种糕点。印尼盛产各种热带水果，仅香蕉就多达几十种。印尼人吃香蕉的方法很多，有生吃的，也有煮吃的，有用油炸的，也有用炭火烤的。印尼人常用香蕉干、炸香蕉片招待客人。

3.住宅

城市居民的住宅多为楼房和木板房。农村居民的住房则各具特色，强调地方特点和民族特色，但普遍重视屋顶，目的是遮挡炎热的阳光和经常性的大雨。

（二）主要节庆

印尼的主要节庆有伊斯兰教的开斋节、宰牲节等。此外，还有民族觉醒日（5月20日，纪念1908年印尼民族运动组织"至善社"成立）和独立日（8月17日，也称国庆日）等。

（三）礼仪禁忌

1.日常社交礼仪

印尼人见面时可以握手或点头。印尼人不喜欢别人问他的姓名，但在商业交往中比较注重互送名片，初次相识，客人应主动把自己的名片送给主人。印尼人一般不愿意与初次交往的客人谈及当地政治。印尼人注重面子，有分歧时不会公开辩论。印尼人喜欢笑，认为这是社交上的一种礼貌。

进入印尼人家里应脱鞋。应邀做客，最好给主人送一束鲜花。印尼人偏爱茉莉花，并把茉莉花视为纯洁和友谊的象征。拒收别人礼物会被认为是不礼貌的行为。受礼后不当众打开礼物。送人礼物或接受礼物时要用右手，对长辈则要用双手。

印尼人有敬蛇的习俗，视蛇为善良、德行、智慧、本领的象征。有的地方还设有蛇舍，内设香案，供人祭祀。

拍摄宗教典礼活动时应事先获得允许。前往寺庙或宗教场合时，衣着应整洁正统。当别人在祭拜时，不要在其前面走过。遇到祭师祭拜时，不要站在他的右边。

2. 婚俗

爪哇岛上早婚现象普遍，有的女孩十几岁就已经结婚。很多岛上是"女耕男织"，丈夫理家和照料孩子，妻子出海捕鱼、下地劳作。龙目岛上的萨萨克人盛行充满紧张气氛的抢婚风俗。

3. 丧礼

巴厘岛有一种火葬仪式。人去世后，一般暂把尸体埋于地下。一切都准备妥当后，选好吉日，将尸体挖出，放入棺木内，然后将棺木放在特制的塔形木架上，举行火葬仪式，仪式结束后将骨灰抛入大海。

4. 民间禁忌习俗

印尼人忌讳用左手传递东西或食物；忌讳有人摸他们孩子的头部，认为这是缺乏教养和侮辱人的表现；对乌龟特别忌讳，认为乌龟是一种令人厌恶的低级动物；讨厌老鼠，认为老鼠给人肮脏、灾难的印象；忌讳有猪、龟图案的物品。爪哇岛上的人最忌讳有人吹口哨，认为这是一种下流的行为，会招来幽灵。

课堂互动 3-7

接待印尼客人时应注意哪些事项？

五、印度尼西亚旅游业

（一）旅游业历史和现状

旅游业曾是印尼非油气行业中仅次于电子产品出口的第二大创汇行业。然而，自1997年以来，受金融危机、政局动荡，以及恐怖袭击事件（2002—2005年在印尼发生的重大恐怖袭击事件有巴厘岛爆炸、雅加达万豪酒店爆炸、澳大利亚驻印尼大使馆爆炸等）等的不利影响，印尼旅游业发展缓慢。2007年以后，印尼旅游业开始加速增长。印尼接待外国游客人数2008年为623万人次，2012年为804万人次，2017年为1 404万人次，2019年达到1 611万人次。2023年1—11月，印尼累计接待国际游客1 040万人次，同比增长110.86%。外国游客主要来自马来西亚、新加坡、澳大利亚等。

观览天下 3-38

2002年10月12日晚，印尼旅游胜地巴厘岛库塔海滩的两个夜总会同时发生爆炸事件，造成202人死亡，数百人受伤。国际反恐机构和印尼警方通过调查认为，这是一起针对西方国家游客的恐怖袭击事件。

2005年10月1日傍晚，在巴厘岛金巴兰海滩的咖啡厅等处再次发生了类似的连环爆炸事件，造成20多人死亡，100多人受伤。

2009年7月17日，雅加达万豪酒店和丽思·卡尔顿酒店发生爆炸事件。

2016年1月14日，雅加达市内多处发生爆炸和枪击事件。

2017年2月27日，印尼第三大城市万隆的一座公园发生爆炸事件。

2018年5月13日，印尼泗水3座教堂发生连环自杀式爆炸袭击。

（二）主要旅游资源

印尼雅加达、万隆、日惹、泗水等城市和地区旅游资源丰富，交通设施完备。主要旅游景点有巴厘岛、婆罗浮屠、普兰巴南神庙、印尼缩影公园、日惹王宫、多巴湖等。除旅游地外，一些工艺品和纪念品也是印尼重要的旅游资源，如巴迪布、格里斯短剑、木雕、银制品、铜或铜合金神像、皮影戏傀儡、木偶戏傀儡、天然宝石、爪哇绢制人像、牛角制工艺品等。

1. 雅加达

雅加达是印尼三大旅游城市之一，市内绿树成荫，街道两旁遍植常绿树种，主要名胜古迹有独立广场、印尼缩影公园、安佐尔梦幻公园、印尼中央博物馆（印尼规模最大、收藏最丰富的博物馆）等。

印尼缩影公园　又称迷你公园，它将印尼全国的岛屿山川、都市港口、名胜古迹、风土人情按照印尼全国的地理位置，以缩影的形式艺术地展现在游人面前，印尼人亲切地称它为"美丽的印度尼西亚缩影"。

2. 巴厘岛

巴厘岛是印尼三大旅游区之一，也是东南亚著名的旅游胜地之一，以典型的海滨自然风光和独特的风土人情闻名。因风景如画、古迹众多，所以被称为"诗之岛"；因当地居民擅长舞蹈，所以又被称为"舞之岛"。巴厘岛上每年都会举办文化节，文化节期间将展示当地的传统文化，还有来自世界各地的艺术演出和展览。主要旅游景点有海神庙（如图3-5所示）、库塔海滩、乌布王宫等。

赏景怡情
3-3

印度尼西亚
巴厘岛

图3-5　海神庙

观览天下3-39

巴厘岛不仅景色优美，而且生物物种丰富，具有重要的研究价值。英国生物学家华莱士发现，巴厘岛是亚洲大陆的"末梢"，典型的亚洲生物物种的分布到此为止。而在巴厘岛东面，与巴厘岛相隔仅40千米的龙目岛上，生物物种的分布则具有典型的大洋洲特色。

3.日惹

日惹位于爪哇岛中部，被称为爪哇文化的发源地。主要旅游景点有日惹王宫、婆罗浮屠等。

日惹王宫　位于日惹市中心，建成于1756年，被称为爪哇岛最有艺术创造的古典建筑。

婆罗浮屠　举世闻名的佛教千年古迹，与中国的万里长城、印度的泰姬陵和柬埔寨的吴哥窟一起被誉为"古代东方四大奇迹"。

4.万隆

万隆位于爪哇岛西部，是印尼第四大城市。周围被火山群峰环抱，空气清新，气候凉爽，植被茂密，有"印尼小巴黎"之称。主要旅游景点有亚非会议纪念博物馆、覆舟火山等。

六、中国与印尼关系

（一）外交关系

中国与印尼很早就有交往。明代郑和下西洋时多次经过印尼。中国与印尼于1950年4月13日建交，1967年10月30日中断外交关系，1990年8月8日恢复外交关系。2005年4月，两国建立旨在促进两国和两国人民的和平、稳定与繁荣的战略伙伴关系。2013年，两国关系提升为全面战略伙伴关系。2022年11月，两国就共建中印尼命运共同体达成共识。

中国和印尼除互设使馆外，中国在印尼泗水、棉兰、登巴萨设有总领事馆，印尼在中国广州、上海、香港设有总领事馆。

（二）经贸关系

中国多年来都是印尼最大的贸易伙伴。双边贸易额2019年为797.3亿美元，2023年为1 394.2亿美元（其中，中国出口额652亿美元，中国进口额742.2亿美元）。中国是印尼第二大投资来源国，印尼是中国在东盟第二大投资目的地。2022年，中国对印尼全行业直接投资金额达到45.5亿美元。中国企业先后承建了印尼泗水–马都拉大桥、加蒂格迪大坝等重大工程。2016年1月，两国合作建设的雅加达至万隆高速铁路项目举行动工仪式；2023年10月，雅万高速铁路正式商业化运营，为当地经济发展注入新的动力。

（三）科技、文化与教育交流

中国与印尼的科技与文化交流日趋活跃。中国是印尼第二大留学目的地国，印尼为在华留学生第七大生源国。中国在印尼开设10所孔子学院和2个孔子课堂。两国已结友好省市共28对。

启智润心
3-3

雅万高铁：共建"一带一路"合作的"金字招牌"

（四）旅游关系

印尼一直是中国主要的旅游客源国之一。来中国的印尼游客 2008 年为 42.63 万人次，2013 年为 60.53 万人次，2018 年为 71.19 万人次。

2001 年，印尼成为我国公民出境旅游目的地国。2005 年，两国相互免除持外交与公务护照人员签证。自 2005 年 8 月起，印尼政府开放对中国公民赴印尼的落地签证申请。2015 年 7 月，印尼政府宣布给予赴印尼旅游中国公民免签待遇。中国赴印尼游客人数 2010 年为 46.88 万人次，2013 年为 87.92 万人次，2017 年为 205.9 万人次，2019 年为 207 万人次。

第六节　哈萨克斯坦

一、哈萨克斯坦概况

（一）地理位置

哈萨克斯坦全称哈萨克斯坦共和国（The Republic of Kazakhstan），位于亚洲中部，北邻俄罗斯，南与乌兹别克斯坦、土库曼斯坦、吉尔吉斯斯坦接壤，西濒里海，东接中国。

哈萨克斯坦阿斯塔纳与中国北京的时差是 -2 小时（比中国北京时间慢 2 小时）。

（二）面积与人口

哈萨克斯坦面积 272.49 万平方千米，是世界上面积最大的内陆国。人口 2003 万（截至 2024 年 3 月）。哈萨克斯坦约有 140 个民族，其中，哈萨克族占总人口的 70.6%，俄罗斯族占总人口的 15.1%。

（三）语言和文字

国语为哈萨克语，官方语言为哈萨克语和俄语。

目前使用的文字是经改良的俄文字母。

（四）宗教

多数居民信奉伊斯兰教，此外还有东正教、天主教、佛教等。

（五）自然环境

哈萨克斯坦地形复杂，境内多平原和低地。东部和东南部矗立着阿尔泰山和天山等，哈萨克斯坦、中国、吉尔吉斯斯坦三国交界处的汗腾格里峰海拔 6 995 米，为全国最高峰。冰川面积广阔，荒漠和半荒漠地带占国土面积的一半。

境内的河流多数为内流河，如锡尔河、乌拉尔河等。额尔齐斯河及其支流伊希姆河是流向北冰洋的外流河。湖泊众多，较大的有巴尔喀什湖、斋桑泊等，里海和咸海的一部分也属于哈萨克斯坦。

观览天下 3-40

巴尔喀什湖是一个奇特的大湖，它的湖水一半咸、一半淡，在世界众多湖泊中独树一帜。巴尔喀什湖东西长约 605 千米，南北宽 9～74 千米。在巴尔喀什湖西部，由于有大量河水注入，因此湖水含盐量很小；在它的东部，由于缺少河水注入，加之湖区气候干旱、湖水大量蒸发，因此湖水含盐量多。又因为湖体狭长，影响了湖水水体的交换，所以形成了世界罕见的同一湖体中一半咸水、一半淡水的情况。

全境属于严重干旱的大陆性气候，夏季炎热干燥，冬季寒冷少雪。年降水量差异很大，荒漠地带不足 100 毫米，北部约 300～500 毫米，山区可达 1 000～2 000 毫米。

观览天下 3-41

哈萨克斯坦是一个内陆国家，一年之中的气温差别很大。最热的季节气温高达 45～50℃，沙漠中最高气温可达 70℃。最冷的季节气温可达 -45℃，历史最低温曾达到 -51.6℃。

（六）国旗、国花、国歌

1.国旗

哈萨克斯坦国旗呈长与宽之比为 2：1 的横长方形。底色为浅蓝色，旗面中间是一轮金色的太阳和一只展翅飞翔的雄鹰。靠旗杆一侧有一个垂直的金色花纹图案。浅蓝色是哈萨克斯坦人民喜爱的传统颜色，金色太阳象征光明和温暖，雄鹰象征勇敢。哈萨克斯坦于 1991 年 12 月 16 日独立后采用此国旗。

2.国歌

哈萨克斯坦的国歌是《我的哈萨克斯坦》。

3.国花

哈萨克斯坦的国花是郁金香。

（七）行政区划

全国划分为 17 个州和 3 个直辖市（阿斯塔纳、阿拉木图、奇姆肯特）。

（八）首都

首都阿斯塔纳（2019 年 3 月曾更名努尔苏丹，2022 年 9 月改回现名）位于哈萨克斯坦中部偏北，人口约 120 万（截至 2020 年）。历史上曾是一座军事要塞，从 20 世纪 50 年代起逐渐发展成为哈萨克斯坦重要的交通枢纽。1997 年 12 月 10 日，正式取代阿拉木图成为首都。阿斯塔纳不仅是世界上最年轻的首都，而且是中亚地区最现代化与最具发展潜力的城市。

二、哈萨克斯坦简史

公元前 10 世纪至公元前 5 世纪，在现在的哈萨克斯坦领土上建立起了一个以土米热斯女王为首的塞种人的汗国。公元前 1 世纪左右，乌孙汗国建立，并与当时中国的汉王朝建立了平等的外交关系。

6 世纪至 12 世纪，曾建立突厥汗国、奥古兹族国、哈拉汗国。11 世纪至 13 世纪，契丹人和蒙古人相继侵入。15 世纪建立哈萨克汗国，分为大帐、中帐和小帐。18 世纪 30 年代至 40 年代，小帐和中帐并入俄罗斯帝国。19 世纪中叶以后，哈萨克斯坦大部分处于俄罗斯统治之下。

1920 年 8 月 26 日，建立吉尔吉斯苏维埃社会主义自治共和国；1925 年 4 月 19 日，改称哈萨克苏维埃社会主义自治共和国；1936年，成为苏联加盟共和国；1991年12月10日，更名为哈萨克斯坦共和国；1991年12月16日，正式宣布独立；1991年12月21日，加入独立国家联合体（简称"独联体"）。

三、哈萨克斯坦的政治、经济与文化

（一）政治

哈萨克斯坦宪法在1995年8月30日经全民投票批准通过，规定哈萨克斯坦为总统制共和国，总统为国家元首、武装力量最高统帅。议会是国家最高立法机构，由上、下两院组成。政府是国家最高行政机关，其活动对总统负责。

（二）经济

1.总体实力

哈萨克斯坦经济以石油、采矿（稀有、有色和黑色金属）、煤炭和农牧业为主，加工工业、机器制造业和轻工业相对落后。国内生产总值2015年为1 732.12亿美元，2020年为1 698.37亿美元，2023年为2 614.18亿美元。

2.各产业概况

石油和矿产资源丰富，是典型的资源型国家，矿产资源的开采、加工和出口在国民经济中占主导地位。主要矿藏有铀、铜、铅、锌、钨、石油和天然气等。农业较为发达，盛产硬粒小麦和其他良种小麦。向日葵和甜菜是著名的农产品。畜牧业发达，主要饲养牛、羊、猪等。

交通运输以公路、铁路、船舶为主。被称为"现代丝绸之路"的亚欧大陆桥横贯哈萨克斯坦全境。水路运输主要集中在西部里海地区，以货物运输为主。

3.对外贸易

哈萨克斯坦对外贸易总额2015年为759亿美元，2017年为850亿美元，2023年达1 398亿美元，主要贸易伙伴是中国、俄罗斯和意大利等国。哈萨克斯坦主要出口商品为能源及矿产品、金属及其制品、化工产品、农产品及食品等；主要进口商品为机械设备、化工产品、农产品及食品等。

4.货币与汇率

货币名称为哈萨克斯坦坚戈，1993年11月取代俄罗斯卢布开始在全国使用。

2021年7月1日，1人民币元=65.988哈萨克斯坦坚戈。

2024年7月1日，1人民币元=65.131哈萨克斯坦坚戈。

观览天下3-42　　　　　　　　　　　**拜科努尔航天发射场**

在哈萨克斯坦，有一个世界著名的航天发射基地——拜科努尔航天发射场。它位于哈萨克斯坦的一片半荒漠地区，是苏联建造的航天器发射场和导弹试验基地。拜科努尔航天发射场在人类航天探索事业中发挥了巨大的作用，创造了人类航天史上的多个"第一"。在这里，世界上第一颗人造地球卫星成功升入太空，人类第一位宇航员踏上历史征程，世界上第一个载人航天站被送入太空轨道。近年来，俄罗斯不少商业航天发射，包括被媒体热炒的"太空游"，都从这里启程。目前，拜科努尔航天发射场已经成为颇

具吸引力的旅游地。

（三）文化

哈萨克斯坦的教育基础较好，全国基本无文盲。因为民族众多，哈萨克斯坦的中小学视情况分别使用不同语言授课。哈萨克斯坦高等教育实行统一考试，国立高校采取奖学金制和收费制两种方式。主要大学有纳扎尔巴耶夫大学、哈萨克斯坦阿里-法拉比国立大学、哈萨克斯坦阿拜国立师范大学等。

哈萨克斯坦的媒体80%以上为非国有媒体。主要报刊有《真理报》（俄文）、《主权哈萨克斯坦报》（哈文）、《快报》（俄文）、《先行者报》（俄文）等。主要通讯社有哈萨克斯坦通讯社（唯一的国家通讯社）等，主要电视台有"哈巴尔"国家电视台等。哈萨克斯坦中央国家博物馆、哈萨克斯坦国家艺术博物馆和哈萨克斯坦总统文化中心等为大型博物馆。

哈萨克族是一个能歌善舞的民族，每逢节假日都会举行一些传统的文体活动，如跳舞、弹唱、对唱、踢毽、放风筝等，还会举行摔跤、赛马、射箭、叼羊、马上角力等各种具有传统特色的比赛。

观览天下3-43　　　　　　　　　　　阿拜和《阿拜之路》

阿拜（1845—1904年）是哈萨克斯坦伟大的思想家、哲学家、民主主义诗人，被称为"哈萨克诗圣"。联合国教科文组织将他列入世界文化名人予以纪念。

《阿拜之路》是一部世界文学名著，是穆合塔尔·阿乌埃佐夫根据阿拜奇特而悲壮的生活道路创作的历史小说。该书被誉为哈萨克民族的百科全书，也有人称其为"哈萨克民族的红楼梦"。该书于1959年获"列宁文学奖"。

四、哈萨克斯坦的民俗

（一）衣、食、住习俗

1.服饰

传统服饰多以毛皮为材料。哈萨克族男子爱戴一种圆顶帽。姑娘和少妇一般穿袖上有绣花、下摆有多层荷叶边的连衣裙。未出嫁的姑娘一般戴水獭皮圆顶帽子，帽顶绣花并装饰有漂亮的鸟羽毛。姑娘出嫁时，则戴一种尖顶的沙吾克烈帽，一年之后换为花头巾。如果生了孩子，则换戴一种叫"克木谢克"的头饰。

2.饮食

从事畜牧业的哈萨克斯坦人主要的食物是奶类、肉食和米面。冬天，哈萨克斯坦人要宰牛、宰马、宰羊，他们将这种过冬肉叫"索古姆"，还要制作马肠、香肠等。面食有馕、包尔沙克（油炸面疙瘩）、肉菜拌面片等。哈萨克斯坦人有时也吃抓饭。手抓羊肉是哈萨克斯坦人的传统食品，也是最流行的菜肴。哈萨克斯坦人爱喝加入牛奶、奶油的浓茶。

3.住宅

哈萨克斯坦人的传统居所是圆顶毡房。

（二）主要节庆

新年 1月1日。

纳乌鲁斯节（波斯语和突厥语国家的春节） 3月21日。节日期间，每家都做"纳乌鲁斯饭"，唱"纳乌鲁斯歌"，祝贺新春。

祖国保卫者日 5月7日。这一天也被称为武装力量日。

宪法日 8月30日。

共和国日 10月25日。

独立日（国庆节） 12月16日

此外，哈萨克斯坦还有肉孜节和古尔邦节等伊斯兰教的传统节日。

（三）礼仪禁忌

哈萨克斯坦人热情好客，见面、送别通常行拥抱礼。男子间初次见面，也都热情地紧握双手。

在哈萨克斯坦人家做客时，客人见到主人要先问："牲畜平安？"然后问："全家安好？"入座时，男女要分开坐，最主要的客人坐左首，然后按地位或辈分依次而坐，主人坐在最右首；一般是在毡房内席地盘腿而坐，不可脱鞋，并注意不要伸直两腿。

哈萨克斯坦人总是拿出最好的食物待客。如果家里来了尊贵的客人，主人一定要宰羊招待。羊头被视为最好的部分，进餐时，主人先将带有羊头的一盘肉摆在客人面前。客人也应割下羊右颊下的一片肉回敬主人，还应从盘中取些肉请主妇吃，以示尊敬和感谢，否则会被认为是失礼的表现。吃完之后，主人要说一些"菜不多，吃得不好，请原谅"之类的客套话。客人要举起双手，从两颊往下摸，直到胸前为止，并说"愿真主保佑饮食丰盛"。

在饮食上，哈萨克斯坦人不吃猪肉，也不食动物血。进入教堂时，男士不得穿短裤，女士不得穿暴露服装。在日常生活中，应注意不能跨过拴牲畜的绳子，不能跨过吃饭用的餐布。

◆ 课堂互动 3-8

接待哈萨克斯坦客人时应注意什么？

五、哈萨克斯坦旅游业

（一）旅游业历史和现状

哈萨克斯坦虽然拥有丰富的旅游资源，但大部分地区的旅游基础设施尚不完善，旅游业还处于商业化初期，具有极大的发展潜力。2023年，哈萨克斯坦旅游服务业产值超过2 290亿哈萨克斯坦坚戈，旅游业税收收入达4 500亿哈萨克斯坦坚戈。哈萨克斯坦政府提出，计划到2030年将国内游客人数增加到1 100万人次，外国游客数量增加至400万人次，旅游业从业人数达到80万人。

（二）主要旅游资源

1.著名旅游城市

著名旅游城市有阿斯塔纳、阿拉木图、卡拉干达等。

阿拉木图　意思是"苹果之城"（当地盛产苹果），是哈萨克斯坦最大的城市，也称为"南方首都"。阿拉木图市区布局整齐，道路宽阔平坦，有众多的公园和果园，是中亚地区最美的城市之一。主要旅游景点有琼布拉克高山滑雪场、伊犁-阿拉套国家自然公园等。

2.主要自然旅游资源

阿尔泰山区　位于哈萨克斯坦东部，这里有广阔的草原和茂密的原始森林，是观赏草原和森林鸟类的绝佳地点。额尔齐斯河在此蜿蜒流过。

恰伦大峡谷　位于哈萨克斯坦南部，全长约154千米，年龄超过1 200万年。峡谷中的山峰形态各异，其美丽和壮观堪比美国科罗拉多大峡谷。

卡拉吉耶洼地　位于哈萨克斯坦西部，世界上最大的内陆湖里海就位于此地。

巴尔喀什湖　位于哈萨克斯坦东南部，面积1.82万平方千米，呈长条形，平均水深6米，是世界第四长湖。

3.主要人文旅游资源

位于哈萨克斯坦南部的霍贾·艾哈迈德·亚萨维陵墓和位于东南部的泰姆格里考古景观岩刻是哈萨克斯坦两处著名的古迹，已被列入世界文化遗产。

六、中哈关系

中哈两国友谊源远流长。早在西汉时期，张骞出使西域就到过哈萨克斯坦，并与当时的乌孙汗国建立了联系。举世闻名的丝绸之路从中国发端，穿越今天的哈萨克斯坦等国，一直向西，成为最早沟通东西方文化的桥梁。

（一）外交关系

1992年1月3日，中哈正式建交。中国是最早承认哈萨克斯坦独立并与其建交的国家之一。中哈两国有着1 700多千米的共同边界，历史遗留的边界问题已在1999年彻底解决。2002年，两国签署《中华人民共和国和哈萨克斯坦共和国睦邻友好合作条约》。2005年7月，两国建立战略伙伴关系。2011年，两国宣布发展全面战略伙伴关系。2019年9月，双方宣布发展永久全面战略伙伴关系。

观览天下3-44　　　　　　　　　　　**冼星海大街**

在阿拉木图市西南部有一条以中国音乐家冼星海的名字命名的大街——冼星海大街。1943年，冼星海从莫斯科辗转来到阿拉木图，并在这里度过了两年半的时间。其间，他创作了《民族解放》《神圣之战》《中国狂想曲》《满江红》等一批佳作，还收集和改编了大量哈萨克族民歌，是一位用音乐传递中哈友谊的使者。

在冼星海大街与加加林大街的交会处，竖立着冼星海纪念碑。碑身正面分别用中、哈、俄3种语言刻着以下文字：谨以中国杰出作曲家、中哈友谊及文化交流使者冼星海的名字命名此街为冼星海大街。

（二）经贸关系

中哈两国经贸合作发展势头良好，中哈原油管道、中哈霍尔果斯国际边境合作中心等大型合作项目都顺利实施。2018年，中哈双边贸易额为198.85亿美元，较上年增长

10.47%。2023年，中哈双边贸易额为410.2亿美元，同比增长32.2%。中国为哈萨克斯坦第一大贸易伙伴国。中国主要向哈萨克斯坦出口机械设备、化工产品、服装、鞋类等，主要从哈萨克斯坦进口金属及其制品、能源及矿产品、化工产品等。

（三）科技、文化与教育交流

两国在科技、文化领域的合作成果丰硕，常年互派文艺团组演出。2007年12月，中哈双方合作创办的第一所孔子学院在欧亚大学揭牌成立。目前，中国已在哈萨克斯坦建立5所孔子学院。中国也是哈萨克斯坦学生留学的第二大目的地国。截至2024年3月，中哈已建立26对友好省州和城市。

（四）旅游关系

哈萨克斯坦是中国在中亚地区最大的客源国。来华的哈萨克斯坦游客数量2008年超过30万人次，2014年为34.36万人次，2017年为22.29万人次。

2011年，哈萨克斯坦成为中国公民出境旅游目的地。2012年，中国前往哈萨克斯坦的游客近19万人次。2016年7月15日，中国公民组团赴哈萨克斯坦旅游业务正式启动。2017年11月，中国驻阿斯塔纳旅游办事处正式成立，这是我国在中亚国家设立的首个旅游办事处。2023年，赴哈萨克斯坦旅游的中国游客共计21.7万人次，比2022年增长了12倍。

2023年11月10日，《中华人民共和国政府和哈萨克斯坦共和国政府关于互免签证的协定》正式生效，进一步激发了双方游客的旅行需求。2024年3月29日，2024中国"哈萨克斯坦旅游年"开幕式在北京举行。旅游年期间，中哈双方将举办多场精彩活动。

知识导图
第三章

本章小结 👆

菲律宾、蒙古国、泰国、印度、印度尼西亚和哈萨克斯坦是我国在亚洲的重要客源国。本章介绍了菲律宾、蒙古国、泰国、印度、印度尼西亚和哈萨克斯坦6个国家的基本情况，内容包括各国的地理位置、面积与人口、语言和文字、宗教、自然环境、行政区划、简史、政治、经济、文化、民俗、旅游业，以及各国与中国的关系等。

基础训练 ✍

（一）选择题（有一个或多个正确答案）

1.菲律宾的官方语言是（　　）。

A.汉语　　　　　　B.菲律宾语　　　　　C.英语　　　　　　　D.马来语

2.菲律宾信仰人数最多的宗教是（　　）。

A.伊斯兰教　　　　B.天主教　　　　　　C.佛教　　　　　　　D.印度教

3.下列关于菲律宾的说法正确的有（　　）。

A.平原为主　　　　　　　　　　　　　B.属季风型热带雨林气候

C.多地震和火山　　　　　　　　　　　D.全年皆适合旅游

4.菲律宾产量和出口量均居世界首位的产品是（　　）。

A.椰子　　　　　　B.木薯　　　　　　　C.油棕　　　　　　　D.橡胶

5.菲律宾人最重要的主食是（ ）。

A.玉米 B.面粉 C.薯粉 D.大米

6.菲律宾人的饮食特点有（ ）。

A.无论是主菜还是汤，都喜欢用少量的食醋和香辣调味品

B.用手抓饭吃仍普遍流行

C.不喜欢吃兽类内脏和腥味大的东西

D.最喜欢吃的水果是杧果

7.菲律宾的入境游客以来自（ ）的最多。

A.中国 B.日本 C.韩国 D.澳大利亚

8.菲律宾有"热带花园之都"之称的城市是（ ）。

A.马尼拉 B.宿务 C.碧瑶 D.奎松

9.菲律宾有"夏都"之称的避暑胜地是（ ）。

A.奎松 B.宿务 C.达沃 D.碧瑶

10.蒙古国的官方语言是（ ）。

A.俄语 B.蒙古语 C.英语 D.突厥语

11.下列关于蒙古国的说法正确的有（ ）。

A.世界第一大内陆国 B."草原之国"

C.世界上人口密度最小的国家 D.城市居民占多数

12.蒙古国人主要信仰的宗教是（ ）。

A.伊斯兰教 B.黄教 C.藏传佛教 D.东正教

13.（ ）是蒙古国人最喜爱的三大民族体育项目。

A.摔跤 B.下棋 C.赛马 D.射箭

14.蒙古国的第一大贸易伙伴是（ ）。

A.俄罗斯 B.美国 C.中国 D.日本

15.蒙古国人的传统饮食有（ ）。

A.乳酪 B.马奶酒 C.蒙古烤羊肉 D.奶酪

16.泰国的官方语言是（ ）。

A.汉语 B.泰语 C.英语 D.马来语

17.泰国信仰人数最多的宗教是（ ）。

A.伊斯兰教 B.基督教 C.佛教 D.印度教

18.下列关于普吉岛的说法正确的有（ ）。

A.泰国最大的岛屿 B.有"安达曼海上的明珠"之称

C.有很多石灰岩造型地貌 D.被誉为"东方威尼斯"

19.泰国著名的出口商品有（ ）。

A.稻米 B.木薯 C.珠宝首饰 D.橡胶

20.泰国人的饮食特点有（ ）。

A.以大米为主食

B.喜吃红烧、甜味的菜肴

C.偏爱辛辣味，辣椒和鱼露被当成最好的调味品

D.喜喝热茶

21.下列国家中，最早成为中国公民出境旅游目的地的是（   ）。

A.马来西亚　　　　B.印度尼西亚　　　　C.菲律宾　　　　D.泰国

22.印度的官方语言是（   ）。

A.印地语　　　　B.英语　　　　C.印地语和英语　　　　D.法语

23.印度信仰人数最多的宗教是（   ）。

A.伊斯兰教　　　　B.锡克教　　　　C.佛教　　　　D.印度教

24.下列关于印度的说法正确的有（   ）。

A.以平原为主　　　　B.大部分地区属热带季风气候

C.世界四大文明古国之一　　　　D.世界上使用语言最多的国家之一

25.印度排在世界前列的产品有（   ）。

A.云母　　　　B.煤　　　　C.棉花　　　　D.重晶石

26.印度人的饮食特点有（   ）。

A.喜欢用调料　　　　B.用手抓饭吃仍普遍流行

C.喜欢用酱油或酱类调料　　　　D.爱吃甜食

27.泰姬陵位于（   ）。

A.泰国　　　　B.印度　　　　C.菲律宾　　　　D.印度尼西亚

28.印尼的官方语言是（   ）。

A.印地语　　　　B.印尼语　　　　C.英语　　　　D.法语

29.印尼信仰人数最多的宗教是（   ）。

A.伊斯兰教　　　　B.天主教　　　　C.佛教　　　　D.印度教

30.下列关于印尼的说法正确的有（   ）。

A.主要民族为巽他族　　　　B.世界上穆斯林人口最多的国家

C.被称为"火山之国"　　　　D.世界上最大的群岛国家

31.在印尼，产量排在世界前列的产品有（   ）。

A.锡　　　　B.煤　　　　C.镍　　　　D.金

32.印尼人的饮食特点有（   ）。

A.喜欢喝热咖啡和茶　　　　B.用手抓饭吃仍普遍流行

C.喜欢用调料　　　　D.爱吃甜食

33.被称为"诗之岛"或"舞之岛"的是（   ）。

A.济州岛　　　　B.圣淘沙岛　　　　C.普吉岛　　　　D.巴厘岛

34.哈萨克斯坦的国语是（   ）。

A.俄语　　　　B.哈萨克语　　　　C.英语　　　　D.突厥语

35.哈萨克斯坦人主要信仰的宗教是（   ）。

A.伊斯兰教　　　　B.东正教　　　　C.基督教　　　　D.佛教

36.哈萨克斯坦的优势矿产有（   ）。

A.铀矿　　　　B.锌矿　　　　C.石油　　　　D.钨矿

37.哈萨克斯坦是世界第（　　）大内陆国。

A.四　　　　　　　B.三　　　　　　　C.二　　　　　　　D.一

38.哈萨克斯坦最流行的菜肴是（　　）。

A.烤羊肉　　　　　B.馕　　　　　　　C.手抓羊肉　　　　D.香肠

39.中国是哈萨克斯坦第（　　）大贸易伙伴。

A.二　　　　　　　B.一　　　　　　　C.四　　　　　　　D.三

在线测评
3-1

选择题

（二）判断题

1.菲律宾菜肴有东南亚菜肴的一些特色，受西班牙和中国菜肴的影响也很深。

（　　）

2.菲律宾人的结婚仪式很少在教堂中举行。　　　　　　　　　　（　　）

3.菲律宾人见面时一般以握手为礼。　　　　　　　　　　　　　（　　）

4.菲律宾多年来一直是我国的主要客源国之一。　　　　　　　　（　　）

5.畜牧业一直是蒙古国国民经济的基础，蒙古国素有"畜牧业王国"之称。（　　）

6.俄罗斯是蒙古国最大的贸易伙伴。　　　　　　　　　　　　　（　　）

7.泰国人以面粉为主食。　　　　　　　　　　　　　　　　　　（　　）

8.泰国是世界天然橡胶最大出口国。　　　　　　　　　　　　　（　　）

9.泰国人至今只有名字而没有姓氏。　　　　　　　　　　　　　（　　）

10.泰国是我国最早开放的出国旅游目的地之一。　　　　　　　（　　）

11.印度民族、宗教众多，语言繁杂。　　　　　　　　　　　　（　　）

12.印度人口居世界第二位。　　　　　　　　　　　　　　　　（　　）

13.纱丽为印度妇女的传统服装。　　　　　　　　　　　　　　（　　）

14.印度已成为中国第一大贸易伙伴。　　　　　　　　　　　　（　　）

15.印尼人在商业活动中广泛使用英语。　　　　　　　　　　　（　　）

16.印尼人有敬蛇的习俗。　　　　　　　　　　　　　　　　　（　　）

17.用巴迪布制作的长袖男衬衣和女士纱笼已被定为印尼国服。　（　　）

18.印尼人不吃牛肉。　　　　　　　　　　　　　　　　　　　（　　）

19.大米是哈萨克斯坦人的单一主食。　　　　　　　　　　　　（　　）

20.荒漠和半荒漠占哈萨克斯坦国土面积的一半。　　　　　　　（　　）

在线测评
3-2

判断题

（三）简答题

1.菲律宾人的日常社交礼仪有哪些？

2.菲律宾人在服饰方面有哪些习俗？

3.菲律宾人有哪些特色饮食？

4.菲律宾人有哪些婚姻礼节？

5.与菲律宾人交往时要注意哪些礼节？

6.蒙古国人的日常社交礼仪有哪些？

7.蒙古国人在衣、食、住方面有哪些习俗？

8.蒙古国人有哪些民间禁忌习俗？

9.简要介绍蒙古国人的鼻烟文化。

10. 简述泰国旅游业的概况。

11. 泰国人的日常社交礼仪有哪些？

12. 泰国人有哪些饮食习俗？

13. 印度人的日常礼仪有哪些？

14. 印度人在服饰方面有哪些习俗？

15. 印度人在饮食方面有哪些习俗？

16. 印度人有哪些婚姻礼节？

17. 印尼人的日常礼仪有哪些？

18. 印尼人在服饰方面有哪些习俗？

19. 印尼人在饮食方面有哪些习俗？

20. 印尼人有哪些禁忌习俗？

21. 哈萨克斯坦人的日常社交礼仪有哪些？

22. 哈萨克斯坦人在衣、食、住方面有哪些习俗？

23. 哈萨克斯坦人有哪些民间禁忌习俗？

第四章

欧洲客源国概况（上）

学习目标

知识目标：

了解俄罗斯、英国、德国、法国的地理位置、政治体制、历史文化及民俗习惯，熟知其著名旅游景点、旅游基础设施建设与旅游服务体系。

技能目标：

能够运用对比分析方法，总结欧洲各国旅游业发展的成功经验，为中国旅游发展提供借鉴，具备为欧洲游客提供专业、个性化旅游服务的能力。

素养目标：

培养对欧洲艺术与文化的欣赏能力，强化跨境旅游合作意识，坚定文化自信，提升文化传播能力。

引　例 ➤➤➤

　　导游员小王将要接待一个来自英国的旅游团，这是小王第一次接待来自西方的旅游者。为了做好接待工作，小王向自己所在旅行社的经理请教。经理告诉他"给每个团员发一份日程安排表最重要，而且既定的日程安排不要随意变更"。

　　请问：这位旅行社经理的话有道理吗？

第一节 俄罗斯

一、俄罗斯概况

（一）地理位置

俄罗斯全称俄罗斯联邦（Russian Federation）。俄罗斯横跨欧亚大陆，北临北冰洋，东濒太平洋，西北接波罗的海、芬兰湾。东西最长9 000千米，南北最宽4 000千米。其陆地邻国，西北面有挪威、芬兰，西面有爱沙尼亚、拉脱维亚、立陶宛、波兰、白俄罗斯，西南面有乌克兰，南面有格鲁吉亚、阿塞拜疆、哈萨克斯坦，东南面有中国、蒙古国和朝鲜，东面与日本和美国隔海相望。

俄罗斯莫斯科与中国北京的时差是–5小时（比中国北京时间慢5小时）。

观览天下4-1

俄罗斯大部分领土位于亚洲境内，但它一直被认为是欧洲国家，这主要是因为俄罗斯领土的欧洲部分是俄罗斯民族和俄罗斯国家的发源地，从古至今，这里一直都是俄罗斯的政治、经济和文化中心，首都也一直设在欧洲，其欧洲部分还集中了全国大部分人口和城市。

（二）面积与人口

俄罗斯面积约1 709.82万平方千米，是世界上面积最大的国家。

俄罗斯人口约1.46亿（截至2024年4月）。2023年，俄罗斯人口平均预期寿命为73.2岁。

俄罗斯人口分布极不均衡，西部发达地区人口约占全国总人口的3/4，人口密度平均每平方千米52～77人，个别地方甚至达261人，而广大的东部地区人口密度每平方千米仅1人左右；城市人口占全国总人口的73%。

俄罗斯有194个民族，其中俄罗斯族占77.7%。主要少数民族有鞑靼、巴什基尔、楚瓦什、车臣等。

观览天下4-2

俄罗斯是世界上人口减少速度最快的国家之一。在很多国家都为人口增长太快、人口压力过大而发愁的时候，俄罗斯却为人口日渐减少而烦恼。

人口逐年减少已引起了俄罗斯政府的高度重视，已被看成俄罗斯面临的"最尖锐的问题"之一。俄罗斯中央和地方政府正在采取一系列提高人口出生率、降低死亡率的措施，其中一项措施是重新实行授予多生孩子的妇女为"英雄母亲"的做法，并给予生育两个或更多子女的母亲高额补贴。

（三）语言和文字

俄语是俄罗斯的官方语言。

现代俄语字母由西里尔字母发展而来，故又称为西里尔字母。

观览天下 4-3　　　　　　　　　　　　**西里尔字母**

西里尔字母源于脱胎自希腊字母的格拉哥里字母，是 9 世纪基督教传教士西里尔与梅笃丢斯为记录斯拉夫语、翻译和编撰宗教文献而创制的一套字母。早期的西里尔字母又称古斯拉夫语字母，目前使用西里尔字母的语言很多都是斯拉夫语族的语言，包括俄语、乌克兰语、白俄罗斯语、保加利亚语等。

（四）宗教

俄罗斯的主要宗教为东正教，其次为伊斯兰教。

（五）自然环境

俄罗斯地势南高北低、东高西低，平原占大部分。西部几乎全属东欧平原，向东为乌拉尔山脉、西西伯利亚平原（亚洲第一大平原）、中西伯利亚高原、北西伯利亚低地和东西伯利亚山地、太平洋沿岸山地等，西南耸立着大高加索山脉。最高峰厄尔布鲁士山海拔 5 642 米，为欧洲最高峰。

俄罗斯河网密布，主要河流有伏尔加河、鄂毕河、叶尼塞河及勒拿河等。伏尔加河是欧洲第一长河；叶尼塞河是俄罗斯水量最大的河流。俄罗斯湖泊众多，主要湖泊有贝加尔湖、里海和拉多加湖等。贝加尔湖是俄罗斯最大的淡水湖泊，也是世界上最深、蓄水量最大的淡水湖，最深处达 1 637 米，其蓄水量约占地球表面不冻淡水资源总量的 20%。里海是世界上最大的咸水湖，拉多加湖则是欧洲第一大湖。

俄罗斯大部分地区处于北温带，气候多样，以大陆性气候为主，北极圈以北属于寒带气候，太平洋沿岸属于温带季风气候，西北沿海具有海洋性气候特征，黑海沿岸一带为地中海气候。从北到南依次跨越极地荒漠、苔原、森林苔原、森林、森林草原、草原和半荒漠等自然带。

俄罗斯全年温差较大，1 月平均气温为 -40 ~ -5℃，7 月平均气温为 11 ~ 27℃；年均降水量为 150 ~ 1 000 毫米。奥伊米亚康是北半球的"寒极"，历史最低气温达 -73℃。

由于所处纬度较高，俄罗斯大部分地区冬季漫长寒冷，夏季短暂温暖，春秋两季不明显，在北部地区还有极昼、极夜现象。

（六）国旗与国歌

1. 国旗

俄罗斯的国旗呈长与宽之比为 3∶2 的横长方形。旗面由 3 个平行且相等的横长方形组成，自上而下依次为白色、蓝色、红色。俄罗斯国土跨越了寒带、亚寒带和温带 3 个气候带。白色代表寒带气候区；蓝色既代表亚寒带气候区，也象征俄罗斯丰富的自然资源；红色既代表温带气候区，也象征俄罗斯的悠久历史和对世界文明的贡献。

2. 国歌

俄罗斯的国歌是《俄罗斯，我们神圣的祖国》（2000 年 12 月 25 日开始采用）。

（七）行政区划

目前，俄罗斯全国划分为 8 个联邦管区（分别是中央联邦管区、西北联邦管区、南部联邦管区、伏尔加联邦管区、乌拉尔联邦管区、西伯利亚联邦管区、远东联邦管区、北高加索联邦管区）。

（八）首都

首都莫斯科位于东欧平原，面积约 2 560 平方千米，常住人口约 1 230 万，是俄罗斯最大的城市，也是全国政治、经济、文化中心和全国最大的综合性交通枢纽。

二、俄罗斯简史

6 世纪，居住在欧洲东部的东斯拉夫人逐渐形成封建部落联盟。9 世纪末，以基辅为中心的封建国家基辅罗斯形成。12 世纪，基辅罗斯进入封建割据时期，最终分裂出许多独立的封建公国。15 世纪末，莫斯科大公伊凡三世建立了中央集权制国家——莫斯科大公国。1547 年，莫斯科大公伊凡四世改大公称号为沙皇，从此沙皇俄国形成，并开始向外侵略扩张。

16—17 世纪，伏尔加河流域、乌拉尔和西伯利亚各族先后加入俄罗斯。17 世纪中期，乌克兰和俄罗斯合并为统一的国家。1689 年 8 月，彼得一世（彼得大帝）亲政，经过与瑞典长达 21 年之久的"北方战争"，俄罗斯得到了通往波罗的海的出海口，俄罗斯从内陆国变为濒海国。1721 年，彼得一世改国号为俄罗斯帝国。

观览天下 4-4　　　　　　　　　　　　　　　**彼得一世**

彼得一世（1672—1725 年）是俄罗斯帝国首位皇帝。1682 年，年仅 10 岁的彼得被立为沙皇，但实权掌握在他的姐姐索菲亚手中。1689 年，索菲亚企图发动宫廷政变。彼得在部分贵族和军队的支持下，平定政变，废黜索菲亚，亲自执政，称彼得一世。1697 年，彼得派使团赴西欧考察，他本人也化名随团出访。他在荷兰最大的一家造船厂里当学徒，在英国学习造船技术并考察英国的政治制度；在普鲁士学习兵制，回国时还招聘了大批技术人员。为了改变国家的落后状况，他进行了全面改革。同时，为了打通波罗的海的出海口，他指挥军队同瑞典进行"北方战争"，并于 1721 年击败瑞典。同年，彼得成为俄罗斯帝国皇帝。彼得一世在位期间，在政治、经济、军事和科技等领域进行西化改革，使俄罗斯成为欧洲大国之一。

1762 年，叶卡捷琳娜二世（1762—1796 年在位）在一场宫廷政变之后登上皇位。她对外两次同土耳其作战，三次参加瓜分波兰的战争，打通了黑海的出海口。

1812 年，俄罗斯消灭了入侵的拿破仑军队。1825 年 12 月，贵族革命者举行起义被镇压。1861 年 2 月，沙皇亚历山大二世批准了废除农奴制的法令。1917 年 2 月，资产阶级革命推翻了专制制度。

1917 年 11 月 7 日，十月社会主义革命建立了世界上第一个社会主义国家政权——俄罗斯苏维埃联邦社会主义共和国。1922 年 12 月 30 日，俄罗斯联邦、外高加索联邦、乌克兰、白俄罗斯成立苏维埃社会主义共和国联盟（简称苏联），后来扩至 15 个加盟共和国。

1990 年 3 月，波罗的海三国（爱沙尼亚、拉脱维亚、立陶宛）先后宣布独立。苏联其他加盟共和国也纷纷发表独立宣言。1990 年 6 月 12 日，俄罗斯苏维埃联邦社会主义共和国最高苏维埃发表《国家主权宣言》。1991 年 12 月 8 日，俄罗斯联邦、白俄罗斯、乌克兰3个加盟共和国领导人签署了《独立国家联合体协议》，宣布组成"独立国家联合体"。12月21日，除波罗的海三国和格鲁吉亚外的苏联11个加盟共和国签署了《阿拉木图宣言》等文件。12月26日，宣布苏联停止存在。至此，苏联解体，俄罗斯联邦成为完全独立的国家，并成为苏联的唯一继承国。1993年12月12日，全民投票通过了俄罗斯独立后的第一部宪法，规定国家名称为"俄罗斯联邦"。

三、俄罗斯的政治、经济与文化

（一）政治

1.总统

总统是国家元首、国家武装力量的最高统帅。联邦政府总理、副总理和各部部长由总统任命。

2.议会

俄罗斯联邦会议（议会）由联邦委员会（上院）和国家杜马（下院）组成。联邦委员会的主要职能是批准联邦法律、联邦主体边界变更等；国家杜马的主要职能是通过联邦法律、宣布大赦等。

3.政府

俄罗斯联邦政府是最高国家执行权力机关。

4.司法机构

俄罗斯联邦司法机关主要有联邦宪法法院、联邦最高法院、联邦最高仲裁法院及联邦总检察院。联邦委员会根据总统提名任命联邦宪法法院、联邦最高法院和联邦最高仲裁法院法官以及联邦总检察长。

（二）经济

1.总体实力

解体前，苏联的综合实力居世界前列。苏联解体后，俄罗斯经济一度严重衰退，此后逐渐恢复，到2006年，俄罗斯的经济全面超过苏联解体前。俄罗斯国内生产总值2019年约1.7万亿美元，2023年达171.041万亿卢布（同比增长3.6%）。截至2024年3月，俄罗斯的国际储备为5 901亿美元。

2.资源状况

俄罗斯的资源种类多、储量大、自给程度高，是世界上唯一能够做到资源完全自给的国家。俄罗斯的森林覆盖面积占国土面积的65.8%，居世界第一位。木材蓄积量居世界第一位。天然气探明储量占世界探明储量的25%，居世界第一位；石油探明储量占世界探明储量的9%；铁、镍和锡蕴藏量居世界第一位；黄金储量居世界第三位；煤蕴藏量居世界第五位；铀蕴藏量居世界第七位。

3.各产业概况

俄罗斯工业基础雄厚、部门齐全，以机械、钢铁、冶金、石油、天然气、煤炭等为主，是世界上最大的石油和天然气输出国，核工业、航空航天业在世界上占有重要地位。但其食品工业和轻工业缺乏足够的竞争力，经济发展高度依赖自然资源的出口。

俄罗斯是世界产粮大国，主要农作物有小麦、大麦、燕麦、黑麦、玉米、水稻和豆类等。主要经济作物有亚麻、向日葵和甜菜等。

俄罗斯的铁路、公路、水运、航空运输都起着重要作用。莫斯科、圣彼得堡、叶卡捷琳堡是俄罗斯的三大交通枢纽。圣彼得堡港、摩尔曼斯克港、纳霍德卡港等为主要海港。主要机场有莫斯科的谢列梅捷沃亚历山大·普希金国际机场、圣彼得堡的普尔科沃国际机场等。

4.对外贸易

俄罗斯对外贸易额2019年为6 720亿美元，2020年为5 719亿美元，2021年为7 894亿美元，2023年为7 101亿美元。主要贸易伙伴国为中国、德国、荷兰、美国等。主要出口商品有矿产品（石油和天然气等）、金属及其制品等，主要进口商品有机械设备和交通工具、化工产品等。

5.货币与汇率

货币名称为俄罗斯卢布，辅币是戈比。1卢布=100戈比。

2021年7月1日，1人民币元=11.3020俄罗斯卢布。

2024年7月1日，1人民币元=11.9275俄罗斯卢布。

（三）文化

1.教育

俄罗斯是教育大国，国立各类教育一律免费，目前俄罗斯基本无文盲。俄罗斯教育分为普通教育和职业教育两大系列。普通教育包括学前教育、普通初等教育、普通基础教育和普通中等教育4个层次。职业教育包括初等职业教育、中等职业教育、高等职业教育和大学后续职业教育4个层次。2001年，俄罗斯开始在普通教育毕业阶段试行国家统一考试。从2009年开始，国家统一考试成为中学毕业和大学入学的必需形式。

俄罗斯高等教育水平居世界领先地位，著名高校有莫斯科罗蒙诺索夫国立大学（莫斯科大学）、圣彼得堡国立大学、莫斯科国立鲍曼技术大学、俄罗斯门捷列夫化工大学、俄罗斯国立石油天然气大学、莫斯科航空学院等。莫斯科罗蒙诺索夫国立大学建于1755年，在世界上享有盛誉。圣彼得堡国立大学建于1724年，是一所门类齐全的综合性大学。

2.科技

俄罗斯是一个科技强国，在自然科学和基础研究方面有着雄厚的基础。航天、生物、核物理等方面的研究处于世界一流水平，航天器的发射数量长期居世界首位。

观览天下4-5

在20世纪，苏联取得了举世瞩目的科技成就。1954年，苏联建成世界第一座核电站。1957年，苏联成功发射第一颗人造卫星。1961年，苏联成功发射世界上第一艘载人宇宙飞船，加加林成为世界上第一位太空人。

3.新闻出版

俄罗斯发行量较大的报刊主要有《俄罗斯报》《消息报》《独立报》《真理报》等。主要通讯社有俄通社-塔斯社、俄罗斯国际新闻通讯社（简称俄新社）、国际文传电讯社等。主要广播电台有俄罗斯之声广播电台、莫斯科回声广播电台等。主要电视台有俄罗斯国家电视台、俄罗斯独立电视台等。

4.文学、艺术

俄罗斯的文学、美术、音乐、舞蹈等源远流长、名人辈出，在世界文学、艺术史上有着突出的地位。

俄罗斯文学在世界上享有盛誉，出现了普希金、莱蒙托夫、别林斯基、赫尔岑、奥斯特洛夫斯基、屠格涅夫、陀思妥耶夫斯基、车尔尼雪夫斯基、涅克拉索夫、托尔斯泰、契诃夫、高尔基、肖洛霍夫、法捷耶夫等一大批世界闻名的大文豪，还有蒲宁、帕斯捷尔纳克、肖洛霍夫、索尔仁尼琴等诺贝尔文学奖获得者。

观览天下 4-6　　　　　　　　　　　　　　　**普希金**

普希金（1799—1837年）是俄国最伟大的诗人、浪漫主义文学的杰出代表，现代标准俄语的创始人，被誉为"俄国文学之父"。1837年2月，普希金因决斗腹部受重伤去世。普希金在诗歌、小说、戏剧和童话等多个领域都留下了丰富的文学遗产，其作品主要有《自由颂》《青铜骑士》《叶甫盖尼·奥涅金》《上尉的女儿》等。

俄罗斯的绘画有着悠久的历史。著名的绘画艺术大师有列维坦（代表作有《弗拉基米尔卡》和《金色的秋天》等）、列宾（代表作有《伏尔加河上的纤夫》和《意外归来》等）、苏里科夫、克拉姆斯柯依等。

俄罗斯的音乐取得了较高的成就，涌现出了许多音乐大师。柴可夫斯基（1840—1893年）是俄罗斯历史上最伟大的作曲家，也是俄罗斯民族音乐与西欧古典音乐的集大成者。其代表作品很多，如歌剧《叶甫盖尼·奥涅金》《黑桃皇后》等，芭蕾舞曲《天鹅湖》《胡桃夹子》《睡美人》等，管弦乐作品《第四交响曲》《第五交响曲》《第六交响曲》等。著名作曲家肖斯塔科维奇（1906—1975年）也有许多著名作品传世，被誉为"20世纪音乐史的一座高峰"。

俄罗斯电影艺术发达。莫斯科电影制片厂（建于1924年）是世界著名的电影制片厂。莫斯科国际电影节的悠久历史仅次于威尼斯国际电影节，它创办于1959年，是俄罗斯最大的国际电影节，也是国际A类电影节之一。

俄罗斯的芭蕾舞艺术在国际上享有很高的声誉，著名的芭蕾舞剧有《天鹅湖》《罗密欧与朱丽叶》等。马戏在俄罗斯的表演历史可谓源远流长，马戏团团员训练有素、技艺精湛，作品很受俄罗斯人的欢迎，在世界上也有很高的知名度。

课堂互动 4-1

你还知道哪些俄罗斯文学、艺术领域的名人？

5.娱乐与体育

俄罗斯人喜欢饲养动物，尤其爱养狗；采蘑菇是俄罗斯人的普遍爱好之一；国际象棋在俄罗斯的普及率很高；俄罗斯男子喜欢垂钓。俄罗斯是传统的体育强国，足球、冰球和网球是最受俄罗斯人欢迎的体育项目。

观览天下 4-7

俄罗斯的博物馆数量众多。圣彼得堡的艾尔米塔什博物馆与巴黎的卢浮宫、伦敦的大英博物馆、纽约的大都会艺术博物馆并称世界四大博物馆，莫斯科的普希金造型艺术博物馆收藏的外国美术作品数量居俄罗斯第二位，莫斯科的特列恰科夫美术博物馆也是世界上久负盛名的艺术宝库。

俄罗斯也有众多的图书馆。其中，藏书最多的图书馆是位于莫斯科的俄罗斯国立图书馆。位于圣彼得堡的俄罗斯国家图书馆是俄罗斯对公众开放的最古老的图书馆之一。

四、俄罗斯的民俗

（一）姓名称谓

俄罗斯人的姓名构成是：本人名+父名+姓。俄罗斯人取名较为自由，有根据孩子的长相特征取名的，有根据其在家中的排行取名的，还有根据出生时节、职业及动植物的名称取名的。其中，"伊凡"（男孩名）和"玛丽娅"（女孩名）是俄罗斯人最常用的名字。许多名字还包含特别的含义，如"叶卡捷琳娜"（表示纯洁）、"安德烈"（表示勇敢）、"维克多"（表示胜利者）。

在俄罗斯人的姓中，有不少是以"斯基"结尾的，如奥斯特洛夫斯基、科瓦尔斯基等，这本来是神职人员的姓，"斯基"是教堂的意思；最常见的结尾是"夫"（男性）和"娃"（女性）。

俄罗斯人在日常交际时常用敬称"您"，尤其是称呼老年人、陌生人（儿童除外）和领导人时。对16岁以下的儿童称呼"你"，近亲、同事、年轻人之间也用"你"来称呼。

目前，"先生""同志""公民"3种称呼在俄罗斯同时存在。在商业机构、新闻媒体和官方机构中，人们习惯相互称"先生"，而"公民"通常在公共场所（如车站、商店）使用。

在俄罗斯，日常交往时也可称呼名字。对老年人、陌生人和领导人则应呼其名字加父称，对儿童可直呼其名。

（二）衣、食、住、行

1.服饰

在俄罗斯的传统服饰中，男装通常是斜领粗麻布衬衫，衬衫的领口和下摆有绣花。节日时，男士通常脚穿皮鞋，头戴呢帽。女装有南北之分，北方女装以麻布制成的长袖衬衣和一种被称为"萨腊方"的无袖长裙为代表；南方女装通常为毛料裙子。冬季男女外套基本相同，穿厚呢子大衣或毛皮大衣，脚穿高筒皮鞋，戴皮帽。

在现代，新潮时装、西装很受欢迎，传统服饰平时已很少穿，但在重大的民间节日或文艺演出时，传统服饰仍然很常见。

无论是现代服饰还是传统服饰，它们共同的特点是：①女士普遍着裙，尤其是在交际、应酬的场合，穿长裤被认为是对客人的不尊重；②崇尚皮装，不仅爱穿皮衣，还有皮帽、皮手套与之相配；③寒冷地区多选长装，尤其是女性。

2.饮食

俄罗斯人的主食是面包（尤其是黑面包）、米饭和肉类。黄油、酸牛奶、土豆、酸黄瓜、鱼子酱等是俄罗斯人偏爱的食品。

观览天下4-8

在俄罗斯，土豆被看成"第二面包"，很少有哪一个国家的人像俄罗斯人这样爱吃土豆，俄罗斯每年人均土豆消费量几乎与粮食制品的消费量等同。

在俄罗斯人的一日三餐中，早餐一般是面包、牛奶、黄油、奶酪、果酱；午餐多为工作餐，一般为几片面包、一个热菜、一个热汤、一份沙拉、一杯果汁等，热菜多是煎烤的鸡、鸭、鱼肉配上土豆条、圆白菜或甜菜；晚餐有一道或两道热菜，以荤为主，配上土豆、豌豆和调味酱，凉菜有香肠、火腿肉和酸黄瓜。

俄罗斯饮食讲究量大实惠，口味偏重，喜欢酸、辣、咸味，偏爱炸、煎、烤、炒的食物，尤其爱吃冷菜。

汤是俄罗斯饮食中必不可少的，常见的汤有鲜鱼汤、酸白菜汤、甜菜汤等。正餐的第一道菜一般是汤，第二道菜是煎烤的鸡、鸭、鱼肉。餐后一般要吃甜食（如果子冻、冰淇淋等）或喝饮料（柠檬茶、橘子汁、咖啡等）。

俄罗斯人爱喝伏特加（一种高度酒）、啤酒、红茶和格瓦斯。喝红茶是俄罗斯人的一大嗜好，一般在早餐时或午饭与晚饭之间喝。茶中一般要放糖，也有放盐、牛奶、鲜奶油的，喝茶时还辅以果酱、面包、黄油、蜂蜜、糖果等。格瓦斯是俄罗斯的传统饮料，用薄荷、面粉（或黑面包干）、葡萄干、浆果等加上白糖发酵而成。

观览天下4-9

俄罗斯人爱喝酒是世界出名的。酒是俄罗斯人日常生活中必不可少的饮品，几乎到了人人都喜而好之的地步。被视为俄罗斯国酒的伏特加，意思是"几乎没有水"，是度数最高的酒之一。此酒无色、无味，入口后不酸、不甜、不苦、不涩。既可佐餐，也可餐后饮；既可加水、加冰、加果汁，也可作为鸡尾酒的基酒。伏特加起源于俄罗斯，现在很多国家都生产，但仍以俄罗斯生产的伏特加味道最好。大口大口地喝伏特加，辅以鱼子酱和熏鱼，是很多俄罗斯人的生活写照。

3.住宅

俄罗斯的传统民宅是用圆木或半圆木建造的小木屋，由过道屋（外屋）、贮藏室和带有炉灶的居室3部分组成。在俄罗斯南部，由于森林资源相对贫乏，因此住宅多为土坯房和砖瓦房。现代城市居民住宅则以欧美风格的高层建筑为主。

4.出行

大多数俄罗斯居民都有私家车，私家车是外出旅游的主要交通工具。马车是民间传统的交通工具，马（或鹿、狗）拉雪橇在寒冷的北方仍然是重要的交通工具。

（三）主要节庆

新年　1月1日。

东正教圣诞节　1月7日。

　　祖国保卫者日　2月23日。这一天原为苏联建军节，苏联解体后更名为祖国保卫者日。

　　国际妇女节　3月8日。

　　宇航日　4月12日。为纪念加加林首次太空航行而定。

　　春天与劳动节　5月1日。

　　伟大卫国战争胜利日　5月9日。在这一天，俄罗斯全国各地以及独联体其他国家和地区都会以各种形式进行庆祝。

　　国庆日（国家主权宣言通过日）　6月12日。

　　民族团结日　11月4日。这一节日是2004年新设立的。

　　宪法日　12月12日。

　　谢肉节　每年东正教复活节前的第八周，又名"狂欢节"或"送冬节"，是俄罗斯民间最古老、最盛大的节日。

观览天下 4-10　　　　　　　　　　　　　　**谢肉节**

　　谢肉节源于东正教。在东正教为期40天的大斋期里，人们禁止吃肉和娱乐。因而，在斋期开始前一周，人们纵情欢乐，随心所欲地大碗喝酒、大口吃肉，尽情享受歌舞娱乐和户外活动，谢肉节便由此得名。谢肉节正处于冬去春来的日子里，斯拉夫人在此期间要举行隆重的迎春送冬仪式，故谢肉节又被称为"送冬节"。

　　在节日里，俄罗斯人会自发组织化装游行、民间歌舞、游戏、溜冰、滑雪、乘三套马车兜风等娱乐活动。象征太阳的圆薄饼（俄式春饼）是节日的必备食品，圆圈舞是节日期间跳的最主要的民间舞蹈。

（四）礼仪禁忌

1.日常社交礼仪

　　拥抱、亲吻和握手是俄罗斯人的重要礼仪。在日常生活中，人们表示亲切时，一般是长辈吻晚辈的面颊三次，先左后右再到左，或吻额头一次，晚辈则要吻长辈面颊两次；女子之间、兄弟姐妹之间表达亲切关系时，可接吻或拥抱。俄罗斯人讲究握手的礼仪，遇到上级或长辈时不能先伸手，遇到女士时也要等对方先伸手。与不熟悉的人握手时，只能轻轻地握，用力握手表示亲近。对于初次见面的女士，一般行鞠躬礼而不握手。握手时应脱掉手套。

　　尊重女性是俄罗斯的社会风尚，如在宴会上，男士要照顾自己右边的女士；在剧院，男士要为女士找好座位，请女士先入座；上车或进房间时，男士要为女士开门等。

　　俄罗斯人性格率直，无论在生意场上还是在日常生活中，都喜欢直来直去、开门见山，不喜欢拐弯抹角。

　　去俄罗斯人家里做客，最好按约定时间到达或稍晚一点到达，不可早到。客人通常要给主人带小礼品（如蛋糕、酒等）和鲜花。进屋前要敲门，进屋后应脱掉大衣和帽子，先向女主人问好，然后向其他人和男主人问好。就座时应坐在主人安排的位置上，不可坐在床上，不要随意翻看主人的书信文件。俄罗斯人待客热情，如果有客人来访，主人会请客人到厨房，倾其所有招待客人。"祝您胃口好"是俄罗斯人用餐时常说的一句客套话。喝酒干杯要干到底，如果不能喝应事先声明。喝茶时，应将茶勺放在茶碟上，不能把茶勺留在茶杯里。

古往今来，俄罗斯人一直将面包和盐作为欢迎客人的最高礼仪。在为客人举办欢迎仪式时，要捧出面包和盐献给客人，以示崇高的敬意和热烈的欢迎。现在，这种传统的待客风俗已经成为俄罗斯国家的迎宾礼。每当外国首脑来访时，俄罗斯姑娘便会端出新出炉的面包和盐走上前，请客人品尝。

2. 婚姻礼节

俄罗斯传统婚姻讲究门当户对，农村人婚龄普遍较小。现在的年轻人讲究自由恋爱，婚礼多在教堂举行，神父是婚礼的主持人。婚礼过后，新人要设宴款待亲朋好友。

观览天下 4-11　　　　　　　　　　俄罗斯的结婚纪念日

在俄罗斯风俗中，结婚纪念日名目繁多，结婚当日为"绿婚"（绿有年轻、不成熟之意），其他名目还有：花布婚（结婚1周年纪念日）、木婚（结婚5周年纪念日）、锌婚（结婚6年半纪念日）、铜婚（结婚7周年纪念日）、白铁婚（结婚8周年纪念日）、玫瑰婚（结婚10周年纪念日）、银婚（结婚25周年纪念日）、金婚（结婚50周年纪念日）、钻石婚（结婚60周年纪念日）、王冠婚（结婚75周年纪念日）等。银婚、金婚等特殊的纪念日一般要举行隆重的庆祝活动。

3. 民间禁忌习俗

公共场所熟人相遇时，不可高声喊叫，不可哈哈大笑。很多人互相握手时，忌讳形成十字交叉形。此外，俄罗斯人也忌讳在桥上相互告别。

俄罗斯人交谈时，忌讳谈对方的隐私，包括薪水、年龄和婚姻等，甚至忌讳谈论有关对方胖瘦的话题；不要夸赞对方"身体好"，因为在俄罗斯人的习俗中，恭维身体健康会产生相反的效果。

观览天下 4-12

俄罗斯人不在门槛上握手，因为他们认为隔着门槛问好是不祥之兆。俄罗斯人之所以不愿听到别人夸赞自己健康、身体好，是因为他们认为人的右肩站着天使，左肩站着魔鬼，这些夸奖的话让魔鬼听到后会对人加以伤害。破解的方法是向左后方连吐3次唾沫或连敲3下木头，这样可以避免好话引起不利的后果。

俄罗斯人爱马，认为马可以驱邪并可带来好运，马掌是象征祥瑞的物体，既有威力，又具有降妖的魔力。此外，蜘蛛也被视为吉祥物，但俄罗斯人对兔子很反感。俄罗斯人认为黑色代表肃穆和不祥，所以他们不喜欢黑猫，若遇到黑猫过马路会感觉很晦气。俄罗斯人认为路上遇到有人手提一只空桶，或挑着两只空桶，都是不祥之兆，但如果桶里盛满了水则是好兆头。

俄罗斯人忌讳数字13，认为它是凶险和死亡的象征，最忌讳13个人聚集在一起。俄罗斯人喜欢7这个数字，认为7意味着幸福和成功。

俄罗斯人认为左手主凶，所以握手时不可伸出左手，递送物品也不宜用左手，考生不用左手抽考签，早上起床不左脚先着地，有的人甚至出门时也不先迈左脚。

镜子在俄罗斯被看成神圣的物品，不可打碎，打翻盐瓶和盐罐预示着家庭不和，打碎了杯、碟、盘等餐具则被认为是富贵的象征。因此，在喜筵、寿筵和其他隆重的场合，人们还会特意打碎一些碟、盘表示祝贺。

俄罗斯人忌讳吹口哨，认为吹口哨是对魔鬼的模仿，会使圣母远离自己；尤其不能在房间里吹口哨，认为那样会有破财之灾。

俄罗斯人参加考试或比赛前，忌讳别人说"祝成功"或"祝好运"之类的话。俄罗斯人考试前不剪头发，认为剪头发考试会不及格。在考试时，有些人还一定要穿以前穿过的、浅色的、曾经带来好运的衣服。

课堂互动 4-2

接待俄罗斯客人时应注意什么？

五、俄罗斯旅游业

（一）旅游业历史和现状

俄罗斯的旅游活动从沙俄时代就开始了。20 世纪 60 年代，苏联国内旅游有了较快发展，当时的旅游业务主要由工会系统经营，职工个人可享受优惠。1985 年，苏联国内旅游者达 3 700 万人次，旅游时间不超过 24 小时的游客达 2 亿多人次。1989 年，苏联接待外国旅游者达 780 万人次。苏联解体后，旅游业在一定程度上受到冲击，但很快就开始恢复增长。1993 年，俄罗斯出国旅游人数首次超过入境外国人数量。

近年来，俄罗斯旅游业发展较快。2017 年俄罗斯出境旅游人数为 3 944 万人次，2018 年为 4 196 万人次。俄罗斯接待的海外旅游者主要来自独联体国家。中国、德国、芬兰、波兰等国也是俄罗斯的主要客源国。

莫斯科、圣彼得堡、黑海疗养地、伏尔加河沿岸城市、滨海边疆区和克拉斯诺达尔边疆区等都是深受游客欢迎的旅游地。尤其是莫斯科和圣彼得堡，接待了 80% 的入境外国游客。

（二）主要旅游资源

俄罗斯地域辽阔、历史悠久，有着丰富的旅游资源。

1.莫斯科

莫斯科是俄罗斯的首都和全国最大的政治、经济、文化中心，也是一座风景优美的园林式古城。它始建于 12 世纪，拥有众多名胜古迹。

克里姆林宫　位于莫斯科市中心，南临莫斯科河，被誉为世界建筑中最美丽的作品之一。克里姆林宫始建于 1156 年，18 世纪以前为沙皇皇宫，十月革命胜利后成为苏联党政领导机关所在地，现在是俄罗斯总统府所在地。克里姆林宫由一组古老的建筑群组成，主要包括大克里姆林宫、圣母升天大教堂、伊凡大帝钟楼等。克里姆林宫与著名的红场毗连，形成了莫斯科最有历史文化价值的区域，并已列入《世界遗产名录》。

赏景怡情
4-1

俄罗斯
克里姆林宫

图 4-1　红场

红场　莫斯科最古老的广场，也是世界上最大的广场之一，南北长 695 米，东西宽 130 米，总面积 9.035 万平方米（如图 4-1 所示）。虽经多次修建、改建，但红场仍基本保持原样，路面还是过去的石块，已被鞋底磨得异常光滑。

大彼得罗夫大剧院　始建于 1776 年，是俄罗斯文化艺术的象征，也是世界著名的剧院，被称为"19 世纪中叶俄罗斯建筑艺术的典范"。

莫斯科地铁　始建于 1932 年，是世界上规模最大的地铁之一。地铁站由俄罗斯著名建筑师设计，造型华丽典雅。莫斯科地铁被公认为世界上最漂亮的地铁，享有"地下的艺术殿堂"之美称。

观览天下 4-13

莫斯科地铁在卫国战争期间发挥了重要作用。第二次世界大战期间，德军飞机频繁轰炸莫斯科，遍布莫斯科的地铁则成了天然可靠的防空洞，不但使千百万人免遭法西斯的屠杀，而且有 200 多个小生命在地铁站降临人间。

阿尔巴特街　莫斯科市中心的一条著名步行街，也是莫斯科的象征之一。这里曾是艺人和画家的天堂，保存有许多古色古香的建筑。普希金故居就坐落在阿尔巴特街 53 号。

2. 圣彼得堡

圣彼得堡位于俄罗斯西北部的涅瓦河口，是俄罗斯第二大城市，是世界上最美丽的城市之一，也是世界上古典建筑保存、利用最好的城市之一。整个市区分布在涅瓦河三角洲的岛屿上，河流和运河在市区纵横交错，500 多座桥梁将市区各部分连接在一起，因此圣彼得堡又有"北方威尼斯"之称。圣彼得堡始建于 1703 年，彼得大帝将其命名为"圣彼得堡"，1914 年改名为"彼得格勒"，1924 年称为"列宁格勒"，1991 年后恢复旧名——圣彼得堡。

彼得大帝夏宫　位于芬兰湾南岸，是历代俄国沙皇的郊外离宫（如图 4-2 所示）。彼得大帝于 18 世纪初下令兴建，他亲自参与了宫殿园林的规划设计，甚至亲绘草图。1934 年以后，夏宫被辟为民俗史博物馆。整个建筑豪华壮丽，以花园、雕塑、喷泉最为著名，被誉为"俄罗斯的凡尔赛"。

图 4-2　彼得大帝夏宫

"阿芙乐尔"号巡洋舰　1900年5月在圣彼得堡的海军船厂下水，1903年7月17日正式建成服役。1917年11月7日，"阿芙乐尔"号巡洋舰炮轰临时政府所在地冬宫，宣告了十月革命的开始。从1948年11月起，它被作为十月革命的纪念物和中央军事博物馆分馆永久停泊在涅瓦河畔，供人们参观、瞻仰（如图4-3所示）。

图4-3　"阿芙乐尔"号巡洋舰

冬宫　坐落在圣彼得堡宫殿广场上，是一座封闭式呈长方形的蓝、白两色相间的建筑，占地面积9万平方米。冬宫始建于1754年，原为沙皇的皇宫，十月革命后被作为圣彼得堡艾尔米塔什博物馆的一部分。如今，在冬宫的350多间展厅里陈列着约270万件文物，展览线路加起来有30千米长，因而有"世界最长艺廊"之称。

斯莫尔尼宫　建于19世纪初，是一座外观典雅的三层建筑。1917年十月革命期间，布尔什维克党军事革命委员会设在这里。列宁也曾在这里办公和居住过。

3.伏尔加格勒

伏尔加格勒位于伏尔加河下游的平原上，始建于16世纪，初名"察里津"，1925年改称"斯大林格勒"，1961年改为现名。1918—1919年，这里发生了察里津保卫战。1942—1943年，这里又爆发了斯大林格勒保卫战，这次战役是第二次世界大战的转折点。

4.贝加尔湖

贝加尔湖位于东西伯利亚南部，面积约3.15万平方千米。中国古代称其为"北海"，汉代"苏武牧羊"的故事即发生于此。湖水清澈透明，有"西伯利亚明眸"之美称。湖区水生动物种类繁多，其中大部分是贝加尔湖的特有种类。湖区还有许多矿泉，旅游设施完善。

5.黑海沿岸疗养区

俄罗斯黑海沿岸属于亚热带气候，日照充足，拥有丰富的有医疗效果的矿泉水、医疗用泥等，这使得其成为世界著名的滨海疗养区。其中，索契因温暖的海水和有医疗效果的硫化氢温泉而著称，是俄罗斯最大的海滨温泉疗养地。

观览天下 4-14　　　　　　　　　　　　　　索　契

索契位于俄罗斯黑海沿岸，东西长145千米，南北宽40～60千米，是俄罗斯"最狭长的城市"。高加索山脉横亘于城市的北部和东北部，阻挡了来自北方的冷空气，使得索契兼具地中海气候和高山气候的特点，成为地球上纬度最高的亚热带气候区。这里有优良的沙滩，积雪覆盖的山区又适合开展冰雪项目，因此索契既是天然海水浴场，又是冰雪运动的基地。2014年，第22届冬季奥林匹克运动会在索契举办。2018年俄罗斯世界杯，索契也是比赛会场之一。

六、中俄关系

（一）外交关系

中俄两国山水相连，拥有4 300多千米的共同边界。1949年10月2日，中国与苏联建交。苏联解体后，1992年，中俄两国相互视为友好国家。1996年，中俄建立战略协作伙伴关系。2001年7月，双方签署《中华人民共和国和俄罗斯联邦睦邻友好合作条约》。2011年，中俄建立平等信任、相互支持、共同繁荣、世代友好的全面战略协作伙伴关系，2019年提升为中俄新时代全面战略协作伙伴关系。

中国与俄罗斯同为安理会常任理事国，也都是上海合作组织、金砖国家、二十国集团、亚洲太平洋经济合作组织的重要成员。近年来，中俄在国际和地区事务中的战略协作日益密切。

（二）经贸关系

中俄两国互为最大的邻国，经济互补性很强。中俄双边贸易额2010年为554.5亿美元，2013年为892.1亿美元，2017年为840.71亿美元，2019年为1 107.57亿美元，2023年达2 401.1亿美元（其中，中国进口额1 291.4亿美元，中国出口额1 109.7亿美元），中国已连续14年保持俄罗斯第一大贸易伙伴国地位。俄罗斯主要从中国进口汽车及其零部件、机械设备、智能手机、电脑、服装等，主要向中国出口原油、天然气、煤、铜、木材等，是中国最大的石油供应国。

观览天下 4-15　　　　　　　　　　　　　　　　中俄能源合作

能源合作是中俄经贸合作的重要领域。2008年，中俄建立能源对话机制。2009年4月和5月，中俄原油管道俄罗斯段和中国段分别正式开工建设。中俄原油管道北起俄罗斯斯科沃罗季诺分输站，南至中国大庆市末站，全长999.04千米，分为斯科沃罗季诺至漠河的俄罗斯段和漠河至大庆的中国段。2014年5月，中俄结束了长达10年的天然气谈判，签署了《中俄东线供气购销合同》。根据双方商定，从2018年起，俄罗斯开始通过中俄天然气管道东线向中国供气，合同期累计为30年，价值达4 000亿美元，这也是世界贸易史上金额最大的长期交易。2014年11月，中俄双方又签署了《关于沿西线管道从俄罗斯向中国供应天然气的框架协议》。通过东线和西线两条管道，俄罗斯向中国出口的天然气总量将达到目前俄罗斯对欧洲天然气出口量的一半。

（三）文化交流

中俄两国有着频繁的文化交流。截至目前，俄罗斯已建立19所孔子学院。深圳北理莫斯科大学是国内第一所引进俄罗斯优质高等教育资源的具有独立法人资格的中俄合作大学，自2017年9月开始招生。2019年，两国间各类留学交流人员突破10万人。

中俄分别于2006年和2007年、2009年和2010年、2012年和2013年互办国家年、语言年、旅游年，2014—2015年举办中俄青年友好交流年，2016—2017年举办中俄媒体交流年，2018—2019年举办中俄地方合作交流年，2020—2021年举办中俄科技创新年，2022—2023年举办中俄体育交流年，2024—2025年举办中俄文化年。

截至2024年4月，双方已经建立163对友好城市及省州、数十对经贸结对省州。

（四）旅游关系

中俄两国旅游交往频繁，俄罗斯长期以来都是我国主要的客源国之一。俄罗斯来华游客人数 2010 年为 237.03 万人次，2015 年为 158.23 万人次，2018 年为 241.55 万人次，2023 年为 99.79 万人次。俄罗斯游客的旅游目的正从过去的以购物为主转变为购物与休闲、度假相结合。

2002 年，俄罗斯成为中国公民出境旅游目的地，中国去俄罗斯的游客逐年增加，并成为俄罗斯主要的客源国之一。中国公民首站赴俄罗斯旅游人数 2013 年为 91.53 万人次，2018 年约 200 万人次。2023 年，中国公民首站赴俄罗斯旅游人数下降为 47.7 万人次，但中国仍为俄罗斯第一大旅游客源国。

课堂互动 4-3

俄罗斯为什么能成为我国主要的客源国之一？

启智润心
4-1

从大熊猫
"喀秋莎"到
黑河早市，
中俄友谊故
事说不完

第二节　英国

一、英国概况

（一）地理位置

英国全称大不列颠及北爱尔兰联合王国（The United Kingdom of Great Britain and Northern Ireland），位于欧洲西部，由大不列颠岛（包括英格兰、苏格兰、威尔士）、爱尔兰岛东北和一些小岛组成，隔北海、多佛尔海峡、英吉利海峡与欧洲大陆相望。海岸线总长 11 450 千米。

英国伦敦与中国北京的时差是 −8 小时（比中国北京时间慢 8 小时，每年 3 月最后一个星期日到 10 月最后一个星期日英国实行夏令时，与中国北京时间的差距缩短 1 小时）。

观览天下 4-16

尽管地处欧洲的边缘，可很少有哪一个国家能像英国这样对世界历史有着非常深远的影响。英国是第一个进行资产阶级革命的国家，也是第一个完成工业革命的国家。英国人使用的语言——英语，现在是世界各国人民交往最通用的语言，当今世界 80% 的信息都以英语传播。

（二）面积与人口

英国的国土面积为 24.41 万平方千米（包括内陆水域），其中英格兰地区 13.04 万平方千米，苏格兰地区 7.88 万平方千米，威尔士地区 2.08 万平方千米，北爱尔兰地区 1.41 万平方千米。

英国人口 6 702.6 万（截至 2021 年），包括英格兰人（英吉利人）、苏格兰人、威尔士人和爱尔兰人。2023 年，英国人口平均预期寿命为 81.4 岁。

观览天下 4-17　　　　　　　　　　　　　　英国人会称自己为英国人吗？

我们习惯上说的英国，其全称是"大不列颠及北爱尔兰联合王国"，国土主要由4部分组成：英格兰、苏格兰、威尔士和北爱尔兰。英国的民族也有4个，其中英格兰是最大的一族。我们常称英国人为英国人，但英国人很少这么说，他们一般情况下更具体地称自己是英格兰人、苏格兰人、威尔士人或爱尔兰人，这不仅是为了表明自己生活的区域，而且暗含着4个民族间的区别和独立性。因此，称英国人为"不列颠人"可能会更准确一些。

（三）语言

英国的官方语言和通用语言均为英语。威尔士北部还使用威尔士语，苏格兰西北高地及北爱尔兰部分地区仍使用盖尔语。

观览天下 4-18　　　　　　　　　　　　　　　　英　语

英语属印欧语系中的日耳曼语族。印欧语系是世界上影响力最大、语族最多的语系，包括日耳曼语族、罗曼语族、斯拉夫语族、希腊语族等。日耳曼语族是印欧语系中较大的一个语族，包括英语、德语、荷兰语、瑞典语、挪威语等多种语言，也是世界上使用最广泛的语族之一。

世界上讲英语的国家很多，除了英国之外，美国、加拿大、澳大利亚、新西兰等国都讲英语。

（四）宗教

英国的居民多信奉新教（占总人口的51%），主要教派有英格兰教会（亦称英国国教、圣公会）和苏格兰教会（亦称长老会）。此外，还有一部分英国人信奉天主教、伊斯兰教、印度教、锡克教、犹太教和佛教等。

（五）自然环境

英国是一个岛国，全境分为英格兰东南部平原区、中西部山区、苏格兰山区、北爱尔兰高原和平原区。英国的主要河流有塞文河、泰晤士河等。塞文河全长354千米，是英国境内第一长河。泰晤士河长346千米，终年不冻。位于北爱尔兰的内伊湖是不列颠群岛最大的湖泊。

英国气候温和湿润，属海洋性温带阔叶林气候。通常最高气温不超过32℃，最低气温不低于−10℃。北部和西部的年降水量超过1 100毫米，中部低地年降水量为700～850毫米，东部、东南部年降水量只有550毫米。秋冬季节多雨雾。

（六）国旗、国歌、国花

1.国旗

英国国旗呈长与宽之比为2∶1的横长方形，旗面由深蓝底色和红色、白色"米"字组成。1933年正式确立为大不列颠及北爱尔兰联合王国国旗。

2.国歌

英国的国歌为《天佑国王》。如果在位的是女性君主，则国歌为《天佑女王》。

3.国花

英国的国花是玫瑰花。

（七）行政区划

英国分为英格兰、苏格兰、威尔士和北爱尔兰4部分。英格兰划分为9个地区，下辖伦敦、56个单一管理区政府、201个非都市区和36个都市区政府；苏格兰下设32个区，威尔士下设22个区，北爱尔兰下设11个地方市郡。

（八）首都

首都伦敦（London）也称"大伦敦"（Greater London），位于英格兰东南部的平原上，泰晤士河贯穿其中，人口883万（截至2022年），下设独立的32个城区和1个"金融城"。

伦敦是英国第一大城市，历来是英国的政治、经济和文化中心，也是欧洲最具国际特色的城市。伦敦是世界三大金融中心之一，也是世界最大的外汇交易市场、黄金现货交易市场，拥有众多的外国银行分支机构或办事处。

二、英国简史

英国远古历史可追溯到旧石器时代。公元前3000年左右，地中海的伊比利亚人、欧洲西部的凯尔特人等先后来到不列颠。1世纪至5世纪，大不列颠岛东南部由罗马帝国统治。罗马人撤走后，欧洲北部的盎格鲁人、撒克逊人、朱特人相继入侵并定居于此。7世纪，该区域开始形成封建制度。829年，英格兰统一，史称"盎格鲁－撒克逊时代"。

1066年，诺曼底公爵威廉渡海征服英格兰，建立诺曼底王朝。1215年，英王约翰被迫签署《自由大宪章》（也称《大宪章》），王权遭抑制。1337—1453年，英法之间爆发"百年战争"，英国先胜后败。1536年，英格兰与威尔士合并。1588年，英国打败西班牙"无敌舰队"，取得了海上霸权。

1640年，英国爆发资产阶级革命，揭开了世界近代史的第一页。1649年5月19日，英国宣布成立共和国；1660年，斯图亚特王朝复辟；1688年，英国资产阶级和新贵族发动非暴力政变，史称"光荣革命"，政变后英国确定了君主立宪制；1707年，英格兰与苏格兰合并，1801年又与爱尔兰合并。

18世纪60年代，英国开始了工业革命。19世纪30年代，英国成为世界上第一个完成工业革命的国家。从此，手工劳动为机器生产所取代，英国成为世界上最强大的国家。整个19世纪是英国的全盛时期。1914年，英国占有的殖民地面积比本土面积大111倍，是第一殖民大国，自称"日不落帝国"。

第一次世界大战以后，英国开始衰落，其世界霸权地位逐渐被美国取代。1921年，爱尔兰南部26郡成立"自由邦"，北部6郡仍归英国。第二次世界大战再次严重地削弱了英国的经济实力。随着1947年印度和巴基斯坦相继独立，英国的殖民体系开始瓦解，但英国仍是英联邦盟主。1973年1月，英国加入欧共体。

英国是联合国安理会常任理事国之一，是大约120个国际组织的成员。2016年6月23日，英国针对是否退出欧盟举行全民公投。2017年3月29日，"脱欧"程序正式启动。2020年1月，英国退出欧盟。

三、英国的政治、经济与文化

（一）政治

1.宪法

英国宪法不是一个独立的文件，而是由许多法律文件共同组成的，主要包括《大宪章》（1215年）、《人身保护法》（1679年）、《权利法案》（1689年）、《议会法》（1911年和1949年）以及历次修改的选举法、市自治法、郡议会法等。

2.政体

英国的政体为君主立宪制。

3.国家元首

君主是国家元首、最高司法长官、武装部队总司令和英国国教圣公会的"最高领袖"，形式上有权任免首相、各部大臣、高级法官、军官、各属地的总督、外交官、主教及英国圣公会的高级神职人员等，并有召集、停止和解散议会，批准法律，宣战、媾（gòu）和等权力，但实权在内阁。

观览天下 4-19

伊丽莎白二世（1926—2022年），已故英王乔治六世的长女，曾任英国女王，是英国在位时间最长的君主。伊丽莎白二世研读法律、历史和语言，通晓西班牙语，也会法语和德语。伊丽莎白二世于1952年2月6日即位，1953年6月2日加冕。

伊丽莎白二世曾于1986年10月访问中国，是第一位访问中国的英国君主。2022年9月8日，伊丽莎白二世逝世，终年96岁。英国国王查尔斯三世2022年9月10日正式登基，2023年5月6日加冕。

4.议会

议会是英国最高立法机构，由君主、上院（贵族院）和下院（平民院）组成。上院议员包括王室后裔、世袭贵族、终身贵族、教会大主教及主教。下院议员由普选产生，采取简单多数选举制度，任期5年，但政府可提议提前大选。

5.政府

英国实行内阁制，由君主任命在议会中占多数席位的政党党首出任首相并组阁，同时向议会负责。

6.司法机构

英国有3种不同的法律体系：英格兰和威尔士实行普通法系，苏格兰实行民法法系，北爱尔兰实行与英格兰相似的法律制度。

英国的司法机构分为民事法庭和刑事法庭两个系统。最高法院是英国所有民事案件的最终上诉机关，也是英格兰、威尔士和北爱尔兰所有刑事案件的最终上诉机关。苏格兰高等法院是苏格兰所有刑事案件的最终上诉机关。

（二）经济

1.总体实力

英国是发达的资本主义工业化国家，是世界第六大经济体。国内生产总值2014年为2.942万亿美元（人均国内生产总值约4.56美元），2019年为2.09万亿英镑（人均国内生产总值3.27万英镑），2022年为2.2万亿英镑。

2.各产业概况

能源产业在英国经济中占有重要地位。英国是欧洲能源资源最丰富的国家之一，主要有煤、石油、天然气等。

英国是传统的工业化国家，工业发展最早。药物、电子和光学设备、人造纤维和化工产品等制造业实力雄厚。生物医药、航空和国防等领域是英国工业研发的重点，也是最具创新力和竞争力的行业。

英国农业用地占国土面积的70%，其中多数为草场和牧场，仅1/4用于耕种。主要农作物有大麦、小麦和甜菜，粮食不足以自给。目前，英国农业占国内生产总值的比重不到1%。英国渔业发达，是欧洲最大的捕鱼国之一。

服务业是英国经济的支柱产业，包括金融保险、零售、旅游和商业服务等。服务业产值约占国内生产总值的75%。

英国交通便捷，公路、铁路、水路、航空运输均较发达。英国是世界铁路运输的诞生地，1994年贯通的英法海底隧道将英国与欧洲大陆的铁路系统连为一体。泰晤士河是英国最繁忙的运河，其次为福斯河。伦敦希思罗机场是英国最大的机场，也是世界上最大、最繁忙的机场之一。伦敦盖特威克机场是英国第二大机场。

3.对外贸易

英国经济对世界经济的依赖性很大，因此，英国历来重视对外贸易。主要进口产品为食品、燃料、原材料等，主要出口产品为石油及相关产品、化工产品（包括医药制品）、机械设备等。主要贸易对象是欧盟、美国、中国和日本。货物进出口总额2019年为11 598.1亿美元，2023年为9 740亿英镑（其中，出口额为3 926亿英镑，进口额为5 814亿英镑）。

4.货币与汇率

货币名称为英镑（Pound）。1英镑=100便士。流通的主要纸币面额有5英镑、10英镑、20英镑、50英镑4种。流通的主要硬币面额有1便士、2便士、5便士、10便士、20便士、50便士以及1英镑、2英镑8种。

2021年7月1日，1英镑=8.9464人民币元。

2024年7月1日，1英镑=9.0427人民币元。

观览天下4-20　　　　　　　　　　　　**英国著名公司**

英国著名公司主要有：英国石油公司（主要经营石油化工业务）、汇丰银行控股公司（主要经营金融业务）、乐购（主要经营食品及药品业务）、保诚集团（主要经营保险投资业务）、沃达丰（主要经营电信业务）、葛兰素史克（主要经营生物制药业务）等。

（三）文化

1.教育和科技

英格兰、威尔士和苏格兰实行5~16岁义务教育制度，北爱尔兰地区实行4~16岁义务教育制度。公立中小学免费，学生人数占中小学学生总数的90%以上。英国约40%的中学毕业生接受高等教育。目前，全国有110多所大学和高等教育学院。著名高等院校有牛津大学、剑桥大学（如图4-4所示）、帝国理工学院、伦敦政治经济学院、华威大学、曼彻斯特大学、爱丁堡大学等。

图4-4　剑桥大学

观览天下4-21　　　　　　　　　　　　　**牛津大学和剑桥大学**

牛津大学和剑桥大学都是蜚声世界的高等学府。

牛津大学是英国最古老的大学，创办于1096年，以培养了众多政界人士而知名。截至目前，牛津大学的校友、教授及研究人员中，共有72位诺贝尔奖获得者。

剑桥大学创办于1209年，在学校800多年的历史中，涌现出了牛顿、达尔文等一批引领时代的科学巨匠，造就了培根、凯恩斯等贡献突出的学者。截至目前，剑桥大学的校友、教授及研究人员中，共有121位诺贝尔奖获得者。

英国是世界上第一个工业化国家，对科技非常重视，有许多科学发现和发明，如青霉素、脱氧核糖核酸（DNA）、喷气式发动机等。从1831年开始，英国每年都会举办一次科学节；从1994年开始，英国在每年的3月都要举办一次科学周。现在，英国已成为世界高科技、高附加值产业的重要研发基地之一。

2.新闻出版

英国有发达的新闻出版业，全国有1 300多种报纸、8 500种周刊和杂志。知名的报纸和杂志有《泰晤士报》《金融时报》《每日电讯报》《卫报》《独立报》《经济学人》等。阅读报刊是英国人日常生活的重要组成部分。据统计，英国15岁以上人口中有超过2/3的人坚持每天至少阅读一份全国性报纸。

英国主要的通讯社有路透社（世界重要通讯社之一）、新闻联合社、AFX新闻有限公司等。

英国主要的广播电台和电视台有英国广播公司（BBC）、独立电视台（ITV）、第四频道（Channel 4）、第五频道（FIVE）。

3.文学艺术

英国文学取得了较高的成就。乔叟是英国第一位用诗反映本土社会的诗人，代表作有《坎特伯雷故事集》。莎士比亚是文艺复兴时期最伟大的作家，代表作有《哈姆雷特》《罗密欧与朱丽叶》等。作家笛福著有《杰克上校》等小说，他被称为"现代小说之祖"。英国还出现了拜伦（浪漫主义诗人）、狄更斯、济慈等一批享誉世界的文学巨匠。

英国人对古典音乐、戏剧、歌剧、舞剧等都有广泛的兴趣，流行音乐和爵士乐在英国也有大批听众，著名的音乐家有珀塞尔、埃尔加等。知名的交响乐团有BBC交响乐团、皇家爱乐乐团、伦敦交响乐团以及伦敦爱乐乐团等。英国皇家芭蕾舞团是英国著名的芭蕾舞团体，在国际上享有盛誉。

英国每年都举办专业艺术节，数量有500多个，其中爱丁堡国际艺术节是世界上规模最大的艺术节之一。

4.体育

英国是许多竞技运动的发源地，素有"户外运动之乡"之称。英国人爱好体育，比较受欢迎的运动项目有足球、板球、橄榄球、网球、划船、赛马等。足球是英国最盛行、最大众化的运动项目；板球是英国的国球；橄榄球和高尔夫球都诞生于英国。

四、英国的民俗

（一）姓名称谓

英国人和其他英语国家的人（如美国人、加拿大人、澳大利亚人）在姓名与称呼方面有着许多共同点，主要如下：

姓名的排列顺序是姓在后、名在前。姓名一般由3个部分组成，即本人名+中间名+姓。本人名也称教名，是正式姓名。中间名的选择范围主要限于父母、长辈或父母的亲朋好友的姓名，往往代表本人与亲属之间的关系。姓是家族世代相传的。女子在未婚时使用父亲的姓，结婚后则改用丈夫的姓。

由上述3个部分组成的姓名写起来太长，所以常常将姓前的名缩写，即中间名只写第一个字母。

观览天下 4-22　　　　　　　　　　　　　**英国人的姓**

英国人的姓五花八门，最常见的姓往往与祖先所从事的职业有关，如史密斯（Smith）表示铁匠、泰勒（Tailor）表示裁缝、巴伯（Barber）表示理发师、贝克（Baker）表示面包师、库克（Cook）表示厨师；还有的姓是在父亲的名字前或后加上意为"儿子"的前缀或词尾，如Thomson（汤姆森）即Thomas（托马斯）的儿子、Wilson（威尔逊）即Will（威尔）的儿子、O'Neil（奥尼尔）即Neil（尼尔）的后代。

在称呼方面：①对年龄较大或地位较高的男性或女性称Sir（先生）或Madam（夫人），不带姓，这种称呼很正式，但也显得疏远。②称呼英国老年人时，注意不要加"老"字，英国人不喜欢别人说自己老。一般情况下称Mr（先生）或Mrs（夫人），并带上对方的姓，这也较正式。③熟人间往往直呼其名，以显得更亲近。④昵称。父母对子女、兄弟姐妹之间、同学和挚友之间往往把对方名字的词尾改变，表示昵称，如将John变成Johnny。

（二）衣、食、住、行

1.服饰

英国人注重服饰。过去，脑力劳动者多穿白衬衫、系领带，被称为"白领阶层"；体力劳动者多穿蓝色工作服，被称为"蓝领阶层"。目前，这种服装上的差别正在消失。人们更喜欢穿随意的便装，只有在正式的、重大的场合才穿西服、打领带。

2.饮食

英国人不善烹饪，饮食较简单。烩、烧烤、煎和油炸是英国人较喜爱的烹饪方式。在作料的使用上，喜好奶油和酒类。英国人不吃带黏汁和太辣的菜，不吃狗肉，喜爱甜酸味，不喜太咸，注重营养，讲究食品的新鲜。英国人创造的炸鱼、土豆条和三明治已成为现代快餐业的标志。

英国人的日常饮食是一日三餐加茶点。英国人的早餐非常讲究，餐点种类繁多，有果汁、水果、蛋类、肉类、麦粥类、面包、果酱及咖啡等。晚餐也是英国人日常生活中重要的组成部分，英国人的晚餐时间一般较晚，食物丰盛，并且都是边吃、边喝、边聊，一顿晚餐花上好几个钟头也是正常的。英国人饭前要喝汤，饭后要吃水果。上午（10点半左右）和下午（4点至5点）的两次茶点（通常包括面包加果酱、蛋糕和茶）是英国传统生活方式的重要组成部分。

大部分英国人爱喝酒，尤其爱喝威士忌和啤酒（主要是苦啤酒和黑啤酒）。英国人最喜欢喝威士忌，称其为"生命之水"。世界上很多国家都产威士忌，但以苏格兰的威士忌最负盛名。苏格兰高地的特殊水质和极为严格的酿造工艺，使得那里出产的威士忌被誉为"液体黄金"。英国人喝威士忌时一般加冰水、苏打水或汽水，只喝纯威士忌的人已经不多了。英国对酒馆的打烊时间有明确的限制，如果不在规定的时间打烊，那么酒馆和顾客都要受罚。

英国人对饮茶情有独钟，尤其爱喝红茶。英国人每年平均消费茶叶3 500克，为西方各国之首。英国人喝茶与中国人不一样，他们一般要加牛奶，并且是先放牛奶再冲茶，有人还喜欢加糖。

在餐厅用餐时，英国人特别讲究礼仪，服装不整或吃东西发声很大都是一种失礼行为。

3.住宅

英国人的住宅以两层小楼居多，一楼为客厅、厨房、餐厅和卫生间，二楼为卧室和浴室。许多住宅虽有空调，但仍愿意保留老式壁炉。传统的乡间别墅仍然受到英国人的欢迎。

4.出行

私人小汽车是英国人出行的主要交通工具。市内公共汽车一般不报站名，只有有乘客上下车时才停车。出租车价格贵，但服务周到。火车和长途客车乘坐很方便，火车票的价格因所乘车次的不同和预订车票时间的不同而有较大差别。

（三）主要节庆

元旦　1月1日。

复活节　每年3月底到4月底的一天。复活节是最古老的基督教节日，是为了纪念耶稣复活而设立的。每年在教堂庆祝的复活节指的是春分后第一次月圆后的第一个星期日。在多数西方国家，复活节一般要举行盛大的宗教游行。游行者身穿长袍，手持十字架，打扮成基督教历史人物，唱着颂歌，欢庆耶稣复活。这一天，信奉英国国教的教徒要到教堂做礼拜，领取"圣餐"（蘸上红葡萄酒的面包）。吃鸡蛋、赠送彩蛋或鸡蛋式样的糖果也是复活节的主要活动内容。

五朔节　5月1日。这一天是凯尔特人历法中夏季的第一天，人们在这一天会庆祝阳光普照大地。

春季银行节　5月的最后一个星期一。

夏季银行节　8月的最后一个星期一。

万圣节　11月1日。

圣诞节　12月25日。这一天是纪念耶稣诞辰的节日，也是基督教最重要的节日。馈赠礼品和举家团聚是该节的两大特色。节前，亲朋好友互赠圣诞卡片以示祝福。圣诞节前夜，父母会把送给孩子的礼物装入挂在床头的袜子里，表示是圣诞老人送的礼物。节日的"圣餐"十分丰盛，一般会有火鸡和圣诞布丁。广义的圣诞节不只是12月25日这一天，而是12天，即一直持续到所谓的"第十二夜"才算结束。

节礼日　12月26日。这一天是在英联邦部分地区庆祝的节日。传统上，这一天要向服务业工人赠送圣诞节礼物。通常，英国商家都会在这一天开始打折，因此这一天也是人们抢购便宜商品的好时机。

（四）礼仪禁忌

1.日常社交礼仪

英国人讲究礼仪和秩序。上公共汽车时，大家都会排队，并让女士和孩子先上。等电梯时一般在右边等候，左边留给赶时间的人走动。在银行、超市排队时，所有人都会在1米线外等候。早晨出门碰见人，无论是否相识，都会问候一句"早上好"。英国人最常用的三句话是"对不起""谢谢""抱歉"。

尊重女性、女士优先是英国"绅士风度"的主要表现之一。步行时，男士会将安全的一面留给女士；上、下电梯时，让女士走在前面；下车、下楼时，男士则走在前面。进门时，男士会为女士开门；进餐厅、剧院时，男士会为女士找好座位。就餐时，男士会让女士点菜。

英国人习惯以握手表示友好，握手时应脱掉手套，而且脱得越快，越能表示对对方的尊重。进行介绍时，一般是把年少者介绍给年长者，把职位低者介绍给职位高者，把男士介绍给女士，不能次序颠倒。

英国人时间观念很强，讲究准时，凡事喜欢预先安排。因此，在接到英国人的邀请后，是否赴约应明确告知，有事不能前往时要及时通知，否则会被认为极端失礼。有事拜访时，应有预约，不可突然造访，同时应避免在饭前拜访。去英国人家做客、赴宴应带点小礼品；收到礼品后，英国人会当面打开包装，并会赞美、欣赏一番。进门时，应摘掉帽子，脱掉大衣、外套；雨天拜访时，应把雨伞放在室外，把鞋子上的泥土擦干净再进屋。做客时间不宜过长，以免耽误主人过多时间。

英国人习惯按既有规则办事，不希望看到突然的变化，因此在旅游活动中，应尽量避免突然变更既定日程。

与英国人谈话应避免距离过近，一般以保持50厘米以上为宜。人多时，不要相互耳语，英国人认为这是失礼之举。

英国人流行给小费，在车站、酒店享受服务要给小费，乘出租车也要给小费。

2.婚姻礼节

婚礼前，男女双方应在所住区域的教堂里发布结婚预告，如果在一定时间内无人提出异议，婚礼便可如期举行。婚礼一般在女方父母常去做礼拜的教堂举行，由牧师主持，并且应有两个证人在场。新郎给新娘戴戒指被认为是婚礼中必不可少的一项内容，人们甚至认为不戴戒指的婚姻是无效的。

英国人结婚要穿礼服。新娘身穿白衫、白裙，头戴白色花环。婚礼仪式结束时，人们要向新人抛撒米粒或五彩缤纷的纸屑以示祝贺。婚后，新人一般要去旅游，称为"度蜜月"。

观览天下4-23　　　　　　　　　　　　　　　　**"度蜜月"**

"度蜜月"源于古代的一种习俗。人们在新婚时要饮用一种用蜂蜜特制的饮料，以象征家庭美满、爱情甜蜜和生活幸福。这种饮料从结婚开始要喝30天，因此人们就把新婚第一个月称为"蜜月"。

3.诞生礼

在英国，孩子出生要接受洗礼，过去的洗礼是将受洗者整个浸入水中，现在则是在孩子头上滴几滴水，象征性地表示一下。孩子起名与接受洗礼同时进行。孩子出生后，父母还要为孩子物色教父、教母。传统上，父母要为女孩物色两个教母和一个教父，为男孩物色两个教父和一个教母。

4.丧礼

有家人不幸去世，一般在报上登一则启事，公布丧礼举行的时间和地点。首先在教堂由牧师主持追思礼拜；然后是葬礼，在墓地举行。

5.民间迷信与禁忌

在科学高度发达的今天，迷信与禁忌仍然被许多英国人恪守。英国人的迷信与禁忌与美国人、加拿大人、澳大利亚人很相似，所以这里涉及的内容对美国人、加拿大人和澳大利亚人同样适用。

（1）英国人的迷信。英国人认为黑猫主凶，所以家里不养黑猫，若黑猫在某人面前穿过，便预示此人将遭遇不幸；打破镜子被认为是凶兆，即使家中不死人也要7年不顺；用餐时要避免刀叉器皿碰撞杯子发出响声，万一碰出响声，要马上用手握住杯子消声，否则不吉利；马蹄铁被认为是吉祥之物，如果谁在路上捡到马蹄铁，将会有好运降临。

（2）英国人的禁忌。英国人和许多西方人一样都忌讳数字13和星期五。这主要源于基督教，据说耶稣受难前最后的晚餐有 13 人共进，其中包括叛徒犹大。而耶稣是在星期五被罗马当局钉死在十字架上的，亚当和夏娃也是在星期五被逐出伊甸园的。由于 13 这个数字被认为是不吉利的，因此英国人在生活中会尽量避开此数，如宴会上 13 个人不同席、不上 13 道菜、楼房不设第 13 层、宾馆房间不设 13 号等。由于星期五也被认为是不吉利的日子，因此这一天尽量不安排重要的事情，出门行事要处处留心。若星期五又逢 13 号，那么这一天更要小心谨慎了。

如果多人相会或道别，不应越过另两个人握着的手去和其他人握手，英国人认为这样会招致灾难。

英国人忌讳 1 支火点 3 支烟，认为这样会给 3 人中的 1 人带来不幸。

英国人忌讳在别人面前打喷嚏或咳嗽，不得已而为之要背身掩面并说声"对不起"。

（五）英国人的性格特点

1. 注重隐私

英国人注重个人隐私，一般不会打听他人的收入、年龄、结婚与否、家庭关系、宗教信仰、政治主张、朋友有哪些等，也不希望他人打听。很多在中国人眼里很自然的话题，对英国人来说可能就是不折不扣的隐私。

2. 含蓄寡言

可能是有太多话题涉及隐私，公共场合中的英国人显得沉默寡言，未经介绍，英国人不轻易与陌生人搭讪，对不熟悉的人也不会高谈阔论，礼节性的话题往往是关于天气的。为了避免与他人寒暄，英国人在乘车时往往埋头读报或读书。

3. 恪守传统

英国的商业、军事等诸多方面曾在世界上长期居于领先地位，这一辉煌的历史让很多英国人自豪，也使得很多英国人留恋传统，不轻言变化。尽管经济高度发达，但传统的很多东西仍然保存完好，如几百年前的典章制度、宫廷服饰、爵位封号、教育制度等。英国人对传统的维护在日常生活中同样表现得很明显。

4. 耐心克制

英国人遇事克制，一般情况下不会发火。随意流露出烦躁情绪或发火会被认为缺少修养。

🔄 课堂互动 4-4

接待英国客人时应注意什么？

五、英国旅游业

（一）旅游业历史和现状

英国是世界上最早开展旅游活动的国家之一。早在 16 世纪，英国就已经流行温泉旅游，18 世纪兴起了海滨度假旅游，是世界上最早流行海滨度假的国家。英国也是近代旅游业的诞生地，英国人托马斯·库克被称为近代旅游业的先驱者，他成立了世界上第一家旅行社。进入现代，英国旅游业仍然保持着强劲的发展势头，始终在世界旅游业中占据重要地位。2013 年，英国接待外国游客 3 281 万人次，2022 年为 3 120 万人次，

2023年达3 780万人次。

英国的出境游市场庞大，2017年出境游人数为7 418.9万人次；出境游消费居世界第四位，仅次于中国、美国和德国。2018年，英国出境游人数达7 772.4万人次。

目前，旅游业是英国最重要的产业之一，旅游业收入居世界第五位，从业人员约330万，占就业人口的10%。

（二）主要旅游资源

英国有极其丰富的人文旅游资源，历史、文化遗迹最有特色和吸引力。相对而言，英国的自然旅游资源不算丰富，但都受到了良好的保护。英国主要的旅游地区有伦敦、爱丁堡、卡迪夫（又译加的夫）、布莱顿、格林尼治、斯特拉特福、牛津和剑桥等。主要观光景点有博物馆、美术馆、古建筑物、歌剧院、主题公园和商店等。

1.著名建筑

白金汉宫　位于伦敦威斯敏斯特，是一个规模宏大的建筑群，建于1703年，是英国王权的象征。从1837年维多利亚女王登基起，英国历代君王都居住于此。白金汉宫前的禁卫军交接典礼是英国王室文化的一大景观。从1993年起，每年的8、9月间，白金汉宫都对外开放，一般民众可入内参观。

唐宁街10号　位于伦敦威斯敏斯特，17世纪由唐宁爵士所建，是一座乔治亚风格的建筑物，现为英国首相官邸和办公室。

威斯敏斯特宫　位于伦敦泰晤士河畔，建于11世纪，最初为王宫，1547年成为英国议会所在地，是世界上最大的哥特式建筑。威斯敏斯特宫西北角的钟楼就是著名的大本钟，2012年更名为"伊丽莎白塔"。

伦敦塔　位于泰晤士河畔、伦敦塔桥北侧，是一个由众多塔楼组成的建筑群。伦敦塔始建于11世纪末，曾作为堡垒、军械库、铸币厂、宫殿、公共档案办公室和监狱。塔内的珍宝馆还藏有历代君主的皇冠、权杖等国宝。

格林尼治天文台　位于伦敦泰晤士河畔，曾是一个瞭望塔，1675年成为英国皇家天文台。从1884年起，经过格林尼治天文台的经线被确定为零度经线，即本初子午线，格林尼治成为世界时区的起点。

2.博物馆（含美术馆）

英国的博物馆（含美术馆）众多，约有2 500家博物馆和展览馆对外开放，仅伦敦市就有100多座博物馆。这些博物馆已成为人们了解世界艺术、文化和历史知识的宝库。同时，这些博物馆也构成了英国极其重要的旅游资源。大英博物馆、国家艺廊（英国国家美术馆）、英国自然历史博物馆、伦敦科学博物馆、维多利亚与艾尔伯特博物馆（世界上最大的装饰艺术和设计博物馆）等都是世界知名的博物馆。现在，这些博物馆都是免费开放的。其中，大英博物馆是世界上历史最悠久、规模最宏伟的综合性博物馆，其与巴黎卢浮宫、纽约大都会艺术博物馆并称为世界三大博物馆。

在英国，博物馆被视为最重要的教育机构之一，参观博物馆历来是英国中小学生教育的一个重要环节，也是绝大多数英国人一生中最重要的文化体验。

观览天下 4-24　　　　　　　　**大英博物馆**

位于伦敦的大英博物馆建于1753年，其宗旨是从世界各地收集不同历史时期的藏品，从而反映不同地区面对人类共同问题时采取的不同解决方法。

大英博物馆的藏品非常丰富，达800多万件，其数量之多居英国各博物馆之首。从200万年前人类祖先使用的石器到来自世界各地的当代艺术品，应有尽有。大英博物馆中亦收藏了许多中国文物，其中有一些是无价之宝。大英博物馆的中国馆中长期陈列的文物有近2 000件。此外，大英博物馆还经常举办关于中国文物的临时性展览。2005年，大英博物馆和中国国家博物馆签署了两国博物馆之间的第一个文化协议。其中，中国国家博物馆承诺将出借中国文物收藏，大英博物馆的馆藏也将借展中国。

3.著名教堂

威斯敏斯特教堂　位于伦敦议会广场，是一座十字形建筑，英王威廉一世在此加冕之后，这里便成为历代国王加冕登基和王室成员举行婚礼的地方。教堂后面是英国王室墓地，安葬了从亨利三世到乔治二世的20多位国王。牛顿、达尔文、狄更斯等名人逝世后也安葬于此。

圣保罗大教堂　位于泰晤士河畔，是英国第二大教堂、世界第五大教堂。教堂内建有欧洲最大的地下室，还有英国名将纳尔逊、威灵顿等人的坟墓，以及历代国王的大理石浮雕卧像。

坎特伯雷大教堂　位于英国东南部的坎特伯雷市，是英国最古老、最著名的基督教建筑之一，也是英国圣公会首席主教坎特伯雷大主教的主教座堂，已被列为世界文化遗产。

4.著名公园

公园遍布英国的各大城市，已成为英国的一道亮丽景观。包括海德公园、格林公园等在内的伦敦皇家园林代表了欧洲园林艺术的最高水平。

海德公园　位于伦敦市中心的威斯敏斯特教堂地区，是英国最大的皇家公园。海德公园内有著名的"自由论坛"，又称"演讲者之角"，这是一个可以公开发表言论的地方，经常有人在此即兴演讲。

图4-5　爱丁堡

5.著名城市

英国的著名城市有伦敦、爱丁堡、利物浦、曼彻斯特、牛津、布莱顿、布莱克普尔等。

爱丁堡　英国著名的文化古城，也是苏格兰的首府，更是英国最美的城市之一（如图4-5所示）。

利物浦　位于英格兰西北部、默西河畔，是英国第二大港口、英国最佳旅游城市之一。

曼彻斯特　兴起于13世纪，以纺织工业闻名于世，有"工业革命的故乡"之称。

牛津　建于9世纪，有"英国雅典"之称，牛津大学几乎占了城区的一半，又因城内多塔状建筑，故又有"塔城"之称。

布莱顿　位于英格兰南部，是英国最早出现的海滨旅游胜地，英皇阁是其标志性建筑。

布莱克普尔　位于英格兰西北部，是英国最受欢迎的海滨度假胜地，有"欧洲娱乐之都"的美称。

6.其他旅游景点

巨石阵　位于英格兰西南部威尔特郡索尔兹伯里平原，是欧洲著名的史前时代文化神庙遗址，1986年被评为世界文化遗产。其用途一直以来都是一个谜。

尼斯湖　位于苏格兰高地，平均深度达200米，是英国第三大淡水湖泊。从6世纪起，这里就流传着"湖怪"的传说，吸引了许多游客慕名而来。

六、中英关系

（一）外交关系

1950年1月，英国宣布承认中华人民共和国，是最早承认中华人民共和国的西方大国。1954年6月17日，中英建立代办级外交关系。1972年3月13日，中英建立大使级外交关系。1984年12月19日，两国共同签署了《中华人民共和国政府和大不列颠及北爱尔兰联合王国政府关于香港问题的联合声明》。1997年香港政权顺利交接后，两国关系进入全面发展的新阶段。2004年5月，两国宣布建立全面战略伙伴关系和两国总理年度会晤机制。

中英除互设大使馆外，中国在英国曼彻斯特、爱丁堡、贝尔法斯特设有总领事馆，英国在中国上海、广州、重庆、武汉、香港设有总领事馆。

（二）经贸关系

英国是西方国家中最早同中国发展贸易关系的国家。英国是中国在欧洲第三大贸易伙伴、第二大直接投资目的地国和第三大外资来源地，中国是英国在亚洲的最大贸易伙伴。中英双边贸易额2008年为456.2亿美元，2013年为700.4亿美元，2019年为862.7亿美元，2023年为979亿美元（其中，中国出口额779亿美元，中国进口额200亿美元）。

截至2022年，中英双向投资存量达到510.2亿美元。其中，英国企业在华投资291.7亿美元，中国企业对英国投资218.5亿美元。目前，已有超过500家中资企业落户英国。

观览天下4-25　　　　　　　　　　　　　**英中贸易协会**

英中贸易协会的前身是1953年由一批冲破西方对华贸易封锁的英国中小企业成立的"48家集团"，1998年更名为"英中贸易协会"，受英国政府的资助和指导。英中贸易协会现有核心会员近300家，主要由长期从事对华经贸合作的企业构成，致力于促进中英双边贸易和经济技术合作。

（三）科技、文化与教育交流

中英两国签有政府间科技合作协定和20多项科技合作对口协议或备忘录。中英两国的文化交流活跃，伦敦连续多年举行"中国在伦敦"活动，英国政府、研究机构、大学等都相继举办各类有关中国的研讨会。两国已缔结友城（省、郡、区）关系69对。

两国的教育交流也不断深入，英国是较早同中国开展教育合作交流的欧洲国家之一，也是接收中国留学生最多的欧洲国家之一。2020年，英国成为中国留学生第一大海外去向国。

中文教育越来越受到英国社会和普通民众的欢迎，"汉语热"在英国不断升温。英国现有30所孔子学院和164个孔子课堂，数量居欧洲国家之首。在近年的"汉语桥"世界大学生中文比赛中，英国学生都取得了较好的成绩。

（四）旅游关系

英国是西方国家中最早同中国建立旅游关系的国家之一，20世纪60年代便有大批英国游客来中国旅游。英国来华旅游人数1983年为5万人次，1995年为18.49万人次，2000年为28.39万人次，2010年为57.5万人次，2015年为57.96万人次，2019年为60.8万人次。来中国的英国游客以散客为主，这些游客消费水平高，富有旅游经验，善于独立思考。

2005年，英国正式成为中国公民出境旅游目的地，赴英国旅游的中国游客也逐年增多。2019年，中国公民首站赴英国旅游人数达到77.12万人次，创历史新高。

2016年1月，中英双方宣布为从事商务、旅游等活动且符合条件的对方国家公民颁发2年有效、多次入境的相应类别签证。

第三节　德国

一、德国概况

（一）地理位置

德国全称德意志联邦共和国（The Federal Republic of Germany），位于欧洲中部，东邻波兰和捷克，南毗奥地利和瑞士，西界荷兰、比利时、卢森堡和法国，北接丹麦，濒临北海和波罗的海，是欧洲邻国最多的国家。德国陆地边界全长3 876千米，海岸线长2 389千米。

德国是东西欧之间和斯堪的纳维亚半岛与地中海之间的交通枢纽，被称为"欧洲走廊"。

德国柏林与中国北京的时差是-7小时（比中国北京时间慢7小时，每年3月最后一个星期日到10月最后一个星期日德国实行夏令时，与中国北京时间的差距缩短1小时）。

（二）面积与人口

德国国土面积为35.8万平方千米，人口8 470万（截至2024年4月），是欧盟人口最多的国家，也是欧洲人口最稠密的国家之一。德国的人口主要是德意志人，此外还有少数丹麦人、索布人。

观览天下4-26

德国也面临着人口日益减少的困扰。在西方国家中，德国的人口出生率是最低的，这使得德国人口已连续多年出现负增长。持续的人口下降已开始给德国的社会经济、劳动力市场、公共财政带来负面影响。为了阻止德国人口不断下滑，德国政府采取的主要措施是提高生育率和引进移民，尽力保持一定的人口基数。同时，德国也在其他方面进行了尝试，如延迟退休年龄、加快产业升级及技术换代的步伐等。

（三）语言

德国的通用语为德语。德语属印欧语系中的日耳曼语族，采用拉丁字母书写。

（四）宗教

居民主要信奉新教和天主教，还有一部分德国人信奉东正教、伊斯兰教、犹太教和佛教。

（五）自然环境

德国地势南高北低，整个地势由南端的阿尔卑斯山向北倾斜。北部是北德平原，平均海拔不到100米；中部为东西走向的山地；西南部为莱茵断裂谷地区；南部是巴伐利亚高原和阿尔卑斯山区。位于阿尔卑斯山区的楚格峰海拔2 962米，为全国最高峰。德国的主要河流有莱茵河（德国境内长865千米）、易北河、威悉河、奥得河、多瑙河等；主要湖泊有博登湖、阿默尔湖等。

德国气候凉爽，空气湿润。西北部为温带海洋性气候，往东、南部逐渐向温带大陆性气候过渡。平均气温1月为−5～1℃，7月为14～19℃；年平均降水量为500～1 000毫米。

（六）国旗、国歌、国花、国鸟

1.国旗

德国的国旗呈长与宽之比为5∶3的横长方形，自上而下由黑、红、金3个平行相等的横长方形相连而成。

2.国歌

德国的国歌为《德意志之歌》。

3.国花

德国的国花为矢车菊。矢车菊属于菊科，又名蓝芙蓉、荔枝菊、翠蓝。德国人用矢车菊象征日耳曼民族爱国、乐观、顽强和俭朴的特征。

4.国鸟

德国的国鸟是白鹳。这是一种著名的观赏类珍禽，自古以来，欧洲人就认为白鹳是"带来幸福的鸟"，是吉祥的象征。白鹳被选为国鸟后，不少德国家庭特意在烟囱上筑造了平台，供白鹳筑巢用。

（七）行政区划

德国的行政区划分为联邦、州、市镇3级。德国共有16个州（包括柏林、汉堡和不来梅3个市州）。

（八）首都

首都柏林位于德国东北部，是德国最大的城市，也是全国政治、经济、文化和交通中心。柏林是一座多河流、湖泊的花园城市，建筑多姿多彩，古老建筑和现代建筑交相辉映。

二、德国简史

早在公元前1000年，德国境内就居住着日耳曼人，2世纪至3世纪逐渐形成部落，962年建立德意志民族神圣罗马帝国（史称"德意志第一帝国"），13世纪中期走向封建割据。

1815年，根据维也纳会议的决议，成立德意志邦联，但此时的德国四分五裂，关卡林立。19世纪20年代以后，德国开始工业化。1848年，德国各地爆发革命。

1862年，俾斯麦担任普鲁士首相兼外交大臣，极力推行"铁血政策"，主张通过战争，由普鲁士统一德国。1864年，发动对丹麦的战争。1866年，发动对奥地利的战争（又被称为"七星期战争"），并击败奥地利。1867年，建立北德意志邦联。1870年，普法战争爆发，法军惨败，德国南部多个邦脱离法国统治，加入北德意志邦联。1871年，建立统一的德意志帝国。

1914年，第一次世界大战爆发，德意志帝国是战争策源地之一。1918年，德意志帝国因战败而宣告崩溃。1919年，建立魏玛共和国。1929年爆发的世界性经济危机加速了魏玛共和国的衰亡。1939年，德国发动第二次世界大战。1945年5月8日，德国战败投降。

第二次世界大战后，德国被美、英、法、苏四国占领，柏林市也被分成4个占领区。1948年6月，美、英、法三国的德国占领区合并。1949年5月23日，合并后的西部占领区成立了德意志联邦共和国（简称联邦德国或西德）；同年10月7日，东部的苏联占领区成立了德意志民主共和国（简称民主德国或东德）。德国从此正式分裂为两个主权国家。

1990年10月3日，德国实现统一。10月3日由此成为德国的国庆日。

观览天下4-27 **柏林墙**

柏林墙是第二次世界大战后德国分裂和"冷战"的重要标志性建筑。

在德国分裂为西德和东德的时候，德国的著名城市柏林也分裂为西柏林和东柏林两部分。最初，柏林市民是能在各区之间自由活动的，但随着"冷战"紧张气氛的提升，1952年，东、西柏林的边界开始关闭。1961年8月13日凌晨，20 000多名东德士兵只用了6个小时，就在43千米长的边界上筑起了一道临时屏障。后来经过不断加固、加高，柏林墙最终成为155千米长、3～4米高的坚固城墙。1989年11月9日，柏林墙被迫开放。1990年6月，民主德国政府正式决定拆除柏林墙。今天，在柏林仍保留有一小段围墙的遗迹，以作为纪念和对历史的见证，不断吸引着大量游客前来参观。

三、德国的政治、经济与文化

（一）政治

德国实行议会民主制下的总理负责制。国家权力由立法、行政和司法等各自独立的机构行使。议会是立法机构，由联邦议院和联邦参议院组成。

联邦总统为国家元首。联邦政府是国家最高行政机构，由联邦总理和各部部长组成。

司法机构有联邦宪法法院、联邦法院（负责民事和刑事案件）、联邦行政法院、联邦财政法院、联邦劳工法院、联邦社会法院等。联邦和州法院相应设有检察院，检察院受联邦或州政府司法部的领导，在行使职权时相对独立。

（二）经济

1.总体实力

德国是高度发达的工业国，经济总量居欧洲首位、世界第三位。德国国内生产总值2014年为29 038亿欧元（人均国内生产总值为35 885欧元），2019年为34 358亿欧元（人均国内生产总值为41 342欧元），2023年为4.12万亿欧元（人均国内生产总值为4.88万欧元）。2021年，德国家庭月平均收入为4 979欧元，全职雇员平均月收入为3 136欧元。

2.各产业概况

德国的自然资源较为贫乏，除硬煤、褐煤和盐的储量丰富外，其他均不能自给。能源和原料绝大部分依赖进口。

德国工业属于外向型，现代化程度很高。其特点是侧重重工业，中小企业多，专业化程度高，技术水平高，灵活性强。汽车和机械制造、化工、电气等部门是支柱产业。汽车工业是德国的骄傲，奔驰、宝马、奥迪、大众、保时捷等知名品牌汽车均产自德国。鲁尔区是德国传统的工业区。

德国农业发达，机械化程度很高。农业企业以中小企业和家庭企业为主。主要农产品为牛奶、猪肉、牛肉、谷物、甜菜及水果等。

德国服务业包括商业、交通运输、电信、银行、保险、房屋出租、旅游、教育、文化、医疗卫生等部门。2023年，服务业就业人数为3 460万。

德国交通运输业十分发达，公路、水路和航空运输全面发展。德国公路密度居世界前列，铁路密度居欧洲前列。德国是世界上内河航运最发达的国家之一。杜伊斯堡的内河港口是欧洲最大的内河港，德国的主要海运港口有汉堡、不来梅和罗斯托克等。德国航空业发达。法兰克福机场是世界主要航空港之一，汉莎航空是德国最大的航空公司，以安全、准点、清洁及价格昂贵闻名于世。

观览天下4-28

德国的火车站通常坐落在市中心，是当地城市公共交通的枢纽。火车站均为开放式，上车前不验票，开车后由列车员在车厢内检票。车票与座位票是分开的。如果提前预订火车票，通常可获得优惠价格。

德国的列车类型主要有快车、慢车和夜车3种。快车包括城际高速列车（ICE）、城际列车（IC）、欧洲城际列车（EC）；慢车包括区内快车（RE）、区内列车（RB）、区际列车（IR）；夜车包括城际夜车（CNL）、欧洲夜车（EN）。

3.对外贸易

德国是世界贸易大国，全国近1/3的就业人员从事的工作与出口有关。1986—1990年，德国的出口额居世界第一位，1991年被美国超越。自2003年起，德国连续6年保持世界第一出口大国地位，直到2009年被中国超越。

德国的外贸长期顺差。2019年，德国外贸总额为24 317亿欧元，其中，出口额13 276亿欧元，进口额11 041亿欧元，顺差2 236亿欧元。2023年，德国外贸总额为2.96万亿欧元，其中，出口额1.59万亿欧元，进口额1.37万亿欧元，顺差2 250亿欧元。

德国出口业素以产品质量高、交货准时而享誉世界。汽车、机械产品、化工产品、通信技术、供配电设备、医学及化工设备等是其主要出口产品。

长期以来，德国的主要贸易对象是西方工业国，一半以上的商品进出口在欧盟内完成。2016年以后，中国成为德国最重要的贸易伙伴。2023年，德国外贸伙伴国排名前五位依次是中国、美国、荷兰、法国、波兰。

4.货币与汇率

德国货币原来是德国马克。2002年2月28日24时，德国马克正式停止流通，欧元成为德国法定货币。

2021年7月1日，1欧元=7.6701人民币元。

2024年7月1日，1欧元=7.6787人民币元。

观览天下 4-29

欧元是欧洲联盟中20个国家的通用货币。欧元区的20个成员国分别是德国、法国、意大利、荷兰、比利时、卢森堡、爱尔兰、西班牙、葡萄牙、奥地利、芬兰、立陶宛、拉脱维亚、爱沙尼亚、斯洛伐克、斯洛文尼亚、希腊、马耳他、塞浦路斯、克罗地亚。

（三）文化

1.教育

德国的教育事业主要由各州负责，联邦政府主要负责教育规划和职业教育，并协调全国的教育工作。

小学学制为四至六年，中学学制为五至九年。德国实行十二年义务教育，公立学校学费全免，教科书等学习用品部分减免。职业教育实行职业学校理论学习和企业中的实践相结合的双元制。成人教育和业余教育相当普及。教师为终身公务员，必须受过高等教育。

德国著名的高等学校主要有科隆大学（建于1388年）、慕尼黑大学（建于1472年）、明斯特大学（建于1631年）、法兰克福大学（建于1914年）、柏林自由大学（建于1948年）、柏林洪堡大学（建于1810年）、柏林工业大学（建于1770年）、海德堡大学（建于

1386年）等。

德国是仅次于美国和英国的世界第三大留学目的地国。德国联邦统计局的调查显示，2018年至2019年冬季学期，德国高校的外国留学生数量达到39.36万人。

2.科技

德国在历史上就是科技强国。"德国制造"素以科技含量高、技术精湛著称。德国还出现过爱因斯坦、伦琴等影响世界的科学家。

3.新闻出版

德国新闻出版业发达，图书出版量在世界上位居前列，法兰克福和莱比锡是德国图书出版业的中心。德国报刊种类繁多，发行量最大的日报是《图片报》，其他主要报纸还有《南德意志报》《法兰克福汇报》《商报》《世界报》等。德国有杂志近万种，其中《明镜》是发行量最大的时事政治周刊。

德意志新闻社简称德新社，是世界上最大的通讯社之一，也是德国大众传媒的主要消息来源。德国主要的广播电台有德国广播电台和德国之声电台；主要电视台有德国电视一台（ARD）和德国电视二台（ZDF，德国最大的电视台）等。

4.思想

德国是众多思想家、哲学家的家乡。历史上较为有名的思想家、哲学家主要有马克思、恩格斯、莱布尼茨、康德、费希特、谢林、黑格尔、费尔巴哈、海德格尔、叔本华、尼采等。

5.文学

在文学领域，德国可谓名人辈出。18世纪，德国文学走向顶峰，歌德、海涅、席勒、莱辛和格林兄弟都是德国文学的杰出代表。歌德是德国著名诗人和剧作家，其作品是德国文学乃至世界文学的瑰宝，代表作有《少年维特之烦恼》《浮士德》等。海涅是一位杰出的诗人，其代表作有《德国，一个冬天的童话》等。席勒是著名剧作家和诗人，其代表作有《阴谋与爱情》《强盗》等。德国20世纪著名的作家有托马斯·曼（1929年获得诺贝尔文学奖）、海因里希·伯尔（1972年获得诺贝尔文学奖）和君特·格拉斯（1999年获得诺贝尔文学奖）等。

6.音乐

德国是世界著名的音乐之乡，音乐是德国人生活中的重要组成部分。历史上，德国涌现出了众多音乐大师，如贝多芬、巴赫、门德尔松、舒曼、勃拉姆斯、瓦格纳等。柏林爱乐乐团更是享誉世界。

> **观览天下4-30**
>
> 贝多芬生于1770年，是世界著名作曲家，其作品对西方音乐的发展有深远的影响，代表作有《第五交响曲》（《命运交响曲》）、《第六交响曲》（《田园交响曲》）、《第九交响曲》（《合唱交响曲》）、《第八钢琴奏鸣曲》（《悲怆奏鸣曲》）、《第十四钢琴奏鸣曲》（《月光奏鸣曲》）等。

7.歌舞

德国人擅长歌舞，男子以腿功见长，女子则突出腰部的优美动作。每逢喜庆节日，人们都盛装外出，载歌载舞。

8.体育

体育是德国人生活中的重要内容，德国人较喜欢的体育运动有足球、手球、游泳、网球、体操、赛艇、滑雪及田径。其中，手球是德国的国球。此外，骑自行车旅行也是德国人的主要休闲方式之一。

四、德国的民俗

（一）姓名称谓

德国人的姓名一般由名和姓两部分组成，书写时名在前、姓在后。有的姓名由本名、教名、姓3部分组成。姓的起源与职业、地名、动植物名称等有关，常见的姓有米勒、施密特等。女子出嫁后一般随夫姓。

（二）衣、食、住习俗

1.服饰

德国人的传统服饰有自己的鲜明特色。男子普遍喜欢穿靴子、红裤、红衬衫套绣花坎肩，戴黑帽子。东南部地区的妇女喜欢戴白帽子，穿宽大的裙子。西南部地区的妇女喜欢穿红黄短褂和红绿色百褶裙，穿长靴。在巴伐利亚地区，男子爱戴一种有羽毛的小毡帽。

现代德国人服饰的显著特征是穿戴整齐。看戏、听歌剧时，女士通常穿长裙，男士穿礼服或深色的服装，参加社会活动或正式宴会时更是如此。

2.饮食

德国菜不像法国菜那样复杂，也不像英国菜那样清淡，其特点是食用生菜较多，很多菜都带酸味。德国人喜欢将啤酒作为菜的调味品，不喜欢味道过浓的菜肴，不爱吃辣。

德国人最重视早餐，面包、香肠、火腿、奶油、干酪、果酱、牛奶、咖啡、果汁、茶等都是常见的早餐食品。德国人还习惯在下午3点至4点喝一杯"午后咖啡"。

德国人的日常食物主要有面包、猪肉、香肠、土豆、奶酪、酸菜、生菜沙拉、水果。鱼、糖果、糕点等也是德国人喜欢的食品。常喝的饮料有矿泉水和果汁。

面包是德国人一日三餐不可缺少的、最重要的主食。德国人认为面包是一种营养丰富、最利于健康的食品，德国人的面包消费量也因此居世界第一位。德国人从不单独食用面包，而是要抹上奶油，配上干酪和果酱，加上香肠或火腿一起食用。

德国人爱吃肉，尤其偏爱吃猪肉，每人每年的猪肉消费量居世界首位，大部分有名的德国菜都是猪肉制品。香肠是德国人最喜爱的食品之一，德国的香肠种类繁多，有1 500多种，仅水煮小香肠就有780多种。德国人爱吃土豆，土豆是德国人烹饪的主料之一，地位仅次于猪肉。奶酪是德国人早餐桌上的必备食物，德国的奶酪有600多种。

德国人爱喝酒，各种酒的年消耗量均居世界前列，尤其爱喝葡萄酒和啤酒。德国的啤酒产量居世界第三位（仅次于中国和美国），销量居世界首位。喝啤酒是德国人最大的嗜好和乐趣之一。德国城镇遍布着啤酒店，其数量比饭店、商店、旅店的总和还要多。在啤酒店里喝酒、聚会、打牌、看球赛是德国人主要的社交方式。德国啤酒的三大产地是慕尼黑、汉堡和多特蒙德，其中慕尼黑又被称为"啤酒城"。

观览天下 4-31　　　　　　　　　　　　　　　　　　慕尼黑啤酒节

慕尼黑啤酒节起源于 1810 年，并一直延续至今，自每年 9 月的第三个星期六起直到 10 月的第一个星期日止，因在 10 月前后，故又称为"10 月节"。节日期间，人们用华丽的马车运送啤酒，在啤酒帐篷下开怀畅饮，品尝美味佳肴，举行各种娱乐活动。慕尼黑啤酒节是世界上最盛大、最著名的啤酒节，也是世界上规模最大的民间庆典之一。

3.住宅

德国住宅形制多样，充满个性。城市住宅多数排列规整，房前屋后多草坪或花园。农村住宅造型别致，房前屋后往往有森林、绿地，或种有蔬菜、瓜果。德国人喜欢清静的生活，越来越多在城里上班的人把家安在乡村或者城市附近的小镇，以求住得更清静。

（三）主要节庆

新年（元旦）　1 月 1 日。

复活节　春分后第一次月圆后的第一个星期日。

劳动节　5 月 1 日。

德国统一日（国庆节）　10 月 3 日。

圣诞节　12 月 25 日。德国最隆重的节日。

（四）礼仪、禁忌

1.日常社交礼仪

德国人在社交场合与人见面时，一般行握手礼，告别时也是如此；与亲朋好友见面时，一般行拥抱礼；情侣或夫妻见面时，一般行拥抱和亲吻礼。即使不认识对方，德国人也会互相打招呼，说声"您好"。在大多数情况下，德国人以"您"或者在姓氏前冠以"先生"或"女士"作为尊称。

德国人的时间观念比较强，无论是商务活动还是私人交往，德国人都很准时；约会应事先安排好；去德国人家中做客，一般要带礼物，如鲜花、葡萄酒、书等；受到款待之后，应在几天内送去表示感谢的短柬。

德国人在生活中会注意不影响他人，晚上 8 时至第二天早晨 8 时不演奏乐器、不大声喧哗；如果晚上要搞聚会活动，事先会向邻居讲明情况，请求谅解，并尽可能安排在周末，尽可能不大声喧闹。

德国人奉行"女士优先"的传统，女士在许多场合都会受到特殊照顾。

2.婚姻礼节

德国人的婚姻一般要经过登记、婚礼、蜜月旅行 3 个步骤。婚礼一般在教堂举行，新人接受神父的祝福并互换戒指。在德国南部及一些农村，仍保留着一些古老的婚俗。

3.民间禁忌习俗

德国人忌讳13和星期五；认为核桃是不吉祥之物；忌讳收到蔷薇花和菊花，认为这些花是在追悼会上用的；忌讳随便赠送带有浪漫色彩的玫瑰花；忌送13枝与偶数枝的花。

德国人忌讳用目光盯视他人，忌讳4人交叉握手，忌讳在公共场合窃窃私语；忌讳交叉式谈话，认为这是不礼貌的；忌讳过分赞美，德国人不太喜欢听恭维话，认为这是对人的侮辱；忌讳谈论他人隐私；别人买的东西，即使喜欢也不要问及价格。

德国人认为路遇烟囱清扫工预示着会交好运；遇到有人生病，除知道原因的常见病外，不问及病情及病因，否则会有窥视别人隐私之嫌；生日不提前祝贺。

（五）德国人的性格特点

日耳曼民族是一个有着鲜明性格特点的民族，这些性格特点在其他日耳曼民族如奥地利人、瑞士人、比利时人、荷兰人中都有类似体现。

1.讲究秩序

德国人有强烈的秩序感，秩序被视为德国人的生命。他们喜欢把一切安排得井然有序。为此，他们经常制订行动计划，并严格按计划行事。德国人总是随身带一个记事本，凡事都记在一个本子上。家庭主妇外出购物时甚至要列一个购物清单。

2.办事认真

德国人办事一丝不苟、认真细致，每个人都在自己的岗位上尽心尽力，履行自己的职责。面对困难和挫折时，往往能沉着应对。德国人重视商业信誉，一般不轻易更换合作伙伴。

3.严肃沉稳

德国人给人的感觉是严肃有余、幽默不足，即使在社交场合，也大多沉默寡言。

4.准时高效

德国人有很强的时间观念，上班准时，日常生活也极为准时，对赴约时的迟到行为很反感。德国人工作效率高，坚持先工作后娱乐，不会因娱乐而影响工作。

🔹 课堂互动 4-5

接待德国客人时应注意什么？

五、德国旅游业

（一）旅游业历史和现状

德国旅游业发达，国际旅游人数和旅游支出都居世界前列。2019年德国过夜游客人数为4.95亿人次，2023年为4.9亿人次（其中，国内游客4.1亿人次；国外游客8 100万人次）。

德国的主要客源国为美国、荷兰、英国、瑞典、意大利、法国、日本等，主要旅游目的地国为西班牙、意大利、土耳其、澳大利亚、希腊、克罗地亚、法国等。

观览天下4-32

德国之所以能成为世界上最主要的旅游客源国之一，主要有下列原因：

①德国经济实力雄厚，居民收入较高。

②旅游时间充足。德国人一般每年享有6周的带薪假期，是世界上享有假期最长的国家。教师和学生一般有长达5个月的假期。此外，德国还有各种公共假日。

③旅游愿望强烈。德国人酷爱旅游，把旅游当成生活的一部分，旅游支出仅次于衣、食支出，占家庭支出的1/5以上。

④德国人受教育程度高。多数德国人都受过良好的教育，素质较高，这些人更愿意旅游，既是放松，也是学习。

⑤地理位置优越。德国位于欧洲中部，交通便利，出境旅游非常方便。

⑥交通发达。德国的海、陆、空交通都很便捷，私人交通工具已得到普及，这也为旅游提供了便利。每年7月和8月是德国人的休假时节，每到这时，驰骋在德国高速公路上的房车络绎不绝。

⑦奖励旅游盛行。德国企业常把奖励旅游作为激励员工的方式之一，这也极大地刺激了德国的旅游市场。

（二）主要旅游资源

1.著名旅游城市

德国历史文化名城众多，现都已成为著名的旅游城市，如柏林、汉堡、法兰克福、慕尼黑、科隆、不来梅、汉诺威、波恩、杜塞尔多夫、莱比锡等。

2.著名建筑

德国有许多著名建筑，勃兰登堡门、无忧宫等都是其中的代表。德国是世界上城堡建筑最多的国家，被誉为"城堡之国"。在莱茵河两岸，几乎每个山头上都屹立着一座古堡。教堂建筑是德国建筑的重要组成部分。德国的教堂数量多、分布广，较有名的教堂达100多处，主要有科隆大教堂、乌尔姆敏斯特大教堂、圣母大教堂等。

勃兰登堡门 位于柏林市中心，是柏林市区著名的游览胜地和德国统一的象征。勃兰登堡门始建于1753年，1788年重建，1791年竣工。城门高26米，宽65.5米，进深11米，门内有5条通道，通道内侧和城门正面装饰着大理石浮雕画，门的顶端还有著名的"和平女神"雕像。

无忧宫 位于波茨坦市北郊，是普鲁士国王腓特烈二世时期仿照法国凡尔赛宫建造的。全部建筑工程延续了50年之久，是德国建筑艺术的精华。

科隆大教堂 位于德国科隆市内，耸立在莱茵河畔。科隆大教堂集宏伟与细腻于一身，被誉为哥特式教堂建筑中最完美的典范（如图4-6所示）。

3.博物馆和博览会

德国的博物馆数量众多，参观博物馆是德国人生活的重要内容。同时，博物馆也构成了德国重要的旅游资源，吸引着大量的外国游客。德国是世界著名的会展之国，平均每年要举办数百场大型博览会或展览会，这也吸引了无数游客前往。著名的国际博览会有汉诺威工业博览会、柏林博览会、慕尼黑博览会、科隆博览会、杜塞尔多夫博览会等。

图 4-6　科隆大教堂

观览天下 4-33　　　　　　　　　汉诺威工业博览会

汉诺威工业博览会始创于1947年，是世界上规模最大的综合性工业博览会，也是世界各国展示工业发展成就和最新科技成果、开展工业交流与合作的重要平台。

汉诺威工业博览会每年举办一届，2012年汉诺威工业博览会涵盖了工业自动化、能源、移动技术、数字化工厂、工业供应、线圈技术、工业绿色技术、科研与技术8个主题展。在此次展会上，中国时隔25年再次担任工业博览会的合作伙伴国，500多家中国企业展示了我国在新能源、新能源汽车和智能制造等方面的最新成果。

2024年汉诺威工业博览会以"为工业可持续发展注入活力"为主题，聚焦工业4.0、人工智能、5G、机械工程、电气工程和能源供应等最新产品和行业趋势，吸引了来自60多个国家和地区的4 000余家参展商。1 000多家中国企业出海参展，参展规模仅次于东道主德国，中国企业正在加速融入全球产业链体系中。

4.自然旅游资源

德国气候温和，降水丰富，地形地貌复杂，有着丰富的自然旅游资源。莱茵河科隆至美因茨段长约200千米，是著名的游览河段；雄伟的阿尔卑斯山是徒步旅行者和登山爱好者的乐园；波罗的海沿岸美丽如画，是著名的海滨度假胜地。

六、中德关系

（一）外交关系

中德于1972年10月11日建立外交关系。建交后，两国总体上保持着良好的政治关系。2010年，中德两国建立战略伙伴关系。2014年，中德两国建立全方位战略伙伴关系。中国在德国汉堡、慕尼黑、法兰克福和杜塞尔多夫设有总领事馆。德国在中国上海、广州、成都、沈阳和香港设有总领事馆。

（二）经贸关系

德国多年来一直是中国在欧盟最大的贸易伙伴。从2002年起，中国超过日本成为德国在亚洲最大的贸易伙伴。从 2016 年起，中国超越美国和法国，成为德国第一大贸易伙伴。2023 年，中德双边贸易额为 2 067.8 亿美元（其中，中国出口额 1 005.7 亿美元，中国进口额 1 062.1 亿美元）。中国从德国主要进口汽车、汽车零部件、金属加工机床、医药品等，主要出口自动数据处理设备及其部件、服装及衣着附件、纺织纱线及织物制品等。

德国是欧洲国家中对中国技术转让最多的国家，也是欧盟国家中对中国直接投资最多的国家，并且德国的投资项目大部分为技术含量高的生产性项目。大众、西门子、巴斯夫、宝马、拜耳等大公司均在我国建立了独资或合资企业。截至 2023 年 11 月，中国累计批准德国企业在华投资项目 12 634 个，实际使用金额 424 亿美元。中国对德国的投资也快速增长，截至 2020 年 7 月底，经中国商务部核准，中国累计在德国全行业投资存量为 166.6 亿美元。

（三）科技、文化与教育交流

中德两国于 1978 年签订了政府间科技合作协定，于 1979 年签订了文化交流协定，两国在科技与文化领域的交流与合作范围日趋扩大。德国是我国最大的职业教育合作伙伴，中德高校间的合作项目达数百个。我国从 1974 年起向德国派遣留学人员，2023 年赴德国中国留学生约 0.8 万人。截至 2023 年 12 月，在德国中国留学生总数约为 4.9 万人，构成了德国最大的海外留学生群体。2020—2021 学年，在华德国留学生共计 1 907 人。

中德自 1982 年起开展友好城市交往，迄今两国已建立 104 对友好省州（市）关系。

（四）旅游关系

20 世纪 80 年代以来，德国来华旅游人数不断增加，2000 年为 23.91 万人次，2005 年为 45.49 万人次，2010 年达 60.86 万人次。近几年，德国来华旅游人数保持平稳，2017 年为 63.55 万人次，2018 年为 64.37 万人次，2019 年为 62.2 万人次，是我国在欧盟的第一大客源国。2023 年 1—9 月，德国公民访华人数为 15.06 万人次。自 2023 年 12 月 1 日起至 2025 年底，中国对德国持普通护照人员来华经商、旅游观光、探亲访友和过境，试行 15 天内单方面入境免签政策，这将大大便利德方人员来华。

2003 年 2 月，中国公民赴德国旅游团首发团成行，德国成为欧盟首个中国公民组团出境旅游目的地国。2006 年，将德国作为赴欧洲旅游首站的中国公民达到 26 万人次，2013 年为 41.51 万人次，2019 年为 153.33 万人次。2023 年 1—9 月，中国公民首站访问德国人数为 23.16 万人次。

第四节　法国

一、法国概况

（一）地理位置

法国全称法兰西共和国（The French Republic），位于欧洲西部，与比利时、卢森堡、德国、瑞士、意大利、摩纳哥、西班牙、安道尔接壤，西北隔英吉利海峡与英国相望，南面濒临地中海，西面濒临大西洋，本土海岸线长 3 424 千米。

法国巴黎与中国北京的时差是−7 小时（比中国北京时间慢 7 小时，每年 3 月最后一个星期日到 10 月最后一个星期日法国实行夏令时，与中国北京时间的差距缩短 1 小时）。

（二）面积与人口

法国面积为 55 万平方千米（不含海外领地），是欧盟面积最大的国家。

法国人口 6 837 万（截至 2024 年 1 月，不含海外领地）。主要为法兰西人，其余为阿尔萨斯人、布列塔尼人、巴斯克人、科西嘉人等。在欧盟各国中，法国人口数量仅次于德国，排在第二位。

（三）语言

法语是法国的通用语言。法语语法严谨，表达准确，不易产生歧义，一直被国际上视为重要的外交语言和法律用语之一。

观览天下 4-34

法语属于印欧语系的罗曼语族。罗曼语族包括法语、意大利语、西班牙语、葡萄牙语、罗马尼亚语等，它们是从古罗马帝国的通俗拉丁语演化而来的。

（四）宗教

法国居民中 64% 的人信奉天主教，28% 的人自称无宗教信仰。

（五）自然环境

法国的地形以平原和丘陵为主。平原位于法国北部和西部，占法国总面积的 2/3。广阔的平原为法国农业的发展提供了有利条件，也使得法国成为欧洲交通最便捷的国家之一。主要山脉有阿尔卑斯山脉、比利牛斯山脉等。法、意边境的阿尔卑斯山主峰勃朗峰为法国最高峰。法国的河流主要有卢瓦尔河、塞纳河等。地中海上的科西嘉岛是法国最大的岛屿。

法国西部属温带海洋性气候，南部属亚热带地中海气候，中部和东部属大陆性气候。1 月平均气温北部 1～7℃，南部 6～8℃；7 月平均气温北部 16～18℃，南部 21～24℃。

（六）国旗、国歌、国花、国鸟

1. 国旗

法国国旗呈长与宽之比为 3∶2 的长方形。旗面由 3 个平行且相等的竖长方形构成，从左至右分别为蓝色、白色、红色。

2. 国歌

法国的国歌为《马赛曲》。

3. 国花

法国的国花为香根鸢尾。

4. 国鸟

法国的国鸟为高卢鸡。

（七）行政区划

法国的行政区划分为大区、省和市镇3级。法国本土分为13个大区、96个省，还有5个海外单省大区、5个海外行政区和1个地位特殊的海外属地。全国共有34 935个市镇（截至2024年1月）。

（八）首都

首都巴黎位于法国北部巴黎盆地中央，跨塞纳河两岸，市区人口211.6万（2024年，法国国家统计局2023年7月预测）。巴黎是法国的政治、经济、文化和交通中心，是一座现代化的都市，有"世界花都""时装之都""香水之都"的美誉。巴黎也是世界著名的历史古城，有许多举世闻名的历史古迹。

二、法国简史

法国古称高卢，公元前1世纪被罗马人占领。5世纪，法兰克人移居到这里，建立法兰克王国。8世纪后期，查理大帝将法兰克王国扩张为庞大的查理曼帝国。843年，根据《凡尔登条约》，查理曼帝国被一分为三，分别为西法兰克王国、中法兰克王国和东法兰克王国。这次划分奠定了法国、德国、意大利领土的雏形，当时的西法兰克王国大致就是现在的法国。此后数百年中，法兰西民族经过长期融合基本形成，国名也由西法兰克改为法兰西。

1337—1453年，法国与英国进行了漫长的"百年战争"。15世纪末到16世纪初，法国形成中央集权国家。17世纪至18世纪上半叶是法国专制统治最强盛的时期，路易十四是当时欧洲最强大的君主，号称"太阳王"。

1789年7月14日，法国爆发资产阶级大革命，起义者攻占巴士底狱。1792年9月22日，法兰西第一共和国成立。1799年11月，拿破仑夺取政权，并于1804年称帝，建立法兰西第一帝国。1848年2月，法国爆发二月革命，建立法兰西第二共和国。1852年，路易·波拿巴建立法兰西第二帝国。1871年3月18日，巴黎人民举行武装起义，成立巴黎公社，同年5月底被法国军队残酷镇压。1871年9月，法兰西第三共和国成立。第一次世界大战中，法国参加协约国，对同盟国作战获胜。第二次世界大战期间法国遭到德国入侵，1944年8月巴黎解放。1946年，法兰西第四共和国成立。1958年，法兰西第五共和国成立。

三、法国的政治、经济与文化

（一）政治

总统为国家元首和武装部队统帅，任期5年，由选民直接选举产生。议会为最高立法机构，实行国民议会和参议院两院制。国民议会议员任期5年，参议院参议员任期6年，每3年改选1/2。

法院有普通法院和行政法院之分。普通法院负责审理民事和刑事案件，纵向分为4级：初审法院、高等法院、上诉法院和最高法院。行政法院负责审理公民和政府机关之间的争议案件。法国的检察机关没有独立的组织系统，其职能由各级法院中配备的检察官行使。

（二）经济

1.总体实力

法国是最发达的工业化国家之一，经济总量排名居世界前列。法国国内生产总值2019年为2.42万亿欧元，2022年为2.64万亿欧元。2023年，法国经济增长率为0.9%。截至2024年2月，法国官方储备资产和其他外币资产总额为2 256亿欧元。截至2020年底，法国对外直接投资存量为1.26万亿欧元。

2.人民生活水平

法国是高福利国家，社会保障制度较为完善，保障范围涵盖退休金、养老金、医疗保险费、家庭津贴、待业金（失业补助和职业培训费）、残疾人补助等。2022年，法国月净收入中位数为1 850欧元。法国长期实行最低工资标准制度，自2024年1月1日起，最低工资为每小时11.65欧元，即每月1 766.92欧元（每周35小时工作）。

3.各产业概况

铁矿蕴藏量约10亿吨，但品位低、开采成本高；煤储量几近枯竭，所需矿石完全依赖进口；有色金属储量很少，几乎全部依赖进口。能源主要依靠核能，约85.7%的法国电力靠核能提供（2022年）。水力和地热资源的开发利用也比较充分。森林覆盖率为31%。

法国工业产值占国内生产总值的比重呈下降趋势，2022年约占13.5%。钢铁、汽车和建筑业为三大工业支柱。核能、石油化工、海洋开发、航空和宇航等新兴工业部门近年来发展较快。时装和化妆品工业居世界首位。

法国气候温和，土壤肥沃，拥有世界上最好的谷物种植地，本土农业用地约占本土面积的54%，是欧盟最大的农业生产国，农业生产效率高，基本实现了农业机械化。2023年，法国农业产值为955亿欧元（不含产品补贴），农业从业人口约75.8万。法国的粮食和肉类产量在欧盟国家中居第一位，牛奶产量居世界前列，葡萄酒产量曾长期居世界第一位。法国也是世界主要的农产品和农业食品出口国。

服务业在法国国民经济和社会生活中占有举足轻重的地位。法国商业较为发达，创收最多的是食品销售。在种类繁多的商店中，最具活力的是超级市场和连锁店，拥有家乐福、欧尚等知名品牌。

法国有发达的交通运输网络。公路总长度在欧盟国家中居第一位，铁路总长度在欧盟国家中居第二位。巴黎是主要内河港口，马赛港、勒阿弗尔港和敦刻尔克港是主要海港。法国主要机场有巴黎夏尔·戴高乐机场、巴黎奥利机场、尼斯蔚蓝海岸机场等。

4.对外贸易

法国经济高度依赖外贸。2023年，法国货物出口贸易额为6 073亿欧元，货物进口贸易额为7 069亿欧元，贸易逆差996亿欧元。能源、工业原料和设备是法国主要进口商品；纺织品、药品、农食产品、化工产品和化妆品、航空航天产品、汽车等是法国主要出口商品。主要贸易伙伴有德国、意大利、比利时、中国等。

5.货币与汇率

法国货币为欧元。

2021年7月1日，1欧元=7.6701人民币元。

2024年7月1日，1欧元=7.6787人民币元。

（三）文化

1.教育

法国的教育分为初等教育、中等教育和高等教育。初等教育学制五年。中等教育包括普通教育和职业技术教育两类。普通中等教育学制七年，分为初中（四年）和高中（三年）两个阶段；中等职业技术教育主要包括技术高中、职业高中、艺徒培训中心、就业前教育适应班4种类型。高等教育分为综合性大学、高等专业学院、高等技术学校和承担教学任务的科研教育机构4类。法国公立小学和中学免收学费，免费提供小学和初中教材。高等学院除私立学校外，一般只缴纳少量注册费。著名高校有巴黎大学、斯特拉斯堡大学、里尔大学、里昂大学等。

观览天下4-35 **巴黎大学**

巴黎大学是法国历史最悠久的大学，其前身是索邦神学院，1261年正式使用"巴黎大学"这一名称。1968年，巴黎大学被拆分成13所独立大学，即巴黎第一至第十三大学。2010年，法国政府启动卓越大学计划，通过合并大学、研究院所等教研机构，提升法国大学的综合实力。目前，还剩下巴黎一大、巴黎二大、巴黎三大、巴黎八大、巴黎十大、巴黎十二大、巴黎十三大仍然是独立大学，其他巴黎大学已经全部重组。

2.新闻出版

法国共有各种报纸、杂志6 050种。主要报纸有《费加罗报》《世界报》《回声报》《队报》等；主要杂志有《快报》《观点》《新观察家》等。

法新社是法国最主要的通讯社，也是世界主要通讯社之一，在国外有260多家分社。法国国家广播公司是法国主要的广播电台。

3.文学艺术

法国文学艺术是世界文学艺术最重要的组成部分之一，在世界上享有很高的声誉。产生于9世纪的《斯特拉斯堡誓言》是法国文学起源的标志。文艺复兴时期，法国诞生了人文主义文学，代表人物有拉伯雷（代表作是《巨人传》）和蒙田（代表作是《随笔集》）。17世纪法国文学的主流是古典主义，代表人物有高乃依和拉·封丹。18世纪至19世纪，法国文学迎来了最辉煌的时期，相继出现了莫里哀、司汤达、巴尔扎克、大仲马、雨果、福楼拜、梅里美、乔治·桑、小仲马、左拉、都德、莫泊桑等文学巨匠，他们的许多作品，如《巴黎圣母院》《红与黑》《高老头》《基督山伯爵》《悲惨世界》等都家喻户晓，并在世界广为流传。20世纪的法国文学就影响力来说不如18、19世纪，但也出现了不少名家，如罗曼·罗兰等。

在绘画和雕塑领域，法国人也作出了杰出贡献，出现了马奈、莫奈、马蒂斯、雷诺阿、高更、塞尚等世界级绘画大师，还有罗丹、乌东等雕塑艺术大师。一直以来，法国在工业设计、艺术设计领域都处于世界领先地位，并取得了突出成就。

法国的音乐、歌剧、芭蕾舞也在世界上享有盛誉。德彪西、柏辽兹都是著名的音乐大师。巴黎歌剧院是世界上历史最悠久的歌剧院之一。

4.思想启蒙

18世纪，资产阶级启蒙思想在法国得到空前发展，出现了一批著名的启蒙思想家，代表人物有伏尔泰、孟德斯鸠、狄德罗、卢梭等。伏尔泰是启蒙运动的领袖，也是当时欧洲思想界的泰斗；孟德斯鸠的主要著作是《论法的精神》，其三权分立学说奠定了资产阶级政权的理论基础；狄德罗是百科全书派代表人物，主持编纂了《科学、美术与工艺百科全书》；卢梭是一位伟大的思想家、哲学家和文学家，其代表作品有《社会契约论》《爱弥儿》《忏悔录》等。

5.电影

法国是公认的电影发源地。1895年12月28日，法国摄影师卢米埃尔兄弟第一次公开放映影片，宣告了电影时代的到来。戛纳国际电影节是世界上最早、最大的国际电影节之一，每年5月在法国东南部的海滨小城戛纳举行，金棕榈奖被认为是电影界的最高荣誉之一。

6.体育

法国人喜爱的体育运动项目主要有自行车、足球、网球、橄榄球、帆船、游泳、滑雪、登山等。此外，法国人还喜欢健美和舞蹈。环法自行车赛和足球是法国最受欢迎的运动项目。

四、法国的民俗

（一）姓名称谓

法国人的姓很多，马丁、贝尔纳和托马斯是法国的三大姓。女子未婚时一般使用父姓，出嫁后用夫姓，改嫁后要易姓。现在法律规定，女子出嫁后也有权保留父姓。法国人的名较少，且名字大多取自耶稣的门徒或宗教传说中天使、圣徒的名字，这些名字毕竟是有限的，所以法国重名者很多。

法国人姓名的排列与欧洲其他国家一致，都是名在前、姓在后。法国人的姓名往往很长，由本名、祖辈名、教父教母所取名等构成，不少人的名字中还有复名（以"-"符号连接）。由于姓名太长，因此法国人往往只使用为首的本名和姓。称呼时，正式的或严肃的场合称姓不称名，较随便的场合称名不称姓，关系较亲密时则互用昵称，对复名或复姓者习惯上只称第一个名或姓。

观览天下 4-36

法国每天都有一个圣徒的纪念日，父母习惯将婴儿出生那天所纪念的圣徒的名字作为婴儿的名字，所以在法国同一天出生的人往往有相同的名字。法国人的名字有男女差别，因此同一个名字用在男性和女性身上会有所不同，如男性使用的"Jean"，用在女性身上就成了"Jeanne"。

（二）衣、食、住习俗

1.服饰

在日常生活中，法国人爱穿T恤衫、牛仔裤。

法国人对服饰的讲究是世界上最有名的，法国时装是世界时装潮流的焦点所在。所谓巴黎式样，往往是时尚与流行的代名词。法国人的服饰注重个性，在法国的大街上，几乎看不到两位女士穿一模一样的服装。法国人也爱化妆，几乎人人都用香水，尤其是女性。

观览天下4-37

法国时装闻名遐迩，以选料优异、材质丰富、设计大胆、制作技术高超著称。多年来，法国时装一直引领世界时装潮流。巴黎有数千家时装店，每年推出的时装式样让人眼花缭乱。纪梵希、香奈儿、皮尔·卡丹等都是法国著名的时装品牌。法国的化妆品也是世界知名的，尤其是法国香水，品种繁多，品质优异。

2.饮食

法国大餐在世界上闻名遐迩。在西方国家中，法国的美食是最出名的。法国菜用料讲究，品种繁多，色、香、味俱全，且很注重营养的搭配。法国菜中最名贵的是鹅肝，最受欢迎的是蜗牛和青蛙腿。

法国人用餐的程序一般是：入席前先喝开胃酒；上菜先上浓汤，然后是沙拉（冷盘）、正菜（通常是配有蔬菜的肉类或海鲜）、蔬菜、奶酪、甜点心和冷饮、时鲜水果、咖啡；最后要喝饭后酒（一般是烈酒或香槟）。用餐时可吃面包，喝酒则讲究与食物相配，如吃肉食时喝红葡萄酒，吃海鲜时配白葡萄酒。法国人无劝酒的习惯，更不会灌酒。法国人习惯细嚼慢咽，因此正式宴会一般时间会拖很长。

在法国人的日常饮食中，早餐一般是面包、鸡蛋、牛奶、咖啡或红茶；午餐有沙拉、猪排（或牛排）、土豆泥或土豆条、水果；正餐是晚餐，一般在晚上8—10点进行，男女主人分坐餐桌两头与全家人共用晚餐，主要饮食有浓汤、沙拉、主菜（猪排及牛排）、奶酪、面包、水果、饮料等。

法国人不爱吃无鳞鱼，不爱吃太辣的菜肴。

法国是著名的"奶酪之国"，干、鲜奶酪是法国人午餐必不可少的食品。

法国是香槟酒和白兰地的故乡，每年酒类出口量居世界前列。法国葡萄酒产量高，质量上乘，享誉全球。

观览天下4-38　　　　　　　　　　　　　　　　　**葡萄酒与白兰地**

葡萄酒有红、白之分。红葡萄酒呈红色或暗红色，以红色、紫红色葡萄为原料，连皮带汁发酵酿造。红葡萄酒有助消化，是烤肉类或铁扒类菜肴的最好佐餐酒。红葡萄酒的最佳饮用温度为15～18℃。白葡萄酒以白葡萄（黄色、绿色系列）或红皮白肉葡萄（去皮）为主要原料发酵而成。白葡萄酒微酸爽口，是鱼贝类、禽类食品的最好佐餐酒，最佳饮用温度为8～12℃。

白兰地有广义和狭义之分。广义的白兰地是指以水果为原料经发酵、蒸馏而成的酒。狭义的白兰地则是指以葡萄为原料经发酵、蒸馏而成的酒。为了便于区分，人们习惯上把以葡萄为原料的白兰地称为白兰地，而在以其他水果为原料的白兰地名称前加上该水果的名字。法国西南部小城干邑生产的白兰地最为有名。

法国人爱喝咖啡，咖啡馆遍布城乡，几乎每家咖啡馆都设有露天座位。法国人喝咖啡似乎并不注重味道，而更在乎环境和情调。他们习惯于去咖啡馆要一杯咖啡，然后在那读书、看报、聊天或者沉思。一杯咖啡配上一个下午的阳光和时间，这就是典型的法式咖啡。

3.住宅

法国北部最常见的民居是半木质结构的房屋，以岩石为地基，以木料搭建房屋主体，这也是西欧气候潮湿地区的特色建筑。

（三）主要节庆

元旦　1月1日。法国人在元旦到来时都要与亲友聚会，给孩子压岁钱，并向一年中为自己提供过服务的人（看门人、邮递员等）赠钱。法国人习惯在元旦前夕将家中的存酒喝光，认为家中存酒对来年不吉，因此，醉酒除夕夜是法国人庆祝新年的一大风景。

愚人节　4月1日。

国庆节　7月14日。1789年的这一天，法国爆发了资产阶级大革命，起义者攻占巴士底狱。

文化遗产日　9月的第三个周末。1984年正式开始设立。

此外，法国还有许多宗教节日，包括复活节、耶稣升天节（复活节后第40天）、圣灵降临节（复活节后第50天）、万圣节（11月1日）、圣诞节等。其中，圣诞节最为隆重。

（四）礼仪禁忌

1.日常社交礼仪

法国的社交礼仪与英、美等国相近，而且西方礼仪多数源于法国。

法国人与人见面一般以握手为礼，少女和妇女也常施屈膝礼。法国人还习惯以吻来表达感情，但吻有很多种：亲友、同事间是贴贴脸或颊；长辈对晚辈是亲额头；爱人或情侣才亲嘴或接吻。

在日常生活中，法国人讲究"女士优先"，"请"或"谢谢"等礼貌用语时时挂在嘴边。法国人待人热情，喜欢交往，尊重个人隐私，但不太守时；交谈时总喜欢相互站得近一点，认为这样显得更亲近。法国人平时的交往以不打扰他人为原则，不在别人休息的时候喧哗或打电话。法国人一般很少请人来自己家中，朋友聚会一般去咖啡馆。去法国人家里做客不可提前到达，可以准时到，也可晚一点到，同时应带点小礼物，如鲜花等。在法国人家里做客不要用餐巾擦拭餐具，这会被视为对主妇的侮辱。

观览天下4-39

法国人在交谈时还喜欢使用手势来表达或加强自己的意思，但法国人的手势与我们惯用的手势有很大差别。例如，表示"是我"这一意思时，我们用手指着鼻子，而法国人用手指着胸膛；我们用拇指和食指分开表示"八"，而法国人这样做时表示的是"二"；法国人还用拇指朝下表示"坏"和"差"。

2.婚姻礼节

男女结婚前一般先要订婚，由女方家长宴请男方家长及兄弟姐妹。信奉天主教的法国人结婚时先在教堂举行宗教结婚仪式，然后去市政厅举行世俗结婚仪式。仪式结束后举行婚宴。

3.丧礼

法国普遍实行墓葬。法国的城镇一般都有公墓。人死后，一般先在教堂举行简单的宗教仪式，然后将棺木放入公墓中。

4.民间禁忌习俗

在法国，送花的禁忌很多。红玫瑰（情人的礼物）、黄色的花（不忠诚的表示）、菊花（葬礼上用的花）一般不送人；送花的枝数忌讳双数；康乃馨、杜鹃花和纸花都被认为是不吉利的花；忌讳用黑桃图案，商标上忌讳用菊花图案。

法国人忌讳数字13和星期五；厌恶墨绿色；视孔雀为恶鸟，讨厌仙鹤、乌龟；忌讳男人向女人赠送香水，认为有"不轨企图"；忌讳伸出舌头表示惊讶；忌讳用手捂住嘴笑，认为这是情人间的秘密暗示；忌讳把老年妇女称为"老太太"，认为这是一种侮辱性的语言。

（五）法国人的性格特点

相对于其他欧洲国家，法国幅员辽阔、气候宜人、交通方便，这对法国人性格的形成有着深远的影响。

1.热情、浪漫且不失严谨

法国人以浪漫著称，对生活充满激情，对未来充满美好的幻想。法国人待人热情，即使与人萍水相逢，也能很快成为朋友。法国人与人相处较随意，常许诺却难兑现，时间观念不强。当然，法国人也有严谨的时候，如他们对法语的精益求精。

2.注重享受

法国人乐于享受，也善于享受。法国的美食、时装、化妆品、葡萄酒和香槟酒都是很好的例证。

3.讲究"骑士风度"

"骑士风度"源于法国，是指涉及语言、服饰、举止、仪态、品格等方面的行为规范。其核心是尊重女士，以在公开场合恭敬女士、保护女士、服务女士为荣，即风行西方的"女士优先"。

4.酷爱花卉

花卉是法国人生活中不可缺少的一部分。法国到处是鲜花，花是法国人最常用的礼品，很少有哪个国家的人比法国人更爱花。

⚙ **课堂互动 4-6**

接待法国客人时应注意什么？

五、法国旅游业

（一）旅游业历史和现状

法国是国际旅游业最发达的国家之一。早在中世纪，巴黎就是欧洲各国王公贵族、富商巨贾、文人骚士的聚集之处。现在，法国是世界第一大旅游接待国，平均每年接待的外国游客数超过了本国人口数。2019年，法国接待国际游客近9 000万人次，旅游业产值994亿欧元。2023年，法国国际旅游收入达635亿欧元，同比增长约12%；旅游业产值约占国内生产总值的8%，直接或间接创造了200万个就业岗位。

（二）主要旅游资源

1.著名旅游城市

巴黎、马赛、里昂、波尔多、戛纳等都是法国著名的旅游城市。

巴黎 一座历史遗迹与现代建筑和谐共存的城市，凯旋门、埃菲尔铁塔、卢浮宫、巴黎圣母院、凡尔赛宫、香榭丽舍大道等都是著名景点。

马赛 法国最古老的城市之一，现在是法国最大的港口和第二大城市，也是仅次于鹿特丹、汉堡和安特卫普的欧洲第四大港。

里昂 法国第三大城市，也是一座历史悠久的城市，其保存完好的历史街区已被列入世界遗产。

波尔多 酿酒历史悠久，波尔多葡萄酒驰名世界。

戛纳 位于地中海沿岸的戛纳是一座风景秀丽、气候宜人的小城，这里也是戛纳电影节的举办地。

2.著名建筑和宫殿

法国有许多著名建筑，凯旋门和埃菲尔铁塔已成为法国的标志性建筑。法国的宫殿建筑特色鲜明，有凡尔赛宫（被誉为"法国的明珠"）、枫丹白露宫（法国最大的王宫之一）、卢浮宫、爱丽舍宫（总统官邸）、马提翁宫（总理官邸）、波旁宫（国民议会所在地）、卢森堡宫（参议院所在地）等。

凯旋门 坐落在巴黎市中心，是为了纪念拿破仑1805年12月在奥斯特里茨战役中打败俄奥联军而修建的。凯旋门始建于1806年，1836年落成，高约50米、宽约45米、厚约22米（如图4-7所示）。巴黎12条大街都以凯旋门为中心向四周辐射，气势磅礴，似星光四射。

埃菲尔铁塔 位于巴黎市中心塞纳河南岸，始建于1887年，1889年竣工，是世界上第一座钢铁结构的高塔，因由法国著名建筑师埃菲尔设计建造而得名。埃菲尔铁塔高耸伟岸，上窄下宽，给人以平衡稳定的美感。

3.博物馆

法国各地有许多博物馆，较著名的有卢浮宫、乔治·蓬皮杜国家艺术和文化中心、奥赛博物馆（又称"19世纪艺术博物馆"，有"欧洲最美的博物馆"之誉）等。此外，法国还有军事博物馆、邮政博物馆、歌剧院博物馆、毕加索博物馆、罗丹博物馆等。

卢浮宫 位于巴黎市中心的塞纳河畔，原是一座中世纪城堡，始建于1204年。16世纪后，卢浮宫经过多次改建、扩建，至18世纪达

赏景怡情
4-2

法国凯旋门

图4-7 凯旋门

到现在的规模。卢浮宫是法国文艺复兴时期最有代表性的宫殿建筑群之一，1793年成为公共博物馆，是世界闻名的艺术宝库，收藏有很多艺术精品。其中，断臂维纳斯雕像、胜利女神石雕、《蒙娜丽莎》油画被称为卢浮宫三宝。

乔治·蓬皮杜国家艺术和文化中心　位于巴黎市拉丁区北侧、塞纳河右岸，是世界闻名的现代艺术博物馆。其于1972年正式动工，1977年建成开馆。这是一座设计新颖、造型独特、用钢铁和玻璃建成的现代化建筑，因外观极像一座工厂，故又有"文化工厂"之称。

4.教堂

教堂遍及法国的各个城镇，著名的教堂有巴黎圣母院、圣心教堂、沙特尔大教堂等。

巴黎圣母院　位于巴黎市中心，是欧洲最著名的天主教堂（如图4-8所示）之一。其建于1163年，1345年竣工，自建成起就一直是法国宗教、政治和民众生活中重大事件和典礼仪式的上演场所，也是古老巴黎的象征。

5.城堡

法国城堡众多，享有"城堡之国"的美称。

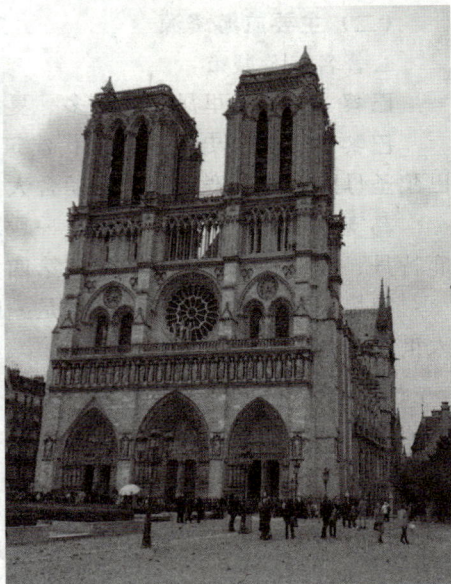

图4-8　巴黎圣母院

尚博尔城堡（也称香波城堡）、舍农索城堡等都是法国著名的城堡。卢瓦尔河谷地区是法国城堡最密集的地方，现已成为著名的旅游胜地。

6.自然旅游资源

法国海滨优美，山川秀丽，自然旅游资源丰富。普罗旺斯-阿尔卑斯-蓝色海岸区是法国最著名的旅游区。普罗旺斯是世界闻名的薰衣草故乡，也是欧洲的"骑士之城"。阿尔卑斯山区是冬季运动的摇篮，也是夏季的避暑胜地，世界登山运动即起源于阿尔卑斯山法国境内的勃朗峰。蓝色海岸位于法国南部地中海沿岸，环境秀美，是海滨度假胜地。此外，法国的温泉数量也是西欧各国中最多的，每年都会吸引大量游客前来度假。

课堂互动 4-7

法国为什么能成为世界第一大旅游接待国？

六、中法关系

（一）外交关系

法国于1964年1月27日与中国建交，是西方大国中第一个与中国建立大使级外交关系的国家。1997年，中法两国建立面向21世纪的全面伙伴关系。2004年，中法两国建立全面战略伙伴关系。2010年，中法两国宣布建设互信互利、成熟稳定、面向全球的中法新型全面战略伙伴关系。

（二）经贸关系

中国是法国在亚洲第一大、全球第七大贸易伙伴。法国是中国在欧盟内第三大贸易伙伴、第三大实际投资来源国、第一大农产品进口来源国（2023年，中国自法国进口农产品469.5亿元人民币）。中法双边贸易额2012年为510.2亿美元，2016年为471.3亿美元，2019年为665.3亿美元，2023年为789.4亿美元（其中，中国出口额416.3亿美元，进口373.1亿美元）。中法建交60年来，两国贸易额增长近800倍。截至2023年底，法国对华累计直接投资达216.4亿美元。法国对华投资主要集中在电动车、化妆品、农食品、氢能以及航空航天等领域。截至2023年底，中国对法国累计直接投资达48.4亿美元，主要领域包括制造业、信息技术、交通运输等。

（三）科技、文化与教育交流

法国是第一个与中国签订政府间科技合作协定的西方国家，也是第一个与中国开展和平利用核能合作的西方国家。在高技术产品领域，法国是中国飞机和航空器零部件的主要进口来源国之一。近年来，中国自法国进口材料技术产品、生物技术产品、集成电路等均有快速增长。

中法两国文化交流活跃。2003年1月，中国在西欧的第一个文化中心在巴黎成立。中法两国签有教育交流与合作协议，定期举行磋商会议。中国是法国主要留学生来源国之一，中国在法国留学人员超过4万人。2020—2021学年，在华学习的法国留学生超过3 000人。目前，约有11万法国人学习中文，中文成为法国人中学阶段可以学习的第五大外语。

2024年是中法建交60周年暨中法文化旅游年，双方举办了一系列活动，促进了两国的人文交流。

（四）旅游关系

20世纪80年代以来，法国来华旅游人数不断增加。1979年，法国来华旅游人数近1.4万人次，到2000年已上升到18.5万人次，2008年为43万人次，2011年为49.31万人次。2013年以后，法国来华旅游人数基本保持平稳，2014年为51.7万人次，2016年为50.4万人次，2018年为49.96万人次，2019年为49.1万人次。2023年1—9月，法国公民访华人数为10.18万人次。自2023年12月1日起至2025年底，中国对法国持普通护照人员来华经商、旅游观光、探亲访友和过境，试行15天内单方面入境免签政策。

目前，法国已是中国公民组团出国旅游目的地国之一。2004年9月1日，中国公民赴欧洲旅游首发团抵达法国。此后，中国赴法国游客数量迅速增长，2013年约170万人次（其中首站赴法国游客42.21万人次），2019年240万人次（其中首站赴法国游客73.56万人次），中国成为法国在亚洲的最大游客来源国。2024年1—4月，中国公民出境赴法国13万人次，较2023年同期增长215.28%。

观览天下4-40

为了吸引更多的中国游客赴法国旅游，2014年初，法国针对中国游客放宽了签证条件，承诺个人签证最快48小时出签，并且取消了办理签证的领事区限制。也就是说，申请人可以在中国境内的任意法国总领事馆递交申请材料办理签证。同时，法国国内许多商店改变了星期天工人不上班、商店不营业的传统做法，以满足游客的购物需求。

启智润心
4-2

秉持建交初心　积极面向未来——致中法建交60周年

知识导图

第四章

本章小结 👆

俄罗斯、英国、德国和法国是欧洲最有代表性的国家，也是我国在欧洲的重要客源国。本章介绍了俄罗斯、英国、德国、法国4个国家的基本情况，内容包括各国的地理位置、面积与人口、语言和文字、宗教、自然环境、行政区划、简史、政治、经济、文化、民俗、旅游业，以及各国与中国的关系等。

基础训练 ✍

（一）选择题（有一个或多个正确答案）

1.下面关于俄罗斯的描述正确的有（　　）。

A.世界上面积最大的国家　　　　　　B.人口仅次于中国和印度

C.地势东高西低，平原占大部分　　　D.河流、湖泊众多

2.下面（　　）行为是俄罗斯人所忌讳的。

A.打翻盐瓶和盐罐　　　　　　　　　B.吹口哨

C.用左手握手　　　　　　　　　　　D.打碎杯、碟、盘等餐具

3.在俄罗斯，信仰人数最多的宗教是（　　）。

A.基督教　　　　B.伊斯兰教　　　　C.东正教　　　　D.佛教

4.俄罗斯排在世界第一位的资源有（　　）。

A.煤　　　　　　B.铁　　　　　　　C.森林　　　　　D.天然气

5.对英国人最准确的称呼是（　　）。

A.英格兰人　　　B.英吉利人　　　　C.不列颠人　　　D.英国人

6.英国信仰人数最多的宗教是（　　）。

A.伊斯兰教　　　B.天主教　　　　　C.新教　　　　　D.犹太教

7.下列关于英国的说法正确的有（　　）。

A.第一个进行资产阶级革命的国家　　B.旅游业的诞生地

C.人文旅游资源极其丰富　　　　　　D.世界上第一个工业化国家

8.英国人的饮食特点包括（　　）。

A.不喜欢太辣　　　　　　　　　　　B.口味偏咸，注重营养

C.爱喝威士忌　　　　　　　　　　　D.爱喝绿茶

9.多数德国人信奉（　　）。

A.佛教　　　　　　B.伊斯兰教　　　C.基督教　　　　D.犹太教

10.下列关于德国的表述正确的有（　　）。

A.欧洲人口最多的国家　　　　　　　B.被称为"欧洲走廊"

C.自然资源较为贫乏　　　　　　　　D.欧洲邻国最多的国家

11.下列关于德国饮食的表述正确的有（　　）。

A.不爱吃辣　　　　　　　　　　　　B.面包消费量居世界首位

C.啤酒产量居世界首位　　　　　　　D.人均猪肉消费量居世界首位

12.下列关于中德关系的表述正确的有（　　　）。

A.德国是我国在欧洲最大的贸易伙伴

B.德国是我国在欧盟的第一大客源国

C.德国是对华直接投资最多的国家

D.中国是德国的最大客源国

13.德国的国际旅游人数和旅游支出都居世界（　　　）。

A.第一位　　　　　　B.前列　　　　　　　C.第五位　　　　　　D.第六位

14.中德于（　　　）年建交。

A.1972　　　　　　　B.1975　　　　　　　C.1979　　　　　　　D.1990

15.多数法国人信奉（　　　）。

A.东正教　　　　　　B.新教　　　　　　　C.天主教　　　　　　D.犹太教

16.法国的通用语言是（　　　）。

A.法语　　　　　　　B.英语　　　　　　　C.法语和英语　　　　D.法语和德语

17.法国的国花是（　　　）。

A.玫瑰花　　　　　　B.香根鸢尾　　　　　C.郁金香　　　　　　D.矢车菊

18.下列关于巴黎的描述正确的有（　　　）。

A.历史名城　　　　　B."世界花都"　　　　C."时装之都"　　　　D."香水之都"

19.下列关于法国的表述正确的有（　　　）。

A.总理为国家元首　　　　　　　　　　B.国歌为《马赛曲》

C.经济总量排名世界前列　　　　　　　D.时装和化妆品工业居世界首位

20.法国于（　　　）年与中国建交，是西方大国中第一个与中国建立大使级外交关系的国家。

A.1949　　　　　　　B.1954　　　　　　　C.1964　　　　　　　D.1974

21.下列关于法国饮食的表述正确的有（　　　）。

A.不爱吃辣　　　　　　　　　　　　　B.法国人爱喝咖啡

C.啤酒消费量居世界首位　　　　　　　D.法国人不爱吃无鳞鱼

（二）判断题

1.俄罗斯人最爱喝的茶是绿茶。　　　　　　　　　　　　　　　　（　　　）

2.俄罗斯饮食讲究清淡。　　　　　　　　　　　　　　　　　　　（　　　）

3.俄罗斯是世界上唯一能够做到资源完全自给的国家。　　　　　　（　　　）

4.英国是发达的资本主义工业化国家，为世界第二大经济体。　　　（　　　）

5.英国人时间观念很强，讲究准时。　　　　　　　　　　　　　　（　　　）

6.英国人习惯以握手表示友谊。　　　　　　　　　　　　　　　　（　　　）

7.英国近年来一直是我国四大客源国之一。　　　　　　　　　　　（　　　）

8.目前德国的出口额居世界第一位。　　　　　　　　　　　　　　（　　　）

9.篮球是德国人最喜欢的运动项目。　　　　　　　　　　　　　　（　　　）

10.现代德国人服饰最显著的特征是穿戴整齐。　　　　　　　　　　（　　　）

11.法国的面积和人口都居欧洲第二位。　　　　　　　　　　　　　（　　　）

在线测评
4-1

选择题

在线测评
4-2

判断题

12.西方礼仪多数源于法国。 （　　）

（三）简答题

1.俄罗斯人的服饰和饮食各有什么特点？

2.俄罗斯人在姓名称谓上有何特点？

3.与俄罗斯人交往时要注意哪些礼节？

4.俄罗斯人有哪些民间禁忌？

5.英国人的日常社交礼仪有哪些？

6.简述英国人的婚姻礼节。

7.英国人在饮食方面有哪些习俗？

8.英国人有哪些迷信与禁忌？

9.与英国人交往时要注意哪些礼节？

10.英国人有什么样的性格特点？

11.德国人的日常社交礼仪有哪些？

12.德国人有哪些民间禁忌习俗？

13.德国人在衣、食、住方面有哪些习俗？

14.德国人有哪些性格特点？

15.德国为什么能成为世界主要的旅游客源国之一？

16.法国人的日常社交礼仪有哪些？

17.法国人有哪些民间禁忌习俗？

18.法国人在服饰和饮食方面有哪些习俗？

19.法国人有什么样的性格特点？

20.法国在文学艺术领域有哪些历史名人？

第五章

欧洲客源国概况（下）

学习目标

知识目标：

掌握意大利、荷兰、瑞典、西班牙的自然景观特色、历史文化发展、民俗节庆活动及旅游资源优势，了解其旅游业的发展现状。

技能目标：

能够根据欧洲国家旅游市场的需求，开发具有针对性的旅游商品与服务，具备旅游市场调研与分析能力，提升跨文化商务谈判能力。

素养目标：

培养对欧洲多元文化的鉴赏能力，提高国际旅游合作与交流意识，提升旅游服务素养。

引 例 >>>

　　某酒店将有一批瑞典客人入住，餐饮部经理编写了一份餐饮安排方面的计划，以适应瑞典客人的饮食要求，更好地为客人服务。其主要内容是：

　　（1）口味以清淡为主，包括汤也应清淡；

　　（2）以肉类为主，蔬菜次之；

　　（3）以西餐为主；

　　（4）饮料以咖啡为主，并辅以上好的绿茶。

　　请问：餐饮部经理的这个计划有哪些地方需要改进？

答案提示

第一节　意大利

一、意大利概况

（一）地理位置

意大利全称意大利共和国（Repubblica Italiana），位于欧洲南部，它犹如一只长靴伸入地中海，北与法国、瑞士、奥地利、斯洛文尼亚接壤，东、南、西三面分别临地中海的属海亚得里亚海、爱奥尼亚海和第勒尼安海。海岸线长7 200多千米。

意大利罗马与中国北京的时差是–7小时（比中国北京时间慢7小时，每年3月最后一个星期日到10月最后一个星期日意大利实行夏令时，与中国北京时间的差距缩短1小时）。

（二）面积与人口

意大利国土面积为301 333平方千米，领土包括亚平宁半岛及西西里岛、撒丁岛等岛屿。

意大利人口5 885万（截至2023年1月），居民主要是意大利人。2023年，意大利人口平均预期寿命为83岁。

（三）语言

意大利的语言主要为意大利语。边境地区有少部分人讲法语、德语和斯洛文尼亚语。

（四）宗教

大部分居民信奉天主教，少数人信奉新教、犹太教、东正教、伊斯兰教等。

（五）自然环境

意大利全境80%为山丘。北部是阿尔卑斯山脉，亚平宁山脉纵贯半岛，沿海两侧是狭长平原。阿尔卑斯山和亚平宁山之间是意大利最大的平原——波河平原。意、法边境的勃朗峰是两国的最高点。意大利多火山，以维苏威火山和埃特纳火山最为著名。波河是意大利最大的河流，较大的湖泊有加尔达湖、马焦雷湖等。

意大利大部分地区属亚热带地中海气候。平均气温1月2～10℃，7月23～26℃；年平均降水量500～1 000毫米。

（六）国旗、国歌、国花

1.国旗

意大利国旗呈长宽比为3∶2的长方形。旗面由3个平行相等的竖长方形构成，从左至右依次为绿色、白色和红色。

2.国歌

意大利的国歌是《马梅利之歌》。

3.国花

意大利的国花是雏菊。

（七）行政区划

意大利全国划分为20个行政区、101个省、8 001个市镇。

（八）首都

首都罗马位于亚平宁半岛中部的西侧、台伯河下游的丘陵平原上，人口约421.6万（截至2024年3月）。罗马是意大利最大的城市，也是全国的政治、经济、文化和交通中心。

罗马是一座有着悠久历史的古城，始建于公元前753年，因历史悠久、文化古老，被称为"永恒之城"。又因罗马古城建在台伯河边的7个山丘上，故又被称为"七丘之城"。罗马是古罗马帝国的发祥地和首都，1871年成为统一后的意大利的首都。"母狼哺婴"是这座城市的城徽。

观览天下 5-1

关于罗马的建立有一个流传很广的传说。据传，希腊人攻陷特洛伊城后，侥幸逃出的特洛伊人来到意大利半岛建立了自己的王国。国王的弟弟篡夺了哥哥的王位，并杀死了他的侄子和侄女，还下令把侄女所生的一对孪生子扔到台伯河里，以防他们长大后复仇。一只在河边饮水的母狼发现了这对孪生子，并将他们带回自己的山洞，用自己的乳汁喂养他们。后来，一位牧羊人发现了这两个孩子，将他们带回家抚养，并给他们取了名字。两兄弟长大后知道了自己的身世，于是发动起义杀死了仇敌。复仇后，他们带领人马在台伯河边自己曾被抛弃的地点建立了一座新城，后来，在用谁的名字来命名新城这个问题上，兄弟俩发生了争吵，哥哥杀死了弟弟，并用自己的名字将这座城市命名为"罗马"。

罗马刚建立的时候，人口很少，且多为男子。为了快速增加人口，罗马人用计抢了不少萨宾部落的女子成亲。一年后，萨宾人向罗马发动进攻，正当战争一触即发的时候，被抢的萨宾妇女们怀抱着吃奶的孩子来到阵前，阻止了一场残酷的战争。两个部落从此和解，并合二为一，世代居住在罗马。

二、意大利简史

早在旧石器时代，意大利这片土地上就有人类居住。公元前9世纪，伊特鲁里亚人（又译伊特拉斯坎人）曾创造灿烂的文明。公元前753年罗马建城，此时还有许多城邦与罗马城同时存在。

古罗马先后经历王政（公元前753年至公元前509年）、共和（公元前509年至公元前27年）和罗马帝国（公元前27年至公元476年）3个阶段。公元前450年左右，共和体制下的罗马制定了成文法（"十二铜表法"）。共和时期，罗马基本完成疆域扩张；罗马帝国时期，成为以地中海为中心，跨越欧、亚、非三大洲的大帝国。395年，罗马帝国分裂成东、西两部分，意大利属西罗马帝国。476年，西罗马帝国灭亡。962年至11世纪，意大利北部和中部成为"日耳曼民族神圣罗马帝国"的一部分，南部则为拜占庭领土，直至11世纪诺曼人入侵意大利南部并建立王国。12世纪至13世纪，神圣罗马帝国分裂成许多王国、公国、自治城市和小封建领地。

14世纪至15世纪，意大利一些城市出现了资本主义生产关系的萌芽，文学艺术也得到很大发展，意大利成为欧洲文艺复兴运动的摇篮。

自16世纪起，意大利大部分领土先后被法、西、奥占领。1861年3月，意大利王国建立。1870年攻克罗马，完成领土统一。1871年，意大利首都由佛罗伦萨迁往罗马。

1914年第一次世界大战爆发，意大利先中立，后站在英、法、俄协约国一边对德、奥宣战，并取得胜利。此后，意大利同其他欧洲国家进行殖民扩张竞争。1922年10月31日，墨索里尼组成新政府，开始了长达20余年的法西斯统治。

第二次世界大战爆发后，意大利加入德国一方，向英、法宣战。1943年7月，墨索里尼政府被推翻。同年9月3日，意大利无条件投降，10月对德宣战。1946年6月2日，经公民投票，意大利宣告废除君主立宪，同年7月12日成立意大利共和国第一届政府。

三、意大利的政治、经济与文化

（一）政治

意大利实行议会共和制。总统为国家元首和武装部队统帅，由参、众两院联席会议选出。总理行使管理国家职责，由总统任命，对议会负责。议会是最高立法和监督机构，由参议院和众议院组成。

最高司法委员会是最高司法权力机构，由33人组成，总统任主席，最高法院院长和总检察长为当然成员。其他成员包括议会选举的10名委员和全体法官选出的20名法官，任期4年，不得连任和兼职。

（二）经济

1.总体实力

意大利是发达的工业国，是欧洲第三大、世界第八大经济体。意大利国内生产总值2011年为1.58万亿欧元，2019年为1.787万亿欧元（人均国内生产总值为2.85万欧元），2023年为2.085万亿欧元（人均国内生产总值为3.3万美元）。

意大利地区经济发展不平衡，北方工商业发达，南方以农业为主，经济较为落后。巨额赤字和公共债务一直是意大利经济的两大难题。意大利中小企业数量占企业总数的98%以上，被称为"中小企业王国"。

观览天下 5-2

意大利南北经济差距明显，这在发达国家中是不多见的。南部地区的面积约占全国总面积的40%，人口数量约占全国总人口的1/3，但南部地区的经济总量不到全国的1/4，出口额不及全国的1/10，某些省区甚至是欧盟中经济最落后的地方。为缩小南北发展差距，意大利政府采取了一系列措施，如成立南部基金局、发布"南方2030"发展计划、积极扶持创新产业等。同时，中意合作也为意大利南部发展增添了新动力。

资料来源　佚名.意大利促进南部地区发展［N］.人民日报，2023-01-31（16）.

2.资源状况

意大利自然资源贫乏，仅有水力、地热、天然气等能源和大理石、汞等矿产资源。能源和主要工业原料均依赖进口。

3.各产业概况

意大利是欧盟内仅次于德国的第二大制造业强国，有发达的实体经济，但高技术产品较少，主要工业有石油化工、汽车制造、家用电器、电子仪器等。

意大利是世界传统农业大国和农业强国，境内56%的土地属于农业用地，农、林、渔业产值占国内生产总值的2.4%，橄榄油、葡萄酒、番茄酱等农产品质量享誉世界。意大利是欧盟内部获得"原产地保护""地理标志保护""传统特色产品保护"认证最多的国家。

意大利交通基础设施完善，但由于建设时期早，已显陈旧。国内运输主要依靠公路，铁路、水路和航空运输也较发达。主要港口有热那亚、那不勒斯、威尼斯等。全国共有机场96座，主要机场有罗马的菲乌米奇诺机场和钱皮诺国际机场、米兰的马尔彭萨机场和利纳特机场等。

4.对外贸易

意大利是世界贸易大国，对外贸易是意大利经济的重要支柱，外贸产值占国内生产总值的40%以上。意大利对外贸易总额2011年为7 757.71亿欧元，2019年为8 988亿欧元，2023年为12 178.86亿欧元（其中，出口额6 261.7亿欧元，进口额5 917.16亿欧元）。进口产品主要有石油、天然气、化工产品、冶金原料等；出口商品种类齐全，主要有机械仪器、汽车、钢铁、家用电器、服装等。意大利的主要贸易伙伴是欧盟国家，如德国、法国、西班牙等。俄罗斯、日本、中国、巴西、美国、越南、北非、中东、南非等国家和地区是意大利在非欧盟国家中的重要贸易伙伴。

5.货币与汇率

意大利货币为欧元。

2021年7月1日，1欧元=7.6701人民币元。

2024年7月1日，1欧元=7.6787人民币元。

（三）文化

1.教育

意大利的教育体系分为3个阶段：初级教育（小学，五年）；中级教育（三年初中，五年高中）；高等教育（大学、专科院校等）。其中，16岁以下可享受义务教育。著名大学有罗马大学、米兰理工大学、都灵理工大学、帕多瓦大学、比萨大学等。

2.新闻出版

意大利的新闻出版业比较发达。主要报纸有《晚邮报》《共和国报》《新闻报》等。主要综合性期刊有《全景》周刊等。安莎通讯社（1945年建立）是意大利最大的通讯社。

3.文学艺术

14世纪至16世纪，意大利是欧洲文艺复兴运动的发源地，其文学艺术空前繁荣，在欧洲处于领先地位。但丁、薄伽丘、达·芬奇、米开朗琪罗、拉斐尔、提香等文学艺术巨匠对人类文明的进步作出了重要贡献。但丁是意大利历史上最伟大的诗人，是欧洲中世纪浪漫主义文学最重要的代表人物，与英国的莎士比亚、德国的歌德并称为西欧文学史上的三大天才巨匠，其代表作有《神曲》等。薄伽丘的代表作是短篇小说集《十日谈》。达·芬奇多才多艺，其作品《最后的晚餐》和《蒙娜丽莎》是绘画作品中的瑰宝。米开朗琪罗在雕刻、绘画、建筑等方面都有杰出贡献，其代表作有《大卫》雕像和《被缚的奴隶》雕像等。拉斐尔是罗马画派的杰出代表，被誉为文艺复兴时期的"画圣"，他与达·芬奇、米开朗琪罗一起被称为"文艺复兴三杰"。提香是威尼斯画派中最具代表性的画家，其代表作有《圣母升天》等。如今，在意大利各地都可见到精心保存下来的文艺复兴时期的绘画、雕刻、古迹和文物。

中世纪的意大利在音乐方面也取得了很大的成就。11世纪的音乐理论家圭多·阿雷佐发明了四线谱，这对五线谱的产生有直接影响。歌剧亦产生于意大利，传世的第一部歌剧于1600年在佛罗伦萨公演。此后，意大利的许多城市都成为歌剧艺术的中心。罗西尼、威尔第、普契尼是18世纪至20世纪意大利著名的作曲家。

4.体育

意大利人喜欢足球运动，意大利也是国际上公认的"足球王国"。

四、意大利的民俗

（一）姓名称谓

意大利和法国、西班牙都属于拉丁语国家，在姓名称谓方面有很多共同点。意大利人的姓名一般由名和姓组成，但在填写正式文件时，还要加上父亲和母亲的姓名。

亲朋好友间习惯直呼其名，对长者、有地位的人或不熟悉的人，则称他们的姓，并加夫人、小姐、先生、博士等称谓。意大利女子对夫人、小姐的称呼颇为敏感，称呼前可根据她们所戴的戒指来判断，或统称为女士。妇女结婚后一般随夫姓，也可在夫姓后加上自己的父姓。

（二）服饰与饮食

1.服饰

意大利是服饰生产大国。服装设计制造和皮鞋生产在世界上享有盛誉。意大利服装大体可分为民族服装、普通服装、正式服装和流行服装4类。民族服装一般只在重大节日、喜庆活动或表演传统节目时穿。意大利人平时多穿普通服装，如T恤、牛仔裤、夹克衫等。上班及正式场合比较注重着装，男士穿西服、系领带，女士穿西服套裙。

2.饮食

意大利菜与中国菜、法国菜齐名，在世界上颇有名气，其特点是味醇、香浓、原汁原味。意大利人喜欢把面条和米饭作为菜食用，习惯把米饭煮到七八成熟时就吃。意大利面和比萨是意大利的著名食品，它们几乎成了意大利食品的代名词。

观览天下5-3

相传是马可·波罗把面条从中国带入意大利的，现在的意大利面有数百个品种，采用的面粉和面条的外形都与中国大不相同。意大利面采用的是一种硬质的小麦品种，故可久煮不糊。除了普通的直身粉，还有螺丝形、弯管形、蝴蝶形、贝壳形等多种。比萨是意大利最大众化的食品，有数不清的做法和品种。地道的比萨要用一种特殊的木柴来烤制，这样会有一种特殊的香味。

意大利人的早餐一般是牛奶、咖啡和面包；午餐一般是工作餐；晚餐是正餐，用餐时间较晚，席间可能菜不多，但意大利人喜欢喝酒、闲聊，直到很晚才会回房休息。

意大利人爱喝咖啡，特别是浓咖啡，咖啡里也可加牛奶。意大利人还喜欢喝一种叫"卡布奇诺"的饮料，这是意大利特有的一种带泡沫的咖啡饮料，喝前加点儿白糖更可口。

意大利人爱喝酒，不论男女，几乎每餐都要喝酒，甚至在喝咖啡时，也要掺上一些酒；饭前要喝开胃酒，席间喝的酒则视菜而定，一般正式宴会上每道菜都配有一种酒；饭后要喝少许加冰块的烈性酒。意大利人很少酗酒，席间也不劝酒。他们最爱喝的酒是葡萄酒。

观览天下 5-4

在意大利，很多商店都有在门口挂葡萄枝的习惯，这是为什么呢？原来，过去意大利的很多农民会自己酿制葡萄酒，有节余时就希望出售一些，于是将葡萄枝挂在自家门口，表示家中有酒卖。一旦酒卖完，就把葡萄枝取下。这一风俗流传至今，所以很多卖酒的商店都在门口挂葡萄枝。

（三）主要节庆

元旦　1月1日。

主显节　1月6日。

情人节　2月14日。

复活节　春分后第一次月圆后的第一个星期日。

独立日　3月17日。

解放日　4月25日

国庆日　6月2日。

圣母升天节　8月15日。

威尼斯赛船节　每年9月第一个星期日的下午。

万圣节　11月1日。

圣诞节　12月25日。

观览天下 5-5　　　　　　　　　　　**情人节的来历**

情人节也叫"圣瓦伦丁节"，是西方国家的共同节日，起源于古罗马。据说，罗马皇帝一度下令禁止国人结婚，但基督徒瓦伦丁仍秘密为青年人举行婚礼，结果遭到监禁，并于270年2月14日被处死刑。人们为了纪念他，把这一天定为"圣瓦伦丁节"。节日前后，情侣们互赠礼物、互诉衷肠，已婚者及亲朋好友间往往也互送小礼品。

（四）礼仪禁忌

1.日常社交礼仪

意大利人热情好客，为人随和，待人接物彬彬有礼；对长辈、上级和初次见面的人都以"您"相称；见面礼节是握手或摆手示意；戴帽子的男士路上遇到友人时，要把帽檐向下拉低以示尊敬。

在意大利，女士颇受尊重，社交场合处处体现女士优先。参加宴会时，女士先动刀叉进餐后，男士才可用餐。

当着别人的面打喷嚏时要马上说声"对不起"，此时旁边的人也会说"祝你健康"。据说这是因为欧洲曾有过因重感冒流行而死人的先例，所以大家十分害怕感冒，如果有一点感冒，希望马上就会好。

拒绝别人的用餐邀请被认为是不礼貌的行为；去意大利人家中做客要带一点小礼物，如酒、书、手工艺品、鲜花等，礼物要有包装，意大利人会当面打开礼物，并赞美感谢一番。对意大利人来说，迟到是常有的事。

2.婚姻礼节

在意大利，订婚是结婚的必经程序。年轻人按传统习惯订婚后，女性要戴订婚戒指，结婚后换戴结婚戒指。订婚戒指和结婚戒指戴在同一手指，只是式样不同。意大利人习惯把婚期定在春秋两季。在意大利，如果妻子不干家务或不爱干家务，丈夫可提出离婚申请。

3.寿礼

意大利人重视自己的生日，每到生日那天都会请亲朋好友到家中聚会。

4.丧礼

意大利人的丧礼以土葬为主。人死后，先在教堂举行简单的宗教仪式，然后将棺木放入公墓中已准备好的墓穴里。

5.民间禁忌习俗

意大利人忌讳数字13和星期五，避免13人同桌；忌讳一根火柴点3根烟，如果用打火机，也应在点完2根烟后熄灭一次再点；忌讳4人交叉握手；送花忌送双数，也忌送13朵花；忌讳送菊花；忌讳送人手帕（象征眼泪和离别）；忌讳把盐撒落在地上。

（五）意大利人的性格特点

意大利是拉丁文明的发祥地，也是欧洲文明的发祥地之一，历史悠久，文化积淀深厚，这对意大利人性格的形成产生了一定的影响。

1.文化自豪

西方文明源头之一的罗马文化即诞生于意大利，意大利还是欧洲文艺复兴运动的摇篮，为世界奉献了一大批杰出的思想家、文学家和艺术家。意大利也是歌剧的故乡和五线谱的发源地。这些足以让意大利人引以为豪。意大利人在文化上的这种优越感也很容易在日常交往中体现出来。

2.酷爱文物

意大利人非常喜欢文物，热衷于参观各地的博物馆，了解当地的文化艺术，对文物的鉴赏能力较强。

3.热情好客

意大利人性格开朗，好交朋友，为人友善，待人热情。熟人相见总是热烈交谈，面部表情丰富且多伴有手势，告别时往往相互拥抱。

4.顾家恋家

意大利人的家庭意识较强。外出时，每到一地都要向家人报平安。不少意大利人依恋父母，甚至为了与父母吃住在一起而情愿推迟结婚。在意大利，祖母非常受人尊重，每年甚至还有一个"最酷奶奶"的评选。

课堂互动 5-1

接待意大利客人时应注意什么？

五、意大利旅游业

（一）旅游业历史和现状

旅游业是意大利国民经济的重要支柱。意大利的旅游业起步早、发展快，一直是世界主要旅游接待国和客源输出国。20世纪50年代，意大利曾是排在世界第二位的旅游接待大国。2000年，意大利接待国际游客4 120万人次，居世界第四位，国际旅游收入亦居世界第四位。2023年，意大利共接待国际游客2.285亿人次。入境游客主要来自德国、法国、美国、中国、奥地利等。意大利人出国旅游的目的地主要是欧盟国家，美国是意大利人在欧洲之外的主要旅游目的地。

意大利人近距离出游以海滨度假为主，而远距离出国旅游主要是了解旅游地文化和欣赏优美的自然风光。意大利人喜欢在8月份出游，每到8月，全国几乎所有企业、机关都停止工作，大家纷纷去海滨或山中度假。现在，这种过于集中的度假习惯已有所改变。

（二）主要旅游资源

意大利气候湿润、风景秀丽，有优质的海滩，加上历史悠久、文物古迹众多，因此旅游资源非常丰富。截至2021年7月，经联合国教科文组织审核被批准列入《世界遗产名录》的意大利世界遗产共有58项。

1.著名旅游城市

意大利的主要旅游城市有罗马、佛罗伦萨、威尼斯、米兰等。

罗马　世界著名的历史文化名城，整个城市就像一座巨型的露天历史博物馆。这里有角斗场、万神庙（又名万神殿）等世界闻名的古迹，还有文艺复兴时期的许多精美建筑和艺术精品。角斗场是古罗马文明的象征，是世界新七大奇迹之一。万神庙是保存最完整的古罗马时代的建筑。万神庙、角斗场、地下墓穴被称为"罗马三大古迹"。

佛罗伦萨　位于意大利中部，是欧洲文艺复兴运动的发祥地、举世闻名的文化旅游胜地，现有博物馆和美术馆40多个、宫殿60多座、教堂上百座，有"博物馆城"和"西方雅典"之称。

威尼斯　位于意大利东北部，是由100多个小岛组成的城市，小岛之间的大小运河成为"大街小巷"，是举世闻名的"水城"（如图5-1所示）。威尼斯还是马可·波罗的故乡，正是他把中国的苏州称为"东方威尼斯"。

赏景怡情
5-1

意大利
威尼斯

图 5-1　威尼斯

2. 比萨斜塔

比萨斜塔位于意大利比萨城北面的奇迹广场上，由乳白色大理石砌成，从地面到塔顶高约 55 米，始建于 1173 年。1590 年，意大利物理学家伽利略曾在此塔进行了著名的自由落体实验，推翻了亚里士多德的自由落体理论。

3. 庞贝古城遗址

庞贝古城是亚平宁半岛西南角坎帕尼亚地区的一座古城。公元 79 年的一天，维苏威火山喷发，将庞贝淹没。16 世纪，庞贝古城遗址被发现。如今这里已成为研究古罗马时代社会和文化生活的天然博物馆。

4. 自然旅游资源

意大利风光秀美，素有"欧洲的天堂和花园"之称。北部的阿尔卑斯山是登山、滑雪、度假者的乐园；亚平宁山脉两侧沿海多海滨度假胜地；西西里岛是地中海上最大的岛屿，有迷人的自然风光。火山是意大利重要的旅游资源，维苏威火山是欧洲大陆上唯一的活火山，位于西西里岛的埃特纳火山是欧洲最高活火山，位于斯特龙博利岛的斯特龙博利火山是欧洲乃至全球最活跃的火山之一，自 1932 年以来几乎一直在喷发。

课堂互动 5-2

意大利为什么能成为世界主要旅游目的地之一？

六、中意关系

（一）外交关系

1965 年初，中意双方互派商务代表。1970 年 11 月 6 日，中意两国正式建交。2004 年，中意两国建立全面战略伙伴关系。

中国在米兰、佛罗伦萨设有总领事馆。意大利在上海、广州、重庆、香港设有总领事馆。

（二）经贸关系

1970 年，中意两国贸易额仅为 1.2 亿美元，而现在，意大利是中国在欧盟的第四大贸易伙伴，中国是意大利在亚洲的第一大贸易伙伴。中意双边贸易额 2019 年为 549 亿美元，2023 年为 717.58 亿美元（其中，中国出口额 445.23 亿美元，中国进口额 272.34 亿

美元）。中国对意大利主要出口服装及衣着附件、纺织纱线、织物及制品等，从意大利主要进口纺织机械、动物皮革、电视显像管、金属加工机床等。

（三）科技、文化与教育交流

中意两国在科技、文化领域的交流与合作日益密切。2019年4月至6月，"归来——意大利返还中国流失文物展"在中国国家博物馆举行。2022年，中意文化和旅游年启动，两国联合举办了一系列精彩纷呈的文化活动，其中包括在中国国家博物馆举办的"意大利之源——古罗马文明展"。

近年来，赴意大利的中国留学生人数增长较快，以美术类、音乐类、理工科类学科为主。中意双方已在意大利合作建立12所孔子学院和39个孔子课堂。

（四）旅游关系

中意两国的旅游关系发展迅速，意大利来华游客的数量增长很快，1981年约10 000人次，1995年约6.37万人次，2005年为19.7万人次，2015年为24.61万人次，2018年达到27.81万人次。自2023年12月1日起至2025年底，中国对意大利持普通护照人员来华经商、旅游观光、探亲访友和过境，试行15天内单方面入境免签政策。

意大利也是中国公民赴欧洲旅游的首选目的地之一。2014年，中国公民赴意大利旅游人数突破150万人次，2016年增长至540万人次，2019年为535.6万人次。

观览天下 5-6　　　　　　　　　马可·波罗和《马可·波罗游记》

中意之间的交往源远流长。1275年，世界著名旅行家、意大利人马可·波罗来到中国，在中国游历了17年，足迹遍及我国的西北、东南、西南和华北各地，回国后著有《马可·波罗游记》（又名《东方见闻录》）。

《马可·波罗游记》是欧洲人撰写的第一部详尽描绘中国历史、文化和艺术的游记，激起了欧洲人对东方的热烈向往，对以后新航路的开辟产生了巨大的影响。同时，西方学者还根据这本书的描述绘制了早期的"世界地图"。

第二节　荷兰

一、荷兰概况

（一）地理位置

荷兰全称荷兰王国（The Kingdom of the Netherlands），位于欧洲西北部，东邻德国，南接比利时，西部和北部濒临北海，有"欧洲门户"之称。

荷兰阿姆斯特丹与中国北京的时差是−7小时（比中国北京时间慢7小时，每年3月最后一个星期日到10月最后一个星期日荷兰实行夏令时，与中国北京时间的差距缩短1小时）。

（二）面积与人口

荷兰本土面积41 528平方千米，人口1 797万（截至2024年4月），是世界上人口最稠密的国家之一。居民主要是荷兰人，占总人口的76.8%。

观览天下 5-7

据报道，从19世纪中叶起，荷兰人的平均身高就在大幅增长，到20世纪50年代，荷兰人超越美国人，成为全球最高的人。如今，荷兰男性的平均身高超过1.83米，女性超过1.73米。专家认为，荷兰人身高的增长与荷兰的国民生活水平提高以及富含蛋白质的饮食结构有关。

为了适应荷兰人身高的增长，荷兰政府调整了建筑尺寸标准，将门框和天花板的标准高度都提高了。

（三）语言

荷兰的官方语言为荷兰语，弗里斯兰省的居民讲弗里斯语（又译弗里西语、弗里斯兰语）。此外，几乎每个荷兰人都会说英语，许多荷兰人也会说德语和法语。

（四）宗教

荷兰本土15岁及以上居民中，18.2%信奉天主教，13.2%信奉新教，57.2%无宗教信仰。

（五）自然环境

荷兰是世界上海拔最低的国家。"荷兰"在日耳曼语中叫尼德兰，意思是"低地之国"，其国土面积的24%低于海平面，1/3的面积仅高出海平面1米。荷兰属海洋性温带阔叶林气候，夏季凉爽，冬季阴雨多风。年平均降水量为797毫米。夏季和春季是荷兰最适合旅游的季节。

观览天下 5-8

由于低于海平面的土地极易被海水淹没，因此为了生存和发展，荷兰人早在13世纪就开始围海造地，先是筑堤坝拦海水，再用以风为动力的水车抽干围堰内的水。几百年来，荷兰修筑的拦海堤坝长达1 800千米。如今，荷兰国土的20%是人工填海造出来的。

（六）国旗、国歌、国花

1.国旗

荷兰国旗呈长宽比为3∶2的长方形。旗面由3个平行相等的横长方形构成，自上而下为红色、白色和蓝色。

2.国歌

荷兰的国歌是《威廉颂》。这也是世界上第一首国歌。

3.国花

荷兰的国花是郁金香。

（七）行政区划

荷兰由本土12个省和海外领地组成。

（八）首都

荷兰首都是阿姆斯特丹，人口93.5万（截至2024年4月）；政府所在地是海牙，人口 56.6 万（截至 2024 年 4 月）。

二、荷兰简史

16 世纪以前，荷兰长期处于封建割据状态。16 世纪初受西班牙统治。1568 年，荷兰爆发了历时 80 年的反抗西班牙统治的战争。1581 年，北部 7 省成立荷兰共和国（正式名称为尼德兰联省共和国）。1648 年，《威斯特伐利亚和约》签署，西班牙正式承认荷兰独立。

17 世纪，荷兰继西班牙之后成为世界上最大的殖民国家。1652—1654 年，荷兰与英国爆发战争，荷兰战败，失去了海上霸权。18 世纪后，荷兰国势渐衰，殖民体系逐渐瓦解。1795 年，法国军队入侵荷兰。1814 年，荷兰脱离法国。1815 年，成立荷兰王国（1830 年比利时脱离荷兰独立）。1848 年，荷兰成为君主立宪国家。

第一次世界大战期间，荷兰保持中立。第二次世界大战期间，荷兰遭到德军入侵，王室和内阁成员流亡英国，成立流亡政府。第二次世界大战以后，荷兰放弃中立政策，加入北约和欧共体（欧盟）。

三、荷兰的政治、经济与文化

（一）政治

荷兰是世袭君主立宪王国，立法权属国王和议会，行政权属国王和内阁。枢密院为最高国务协商机构，国王为主席，其他成员由国王任命。

议会由一院（参议院）和二院（众议院）组成。二院拥有立法权，一院无立法权，但有权批准或否决法案。两院议员任期均为 4 年。

全国设地区法院、上诉法院、最高法院及若干特别法庭。各级法院法官均系高等院校法律专业毕业，由国王任命，任期终身（实际到 70 岁）。

（二）经济

1.总体实力

荷兰是发达的资本主义国家，西方十大经济强国之一。荷兰国内生产总值 2019 年为 9 091 亿美元（人均国内生产总值 52 247 美元），2023 年为 1.03 万亿欧元，首次突破万亿欧元大关。荷兰社会保障体系完备，居民福利水平较高，贫富差距不明显。

2.各产业概况

荷兰自然资源贫乏，80% 的原料靠进口，北部格罗宁根省天然气储量丰富。荷兰工业发达，主要工业部门有食品加工、石油化工、冶金、机械制造等。荷兰是世界主要造船国之一。鹿特丹是欧洲最大的炼油中心。

荷兰农业高度集约化、机械化，农产品出口额常年居世界第二位。2023 年，荷兰农产品出口额为 1 238 亿欧元，同比增长 1.6%。荷兰是世界上最大的种子出口国，也是世界上最大的花卉生产国和出口国，有"欧洲花园"的美称。

观览天下 5-9

荷兰玻璃温室面积广大，约占全世界玻璃温室面积的 1/4，主要种植鲜花和蔬菜。

温室产品完全按照工业生产方式生产、管理和销售，因此荷兰农业也被称为"工厂化农业"。

荷兰乳制品生产水平居世界前列，每年出口奶酪40多万吨，有"奶酪王国"之称。

◀ 观览天下 5-10

荷兰是传统的奶酪生产国，奶酪产量最大的地区是荷兰西部小城豪达，全国超过一半的奶酪都产自这里。豪达的奶酪交易中心始建于1668年，是世界上最古老的奶酪交易中心。时至今日，当地人仍保留着古老的奶酪交易习俗，如席地摆放、击掌议价等。

服务业是荷兰国民经济的支柱产业，主要集中于物流、银行、保险、旅游和法律等行业。

荷兰陆、海、空运输均十分发达，是欧洲大陆重要的交通枢纽。鹿特丹港是世界上主要的集装箱港口之一。阿姆斯特丹史基浦机场是荷兰和欧洲主要的航空港之一，曾多次获得"世界最佳机场"称号，客流量位居欧洲机场前列。

3. 对外贸易

外贸在荷兰经济中占重要地位。荷兰货物贸易总额2022年为14 084亿欧元（其中，进口额为6 770亿欧元，出口额为7 314欧元），2023年为16 460亿欧元（其中，进口额为7 800亿欧元，出口额为8 660亿欧元）。主要进口工业原料、原油、半制成品和机械等，主要出口食品、机械、化工、石油制品等。

4. 货币与汇率

荷兰货币为欧元。

2021年7月1日，1欧元=7.6701人民币元。

2024年7月1日，1欧元=7.6787人民币元。

（三）文化

1. 教育

荷兰实行十二年（5～16岁）全日制义务教育。中小学校分为公立和私立两类；高等教育分为大学和高等职业教育。荷兰著名高校有莱顿大学、乌得勒支大学、阿姆斯特丹大学等。

2. 新闻出版

荷兰报刊的发行始于1618年，主要报刊有《人民报》《新鹿特丹商报》《电讯报》等；主要通讯社为荷兰通讯社。

3. 文学艺术

伦勃朗（17世纪）和凡·高（19世纪）是荷兰最有名的绘画大师。荷兰当代绘画与雕塑艺术也取得了令世人瞩目的成绩。荷兰国家歌剧院的音乐会、荷兰国家芭蕾舞团的演出在国际上享有很高的声誉。

4. 风车文化

风车、郁金香、奶酪和木屐被称为"荷兰四宝"。早在13世纪，荷兰人就将风车作为动力工具，极盛时期，荷兰各地有风车近万座。现在荷兰的沿海和江河地带仍然遍布着大小风车，风车成了荷兰的象征，因此荷兰又被称为"风车之国"。

观览天下 5-11

荷兰地处大西洋东岸，地球西风带，一年四季盛行西风，这为荷兰利用风力提供了良好的条件。长期以来，荷兰人创制了各种各样的风车，这些风车为荷兰提供了干净而强大的动力。尤其是在围海造地的过程中，风车更是发挥了重要的作用。因此，欧洲流传这样一句话："荷兰风车创造了陆地。"荷兰人喜爱他们的风车，在民歌和谚语中常常赞美风车。荷兰人还把每年5月的第二个星期六设为"风车日"，这一天全国的风车一起开动，向世人展示荷兰风车的风采。

5.花卉文化

荷兰一年四季鲜花盛开，是世界著名的花卉之国，以郁金香、玫瑰花和杜鹃花居多。荷兰每年都要举办花卉节，同时举行大型的花车游行。荷兰最有名的鲜花是郁金香，它是美好、庄严、华贵和成功的象征，在荷兰广为种植，因此荷兰又被誉为"郁金香王国"。海牙附近的库肯霍夫公园是世界上最大的郁金香公园，集中了全荷兰郁金香的精华，有"世界郁金香旅游中心"的美称。

6.体育

体育运动是荷兰人日常生活中的一个重要组成部分，大多数荷兰人都对体育运动感兴趣。政府对体育运动机构提供财政补贴，公司、企业也乐于为各类体育运动提供赞助。足球、网球、排球、马术、体操、游泳、排球、自行车、赛车、柔道、滑冰、曲棍球、帆板、手球和篮球等都是荷兰人喜欢的运动。足球在荷兰民间体育运动项目中位列第一。此外，很多荷兰人业余时间喜欢骑自行车。

四、荷兰的民俗

（一）服饰

荷兰人的穿着较为随意，不太讲究。无论穿什么，只要舒服就好，即使是观看歌剧，也可以穿牛仔裤和T恤。在高级餐厅用餐时，男士通常穿西装、系领带，女士着半身裙或连衣裙。

过去，荷兰人喜欢穿一种木屐，其外观如同一只小船，配有风格各异的图案和色彩。这种木屐底厚、不透水、不怕潮、结实耐用，适合在荷兰这样地低土潮的环境下穿着。现在这种木屐已很少有人穿了，但荷兰人仍然大量制作木屐，因为它是很受欢迎的旅游纪念品。

（二）饮食

荷兰人的早餐一般吃抹上奶油和奶酪的面包。许多荷兰人在工作日不吃早餐，所以午餐至关重要，通常包括面包和咖啡、茶、乳制品与一些水果；晚上7时正式吃晚餐，睡前还有一次消夜。此外，荷兰人在上午10时和下午4时通常要吃茶点。

荷兰人喜欢吃胡萝卜、土豆、洋葱一起烹煮的"三合一"菜。大多数荷兰人喜欢吃肉，尤其是牛肉和猪肉。荷兰人也喜欢吃奶酪。荷兰的奶酪品种很多，且分为不同等级，高等级的奶酪价格昂贵。

荷兰人爱喝牛奶，对很多荷兰人来说，牛奶是用来解渴的。咖啡和茶也是荷兰人的日常饮料。荷兰人最喜欢喝红酒，其次是啤酒和荷兰出产的金酒。

观览天下 5-12　　　　　　　　　　　　　　金　酒

金酒又叫杜松子酒，17世纪时由荷兰的一位医学教授发明，其创制这种酒的初衷是帮助荷兰人预防感染热带疾病，但金酒很快成为风行全球的一种酒精饮料。金酒也是调制鸡尾酒时最常使用的基酒。

（三）主要节庆

元旦　1月1日。

国庆日（国王日）　4月27日（系现任国王威廉-亚历山大生日）。

解放日　5月5日。1945年的这一天，占领荷兰的德军投降，荷兰获得解放。

圣诞节　12月25日。圣诞节对荷兰人来讲相当于中国的春节。

（四）日常社交礼仪

荷兰人与人初次会面时，通常会握手；在介绍某人时，会简要说明其工作及头衔。之后，彼此只称呼姓氏，有时甚至直接称呼名字，不再使用头衔，即使这个人是公司总裁。

如果被邀请去荷兰人的家中吃晚饭，通常要带一些鲜花或巧克力。送花应送单数，且最好是5朵或7朵。荷兰人喜欢收到无法在本国买到的礼物。收到礼物后，荷兰人会马上拆开包装，并感谢、赞美一番，甚至将礼物传递给周围的人展示一番。荷兰人并不习惯立刻还礼。荷兰人家中的装饰很讲究，荷兰人也特别喜欢听到别人对自家装饰的赞美。

在荷兰，谈话不要涉及个人隐私，旅行和体育是比较受欢迎的谈话内容。很多荷兰知识分子对中国传统文化十分了解，交谈时可谈一些有关中国文化的话题。荷兰人很少谈论自己的私生活。

荷兰人对孩子很尊重，也很尊重女性，但荷兰人有一个习惯，即无论爬楼梯还是走升降扶梯，女性一般都跟在男性的后面。

荷兰人倒咖啡只倒至杯子的2/3处，倒满被认为是失礼的行为。

在荷兰，服务费通常含在酒店、商店和出租车的账单中。与很多西方国家不同的是，即便在餐厅，额外服务的小费也并不是必需的。

（五）荷兰人的性格特点

荷兰人热情、自信、开朗，容易与人相处；荷兰人很敬业，将私生活和工作分得十分清楚；荷兰人办事一向严谨实际，不易冲动；荷兰人的时间观念很强，讲究准时，不喜欢迟到。

荷兰人做事直截了当，不喜欢拖泥带水。在谈判时，他们会采用直接坦率的商业策略，喜欢开门见山，不喜欢多说废话。

荷兰人以节俭为美德，平常不轻易请客，也不习惯回请，更不送价值高的礼品。阅读是荷兰人的一大爱好，但现在许多荷兰人喜欢订阅过期杂志，这样既能满足阅读的需要，又能节省一定的开支。

课堂互动 5-3

接待荷兰客人时应注意什么？

五、荷兰旅游业

（一）旅游业现状

荷兰是旅游业发达的国家，荷兰人喜欢旅游，国外的旅游者也越来越多地进入荷兰。荷兰是世界大型国际会议、展览和文化活动的重要举办地之一，文化旅游、会展旅游、生态旅游、农业旅游是荷兰吸引游客的主要"名片"。2007 年赴荷兰旅游的外国游客数量为 1 100 万人次，2014 年为 1 400 万人次，2019 年为 2 010 万人次。德国、英国和比利时是荷兰主要的 3 个客源国。

（二）主要旅游资源

1.著名旅游城市

阿姆斯特丹、鹿特丹、海牙都是荷兰著名的旅游城市。

阿姆斯特丹　位于荷兰西部的北荷兰省，是荷兰最大的城市和第二大港口，也是一座地势低于海平面 1~5 米的"水下城市"，城内有大小水道 160 多条，桥梁 1 000 多座，素有"北方威尼斯"之称。阿姆斯特丹从 16 世纪起就成为重要港口，17 世纪一度成为世界金融、贸易、文化中心。这里还是世界上最重要的钻石交易中心之一，有"钻石之都"的美誉。其主要景点有水坝广场、阿姆斯特丹王宫、阿姆斯特丹音乐厅等。

鹿特丹　位于荷兰西部的南荷兰省，是荷兰第二大城市和第一大港口，也是国际航运枢纽和国际贸易中心。这里有现代化的港口、别具一格的建筑和众多的博物馆，登上被称为"欧洲桅杆"的高塔（185 米）可鸟瞰全市。

海牙　位于荷兰西部的南荷兰省，是荷兰第三大城市，有"欧洲最大、最美的村庄"之誉。13 世纪，这里就建了城堡。自 17 世纪起，这里成为全国的政治中心和国际会议中心。19 世纪初首都迁往阿姆斯特丹后，议会、首相府和各部仍设在这里。著名景点有和平宫、马德罗丹微缩城等。

2.博物馆

荷兰是世界上博物馆密度最大的国家，著名的博物馆有荷兰国立博物馆、莱克斯博物馆、荷兰木鞋博物馆等。

3.桑达姆风车民俗村

桑达姆风车民俗村距阿姆斯特丹 20 千米，是一座有着浓郁荷兰风情的露天博物馆。这里有优美的自然环境、庄重古朴的老式木结构建筑、古老的风车和传统的工艺展示，每年都吸引了大量游客前往参观。

4.库肯霍夫公园

库肯霍夫公园（如图 5-2 所示）位于荷兰利瑟小镇，其历史可以追溯到 15 世纪，是目前世界上最大的郁金香公园，也是荷兰最大的雕塑公园。每年春天，这里都会举行郁金香节及花卉展。

图 5-2　库肯霍夫公园

5.小孩堤防风车群

小孩堤防风车群（如图 5-3 所示）位于荷兰西部、鹿特丹的郊外，建于 1740 年，是一个由 19 座风车组成的系统，当初建造的目的是将低洼地区的积水排出来。现在这里景色秀丽，古老的风车与平原、运河共同构成了一幅幽静美丽的画卷，是荷兰最知名的景点之一，1997 年被联合国教科文组织列入《世界遗产名录》。

图 5-3　小孩堤防风车群

六、中荷关系

（一）外交关系

荷兰是最早承认中国的西方国家之一，两国于 1954 年 11 月建立代办级外交关系，1972 年 5 月升格为大使级外交关系。此后，双方关系起伏发展。近年来，中荷关系保持良好发展势头。2014 年 3 月，双方一致决定将双边关系提升为"开放务实的全面合作伙伴关系"。

荷兰在中国上海、广州、重庆、香港设有总领事馆。中国在荷兰海外自治国库拉索威廉斯塔德设有总领事馆。

（二）经贸关系

荷兰是中国在欧盟内第二大贸易伙伴，中国是荷兰在欧盟以外的第一大贸易伙伴。

中荷双边贸易额 2013 年为 701.5 亿美元，2016 年为 672.2 亿美元，2019 年为 851.5 亿美元，2023 年为 1 170.9 亿美元（其中，中国出口额 1 001.9 亿美元，中国进口额 169 亿美元）。

荷兰是中国在欧盟第一大投资目的国和第二大引资来源国。截至 2022 年，荷兰对华直接投资存量为 294.4 亿美元。荷兰来华投资企业大多数是高技术生产型企业，飞利浦公司、壳牌石油、联合利华、阿克苏诺贝尔等荷兰知名公司都在中国设立了合资企业。

截至 2022 年，中国对荷兰直接投资存量为 283 亿美元，中国企业在荷兰设立 720 余家直接投资企业，创造 2.4 万余个工作机会。

（三）科技、文化与教育交流

荷兰是最早同我国开展战略性和长期性科研合作的西方国家之一。合作领域涉及环境、新材料、新能源、医学等方面。中荷签有文化合作协定，双方文化交流频繁。20 多所荷兰高等院校与我国有关高校建立了长期校际交流关系。莱顿大学是欧洲历史最悠久的大学之一，这里拥有欧洲大陆最著名的汉学院和中文图书馆。荷兰有中国留学生约 1 万名，中国留学生是仅次于德国留学生的荷兰第二大留学生群体。

目前，两国已建立 31 对友好省市关系。

（四）旅游关系

荷兰是我国的主要客源国之一，2005 年来我国旅游的荷兰游客达 14.58 万人次，2015 年为 18.18 万人次，2018 年为 19.64 万人次。自 2023 年 12 月 1 日起至 2025 年底，中国对荷兰持普通护照人员来华经商、旅游观光、探亲访友和过境，试行 15 天内单方面入境免签政策。

荷兰已成为中国公民出国旅游目的国之一。为了吸引中国游客，荷兰已在多个方面实施了实质性的改进，如增加中荷航班数量、开辟欧洲旅游通道、简化签证程序等。2019 年，中国赴荷兰游客数量为 36.8 万人次。

第三节　瑞典

一、瑞典概况

（一）地理位置

瑞典（Sweden）位于北欧斯堪的纳维亚半岛东半部，西邻挪威，东北接芬兰，东临波罗的海，西南濒北海，与丹麦隔海相望。

瑞典斯德哥尔摩与中国北京的时差是-7 小时（比中国北京时间慢 7 小时，每年 3 月最后一个星期日到 10 月最后一个星期日瑞典实行夏令时，与中国北京时间的差距缩短 1 小时）。

（二）面积与人口

瑞典国土面积为 45 万平方千米。人口 1 056 万（截至 2023 年 10 月），绝大多数为瑞典人，移民多来自中东、东南欧、非洲等地区；北部萨米人是唯一的少数民族，约2万人。

（三）语言

瑞典官方语言为瑞典语，通用英语。

（四）宗教

瑞典的主要宗教为基督教路德宗（新教主要宗派之一，也是最早的新教教派，亦称信义宗）。

（五）自然环境

瑞典地形狭长，地势自西北向东南倾斜。河流众多，水力资源丰富；湖泊约10万个，面积约占全国总面积的8%，被称为"湖泊王国"。维纳恩湖面积约5 650平方千米，是瑞典最大的湖泊。

瑞典大部分地区属温带针叶林气候，最南部属温带阔叶林气候。受北大西洋暖流影响，北部地区1月平均气温为-15℃，7月为8℃；南部地区1月平均气温为1～2℃，7月为18℃。

观览天下 5-13

瑞典大部分国土位于北纬60度以北地区，约15%的土地在北极圈内，形成了明显的昼夜长短变化。瑞典夏季白天较长，首都斯德哥尔摩在6月底、7月初黑夜只有2小时；冬季黑夜较长、白天很短，有时白天只有6小时左右。

（六）国旗和国歌

1.国旗

瑞典国旗呈长方形，旗面由蓝、黄两色构成。旗帜底色为蓝色，黄色宽条十字把旗面分成4块蓝色长方形。

2.国歌

瑞典国歌是《你古老，你自由》（又译《你古老的光荣的北国山乡》）。

（七）行政区划

全国划分为21个省和290个市。

（八）首都

首都斯德哥尔摩位于瑞典东海岸、梅拉伦湖与波罗的海的交汇处，市区分布在14个岛屿和1个半岛上，市内水道纵横，素有"北方威尼斯"之称（阿姆斯特丹、圣彼得堡都有此称谓），市区人口99万（截至2023年底）。斯德哥尔摩是瑞典第一大城市，也是全国政治、文化、经济和交通中心。

二、瑞典简史

早在石器时代，瑞典一带已有人类聚居。在青铜器时代，瑞典南部人口已颇为稠密。9世纪至10世纪，瑞典地区形成了维京文化。公元11世纪初，这里开始形成国家。1157年，瑞典兼并芬兰。1397年，瑞典与丹麦、挪威组成卡尔马联盟，受丹麦统治。1523年，瑞典脱离联盟独立，古斯塔夫·瓦萨被选为瑞典国王。

1654—1719年是瑞典历史上的强盛时期。1700年，俄国、丹麦、波兰结盟与瑞典交战，大北方战争（1700—1721年）开始。战后，俄国取代瑞典在欧洲的地位，瑞典逐步走向衰落。

1805年，瑞典参加拿破仑战争，1809年败于俄国后被迫割让芬兰，1814年从丹麦手中取得挪威，结成瑞挪联盟，1905年挪威脱离联盟独立。瑞典在两次世界大战中均保持中立。20世纪60年代到90年代，瑞典经济飞速发展，人民生活水平大大提高。1995年，瑞典加入欧盟。

三、瑞典的政治、经济与文化

（一）政治

瑞典实行君主立宪制。国王是国家元首，作为国家象征仅履行代表性或礼仪性职责，不能干预议会和政府工作。国王的长子（女）是法定王位继承人。议会是立法机构，实行一院制，议员经普选产生，任期4年。政府是国家最高行政机构，对议会负责。

瑞典的法院分为最高法院、中级（上诉）法院、初审法院3级，另设有行政法院。全国设1个国家检察院、6个中级检察院、38个区级检察院和11个专司经济犯罪的检察院。

（二）经济

1.总体实力

瑞典属经济发达国家，以高收入、高税收、高福利著称。瑞典国内生产总值2013年为5 600亿美元，2016年为5 110亿美元，2019年为5 314亿美元（人均国内生产总值为5.2万美元），2023年为59 509亿瑞典克朗（人均国内生产总值为56.4万瑞典克朗）。

观览天下 5-14

瑞典是世界著名的高福利国家，建立了较完善的社会福利体系，实行广泛的社会福利政策。社会福利项目从父母带薪长期产假到医疗保障、病假补助，从失业保障和养老金到义务教育，内容广泛，被称为"从摇篮到坟墓"的保障。高福利的基础是高税收，瑞典正是通过高额的税收获取福利保障资金的。每年4—6月，瑞典人都要主动申报自己上一年的所有收入。

2.各产业概况

铁矿、森林和水力是瑞典三大资源。瑞典是欧洲最大的铁矿砂出口国。瑞典森林覆盖率为58%，蓄材35.5亿立方米，有"森林王国"和"欧洲锯木场"之称。水力在瑞典清洁能源中占比最大，每年水力发电约68亿千瓦时，占全国总发电量的45%。瑞典工业发达，主要有矿业、机械制造业、森林及造纸工业等。粮食、肉类、蛋和奶制品自给有余，蔬菜、水果主要靠进口。瑞典服务业发达，从业者主要分布在医疗护理、商业、运输通信、金融等领域。

3.对外贸易

瑞典属外向型经济，外贸依存度较高。2023年，瑞典货物贸易总额为4.151万亿瑞典克朗，其中，进口额约2.048万亿瑞典克朗，出口额约2.103万亿瑞典克朗。主要出口商品为机械与交通运输设备、木材与纸张产品、化工与塑料制品、工业机械、电子与电信设备、矿产品等，主要贸易伙伴为德国、挪威、丹麦、英国、美国等。

4.货币与汇率

货币名称为瑞典克朗。

2021年7月1日，1人民币元=1.3217瑞典克朗。

2024年7月1日，1人民币元=1.4781瑞典克朗。

（三）文化

瑞典实行十年义务教育。主要高校有斯德哥尔摩大学、乌普萨拉大学、隆德大学、皇家理工学院等。主要报纸有《每日新闻》《瑞典日报》《晚报》等，主要通讯社为瑞典通讯社。

瑞典是诺贝尔的故乡，科研较发达，全国科研力量主要集中在国家资助的各类高校、专业研究所、皇家科学院以及企业资助的下属研发部门。

瑞典体育运动较普及，全国约有27 000家体育协会和俱乐部。网球、冰球、乒乓球、足球、手球、高尔夫球、赛马等竞技项目普及并有较高水平。在瑞典，最受欢迎的两项体育运动是足球和冰球。

观览天下5-15　　　　　　　　　　**诺贝尔及诺贝尔奖**

诺贝尔是瑞典著名化学家，1833年生于斯德哥尔摩。他一生致力于炸药的研究，发明了硝化甘油炸药、雷管、无烟炸药等，被称为"炸药大王"。1896年12月10日，诺贝尔在意大利逝世。

逝世前，诺贝尔立下遗嘱，将其遗产的大部分（约920万美元）作为基金，以其年息设立物理学奖、化学奖、生理学或医学奖、文学奖、和平奖5种奖金，奖励当年在上述领域内作出重大贡献的学者。

1900年6月，瑞典政府批准成立诺贝尔基金会，并于诺贝尔逝世5周年纪念日，即1901年12月10日首次颁发诺贝尔奖。1968年，瑞典中央银行增设"瑞典中央银行纪念阿尔弗雷德·诺贝尔经济学奖"（人们习惯上称这个额外的奖项为诺贝尔经济学奖），自1969年开始与其他5个奖项同时颁发。

四、瑞典的民俗

（一）服饰和饮食

1.服饰

在正式场合，瑞典男子一般都西服革履，女子通常是西服上衣配短裙，或穿露肩的长裙。

2.饮食

瑞典人以面包和马铃薯为主食，尤其喜欢吃黑面包；爱吃肉类，如牛肉、猪肉、鸡肉和野味；爱吃鱼和其他水产品，特别是鲱鱼、鲭鱼，也特别爱吃虾，认为大虾是一种美食；喜欢吃新鲜蔬菜，爱喝浓汤；有些人不吃鸡蛋。

瑞典人的口味偏清淡，对清鲜、嫩滑、焦香的菜肴非常喜欢，不喜欢吃太油腻的食品。

瑞典人喜欢将菜谱固定，如这个星期一是这种菜，通常下星期一还是这种菜。瑞典还有一种"海盗席"，即在一张大桌上摆几十种菜，客人按自己的爱好分取。

瑞典人的早餐一般是夹果酱和奶油的面包、咖啡、红茶；午餐一般是面包、蔬菜、瑞典肉丸和沙拉等；晚餐与早餐近似，只是多了一份汤。

瑞典人也喜欢吃中餐，如各种凉菜、花生仁、红烧鱼、香酥鸭、酸辣海参、肉丝榨菜汤、烧卖、蒸饺、花卷、酥饼等，对广东菜尤其感兴趣。

（二）主要节庆

元旦　1月1日。

复活节　春分后第一次月圆后的第一个星期日。

国庆节　6月6日。

仲夏节　6月24日或6月末的星期六。这是北欧国家的传统节日。北欧国家靠近北极，冬季漫长，有的地方几乎有半年时间见不到太阳。仲夏节前后，这一地区的阳光最为充足，因此人们在仲夏节这一天欢歌起舞，庆祝光明驱除黑暗以及万物峥嵘日子的到来。篝火晚会是节日庆祝的重要内容。

露西亚女神节　12月13日。露西亚女神节被认为是最能代表瑞典传统文化的节日。相传，露西亚女神在每年12月13日夜晚降临人间，给人们带来光明。在瑞典的许多地方，12月13日是一年中最长和最黑的夜晚，此后夜晚越来越短，白天越来越长。

圣诞节　12月25日。

节礼日　12月26日。

（三）日常社交礼仪

瑞典人通常以握手为礼或用言语问候，偶尔也行接吻礼；与人交谈时，习惯保持1.2米左右的距离，不喜欢靠得太近；交谈时喜欢直视对方，认为这样既显得重视对方，又比较亲密。

瑞典人宴请宾客一般都较正式，讲究礼仪。宴会一般安排在傍晚，应邀的客人应准时赴约，最好给女主人带一束鲜花（务必是奇数）或巧克力。客人要按主人安排的座位入座，同时男士应帮助旁边的女士入座。瑞典人待客用酒，多为度数较高的斯堪的纳维亚特制透明白兰地。瑞典人敬酒的习惯是要等主人、年长者、职位高者敬酒后，才向他们敬酒。女性只有在男性举杯相邀时，才能饮酒作陪。女主人通常要向所有来宾敬酒，但来宾不一定要向女主人敬酒。用餐时不宜发出声音。宴会结束后，客人离桌前要向主人表示感谢，并要在次日打电话或写信再次表达谢意。

（四）民间禁忌习俗

瑞典人注重个人隐私，忌讳陌生人询问他们的年龄、宗教信仰、政治倾向、经济状况、行动去向等；酒不可作为礼物送人，因为瑞典是一个半禁酒的国家。瑞典人忌讳数字13；对在公共场合出现的过分亲昵行为很看不惯，认为有伤风化；忌讳在公共场合吸烟，认为这不利于他人的健康。

（五）瑞典人的性格特点

瑞典人爱花、爱鸟和其他野生物，重视环境保护；喜欢利用闲暇时间到森林和田野远足，采摘野果和蘑菇；喜欢游泳、泛舟、垂钓。瑞典有各类群众团体，几乎每个瑞典人都参加了协会、俱乐部或学习班。

生活中，瑞典人讲究规则，遵纪守法，爱护公共环境，很少有人当街大叫、吵架，也见不到在站台上拥挤、插队的现象。

瑞典人办事冷静沉着、讲究计划性、重诺守时，但瑞典人不够活泼，相互间不爱深交，邻里间也很陌生，乘坐火车时相邻者也多一路无话、各自看书。

瑞典人重视亲情，讲究男女平等；朋友间关系真诚，熟人间谈笑无拘无束；子女在节假日经常与父母团聚。

观览天下 5-16

2000 年，瑞典与其北欧邻国芬兰一起被联合国评为世界上男女平等的"模范国家"。瑞典妇女在社会活动中非常活跃，不亚于男子。在瑞典的议会中，女议员的比例约占 40%，政府中也始终有很多女部长。在瑞典的对外贸易活动中，女性创造的价值占比近 60%。

2008 年，总部设在美国的拯救儿童组织从寿命、产假补贴、饮水质量、参政和 5 岁以下儿童死亡率等方面对全世界 146 个国家和地区的妇女生活状况进行了评比，瑞典以最高得分再次被评为"最适合母亲居住的国家"。

课堂互动 5-4

接待瑞典客人时应注意哪些细节？

五、瑞典旅游业

（一）旅游业历史和现状

瑞典是一个旅游业发达的国家。2015 年，瑞典旅游业出口总值达 1 100 亿瑞典克朗，比铁和金属类产品的出口总值高出了 2 倍，旅游业已经成为瑞典的主要产业之一。

瑞典人热爱大自然，喜欢旅游，昼长夜短的夏季是瑞典人旅游的高峰期。瑞典已成为世界上外出旅游人数最多的国家之一。瑞典的入境游客数量较为稳定，入境游客主要来自周边国家，挪威是瑞典最大的旅游客源国。

观览天下 5-17

充足的闲暇时间是旅游的前提。瑞典旅游业的发达与瑞典人拥有足够的假期密切相关。

除了每周的双休日外，瑞典人一年里可享受到的法定节假日长达 38 天。此外，瑞典法律规定，人们休假期间的工资不仅不能减少，还要比平常高出 0.8%。如果确实因工作需要而无法休假，雇主需要付给雇员高出其正常收入近 50% 的工资。带薪年假可分开休，也可一次休完。瑞典冬季漫长，所以大部分瑞典人选择在夏季（6、7、8月）休假，这个时间段在瑞典办事往往要吃闭门羹。

（二）主要旅游资源

作为世界游览胜地之一，瑞典拥有得天独厚的自然旅游资源和独特的人文旅游资源。瑞典拥有漫长的海岸线、广阔的高山地区，还有古老的历史街区，游客不但能够领略到优美的自然风光、感受乡野情趣，而且能够了解浓厚的历史文化。

瑞典的主要旅游地有北部的自然保护区和一些著名旅游城市，如斯德哥尔摩、哥德堡、乌普萨拉等。

1.斯德哥尔摩

斯德哥尔摩是一座文化名城，始建于13世纪。由于老城区从未遭受过战争的破坏，因此至今保存完好。这里有瑞典王宫、皇家歌剧院、皇家话剧院、国会大厦以及市政厅等著名建筑，还有众多专业性和综合性的博物馆。皇后岛（如图5-4所示）和米勒斯公园也是这座城市的著名旅游景点。

图5-4　皇后岛

观览天下 5-18

皇后岛上有一座"中国宫"，这是一座颇具中国风格的宫殿，里面的陈设几乎全为中国式样。

斯德哥尔摩以东的沙丘巴登地区曾是中国近代史上著名的维新派领袖康有为居住过的地方。康有为在戊戌变法失败后，曾到过瑞典，他买下沙丘巴登地区的一个小岛，并在岛上修建起一座中国式园林，取名为"北海草堂"。

2.哥德堡

哥德堡位于瑞典西南部海岸，隔卡特加特海峡与丹麦北端相望，素有瑞典"西部窗口"之称。哥德堡港口终年不冻，是瑞典和西欧通商的主要港埠，也是瑞典第一大港口。

哥德堡的造船业在历史上颇有名气，18世纪至19世纪瑞典的许多远洋船只都建造于此。现在的哥德堡工业发达，尤其是机械、化学、纺织工业，始终处于领先地位。这里还有17世纪建造的皇家住宅、1699年建造的旧市政府、18世纪中叶建造的瑞典东印度公司等名胜之地。

3.乌普萨拉

乌普萨拉位于瑞典中部、斯德哥尔摩的正北方，是瑞典著名的文化古城，仍保留有许多中世纪的建筑。瑞典历史最悠久的大学——乌普萨拉大学即设于此。市内建有多个博物馆，其中包括专门展出中国展品的中国瓷器馆和中国化石馆。

六、中瑞关系

（一）外交关系

瑞典于1950年1月14日承认中华人民共和国，1950年5月9日同中国建交，是第一个与中国建交的西方国家。建交后，两国关系发展平稳，交流与合作日益增多。目前，中国在瑞典哥德堡设有总领事馆，瑞典在中国上海和香港设有总领事馆。

（二）经贸关系

中瑞建交以来，两国经贸关系得到长足发展。1957年，中瑞两国签订政府间贸易协定。1978年，中瑞两国贸易额突破1亿美元，1994年突破10亿美元。从2004年开始，中国取代日本成为瑞典在亚洲的第一大市场，瑞典则是中国在北欧最大的经济合作伙伴。2023年，中瑞双边贸易额为188.5亿美元（其中，中国出口额94.7亿美元，中国进口额93.7亿美元）。中国对瑞典主要出口电器及电子产品、服装、机械设备等，主要进口运输工具、计算机与通信技术、钢材、纸及纸板等。

中瑞在对方国家互有投资。截至2023年底，瑞典累计对华投资68.8亿美元，中国累计对瑞典投资194.8亿美元。

观览天下 5-19

目前，瑞典在中国的企业主要有：伊莱克斯（中国）电器有限公司、斯凯孚（中国）有限公司、阿斯利康制药有限公司、爱立信（中国）有限公司、宜家（中国）投资有限公司等。

（三）科技、文化与教育交流

两国的科技交流始于20世纪70年代。1981年，两国签订《中华人民共和国国家科学技术委员会和瑞典国家技术发展局科学技术合作议定书》。2005年2月，欧洲第一个孔子学院——北欧斯德哥尔摩孔子学院在斯德哥尔摩大学中文系成立。2006年，瑞典"哥德堡号"仿古船复航中国并举办文化活动。近年来，双方的文化交流日益频繁。瑞典多次派出文化代表团、演出团、展览团来中国，中国也在瑞典举办了京剧、杂技、民乐、武术、民间艺术表演和电影周、文物展、画展、图片展等文化活动。2012年，中国作家莫言获得诺贝尔文学奖。2015年，中国药学家屠呦呦获得诺贝尔生理学或医学奖。2016年，中国文化中心在瑞典斯德哥尔摩落成。

中瑞自1964年起正式交换留学生。截至2021年底，中国在瑞典有公派和自费留学生约7 820名，瑞典在中国的留学生也不断增多，中国已成为最吸引瑞典留学生的亚洲国家。

（四）旅游关系

瑞典是我国主要的旅游客源国之一，2011年来中国的瑞典游客约17.01万人次，2015年为11.84万人次，2018年为11.01万人次。

瑞典是中国公民出国旅游目的地国之一。近年来，中国去瑞典旅游的人数不断增加，中国已成为瑞典在亚洲最大的旅游客源国。

第四节　西班牙

一、西班牙概况

（一）地理位置

西班牙全称西班牙王国（The Kingdom of Spain），位于欧洲西南部伊比利亚半岛，东北与法国、安道尔接壤，西与葡萄牙接壤，东临地中海，北濒比斯开湾，南隔直布罗陀海峡与非洲的摩洛哥相望。

西班牙马德里与中国北京的时差是-7小时（比中国北京时间慢7小时，每年3月最后一个星期日到10月最后一个日期日西班牙实行夏令时，与中国北京时间的差距缩短1小时）。

（二）面积与人口

西班牙国土面积约50.6万平方千米，居欧洲第四位。人口4 859万人（截至2024年1月）。主要居民是卡斯蒂利亚人（即西班牙人），少数民族有加泰罗尼亚人、加利西亚人和巴斯克人等。2023年，西班牙人口平均预期寿命为83.2岁。

（三）语言

西班牙的官方语言和全国通用语言是西班牙语。少数民族语言在本民族地区亦为官方语言。西班牙语与法语、葡萄牙语、意大利语相近，同属罗曼语族。《2021年世界西班牙语年鉴》指出，全世界有将近6亿人在使用西班牙语，其中有近5亿人以西班牙语为母语。西班牙语已经成为欧洲第二大经贸语言。

（四）宗教

西班牙多数居民信奉天主教。

（五）自然环境

西班牙境内多高原和山脉，平原很少且狭窄，中部的梅塞塔高原约占全国面积的3/5。主要山脉有比利牛斯山脉、坎塔布连山脉等，南部的穆拉森山海拔3 478.6米，为国土大陆部分的最高峰。西班牙河流较多，但水量不大，大部分不能通航。

西班牙中部高原属大陆性气候，北部和西北部沿海属海洋性气候，南部和东南部属亚热带地中海气候。温和少雨、干燥多风是西班牙大多数地区的天气特点，年晴天日数居欧洲首位。

（六）国旗、国歌、国花

1.国旗

西班牙国旗呈长宽比为 3 : 2 的长方形。旗面由 3 个平行的横长方形组成，上下均为红色，各占旗面的 1/4；中间为黄色；中间偏左的位置绘有西班牙国徽。

2.国歌

西班牙的国歌是《皇家进行曲》。

3.国花

西班牙的国花是石榴花。

（七）行政区划

全国划分为 17 个自治区、50 个省、8 100 多个市镇，另有休达和梅利利亚 2 块飞地。

（八）首都

西班牙首都为马德里，位于伊比利亚半岛中部，地处梅塞塔高原，海拔 670 米，是欧洲地势最高的首都之一，人口 333 万（截至 2024 年 1 月），是西班牙最大的城市，全国政治、经济、文化、交通中心。

二、西班牙简史

早在石器时代，伊比利亚半岛就有人居住。公元前 9 世纪，凯尔特人从中欧迁入。公元前 8 世纪，伊比利亚半岛遭外族入侵。公元前 218 年，罗马人入侵西班牙；409 年，西哥特人入侵西班牙；711 年，摩尔人入侵西班牙。

从 8 世纪起，西班牙人展开了长达 8 个世纪的"光复运动"，终于在 1492 年建立了统一的西班牙封建王朝。同年，哥伦布奉西班牙统治者之命开始远洋航行，10 月 12 日，哥伦布抵达西印度群岛，美洲大陆进入了人们的视野，西班牙开始对外扩张，逐渐成为海上强国，在欧、美、非、亚各洲均有殖民地。

1588 年，西班牙的"无敌舰队"被英国击溃，从此逐渐衰落。1807 年，拿破仑入侵并占领西班牙，西班牙人民奋起反抗，捍卫了国家主权。1873 年 2 月，西班牙宣布建立第一共和国；1874 年 12 月，王朝复辟；1898 年，西班牙在美西战争中失败，失去了在美洲和亚太的最后几块殖民地；在第一次世界大战中，西班牙保持中立；1931 年 4 月，西班牙建立第二共和国。

1939 年 4 月，佛朗哥夺取政权，实行独裁统治达 36 年之久。第二次世界大战中，西班牙与德国缔结军事同盟。第二次世界大战后，佛朗哥继续推行独裁统治，1947 年宣布西班牙为君主国，自任终身国家元首。1975 年 11 月，佛朗哥病逝，胡安·卡洛斯一世国王登基。1978 年 12 月，新宪法正式出台，规定西班牙实行议会君主制。

三、西班牙的政治、经济与文化

（一）政治

西班牙实行议会君主制。国王为国家元首，政府治理国家并向议会负责。议会由参议院和众议院组成，行使立法权。议员由普选产生，任期 4 年。国王同众议院各党协商后提名首相候选人，经众议院信任投票通过后任命首相。首相是政府首脑，由其提名副首相、内阁大臣人选并组建政府。法院分为全国性法院和地方性法院，最高司法审判机构为最高法院。司法权力总委员会是司法审判体系管理机构。最高检察机构是国家总检察院，下辖各级检察院及派驻各司法部门的检察官。

（二）经济

1.总体实力

西班牙是发达的资本主义工业国，经济总量居欧盟第四位。西班牙国内生产总值2017年为1.16万亿欧元，2019年为1.25万亿欧元（人均国内生产总值2.64万欧元），2023年为1.46万亿欧元（人均国内生产总值约3万欧元）。

2.各产业概况

西班牙自然资源较为丰富，煤、铁、铜、锌、汞等为主要矿产。森林总面积约15万平方千米，森林覆盖率约30%。主要工业部门有食品饮料、汽车、电力、化工、金属制品、炼油、钢铁、橡胶等。西班牙是欧盟主要汽车生产国、出口国。

西班牙农业发达，是欧盟第四大农产品生产国、欧盟第一大果蔬出口国，已开发农牧业用地面积居欧盟第二位。橄榄种植面积及橄榄油产量、葡萄酒年产量和出口量、柑橘类水果年出口量居世界前列。

西班牙以陆路交通运输为主。各级公路总里程约66.7万千米，铁路总里程1.565万千米（截至2022年）。高速铁路里程超4 000千米，居欧洲第一位、世界第二位（仅次于中国）。主要港口有巴塞罗那、毕尔巴鄂等，主要机场有阿道弗·苏亚雷斯马德里巴拉哈斯机场、何塞普·塔拉德利亚斯巴塞罗那埃尔普拉特机场等。

3.对外贸易

西班牙对外贸易总额2017年为5 789亿欧元，2019年为6 301.88亿欧元，2023年为8 263.3亿欧元（其中，进口额为4 351.7亿欧元，出口额为3 911.6亿欧元）。主要进口石油、化工产品、燃料、电气设备等，主要出口汽车及配件、机械设备、农食产品等。

4.货币与汇率

西班牙货币为欧元。

2021年7月1日，1欧元=7.6701人民币元。

2024年7月1日，1欧元=7.6787人民币元。

（三）文化

1.教育

中小学实行义务教育（6～16岁），小学六年，中学四年，大学四至五年；主要大学有马德里康普顿斯大学、马德里自治大学、萨拉曼卡大学、巴塞罗那大学等。

2.新闻出版

西班牙的主要报纸有《国家报》《世界报》《阿贝赛报》《先锋报》等。埃菲社是西班牙官方通讯社，也是全球十大通讯社之一。西班牙国家电视台是公立电视台中唯一的全国性综合类电视台。

3.文学艺术

塞万提斯是文艺复兴时期西班牙著名的作家，代表作有《堂吉诃德》，这部作品是西班牙人的骄傲，在世界各地拥有无数读者。维加是西班牙戏剧之父，代表作有《羊泉村》等。加西亚·洛尔卡是20世纪西班牙最著名的诗人、戏剧家。此外，西班牙还有何塞·埃切加赖、哈辛特·贝纳文特·伊·马丁内斯、胡安·拉蒙·希梅内斯、阿莱克桑德雷·梅洛、卡米洛·何塞·塞拉等诺贝尔文学奖得主。

弗朗西斯科、毕加索、米罗、达利等是西班牙著名的画家。

当代西班牙是一个足以与意大利抗衡的声乐强国，出现了一批世界级优秀歌唱家，如普拉西多·多明戈、何塞·卡雷拉斯、贝尔冈扎、胡里奥·伊格莱西亚斯等。其中，多明戈、卡雷拉斯与意大利歌唱家帕瓦罗蒂并称为"世界三大男高音"。

西班牙的传统舞蹈和歌剧在世界上也享有盛誉。奔放的弗拉门戈舞、热烈的方丹戈舞、欢快的霍塔舞、精短的萨苏埃拉歌剧等都是其中的杰出代表。

4.文娱活动

阅读、看电影、听音乐、逛美术馆是西班牙人主要的文娱活动。此外，西班牙人还喜欢养宠物。西班牙人酷爱体育运动，游泳、钓鱼、骑自行车、划船等项目非常普及。西班牙人最喜爱的运动是足球、网球和摩托车，它们被西班牙人称为"三大迷人的运动"。

5.西班牙斗牛

西班牙素有"斗牛王国"之称。斗牛起源于西班牙古代宗教活动，已存在700多年。斗牛和弗拉门戈舞被认为是西班牙的两大国粹。

四、西班牙的民俗

（一）姓名称谓

西班牙人的姓名一般由本名、父姓和母姓3部分组成，如阿古斯丁·桑托斯·马拉维尔，阿古斯丁为本名，桑托斯为父姓，马拉维尔为母姓。已婚妇女的姓名由本名、父姓和夫姓（丈夫的父姓）3部分组成。此外，西班牙人的姓名中还存在复名、复姓的情况。

西班牙人在正式场合或文件中使用姓名全称，一般情况下称姓不称名，较随便的场合称名不称姓，关系较亲密者彼此使用昵称；对复名、复姓者，习惯上只称第一个名或第一个姓。

（二）服饰与饮食起居

1.服饰

西班牙人穿着较为随便，即使赴宴、去剧院有时也不穿盛装，但盛装出席宴会、听歌剧仍然是礼貌、有修养的表现。女士一般着裙装，佩戴首饰，带一个精致的小手提包；男士着深色西装，系高档领带，穿黑色皮鞋。

西班牙的传统服饰很有特色，代表性的服饰有：①披风，也叫披肩，是西班牙妇女的传统服饰，面料讲究、图案美观、无领无袖，但左右侧有口袋。②安达卢西亚长裙，裙长至脚踝处，雅致飘逸。③斗牛裤，带有刺绣的花边，做工讲究，结实耐磨。

2.饮食起居

西班牙人不习惯早起，下午休息时间较长，晚上睡得很晚，因此吃饭时间也偏晚。他们通常上午9点左右吃早餐，下午1点至3点半吃午餐，晚上8点半至11点半用晚餐。有人还习惯在傍晚吃晚茶（喝咖啡、红茶，吃点心）。西班牙人的夜生活十分丰富，经常轮流做东外出聚会。

西班牙的大多数机关、企业、商店每天分两个时段上班或营业：上午9点或9点半至下午1点或1点半，下午4点半或5点至晚上8点或8点半。不少人有午睡的习惯。

西班牙人喜欢吃鱼和其他海味，喜欢烤肉和汤菜，西班牙的烤牛肉四海闻名。西班牙人常以土豆、菜花、萝卜等为荤菜辅料。沙拉则多以生菜、西红柿和洋葱为主料。西班牙人常吃一种"肉菜饭"，用米、肉、鱼及豆角等制成。"哈蒙"（生火腿）、"托尔大"（鸡蛋土豆煎饼）和"巧里索"（肉肠）被称为西班牙"三大特色小吃"，其中生火腿最为著名。

观览天下 5-20　　　　　　　**西班牙"三大特色小吃"**

生火腿在西班牙语中叫"哈蒙"，它以上等的猪后腿肉经特殊方式长期腌制和慢慢烘干而成，专供生吃。这种火腿肉呈紫红色，营养丰富、鲜嫩可口，且久存不坏。不仅西班牙人爱吃生火腿，美洲国家的很多人也爱吃生火腿。

鸡蛋土豆煎饼在西班牙语中叫"托尔大"，是一种西班牙式快餐，经济实惠、营养丰富。其做法是将煮熟的土豆去皮，切成小碎块，与生鸡蛋搅在一起，撒上盐，然后放在有黄油的平底锅中煎烤。

肉肠在西班牙语中叫"巧里索"，通常切成片夹在面包里吃，或者摆在碟子里，作为下酒菜。

西班牙人口味较重，喜欢用调味料，辛、辣、酸、苦俱全。常用调味料有洋葱、大蒜、辣椒粉、黑胡椒粉、香芹末、橄榄、柠檬汁、白葡萄酒、肉豆蔻、藏红花、月桂叶等。西班牙人一般用橄榄油烧菜，不用动物油。

在西班牙，几乎人人饮酒，可谓"无酒不成席"，西班牙人尤其爱喝啤酒和葡萄酒。西班牙是全球主要的葡萄酒生产和消费市场之一。西班牙人喜欢喝咖啡；喜欢喝凉开水，不习惯喝热开水；喝中国绿茶时常要加糖。

西班牙人也喜欢吃中餐，尤其喜欢中国的糖醋浇汁菜。

西班牙人宴请较为简单，菜品不多，请吃早餐多为洽谈业务，饮食多为橘汁、牛奶、咖啡、三明治，也常喝一种由麦片、玉米片和鲜奶兑成的粥；请吃午餐的较少，但有不少西班牙人利用中午休息时间去喝咖啡；正式宴请一般在晚上9点以后，上菜顺序是沙拉、汤、肉菜、饭后甜品等。西班牙人无劝酒的习惯。

西班牙烟民很多，但无主动敬烟的习惯。

（三）主要节庆

元旦（新年）　1月1日。除夕之夜，西班牙人要喝蒜瓣汤庆贺新年。在午夜12点教堂钟声敲响之时，人们要伴着钟声吃下12粒葡萄，象征新的一年中每个月都事事如意。元旦当天，孩子打架、骂人、啼哭都被认为是不祥之兆，因此这一天大人们都尽量满足孩子的要求。

三王节　1月6日。西班牙的儿童节。

国庆节　10月12日。

宪法日　12月6日。

观览天下 5-21

西班牙节日众多，除全国性节日外，各地都有自己的守护神节。西班牙富有民族特色的节日有狂欢节、法雅节（火祭节）、四月节、奔牛节、西红柿节等。西班牙人热爱旅游，夏季、复活节、圣诞节和新年等都是西班牙人外出旅游的旺季。

（四）礼仪禁忌

1.日常社交礼仪

西班牙人日常相见通常以握手为礼。熟人、朋友、恋人、亲人之间亦流行亲吻礼，夫妻或恋人间可吻嘴唇，长幼之间吻前额，至亲好友间吻面颊。西班牙还流行拥抱礼，拥抱多发生在夫妻、恋人、兄弟姐妹、父母与成年子女之间。

西班牙人交谈忌涉及个人隐私，如年龄、收入、婚姻状况、宗教信仰等。

西班牙人有拖沓的习惯，较不准时，但是观看斗牛比赛往往不会迟到。

在西班牙，去别人家拜访应有预约；做客、赴宴按习惯要迟到1刻钟左右，迟到太久要进行解释并表歉意；去别人家做客应带一点小礼物，如鲜花、巧克力、酒等。

西班牙人有晚睡晚起的习惯，所以上午10点前不要打扰他们，更不要上门做客。

西班牙人用餐时使用刀、叉进食，叉在盘子左侧，刀在盘子右侧。食用完毕，将刀叉合并放在盘子右边，表示无意再食用。西班牙人用餐时还使用餐巾，主人拿餐巾后，其余人员方可拿。餐巾可摆放在腿上、桌上或胸前。

2.民间禁忌习俗

西班牙人忌讳交叉握手；认为数字13和星期五不吉祥，但3和7是吉祥数字；忌用菊花（丧礼之用）；忌讳黄色（象征疾病、嫉妒）和黑色（象征死亡）；认为狗是忠实的朋友，因此忌吃狗肉，更忌杀狗；忌讳别人对他们酷爱的斗牛说三道四；忌讳男子手拿扇子在街上走，认为扇子是女子用来表达感情的专用信物。

（五）西班牙人的性格特点

1.乐观悠闲

西班牙人讲究享受生活，而不是成为生活的奴隶，所以他们平常不喜欢快节奏，也不喜欢按部就班，崇尚适度的随意和灵活，追求生活的悠闲和自在。

2.热情开朗

西班牙人和许多南欧民族一样，热情开朗，愿意与人交流。他们喜欢广交朋友，且重友情、讲义气，乐于帮助他人。

3.自强自立

西班牙人凡事都喜欢亲自去做，不愿意求助他人，认为成功与收获应建立在自己努力的基础上。崇尚成功，但即使失败也不懊丧。

4.讲求实际

西班牙人做事讲究实际效果，不愿做表面文章，认为虚荣和面子不能解决任何问题；在工作的选择上看重挣钱多少，而不太关注工作的性质，崇尚干活就必须拿钱；消费采用AA制，亲朋好友甚至父子之间也是如此。

课堂互动 5-5

与西班牙人交往时应注意哪些细节？

五、西班牙旅游业

（一）旅游业历史和现状

西班牙旅游业发达，素有"旅游王国"之称，联合国旅游组织总部就设在马德里。

西班牙旅游业兴起于 20 世纪 60 年代，如今，旅游业已成为西班牙经济的支柱和外汇的主要来源之一，入境旅游人数和旅游创汇长期居世界前列。2019 年，西班牙接待入境游客 8 370 万人次，入境旅游收入达 923.37 亿欧元。2023 年，西班牙接待外国游客 8 500 万人次，旅游收入 1 087 亿欧元，对 GDP 的贡献率达 12.8%。西班牙的入境游客 80% 来自欧洲国家，尤其是英国、法国、德国、葡萄牙。出国旅游在西班牙人的生活中占有重要地位，出国旅游目的地主要是欧洲国家。

（二）主要旅游资源

西班牙自然风光优美，人文景观众多。西班牙旅游资源最突出的特点是"3S"，即 sun（阳光）、sand（沙滩）、sea（海水），所以西班牙也被看成"出口阳光和海滩"的国家。著名旅游胜地有马德里、巴塞罗那、巴伦西亚、塞维利亚等。加泰罗尼亚是吸引外国游客最多的自治区。

马德里　既是一座现代化城市，也是著名的文化古城，现代化的高楼大厦与风格迥异的古建筑相映生辉。主要景点有太阳门广场、马德里皇宫、西班牙广场等。

巴塞罗那　西班牙第二大城市和最大港口，集历史文化景观和海滩风光于一体，被称为"伊比利亚半岛的明珠"。主要景点有毕加索博物馆、奎尔公园等。

巴伦西亚　西班牙第三大城市和第二大海港，被誉为"地中海西岸的一颗明珠"。其美丽的海滩、充足的日照、大量的名胜古迹及多彩的民间节日，吸引着无数国内外游客。主要景点有巴伦西亚大教堂、火祭博物馆等。

塞维利亚　西班牙唯一有内河港口的城市。它曾经经济繁荣、文化发达，因此有"小罗马"之称；它至今仍保留着众多罗马式、哥特式、巴洛克式及文艺复兴式的建筑和花园，因此有"花园之城"之称。主要景点有塞维利亚大教堂、黄金塔、马斯隆萨等。

此外，加那利群岛、巴利阿里群岛（素有"地中海浴盆"之称）也是著名的旅游度假胜地。

赏景怡情 5-3

西班牙马德里皇宫（VR）

观览天下 5-22

欧洲人喜欢度假，而欧洲大部分地区气候偏冷，拥有阳光、海滩的西班牙自然就成了欧洲人旅游的热点地区。西班牙提出的旅游宣传口号即"阳光普照西班牙"。

课堂互动 5-6

西班牙为什么会被称为"旅游王国"？

六、中西关系

（一）外交关系

中国与西班牙于 1973 年 3 月 9 日建交。建交后，双边关系发展平稳。2005 年 11 月，两国建立全面战略伙伴关系。

（二）经贸关系

西班牙是中国在欧盟内的第五大贸易伙伴，中国是西班牙在欧盟外第一大贸易伙伴。中西双边贸易额 2013 年为 249.1 亿美元，2017 年为 309.4 亿美元，2019 年为 354.69 亿美元，2023 年为 485.8 亿美元（其中，中国出口额 397.1 亿美元，中国进口额 88.7 亿美元）。中国对西班牙主要出口纺织品、机电、化工、轻工产品等，中国从西班牙主要进口猪肉、机械设备、交通运输设备等。

截至 2022 年底，西班牙累计在华设立企业 2 998 家，累计实际投资额 42.7 亿美元；中国对西班牙直接投资存量 11.86 亿美元。

（三）科技、文化与教育交流

两国在科技、文化等领域的合作不断取得进展，签有《中华人民共和国政府和西班牙政府文化、教育、科学合作协定》（1981 年）、《中华人民共和国和西班牙王国科学技术合作基础协定》（1985 年）等。中国已在西班牙设有 9 所孔子学院和 1 个孔子课堂。截至 2024 年 4 月，在西班牙的中国留学生约 1.5 万人。目前，两国已建立 29 对友好省市关系。2023 年，双方共同举办中西文化和旅游年，并开展了一系列庆祝活动。

启智润心
5-2

中国西班牙
友好合作
站上新起点

（四）旅游关系

西班牙是中国主要的客源国之一。西班牙公民赴中国旅游人数 2011 年为 13.99 万人次，2014 年为 14.10 万人次，2019 年为 16.6 万人次。自 2023 年 12 月 1 日起至 2025 年底，中国对西班牙持普通护照人员来华经商、旅游观光、探亲访友和过境，试行 15 天内单方面入境免签政策。

西班牙也是中国公民出国旅游目的地国之一。中国公民首站赴西班牙旅游人数 2008 年达 8.7 万人次，2016 年为 24.99 万人次。2019 年，赴西班牙旅游的中国游客达 89.66 万人次，同比增长 14%。

本章小结 👆 ···●

意大利、荷兰、瑞典和西班牙是我国在欧洲的主要客源国。本章介绍了意大利、荷兰、瑞典、西班牙 4 个国家的基本情况，内容包括各国的地理位置、面积与人口、语言、宗教、自然环境、行政区划、简史、政治、经济、文化、民俗、旅游业，以及各国与中国的关系等。

知识导图

第五章

基础训练 📝 ···●

（一）选择题（有一个或多个正确答案）

1.多数意大利人信奉（ ）。

A.天主教 B.新教 C.东正教 D.犹太教

2.意大利的通用语言是（　　　）。

A.法语　　　　　　　　B.英语　　　　　　　C.意大利语　　　　　　D.拉丁语

3.意大利的国花是（　　　）。

A.玫瑰花　　　　　　　B.雏菊　　　　　　　C.郁金香　　　　　　　D.矢车菊

4.下列关于罗马的描述正确的有（　　　）。

A."母狼哺婴"是这座城市的城徽　　　B.有"永恒之城"之称

C.有"七丘之城"之称　　　　　　　　D.有"香水之都"之称

5.下列关于意大利的表述正确的有（　　　）。

A.总统为国家元首　　　　　　　　　B.葡萄酒产量居世界第一位

C.经济总量排在世界第四位　　　　　D.自然资源贫乏

6.下列关于意大利饮食习惯的表述正确的有（　　　）。

A.讲究味醇、香浓和原汁原味　　　　B.意大利面和比萨饼是意大利的著名食品

C.意大利人爱喝浓咖啡　　　　　　　D.意大利人最爱喝的酒是葡萄酒

7.荷兰人信仰的宗教主要是（　　　）。

A.天主教　　　　　　　B.新教　　　　　　　C.东正教　　　　　　　D.犹太教

8.下列关于荷兰的描述正确的有（　　　）。

A.世界上人口最稠密的国家之一　　　B.世界上海拔最低的国家

C.发达的资本主义国家　　　　　　　D.自然资源贫乏

9.荷兰的官方语言是（　　　）。

A.法语　　　　　　　　B.英语　　　　　　　C.荷兰语　　　　　　　D.德语

10.下列选项中，（　　　）最不可能成为荷兰吸引外国游客的主要"名片"。

A.文化旅游　　　　　　B.农业旅游　　　　　C.会展旅游　　　　　　D.高山探险旅游

11.下列属于"荷兰四宝"的有（　　　）。

A.风车　　　　　　　　B.钻石　　　　　　　C.木屐

D.奶酪　　　　　　　　E.郁金香

12.瑞典信仰人数最多的宗教是（　　　）。

A.伊斯兰教　　　　　　B.基督教路德宗　　　C.天主教　　　　　　　D.犹太教

13.瑞典的官方语言是（　　　）。

A.英语　　　　　　　　B.俄语　　　　　　　C.日耳曼语　　　　　　D.瑞典语

14.下列关于瑞典的说法正确的有（　　　）。

A.夏季昼长夜短　　　　　　　　　　B.部分地区有极昼、极夜现象

C.铁矿、森林和水力是瑞典三大资源　D.以哥德堡为首都

15.下列关于瑞典人的说法正确的有（　　　）。

A.讲究计划性　　　　　　　　　　　B.生活中讲究规则

C.重诺守时　　　　　　　　　　　　D.重视环境保护

16.下列关于中瑞关系的说法正确的有（　　　）。

A.瑞典是第一个与中国建交的西方国家

B.欧洲第一个孔子学院成立于瑞典

C.瑞典是中国在北欧最大的经济合作伙伴

D.中国是瑞典在亚洲的最大旅游客源国

17.下列语言同属罗曼语族的有（　　　）。

A.西班牙语　　　　　　　　B.法语　　　　　　　　　　C.葡萄牙语

D.英语　　　　　　　　　　E.意大利语

18.西班牙信仰人数最多的宗教是（　　　）。

A.伊斯兰教　　　　B.基督教新教　　　C.天主教　　　　D.东正教

19.下列关于西班牙的说法正确的有（　　　）。

A.以平原为主　　　　　　　　B.年晴天日数居欧洲首位

C.有"旅游王国"之称　　　　D.有"橄榄王国"之称

20.《堂吉诃德》的作者是（　　　）。

A.维加　　　　　　B.塞万提斯　　　C.加西亚·洛尔卡　D.戈雅

21.（　　　）和斗牛被认为是西班牙的两大国粹。

A.弗拉门戈舞　　　B.埃拉歌剧　　　C.方丹戈舞　　　　D.霍塔舞

22.西班牙的"三大特色小吃"是（　　　）。

A.肉菜饭　　　　　B.生火腿　　　　C.鸡蛋土豆煎饼　　D.肉肠

23.下列说法中正确的有（　　　）。

A.西班牙人喜欢吃海味

B.上午10点前一般不要打扰西班牙人

C.西班牙人几乎不喝酒

D.喜欢用橄榄油烧菜

（二）判断题

1.维苏威火山是欧洲唯一的活火山。　　　　　　　　　　　（　　）

2.意大利是排在世界第二位的旅游接待国。　　　　　　　　（　　）

3.意大利人生活上较随意，不太准时。　　　　　　　　　　（　　）

4.足球在荷兰民间体育运动中最受欢迎。　　　　　　　　　（　　）

5.荷兰人不喜欢吃肉，但爱喝牛奶。　　　　　　　　　　　（　　）

6.荷兰人做事直截了当，不喜欢拖泥带水。　　　　　　　　（　　）

7.圣露西亚节被认为是最能代表瑞典传统文化的节日。　　　（　　）

8.瑞典最受欢迎的两项体育运动是足球和棒球。　　　　　　（　　）

9.瑞典人的口味偏清淡，不喜欢太油腻的食品。　　　　　　（　　）

10.西班牙的旅游创汇长期居世界第二位。（　　　）

11.西班牙的首都是巴塞罗那。（　　　）

12.西班牙人有主动敬烟的习俗。（　　　）

（三）简答题

1.意大利人的日常社交礼仪有哪些？

2.意大利人有哪些民间禁忌、习俗？

3.意大利人在服饰和饮食方面有哪些习俗？

在线测评
5-1

选择题

在线测评
5-2

判断题

4.意大利人有什么样的性格特点？

5.意大利在文学艺术领域有哪些突出成就？

6.荷兰人的日常社交礼仪有哪些？

7.荷兰人在服饰和饮食方面有哪些习俗？

8.荷兰人有什么样的性格特点？

9.瑞典人的日常社交礼仪有哪些？

10.瑞典人在饮食方面有哪些习俗？

11.瑞典有特色的节日有哪些？

12.瑞典人有什么样的性格特点？

13.简述西班牙旅游业的概况。

14.西班牙人的日常社交礼仪有哪些？

15.西班牙人在服饰和饮食方面有哪些习俗？

16.西班牙人有什么样的性格特点？

第六章

美洲客源国概况

学习目标

知识目标：

全面了解美国、加拿大的地理环境、多元文化构成、政治经济体制、主要旅游资源及旅游业发展现状，掌握其旅游市场的消费特点与发展趋势。

技能目标：

能够针对美洲游客的消费习惯，设计符合其需求的旅游产品与营销方案。

素养目标：

培养对文化多样性的包容心态，提升数字化旅游服务能力，增强国际合作意识。

引 例

某酒店将接待一批美国客人，经理安排小李整理一些与美国有关的资料，以便为酒店员工上一堂培训课。下面是小李所收集的一部分资料：

（1）美国人讲与英国人一样的英语；

（2）美国旅游业发达，每年出境旅游人数和入境旅游人数都居世界第一位；

（3）美国人口味清淡，喜欢吃清蒸食品；

（4）美国人热情，喜欢结交朋友，且人与人之间的距离越近表示关系越亲密。

请问：小李收集的资料有什么问题吗？

答案提示

第一节　美国

一、美国概况

（一）地理位置

美国全称美利坚合众国（The United States of America），位于北美洲中部，领土还包括北美洲西北部的阿拉斯加和太平洋中部的夏威夷群岛。西临太平洋，东濒大西洋，南靠墨西哥湾，北接加拿大，海岸线长 22 680 千米。

美国东部时间比中国北京时间慢 13 小时，太平洋时间比中国北京时间慢 16 小时，夏威夷时间比中国北京时间慢 18 小时。在实行夏令时的地区，夏令时比正常时间快 1 小时。

观览天下 6-1　　　　　　　　　"山姆大叔"的来历

很多人都知道，美国有一个绰号叫"山姆大叔"。据说这一绰号是这样得来的：美国纽约州特洛伊城有一位叫山姆·威尔逊的肉类加工商，他诚实能干，在当地很有威信，人们亲切地叫他"山姆大叔"。1812—1815 年美英战争期间，山姆·威尔逊在供应军队的牛肉桶上写上"U.S."字样，表明这是美国的财产。由于"山姆大叔"（Uncle Sam）的缩写也是"U.S."，因此士兵们便戏称这些带有"U.S."标记的物资是"山姆大叔"的。此后，美国士兵总爱把政府发下来的物品称为"山姆大叔"给的，"山姆大叔"由此声名远播，逐渐成为美国的绰号。19 世纪中期，"山姆大叔"被漫画家描绘成了一个穿着蓝色燕尾服、头戴星条旗纹样的高礼帽、蓄着山羊胡须的白发瘦高老人。1961 年，美国国会正式承认"山姆大叔"为美国的象征。

（二）面积与人口

美国国土面积 937 万平方千米。人口约 3.36 亿（截至 2024 年 4 月），为世界第三人口大国。美国 2020 年人口普查数据显示，全国人口中，非拉美裔白人占 58.9%；拉美裔占 19.1%，非洲裔占 13.6%，亚裔占 6.3%，印第安人和阿拉斯加原住民占 1.3%，夏威夷原住民或其他太平洋岛民占 0.3%（以上比例存在重叠）。

观览天下 6-2

美国是世界上最大的移民国家，每年有超过 100 万的外来移民进入美国。2023 年，美国移民数量创历史新高，达 20 年来峰值，推动了美国总人口的增长。

（三）语言

在美国，有数百种语言被使用，通用语言为英语，其他使用人数较多的语言还有西班牙语、汉语、法语等。

观览天下 6-3　　　　　　　　　　　　　　**美式英语**

美国的英语不同于英国的英语。美国的英语又叫"美式英语"，其单词的拼写和发音、句子的语调和重音等与英式英语都不尽相同。与英式英语相比，美式英语简化了语法，丰富了词义，增强了幽默感。

（四）宗教

世界上各种重要的宗教教派在美国都有信徒。2023年盖洛普民调数据显示，美国人口中约68%信仰基督教，其中，33%信仰新教，22%信仰天主教，13%信仰其他教派；7%信仰非基督教，其中，约2%信仰犹太教，约1%信仰伊斯兰教，约1%信仰佛教；约22%无宗教信仰。

（五）自然环境

美国主要分为3个地形区：东部山区和大西洋沿海低地、中部平原、西部山区。东部的阿巴拉契亚山脉几乎贯穿南北。西部的主要山脉有海岸山脉、内华达山脉和落基山脉等。其中，落基山脉宏大雄伟，被称为"北美的脊梁"。东部和西部山区之间是一望无际的大平原，平原面积约占美国本土面积的1/2。阿拉斯加州的迪纳利山（旧称麦金利山）海拔6 190米，是美国陆地最高峰；位于加利福尼亚州的死谷最低点海拔只有－86米，是美国陆地最低点。

密西西比河是美国最主要的河流，长度居世界第四位。在美国的东北部与加拿大交界处，有世界上最大的淡水水域、素有"北美地中海"之称的五大湖群，分别是苏必利尔湖、密歇根湖、休伦湖、伊利湖和安大略湖，其中密歇根湖属于美国，其余为美国和加拿大共有。苏必利尔湖为世界上面积最大的淡水湖，也是世界第二大湖泊。

美国大部分地区属于大陆性气候，南部属亚热带气候，西部沿海地区分布有温带海洋性气候、地中海气候和热带沙漠气候。东北部沿海和五大湖区冬季较冷，夏季温和多雨；东南部沿海冬季温暖少雨，夏季凉爽湿润；中部平原冬季寒冷多雪，夏季炎热多雨；西部内陆高原地区气候干燥，冬寒夏热；太平洋沿岸北部雨量充沛，南部冬季多雨，夏季干燥闷热。

（六）国旗、国歌、国花、国鸟

1.国旗

美国国旗是星条旗，呈长宽比为19：10的横长方形。旗面主体是13道红、白相间的横条，包括7道红色横条、6道白色横条；旗面左上方为蓝色长方形，排列着50颗白色五角星，6颗一排与5颗一排相间排列，共排9行。13道横条代表13个原始殖民地，50颗五角星代表美国的50个州。

观览天下 6-4

自1818年7月4日起，美国国旗上的横条数固定为13条，颜色为红白相间，旗上的星数应与联邦的州数一致。每增加一个州，国旗上就增加一颗星，一般在新州加入后第二年的7月4日执行。此外，美国还有一个很特别的纪念日——美国国旗日（每年6月14日）。这一天，美国各地会举行纪念活动，以示对国旗的敬重和对国家的热爱。

2. 国歌

美国的国歌是《星光灿烂的旗帜》。1931 年，该歌曲被美国国会正式定为国歌。

3. 国花

美国的国花是玫瑰花（1985 年确定）。

4. 国鸟

美国的国鸟是白头海雕（秃鹰）。美国是世界上最先确定国鸟的国家。

（七）行政区划

全国划分为 50 个州和 1 个特区，有 3 143 个县。联邦领地包括波多黎各和北马里亚纳；海外领地包括关岛、美属萨摩亚、美属维尔京群岛等。

观览天下 6-5　　　　　　　　　　　**美国的 50 个州**

美国 50 个州的名称分别为：亚拉巴马、阿拉斯加、亚利桑那、阿肯色、加利福尼亚、科罗拉多、康涅狄格、特拉华、佛罗里达、佐治亚、夏威夷、爱达荷、伊利诺伊、印第安纳、艾奥瓦、堪萨斯、肯塔基、路易斯安那、缅因、马里兰、马萨诸塞、密歇根、明尼苏达、密西西比、密苏里、蒙大拿、内布拉斯加、内华达、新罕布什尔、新泽西、新墨西哥、纽约、北卡罗来纳、北达科他、俄亥俄、俄克拉何马、俄勒冈、宾夕法尼亚、罗得岛、南卡罗来纳、南达科他、田纳西、得克萨斯、犹他、佛蒙特、弗吉尼亚、华盛顿、西弗吉尼亚、威斯康星、怀俄明。

（八）首都

美国首都是华盛顿，其全称为"华盛顿哥伦比亚特区"（Washington D.C.），位于美国东北部，靠近弗吉尼亚州和马里兰州，人口约 68 万，是美国的政治中心。华盛顿始建于 1790 年，是为了纪念美国的开国元勋华盛顿而命名的。

二、美国简史及历史名人

（一）美国简史

美国是一个年轻的国家，至今只有 200 多年的历史。欧洲殖民者踏上这片土地之前，印第安人世代生活在这里。1492 年，哥伦布发现美洲大陆后，西班牙、荷兰、法国、英国等开始向北美移民。到 1773 年，英国已建立 13 个殖民地。在这一过程中，各殖民地间的经济往来不断增多，并逐渐形成了共同的语言——美式英语。

1775 年，北美人民反对英国殖民者的独立战争爆发。1776 年 7 月 4 日，大陆会议通过了托马斯·杰斐逊等人起草的《独立宣言》，正式宣布建立美利坚合众国。此外，北美人民还组成了大陆军，在总司令乔治·华盛顿的领导下，大陆军在 1781 年迫使英军投降。1783 年，《巴黎条约》签订。1787 年，美国制定联邦宪法。1789 年，乔治·华盛顿就任美国第一任总统。

独立以后，随着资本主义的发展，美国开始对外扩张。在 1776 年后的 100 年内，美国领土几乎扩张了 10 倍。但美国的资本主义工业主要在北方获得发展，在广大的南方仍然保留和发展着种植园奴隶制经济。1860 年，反对奴隶制度的共和党人亚伯拉罕·林肯当选总统。南方 11 个州相继脱离联邦，组建美利坚联盟国。1861 年 4 月，美国南北战争（也称美国内战）爆发。1863年1月1日，林肯正式签署并颁布了《解放黑人奴隶宣言》。1865年，战争以北方获胜而结束。

南北战争摧毁了奴隶制，为美国资本主义的发展扫清了道路，美国经济进入发展的黄金时期。到19世纪80年代，美国工业生产总值超过英国，跃居世界首位。此后，美国始终保持着世界第一经济大国的地位。

（二）历史名人

1.乔治·华盛顿

乔治·华盛顿（1732—1799年），美国开国总统。他出生于种植园主家庭，在美国独立战争中任大陆军总司令，领导军队为美国的独立作出了巨大的贡献。1787年，华盛顿主持立宪会议，制定了世界上第一部资产阶级宪法。1789年，华盛顿就任美国第一任总统，1793年再选连任。在任总统期间，他的各项措施巩固了新建立起来的美利坚合众国，促进了美国资本主义的发展。由于华盛顿为争取美国独立、巩固联邦基础、发展美国经济作出了重要贡献，因此他被美国人民尊称为"合众国之父"。1797年任满后，华盛顿拒绝做第三任总统，隐退回乡。此举为美国总统只连任一次开创了先例。1799年，华盛顿在弗农山庄逝世。

2.亚伯拉罕·林肯

亚伯拉罕·林肯（1809—1865年），美国第16任总统，是首位共和党总统，也是首位被暗杀的美国总统。他出生于一个清贫的农民家庭，青年时代当过雇工、店员、水手、测量员、邮务员，后来自学当了律师。1860年11月和1864年11月，林肯两次当选为美国总统。1865年4月14日，林肯在华盛顿福特剧院遇刺，次日清晨逝世。林肯任总统期间，领导了拯救联邦和结束奴隶制度的斗争，为推动美国社会向前发展作出了巨大贡献，受到了美国人民的尊敬，被公认为美国历史上最受人景仰的总统之一。

3.马丁·路德·金

马丁·路德·金是美国黑人民权运动领袖，1929年1月15日生于美国亚特兰大。1955年12月至1956年11月，马丁·路德·金领导蒙哥马利城黑人成功抵制了当地公共汽车歧视黑人的行为，并最终使美国最高法院裁定在交通工具上实施种族隔离是违反宪法的。1963年8月，马丁·路德·金组织了美国历史上影响深远的"华盛顿工作与自由游行"，并在林肯纪念堂前发表了著名演说——《我有一个梦想》，发出了反对种族歧视、争取平等的正义呼声。1964年，马丁·路德·金被授予诺贝尔和平奖。

1968年4月4日，马丁·路德·金被种族主义分子暗杀。1986年，美国政府将每年1月的第三个星期一定为马丁·路德·金纪念日。1987年，马丁·路德·金的诞辰日被定为联合国纪念日之一。

观览天下6-6　　　　　　　　　　**《我有一个梦想》（节选）**

朋友们，今天我对你们说，在现在和未来，我们虽然遭受种种困难和挫折，但我仍然有一个梦想，这个梦想是深深扎根于美国的梦想中的。

我梦想有一天，这个国家会站立起来，真正实现其信条的真谛："我们认为这些真理是不言而喻的——人人生而平等。"

我梦想有一天，在佐治亚的红山上，昔日奴隶的儿子将能够和昔日奴隶主的儿子坐在一起，共叙兄弟情谊。

我梦想有一天，甚至连密西西比州这个正义匿迹、压迫成风的地方，也将变成自由和正义的绿洲。

我梦想有一天，我的四个孩子将在一个不是以他们的肤色，而是以他们的品格优劣来评价他们的国度里生活。

我今天有一个梦想。

我梦想有一天，亚拉巴马州能够有所转变，尽管该州州长现在仍然满口异议，反对联邦法令，但有朝一日，那里的黑人男孩和女孩将能与白人男孩和女孩情同骨肉，携手并进。

我今天有一个梦想。

我梦想有一天，幽谷上升，高山下降，坎坷曲折之路成坦途，圣光披露，满照人间。

……

三、美国的政治、经济与文化

（一）政治

1.宪法

《美利坚合众国宪法》（1789年3月4日生效）是世界上最早的成文宪法。根据这部宪法，美国为立法、司法、行政"三权分立"的联邦制国家。

2.国会

国会是美国的最高立法机构，由参议院、众议院组成。两院议员由各州选民直接选举产生，参议员共100名（每州2名），任期6年，每2年改选1/3；众议员共435名（按各州的人口比例分配名额选出），任期2年，期满全部改选。两院议员均为专职，可连任，任期不限。

3.政府

美国实行总统制。总统是国家元首、政府首脑兼武装部队总司令，由选举产生，任期4年。政府内阁由总统、副总统、各部部长和总统指定的其他成员组成，起总统助手和顾问团的作用，没有集体决策的权力。

4.司法机构

美国设联邦最高法院、联邦法院、州法院及一些特别法院。联邦最高法院由首席大法官和8名大法官组成，终身任职。联邦最高法院有权裁定联邦和各州的任何法律违宪而不被采用。

5.军事

美国是世界第一军事大国。美国总统掌握最高军事指挥权，国家军事指挥系统由国防部和参谋长联席会议组成。

（二）经济

1.总体实力

美国有高度发达的现代市场经济，国内生产总值2017年为194 854亿美元（人均国内生产总值59 407美元），2020年为20.93万亿美元（人均国内生产总值63 004美元），2023年为27.36万亿美元（人均国内生产总值8.54万美元）。截至2023年底，美国国债总额突破34万亿美元，创历史新高。

观览天下 6-7　　　　　　　　　　　　　　　**美国著名公司**

美国有许多世界著名的大公司。在2024年《福布斯》发布的全球企业2 000强榜单中，美国有621家企业上榜。其中，名列前十强的美国企业有摩根大通（J.P.Morgan Chase）、伯克希尔-哈撒韦（Berkshire Hathaway）、美国银行（Bank of America）、亚马逊（Amazon）、微软（Microsoft）、字母表公司（Alphabet）。

2.各产业概况

美国自然资源丰富。矿产资源总探明储量居世界第一位。煤、石油、天然气、铁矿石、钾盐等矿物储量均居世界前列，战略矿物资源钛、锰、钴、铬等主要靠进口。森林覆盖率达33%。

美国是传统的工业大国，主要工业产品有汽车、航空设备、计算机、电子和通信设备等。劳动密集型产业逐步被淘汰或转移到国外，信息、生物等高科技产业发展迅速。

美国农业高度机械化，生产效率高，是世界上最大的粮食出口国。美国中部平原是主要的产粮区，被誉为"世界粮仓"。美国农产品的主要出口地区为中国、加拿大、墨西哥、日本和欧盟。

美国服务业高度发达，产业门类齐全，国际竞争力强。2022年，美国服务业总产值为17.93万亿美元，服务业员工数量为1.3亿。美国著名的零售企业有沃尔玛、联合百货等。

美国是世界上交通运输业最发达的国家。铁路总长超过25万千米（居世界第一位），公路总长超过600万千米。美国拥有世界上最庞大的航空运输体系，在客货运量、航空线路、飞机数量等方面都居世界首位。主要航空公司为美国航空公司、美国联合航空公司、达美航空公司等，主要航空港为纽约、芝加哥、亚特兰大、洛杉矶、旧金山等。美国也是世界主要的飞机生产基地之一，主要飞机制造公司有波音公司、洛克希德·马丁公司等。美国港口众多，大西洋沿岸的重要港口有纽约、波士顿、费城等，五大湖区的重要港口有芝加哥、底特律、杜鲁斯等，墨西哥湾的重要港口有新奥尔良、休斯敦等，太平洋沿岸的重要港口有长滩、洛杉矶、西雅图等。

3.对外贸易

美国的对外贸易十分发达，货物和服务贸易总额长期占据世界第一位（2013年中国超越美国成为世界第一货物贸易大国）。美国货物和服务贸易总额2023年为68 804亿美元（其中，进口额为38 269亿美元，出口额为30 535亿美元，贸易逆差7 734亿美元，同比下降18.7%）。

美国主要出口商品为汽车、大豆、精炼石油、飞行器、原油、集成电路等，主要进口商品为汽车、原油、广播设备、计算机、汽车零件等。

2023年，美国前五大货物贸易伙伴分别为墨西哥、加拿大、中国、德国、日本；美国前五大货物出口市场分别为墨西哥、加拿大、中国、德国、日本；美国前五大货物进口来源地分别为墨西哥、中国、加拿大、德国、日本。

4.生活水平

2022年，美国家庭年收入中位数为74 580美元，比2021年下降2.3%。2023年2月，美国个人储蓄占可支配收入的比例为3.6%。美国贫富差距较大，反映收入分配差距的基尼系数2022年为0.47，已超过警戒水平。

观览天下6-8　　　　　　　　　　　　　　　　**基尼系数**

基尼系数表示在全部居民收入中，用于进行不平均分配的那部分收入占总收入的百分比，是国际上用来综合考察居民内部收入分配差异状况的一个重要分析指标。基尼系数的实际数值介于0~1，收入差距大时，基尼系数就高；收入差距小时，基尼系数就低。

一般认为，基尼系数小于0.2时，表示居民收入分配过于平均；基尼系数在0.2~0.3时，表示居民收入分配较为平均；基尼系数在0.3~0.4时，表示居民收入分配比较合理；基尼系数在0.4~0.5时，表示居民收入分配差距过大；基尼系数大于0.5时，表示居民收入分配差距悬殊。

资料来源　国家统计局.什么是基尼系数［EB/OL］.［2023-01-01］. https://www.stats.gov.cn/zsk/snapshoot? reference=33e2b9cdb6391521c53328be6244e40b_FCAEB4FCF18F36243D5605318F03A0AB.

美国的社会福利分为社会保险和非社会保险两种。社会保险主要包括老残保险、失业保险和其他就业保险；非社会保险主要包括对抚养儿童困难家庭的补助、社会保障收入、食品券、医疗补助、住房补助和能源补助。

5.货币与汇率

美元（United States Dollar，USD）既是美国的官方货币，也作为储备货币在美国以外的国家广泛使用，是国际交易中使用最多的货币。

目前流通的纸币面额有100美元、50美元、20美元、10美元、5美元、2美元、1美元7种，另有1美元、50美分、25美分、10美分、5美分和1美分硬币。1美元等于100美分。历史上，美国还曾经发行过500美元、1 000美元、5 000美元、10 000美元和100 000美元的大面额钞票，现已不再流通。

2021年7月1日，1美元=6.4709人民币元。

2024年7月1日，1美元=7.1265人民币元

（三）文化

1.教育

美国是世界上教育事业最发达的国家之一，教育投入较大。美国中小学教育主要由各州教育委员会和地方政府管理，多数州实行十年义务教育。各州学制不一，大部分为小学六年、初中三年、高中三年。

美国高等教育有两年制的初级学院和技术学院，四年制的大学本科和二至四年制的

研究生院。美国高校众多，其中不少是世界名校，如哈佛大学、普林斯顿大学、耶鲁大学、斯坦福大学、加州理工学院、麻省理工学院、宾夕法尼亚大学、杜克大学、哥伦比亚大学、达特茅斯学院、圣路易斯华盛顿大学、西北大学、康奈尔大学、约翰斯·霍普金斯大学、芝加哥大学等。

观览天下6-9

哈佛大学、麻省理工学院、斯坦福大学这3所名校在每次全美或世界大学排名中都在前十名。哈佛大学的文科和商科被公认为是美国最好的，麻省理工学院则有"世界理工大学之最"的美名。

2.科技

美国是科技高度发达的国家，许多领域都处于世界领先水平。据统计，第二次世界大战以后，资本主义国家最重要的科学技术项目有60%是美国首先研究成功的，有75%是在美国首先应用的。美国国家科学院、美国国家工程院、美国国家医学院和美国国家科学研究委员会是美国科学界最高水平的四大学术机构。

3.新闻出版

美国新闻出版业规模庞大、技术先进，许多报纸的发行量都居世界前列。截至2023年9月，发行量较大的日报有《华尔街日报》《纽约时报》《纽约邮报》《华盛顿邮报》等。美国最大的通讯社是美联社（1846年成立），第二大通讯社是合众国际社。主要对外广播机构为美国之音和美国广播电视网，均属官方性质；全国性广播电视公司主要有全国广播公司（NBC）、哥伦比亚广播公司（CBS）、美国广播公司（ABC）、美国有线电视新闻网（CNN）等。

观览天下6-10　　　　　　　　　　　　　**普利策及普利策奖**

约瑟夫·普利策（1847—1911年）被视为创办现代美国报纸的先驱者和示范者，他的一生对美国报纸的发展有着深远的影响。他强调写新闻要真实和准确，文字要简洁和通俗。普利策有一句名言："倘若国家是一艘航行在大海上的船，新闻记者就是船头上的瞭望者。他要在一望无际的海面上观察一切，审视海上的不测风云和暗礁险滩，及时发出警告。"

普利策奖（The Pulitzer Prizes）也称普利策新闻奖，由普利策出资创立，后发展成为美国新闻界的最高荣誉奖。普利策奖包括15项新闻类奖项、7项创作类奖项和1项特别褒扬奖。

4.文学艺术

19世纪中期至20世纪初，美国本土文学开始形成自己的独立体系并进入繁荣期。这一时期的代表作有霍桑的《红字》、斯托夫人的《汤姆叔叔的小屋》、马克·吐温的《哈克贝利·费恩历险记》、杰克·伦敦的《铁蹄》等。20世纪，美国现实主义文学进入全盛时期，代表作有辛克莱·刘易斯的《大街》、海明威的《老人与海》和《丧钟为谁而鸣》等。1993年，托尼·莫里森成为获得诺贝尔文学奖的第一位美国黑人作家，其代表作有《所罗门之歌》和《宠儿》等。

美国的绘画艺术早期受法国影响很深，直到20世纪30年代美国抽象派的出现，才形成了美国的独立画派体系。20世纪60年代美国风行流行艺术画派，70年代风行超现实主义画派。进入80年代，美国画坛更是异彩纷呈。

美国的音乐多姿多彩，几乎每波移民潮都带来了不同地区和不同特色的音乐。大量的非洲裔美国人也带来了具有非洲特色的传统音乐，对美国的流行音乐有很大影响。迈克尔·杰克逊是美国流行音乐的杰出代表，他的音乐才华、舞蹈技巧以及音乐视频的创新都给美国音乐带来了革命性的影响。

观览天下 6-11　　　　　　　　迈克尔·杰克逊

迈克尔·杰克逊被称为当代流行音乐的天才和巨星，是公认的"流行音乐之王"。他生于1958年，1964年就开始登台演出，最终成为历史上最成功的歌手之一。1982年，迈克尔·杰克逊发行了其音乐生涯中最畅销的专辑——《Thriller》（颤栗），该专辑现已被收录到美国国会图书馆的国家录音记录档案里，成为美国"文化、历史和审美记录"的一部分。2009年6月25日下午，迈克尔·杰克逊在其位于洛杉矶的住所内辞世，终年50岁。

美国是世界最著名的电影王国，加利福尼亚州的好莱坞是美国电影业的中心。绝大多数电影技术的创新和发展都源于好莱坞，好莱坞已成为美国乃至世界电影发展的重镇。好莱坞电影也是美国文化的重要代表之一。查理·卓别林的喜剧、迪士尼的卡通人物、蝙蝠侠、超人以及电影《乱世佳人》和《泰坦尼克号》等，几乎传至每个国家，成为家喻户晓的美国文化使者。同时，美国也是世界上电视技术发展和普及最早的国家之一。

5.体育

美国人热爱体育，棒球、美式足球、篮球、曲棍球、赛车等都是美国人喜爱的运动项目。足球也是受美国人欢迎的运动，但足球在美国的普及程度并不高。职业运动在美国充满商机，职业运动员的竞技水平往往都较高。大学体育运动在美国非常普及，许多大学和学院都培养了运动团队，美国的许多高中也是如此，各学校之间经常定期举行比赛。

四、美国的民俗

（一）姓名称谓

美国人的姓名称谓与英国人有很多共同点，英国人的称呼方式基本上适用于美国人。在美国，妇女结婚后要用丈夫的姓，即使离婚后，妻子也要保留丈夫的姓，除非法院判决，才能恢复未婚时的姓。美国人喜欢用长辈的名字作为子女或孙子、孙女的名字，并加上"小"字以示区别。美国人还喜欢用伟人的名字、民族英雄的名字为子女命名。

（二）衣、食、住习俗

1.服饰

美国人的日常穿着十分随便，牛仔裤、T恤、夹克衫、运动衫等都是美国人喜爱的日常服饰。牛仔裤起源于美国，本是用粗厚的蓝斜纹布为矿工缝制的工装，后来风行全世界。美国人在正式的社交场合很注意穿着，他们会根据社交活动的性质或请柬上的服装要求选择好服装。即使是非正式的社交场合，他们也会注意基本的社交礼仪，如不穿背心进入公共场所、不穿睡衣出门等。

2.饮食

美国人的主要食品是肉、鱼、面包、面条、米饭和各式菜肴。早餐（8点左右）一般在家吃，通常是香肠、鸡蛋、麦片、咖啡、果汁等。午餐（12点到下午2点）一般是快餐，如三明治、汉堡包、热狗等，外加一些蔬菜和饮料。晚餐（晚上6点左右）往往是三餐中最丰盛的，一般有牛排、猪排、烤肉、炸鸡、面包、青菜等。晚餐的最后一道菜是甜食，如蛋糕、冰淇淋等，最后还要喝一杯咖啡。此外，美国人还喜欢在睡前吃些小吃，小孩子通常是喝杯牛奶、吃块小甜饼，大人们往往吃些水果和糖。

美国人口味清淡，喜欢凉拌菜、豆制品，还喜欢吃嫩肉排，不爱吃蒜和过辣的食品，不爱吃肥肉、清蒸食品和红烧食品，也不吃动物内脏和蛇等异常食物。美国人不太追求菜的精细，但求快速和方便，因此快餐食品风行美国，汉堡包、热狗、派、炸面包圈、炸鸡等都很受美国人欢迎。美国经典的风味菜肴有东北部的蛤肉杂烩、宾夕法尼亚州的飞禽肉派、西南部的烤肉排骨、南部的烤玉米粒等。

美国人最爱的饮料是咖啡，可乐、果汁和茶也是美国人喜欢的饮料。美国人喝饮料时大多喜欢放冰块，不加冰块要事先声明。啤酒和葡萄酒在美国也很受欢迎，美国人尤其爱喝以威士忌、金酒和伏特加等烈性酒为基酒混合调制的鸡尾酒。

美国有很多中国餐馆，中国的淮扬菜、粤菜、川菜等都很受美国人的欢迎。

（三）主要节庆

元旦　1月1日。

马丁·路德·金纪念日　1月第三个星期一。

华盛顿诞辰日　2月第三个星期一。

母亲节　5月第二个星期日。

父亲节　6月第三个星期日。

美国独立日　7月4日。

劳动节　9月第一个星期一。

哥伦布日　10月第二个星期一，为了纪念哥伦布首次登上美洲。

万圣节　11月1日。万圣节也被称为美式狂欢节。

退伍军人节　11月11日。

感恩节　11月第四个星期四。

圣诞节　12月25日。

观览天下6-12　　　　　　　　　　　　　　　　　　　　**感恩节**

感恩节是感谢上帝的恩赐和印第安人的真诚帮助的节日，也是北美洲独有的节日。1620年9月，第一批英国移民来到北美，由于不适应当地的环境，他们面临严寒和饥饿的巨大威胁。印第安人送给他们很多必需品，并教会他们如何在这块土地上耕作。1621

年秋天，移民们获得了大丰收，11月底，他们请来印第安人共享由玉米、南瓜、火鸡等制成的佳肴，以感谢他们的帮助，并感谢上帝赐予了大丰收。这就是感恩节的来历。节日当天，人们按照习俗前往教堂做感恩祈祷，品尝美味的感恩节火鸡，并举行化装游行、戏剧表演或体育比赛等。

（四）礼仪禁忌

1. 日常社交礼仪

（1）见面礼节。在正式社交场合，美国人讲究见面礼节，通常是先介绍，再握手。握手一般是长者、女士、上级、主人先伸手，女性之间见面时可不握手。在非正式场合，见面礼较简单，笑一笑，打个招呼，说声"Hello"或"Hi"即可。美国人不太喜欢在称呼中冠以"先生""太太""小姐"等，而喜欢直呼其名。美国人也不太喜欢以头衔、职位来称呼人，除非对方是法官、军官、医生、教授和高级宗教人士。称呼长者不要加上"老"字。

在公共场所迎面遇到人时，美国人的习惯是用目光致意，不会佯装看不见，因为美国人只有对看不起的人或看不顺眼的人才这样做。

（2）交谈礼节。与美国人交谈时，不要涉及对方的隐私，如年龄、收入、家庭状况、体重等；不要打听对方服装、所用物品的价格；不要以"你去哪儿""做什么去了"等作为打招呼用语。美国人在交谈时会频繁使用礼貌用语，即使是家庭成员间，也常用"请""对不起""谢谢"等词语。多人一起交谈时，应尽量寻找大家共同感兴趣的话题，不要厚此薄彼，只与部分人交谈。

与美国人交谈时，举止要文雅，不可挖耳朵、抠鼻子或咳嗽。实在要咳嗽也应用手帕捂嘴，并向在场的人道歉。在公共场所交谈时，声音不应过大，也不可大笑、大吵；表示惊讶时，不可伸舌头，这会被看成侮辱人的举止。

（3）约会、做客礼节。在美国，任何约会或拜访都要事先安排，美国人不喜欢不速之客。做客应准时，要先敲门，进门后要脱下帽子；问候主人时也应问候在场的孩子，因为美国人很讲究大人、孩子一律平等。在美国人家里就餐时，要注意各种餐具的使用，若不会使用，可照主人的样子做。对于餐具的使用，美国人与欧洲人不一样，欧洲人喜欢把刀叉一直拿在手中，而美国人习惯用一只手轮换使用餐具，另一只手则放在膝盖上。就餐时，身体应坐正，不要把两臂横放在桌上；不要用餐巾擦餐具，而应把餐巾铺在膝盖上；吃东西时嘴不要发出声音，避免打喷嚏、咳嗽、打嗝、剔牙；不要越过他人去取食物。吃面包时，要用手把面包掰成小块放入口中；鱼刺、肉骨等不要直接吐入盘中，而应用叉子接住再放入盘中；喝水前要先将口中的食物咽下；用餐中途不要离席。用完餐后，不宜马上就走，而应与主人攀谈一会儿再告辞。告辞时，应感谢主人的热情款待。

（4）送礼礼节。美国人不喜欢随便送礼，只在朋友生日、结婚时才送上一份有纪念意义的礼品。礼品不讲究贵重，鲜花、蛋糕、点心、巧克力、书籍都可作为礼品。在节日时，美国人也有送贺卡的习惯。美国人送礼讲究精美的包装。收到礼物后，美国人一般会马上打开，并夸奖、感谢一番。把礼物放一边被认为是不礼貌的行为。

（5）女士优先。在社交场合，美国人习惯照顾、保护女士，尽量为女士提供帮助，即使对方素不相识。

（6）保持一定距离。美国人注重"个人空间"，因此与美国人接触时，要注意保持恰当的距离，不是靠得越近就表示关系越亲密。与美国人交谈，以距离50厘米以上为宜。在公共场所，如在公交车上、候车室内、银行柜台前，都要注意与人保持一定的距离。如果不得已要靠近别人坐，要先打招呼，得到对方同意后方可坐下。

2.婚姻礼节

美国没有统一的婚姻法，而是由各州自行对婚姻作出规定。大多数州规定，男子法定婚龄是21岁，女子法定婚龄是18岁，禁止近亲结婚，从申请到领取结婚证会有一定时间的等候期。

传统上，在举行婚礼前，要有订婚仪式，并在仪式上交换订婚戒指。婚礼一般在教堂举行，由牧师主持，新郎要将结婚戒指戴在新娘左手无名指上。婚礼结束后，一般在女方家举办婚宴。婚宴的高潮是切蛋糕。

在美国，结婚25周年（银婚）和50周年（金婚）纪念日一般要隆重庆祝，并尽量邀请到当年婚礼仪式的参加者。

3.诞生礼

在美国，婴儿出生后要到当地主管部门登记。与英国人一样，美国人也要为婴儿选择教父、教母。当生父母无力或不履行对孩子的宗教教育时，教父、教母有义务代行职责。美国人很看重孩子的生日，通常会举行家庭聚会庆祝。

4.丧礼

美国传统葬礼多采用宗教仪式，通常在教堂举行，然后在墓地入葬。如今，葬礼后进行火化的做法比较普及。

5.民间禁忌习俗

美国人忌讳数字13和星期五；教徒忌讳轻慢地谈论上帝；忌讳1根火柴为3个人点烟；忌讳黑色，认为黑色象征着死亡；不喜欢红色；忌讳走路时踏得"啪啪"响，认为是在咒骂自己的母亲；忌讳蝙蝠图案，认为它是吸血鬼的象征；黑猫被看成不吉利的动物，忌讳黑猫图案；忌讳打破镜子，认为这预示着疾病或死亡；忌讳别人说"白"和"胖"（美国流行"富黑瘦、穷白胖"的观念）。

（五）美国人的性格特点

1.热情开朗

美国人性格直率，热情奔放；喜欢结交朋友，待人热情，易于交往，甚至初次见面就会一见如故。然而，美国人在热情的背后往往保持着距离，朋友间很难达到推心置腹、不分你我的地步。

2.独立进取

美国人在生活上讲求独立，还是小孩儿的时候就开始干一些力所能及的事情，上中学、大学时往往就有了打工赚钱的经历，成年后便开始独立生活，不依赖父母，也不想父母依靠自己。奋斗和进取精神在美国受到鼓励，即使干的是脏活、重活、粗活，也不认为是有损体面、身份的事情。美国人讲求竞争，无能、懒惰会被人瞧不起。美国人也不喜欢过分自谦。

3.讲求实际

美国建国的历史不长，所以美国人没有传统的包袱，凡事讲求实际，喜欢自己动手解决难题。朋友聚餐时各自付费，搭乘他人的汽车时要付油费，孩子为父母做家务会索取报酬。

4.求变好动

美国人是最有活力的民族之一，从不满足于安定的生活和安宁的环境，喜欢变换职业和居住地，喜欢旅游和体育运动。

课堂互动 6-1

接待美国客人时应注意什么？

五、美国旅游业

（一）旅游业历史和现状

美国是世界上旅游业最发达的国家之一，出境旅游人数、国际旅游支出和国际旅游收入曾长期居世界第一位。美国旅游协会数据显示，2022年，旅游业直接雇佣800万人，支持了近1 500万个就业岗位。

美国国内旅游已十分普及，是世界上最大的国内旅游市场之一，自驾车旅行是美国人国内旅游的主要方式。美国的入境旅游人数一直居世界前列，入境游客主要来自加拿大、墨西哥、英国、法国、巴西、日本、中国等。美国的出境旅游市场庞大，墨西哥和加拿大分别是美国排第一、第二位的旅游目的地国。

（二）主要旅游资源

美国地域辽阔、地形复杂、气候类型多样，形成了各具特色的自然旅游资源，黄石国家公园、尼亚加拉瀑布、科罗拉多大峡谷、夏威夷火山国家公园等都是其中的代表。美国文化多元，人文旅游资源丰富多彩，繁华都市、古今名胜、博物馆、游乐园遍布全国。

1.华盛顿

华盛顿是世界上少有的专为政府驻地和国际会议所建的首都城市。华盛顿城市布局整齐，环境优美，建筑风格多样，有为数众多的纪念堂、纪念碑、教堂、博物馆、美术馆等，是一座精美绝伦的建筑和艺术宝库，有"建筑艺术博物馆"之称。

华盛顿纪念碑 位于华盛顿美国国家广场中心，是为了纪念美国首任总统华盛顿而建造的。华盛顿纪念碑是一座高169米的大理石方尖碑，也是世界上最高的石制建筑之一。华盛顿纪念碑内有高速电梯，游客登顶后通过小窗可以眺望华盛顿全城。

国会大厦 坐落在华盛顿25米高的国会山上，是美国参众两院举行会议的地方。整幢国会大厦是一座3层的平顶建筑，其中央是一座高高耸立的圆顶，也分3层；圆顶上还有一个小圆塔，塔顶直立着自由女神铜像。国会大厦定期对公众开放，开放期间若逢国会开会，参观者可以旁听。

白宫 又名美国总统府，始建于1792年，全部采用石灰石建成，外涂白色油漆，故称白宫。白宫占地面积达7.3万平方米，是世界上唯一定期向公众开放的国家元首的官邸。

2.纽约

纽约位于美国东北部沿海哈得孙河口，是美国最大、最繁华的城市，美国经济、金融、商业和文化中心，也是联合国总部所在地。曼哈顿（如图6-1所示）是纽约的中心区，世界金融中心华尔街、娱乐中心百老汇等均位于此。纽约旅游资源丰富，有众多的博物馆、公园、游乐场、海滩疗养地、剧院、音乐厅、画廊等。著名景点有自由女神像、中央公园、华尔街、大都会艺术博物馆、帝国大厦等。

图6-1　曼哈顿

自由女神像　全称自由女神像国家纪念碑，耸立于纽约港入口处的自由岛上，是美国建国100周年之际，法国人民赠送给美国人民的礼物。自由女神像历来被看作美国的标志和美国千百万移民的希望与新生活的象征。游客可通过自由女神像内部的阶梯到达顶端的观景台，远眺纽约城。

观览天下 6-13

2001年"9·11"恐怖袭击事件发生后，出于安全考虑，自由女神像及其所在的自由岛对公众关闭。后来虽然允许游人进入自由女神像底部数层，但禁止游客登至自由女神像皇冠部分。2009年7月4日美国独立日当天，自由女神像皇冠部分重新向游人开放。出于安全因素，现在每小时只允许30人登上自由女神像皇冠。

3.费城

费城位于宾夕法尼亚州东南部，是美国第五大城市，18世纪时是美国最大的城市，1790—1800年是美国的首都。这里是美国《独立宣言》的发布地和美国宪法的签署地，因此费城被看作美国和美国民主的诞生地。

4.洛杉矶

洛杉矶位于加利福尼亚州西南部，濒临太平洋，是美国第二大城市，也是美国西部的文化、教育中心。洛杉矶依山傍水，阳光充足，气候宜人，自然环境优美，旅游业十分发达。这里有美国最大的城市公园——格里菲斯公园，有世界闻名的迪士尼乐园和好莱坞环球影城等著名景点。

5.拉斯维加斯

拉斯维加斯位于内华达州南端，是一座繁华的不夜城，也是世界闻名的赌城。这里的旅游接待设施非常完善，全美排名前20的酒店有17家在拉斯维加斯。

6.夏威夷

夏威夷位居太平洋的"十字路口"，这里有清爽宜人的气候、蔚蓝的海水、洁净的沙滩、众多的度假酒店，是世界驰名的海滨度假胜地。

7.黄石国家公园

黄石国家公园（如图6-2所示）位于怀俄明、蒙大拿、爱达荷三州交界处，面积约8 983平方千米，是世界上第一个国家公园，1978年被列入《世界遗产名录》。公园内湖泊、悬崖、峡谷、喷泉、瀑布及丰富的野生动植物构成了大自然的奇特景观。黄石国家公园是美国最大的野生动物庇护所，这里有美国最大的高山湖泊——黄石湖，有众多的壮观瀑布和著名峡谷，最让人感兴趣的是这里数以千计的喷泉，仅间歇泉就有300多处，占世界总数的一半以上。

赏景怡情
6-1

美国黄石
国家公园

图6-2　黄石国家公园

8.尼亚加拉瀑布

尼亚加拉瀑布（如图6-3所示）位于美国纽约州和加拿大安大略省的交界处，由位于美国境内的"美国瀑布""新娘面纱瀑布"和位于加拿大的"马蹄瀑布"组成。尼亚加拉瀑布水势浩大，是世界上最壮观的瀑布之一，被列为世界七大奇景之一。

赏景怡情
6-2

尼亚加拉
瀑布

图6-3　尼亚加拉瀑布

赏景怡情
6-3

美国科罗拉
多大峡谷
（VR）

9.科罗拉多大峡谷

科罗拉多大峡谷位于亚利桑那州西北部，1919年辟为大峡谷国家公园，1979年被列入《世界遗产名录》。科罗拉多大峡谷是举世闻名的世界奇观，长446千米，平均宽度16千米，深度约1 600米，科罗拉多河穿流其中。这里的岩石会随着光线强弱的不同而呈现不同的色彩。由于人们从谷壁可以观察到从古生代至新生代各个时期的地层，因此科罗拉多大峡谷也被誉为一部"活的地质教科书"。

六、中美关系

（一）外交关系

1972年2月，美国总统尼克松访华，中美双方签订了《中华人民共和国和美利坚合众国联合公报》（《上海公报》），标志着中美两国20多年相互隔绝状态的结束。1978年12月，中美两国发表了《中华人民共和国和美利坚合众国关于建立外交关系的联合公报》（《中美建交公报》）。1979年1月1日，中美两国正式建立大使级外交关系。1982年8月17日，中美发表《中华人民共和国和美利坚合众国联合公报》（《八一七公报》）。中美三个联合公报（即《上海公报》《中美建交公报》《八一七公报》）成为中美关系发展的指导性文件。此后，中美两国在政治、经济等领域开展了广泛的交流与合作。当前，中美关系已成为当今世界最重要的双边关系之一，中美关系的走向已成为国际社会关注的焦点。

（二）经贸关系

中国和美国作为世界上最大的两个经济体，经贸往来密切。中美双边货物贸易额1979年为24.5亿美元，2013年为5 210亿美元，2017年增至5 837亿美元。2018年以来，美国对中国连续采取单边贸易保护主义措施，对中国输美国产品加征多轮关税，中美双边货物贸易额有所下降。2022年，中美双边货物贸易额为7 594.27亿美元（其中，中国出口额5 817.83亿美元，中国进口额1 776.44亿美元，顺差4 041.39亿美元）。

美国是我国主要的外资来源地之一。截至2020年底，美国对华投资项目累计达73 556个，实际投入金额累计达901.1亿美元。近年来，中国企业也加大了在美国的投资力度。截至2020年底，中国企业在美国累计直接投资达838.8亿美元。

（三）文化与教育交流

1979年，中美两国签订《中华人民共和国政府和美利坚合众国政府文化协定》，确立了两国文化交流的基本框架。此后，中美在文化领域的交流日益频繁，经历了由小到大、由浅入深、由点到面的过程，为增进两国和两国人民之间的了解与合作发挥了重要作用。

中国是美国第一大国际学生来源国，2018年有18.3万人赴美国留学。截至2018年底，中国在美国各类留学人员为42.5万。2018年，美国来华留学人员为2.1万。

美国是全世界设立孔子学院和孔子课堂数量最多的国家。汉语已成为美国外语教学中发展最快的语种，并成为美国第二大外语。目前，中美两国已经建立50对友好省州和234对友好城市。

（四）旅游关系

美国是中国主要的客源国之一，2011年，美国来华旅游者达211.61万人次，是中国第四大客源国。2018年，美国来华旅游者达248.46万人次，是中国第五大客源国。

美国也是中国公民的主要旅游目的地之一。2008年6月，美国对中国公民正式开放

启智润心
6-1

向史而新，推动中美关系行稳致远

团队旅游。2013年，中国公民首站赴美国旅游人数达196.69万人次。从2014年11月12日开始，中国公民赴美商业旅游签证延长至10年，赴美学生签证延长至5年。中国公民赴美国旅游人数2016年达297万人次，2017年增加到317万人次，2018年降为290万人次，2023年降为107.8万人次。

第二节　　加拿大

一、加拿大概况

（一）地理位置

加拿大（Canada）位于北美洲北部，东临大西洋，西濒太平洋，西北部邻美国阿拉斯加州，南接美国本土，北靠北冰洋。海岸线长约24万千米，是世界上海岸线最长的国家。

加拿大渥太华时间比中国北京时间慢13小时，温哥华时间比北京时间慢16小时。在实行夏令时的地区，夏令时比正常时间快1小时。

> **观览天下6-14**　　　　　　　　　　**"加拿大"名称的由来**
>
> "加拿大"名称的由来据说是这样的：1535年，法国探险家卡蒂埃来到魁北克，问印第安人此地的名称，当地首长答"加拿大"，意指附近的村落，而卡蒂埃误认为是指整个地区。在向法国国王报告时，卡蒂埃首次使用了"Canada"一词来指他所到达的地方。此后，"Canada"一词一直沿用至今。

（二）面积与人口

加拿大国土面积998万平方千米，居世界第二位，其中陆地面积909万平方千米，淡水覆盖面积89万平方千米。

加拿大人口约4 000万（截至2023年6月），主要为英、法等欧洲人的后裔，土著居民约占5%，其余为亚裔、拉美裔、非洲裔等。

加拿大人口分布不均，约80%的人口居住在靠美国北部边界线160千米宽的一条狭长地带。加拿大人口超过百万的省份有6个，分别是安大略、魁北克、不列颠哥伦比亚、阿尔伯塔、曼尼托巴、萨斯喀彻温。

（三）语言

英语和法语同为加拿大的官方语言。其他主要语言有汉语、意大利语、德语、旁遮普语等。汉语在加拿大已成为仅次于英语、法语的最通行语种。

（四）宗教

加拿大居民普遍信仰宗教，全国宗教教派林立。居民中信奉基督教的占67.3%，信奉伊斯兰教、印度教、锡克教和佛教的占7.2%。

（五）自然环境

加拿大地势总体而言是西高东低。东部是低矮的拉布拉多高原；中部是广阔的平原和与美国接壤的大湖；西部是科迪勒拉山系的落基山脉，许多山峰的海拔在4 000米以上。其中，洛根山海拔超过5 900米，是加拿大最高峰。加拿大多河流和湖泊，马更些河是加拿大最长的河流。

加拿大西部沿海地区背靠大山，有阿拉斯加暖流经过，气候温和湿润；东部地区气温稍低；南部地区气候适中；北部属寒带苔原气候，北极群岛终年严寒。加拿大全国温差较大，中西部最高气温达40℃以上，北部最低气温低至-60℃。

（六）国旗、国歌、国树

1.国旗

加拿大国旗呈长宽比为2：1的横长方形，旗面中间为白色正方形，内有一片11个角的红色枫树叶，两侧为两个相等的红色竖长方形。

2.国歌

加拿大的国歌为《哦！加拿大》。同一曲调有英、法两种歌词，加拿大人在唱国歌时，各唱各的词，互不影响。

3.国树

加拿大的国树是枫树。枫树遍及加拿大全国，每到秋天，橘黄或嫣红的枫叶布满城市和山野，因此加拿大有"枫叶之国"的美誉。

观览天下 6-15

加拿大的国旗、国徽、货币上都有枫叶图案。加拿大人每年3月开始庆祝枫糖节，一直会持续到4月初。人们在节日里参观枫林，欣赏枫叶，并以枫叶熬制枫糖浆，品尝加枫糖的各种甜食，表演各种民间歌舞。

（七）行政区划

全国划分为10个省和3个地区（西北地区、育空地区和努纳武特地区）。各省设省督、省长、省议长和省内阁，地区也设立相应的职位和机构。

（八）首都

加拿大首都渥太华（Ottawa）地处安大略省，是加拿大第四大城市。首都地区（包括安大略省渥太华市、魁北克省加蒂诺市及周围城镇）人口约132.4万。

渥太华是加拿大重要的工业城市，也是全国的交通枢纽和文化、科研中心。每年春季，艳丽的郁金香开遍全市，因此渥太华又被称为"郁金香城"。

二、加拿大简史

印第安人和因纽特人是加拿大最早的居民。17世纪初，加拿大沦为法国殖民地，后被割让给英国。1756—1763年，英法之间爆发七年战争，法国战败，将殖民地（包括加拿大）割让给英国。1848年，英属北美殖民地成立了自治政府。1867年7月1日，英国将加拿大省、新不伦瑞克省和新斯科舍省合并为联邦，成为英国最早的自治领。此后，其他省也陆续加入联邦。

1926年，英国承认加拿大的"平等地位"，加拿大获得外交独立权。1931年，加拿大成为英联邦成员国，其议会也获得了同英国议会平等的立法权，但仍无修宪权。1982

年，英国女王签署《加拿大宪法法案》，加拿大议会获得立宪、修宪的全部权力。

三、加拿大的政治、经济与文化

(一) 政治

1.国家元首

英国国王查尔斯三世是加拿大的国家元首，但具体职权由国王任命的总督代为行使。总督有权召集和解散议会。

2.宪法

加拿大至今没有一部完整的宪法，现在使用的宪法主要由在各个不同历史时期通过的宪法法案构成。有关法案规定，加拿大实行联邦议会制。

3.议会

议会由参议院和众议院组成。参议员名额按各省人口比例和历史惯例分配，由总理提名、总督任命。众议员由按各省人口比例划分的联邦选区直接选举产生，任期4年。参、众两院通过的法案由总督签署后成为法律。

4.政府

加拿大实行内阁制，由众议院中占多数席位的政党领袖出任总理并组阁。

5.司法机构

加拿大设联邦、省和地方（一般指市）3级法院。最高法院的裁决为终审裁决。最高法院的法官均由总理提名，总督任命。各省设有省高等法院和省法院，主要审理刑事案件及其他与该省有关的重要案件，但也有一些省级法院审理民事案件。地方法院一般审理民事案件。

(二) 经济

1.总体实力

加拿大是发达的资本主义工业化国家，也是西方七大工业国家之一。加拿大国内生产总值2013年为18 251亿美元（人均国内生产总值52 200美元），2022年为2.17万亿加元（人均国内生产总值5.4万加元）。加拿大在经济上受美国影响较深。

2.各产业概况

加拿大地域辽阔，矿产和森林资源丰富，主要矿产有钾、铀、钨、镉、镍、铅等。原油储量居世界第三位（仅次于委内瑞拉和沙特阿拉伯），其中97%以油砂形式存在。境内约89万平方千米被淡水覆盖，可持续性淡水资源占世界的7%。森林面积居世界第三位（仅次于俄罗斯和巴西），森林覆盖率达44%，盛产云杉、松树、杨树等树木，是世界上最大的林产品生产国和出口国之一。

加拿大的制造业和高科技产业发达，资源工业和初级制造业是国民经济的支柱，石油、金属冶炼、造纸是重要的工业部门。加拿大农业的机械化和商业化程度高，主要种植小麦、大麦、亚麻、燕麦、玉米等作物。粮食产量居世界前列，按人口平均计算则居世界首位。加拿大渔业发达，75%的渔产品供出口，是世界上最大的渔产品出口国之一。纽芬兰沿岸是世界著名的渔场。

加拿大拥有发达的现代交通运输网络，人均交通线占有量居世界前列。圣劳伦斯河是加拿大最重要的运输河流，船舶可通过此河从大西洋抵达五大湖水系。最大的港口是温哥华港。蒙特利尔港西连北美五大湖地区，东达大西洋，是世界上使用最频繁的内陆港之一。加拿大是世界航空运输业最发达的国家之一，主要机场有多伦多皮尔逊国际机场、温哥华国际机场、卡尔加里国际机场和蒙特利尔特鲁多国际机场等。

观览天下 6-16

加拿大是世界上公路系统最发达的国家之一。其中，横贯加拿大的泛加高速公路从太平洋东岸的维多利亚一直绵延至大西洋西岸的圣约翰斯，全长约 7 821 千米。

3.对外贸易

加拿大以贸易立国，对外资、外贸依赖很大。货物贸易额 2013 年为 9 475 亿加元，2022 年为 15 189 亿加元（贸易顺差 395 亿加元）。主要出口汽车及零配件、其他工业制品、林产品、金属和能源产品等，主要进口机械设备、汽车及零配件、工业材料和食品等。主要贸易对象是美国、中国、墨西哥、英国、日本、欧盟国家。

4.货币与汇率

货币名称为加拿大元。

2021 年 7 月 1 日，1 加拿大元=5.2202 人民币元。

2024 年 7 月 1 日，1 加拿大元=5.2336 人民币元。

观览天下 6-17

过去，1 分硬币是加拿大面值最小的货币。由于铸造成本高于面值（每生产 1 枚 1 分硬币的成本约为 1.6 分），因此加拿大政府决定不再铸造新的 1 分硬币，并逐步回收流通中的 1 分硬币。2012 年 5 月 4 日，加拿大的铸币厂生产了最后一枚 1 分硬币，并将其收藏在加拿大货币博物馆。至此，1 分硬币在加拿大成为历史。

1 分硬币取消后，"分"仍为加拿大最小的货币单位，只是现金交易改为最小以"5分"计价。

（三）文化

1.教育

加拿大的教育水平处于世界前列。中小学教育已实现普及，学制基本为小学六年、中学五至七年。著名大学有多伦多大学、不列颠哥伦比亚大学、拉瓦尔大学等。加拿大的教育管理权归省级政府，联邦政府不设专门机构，各省的教育经费基本依靠自筹。

2.新闻出版

加拿大的主要报纸有《环球邮报》《国家邮报》等。加拿大通讯社成立于 1917 年，是加拿大最大的通讯社。加拿大是世界上广播电视事业最发达的国家之一，主要电台和电视台有加拿大广播公司电视台、加拿大电视台、环球电视台等。

3.文学艺术

加拿大文学由法语文学和英语文学两部分组成：《加拿大史》《转手的幸福》《验明身份》等是法语文学的代表作；《蒙塔格小传》（加拿大第一部英语小说）、《平日之歌》等是英语文学的代表作。

加拿大的原始美术是由印第安人和因纽特人创造的。欧洲人到来后，欧洲的绘画和绘画技术也传入加拿大，蒙特利尔、多伦多都是加拿大的艺术中心。

与欧洲人同时来到加拿大的还有欧洲的音乐，尤其是第二次世界大战以后，加拿大经济的繁荣带来了音乐的空前繁荣，涌现出了一批世界级的作曲家、演奏家和乐队。

观览天下 6-18

加拿大是一个移民国家，文化上也显现出了多元文化的特征。加拿大政府和人民一直以其社会的多元文化环境为荣，这也是加拿大吸引移民的主要原因之一。加拿大是无明显种族歧视的国家，不同种族、文化背景的社区或团体为保持或发展本民族或种族的文化而举办的活动不仅会受到社会的尊敬，而且会得到政府的支持，如华人区的中文补习班就得到了政府文化基金的补贴。

加拿大也是华人较多的一个国家，华人给加拿大许多大城市带来了不同的文化气息。在华人较集中的地方，很多街名、店名甚至警察局的名称，都以醒目的中英文对照方式出现。华人移民最初多从事餐饮、旅行社、杂货食品及土产经营等行业。近年来，新移民文化层次越来越高，他们也越来越多地开始从事技术领域的工作。

四、加拿大的民俗

（一）衣、食、住习俗

1.服饰

与美国人相似，加拿大人在正式场合（上班、去教堂、赴宴、观看表演等）穿着较为讲究，男士穿西服，女士一般穿裙服。在非正式场合，加拿大人穿着较随意。

2.饮食

在加拿大人的一日三餐中，早餐和午餐较为简单，早餐通常是烤面包、鸡蛋、咸肉和饮料；午餐通常是三明治、饮料和水果；晚餐是一天中最丰盛的一餐，一般也是一家人团聚的时刻，主要食物有鸡肉、牛肉、鱼、猪排、土豆、胡萝卜、豆角、面包、饮料等。在加拿大的工商企业或政府部门，上午10点和下午3点一般都安排有15分钟的休息时间，大家通常利用这段时间喝咖啡或茶，吃些点心。

加拿大人的主食是米饭，肉类和蔬菜的消费量较大。加拿大人喜欢吃牛肉、鸡肉、鸡蛋、沙丁鱼、西红柿、洋葱、土豆、黄瓜等，不吃动物内脏和爪；喜欢饮酒，尤其爱喝白兰地、香槟和啤酒；习惯在饭后吃水果和喝咖啡。

加拿大人讲究菜肴的营养和质量，注重食品的新鲜；偏爱用煎、烤、炸的方式制作菜肴；口味偏甜，不喜欢太咸和太辣；喜欢中餐，尤其是上海菜、江苏菜和山东菜。

3.住宅

多数加拿大人都有舒适、宽敞的住房，也有人租住在公寓里。城镇或乡村的私人住宅以砖木结构的平房或2~3层的楼房最为普遍，一般设有庭院或花园。西部印第安人的房屋大多是木房和预制板房。过去，北部的因纽特人春夏季都住在帐篷里，冬季则住在雪屋里。现在，大部分因纽特人已住进了预制板房。

（二）主要节庆

加拿大的主要节庆有国庆日（7月1日，也叫独立日、加拿大日）、元旦、复活节、劳动日、感恩节、圣诞节、冬季狂欢节、枫糖节、郁金香节、母亲节、父亲节、情人节等。加拿大人把白雪看成吉祥的象征，因此元旦的主要活动是把白雪堆在住房周围，筑成雪墙，以阻挡"妖怪"的入侵。冬季狂欢节于每年2月的第一个周末举行，是魁北克省居民最盛大的节日。

观览天下 6-19　　　　　　　　　　　　　　加拿大郁金香节的来历

郁金香是荷兰的国花，荷兰是郁金香的国度。加拿大首都渥太华也被称为"郁金香城"，加拿大每年都要举行郁金香节。这两者之间存在着历史渊源。

第二次世界大战期间，荷兰被德军占领，荷兰王室朱丽安娜公主一家来渥太华避难。1943年1月，公主即将临产。此时问题来了，根据加拿大的法律，出生在加拿大的人就将成为加拿大的公民，而荷兰王室不允许王室成员成为外国公民。于是，加拿大人想了一个办法：把公主临产的房间临时划归荷兰政府所有。1945年，加拿大军队又转战荷兰，收复了荷兰的主要城市，并代表盟军在荷兰接受了德军的投降。为了感谢加拿大军队，荷兰政府决定送给加拿大10万株郁金香。朱丽安娜公主1948年登上王位后，下令每年送给渥太华10 000株郁金香，渥太华为答谢荷兰女王，从1951年开始每年都会举办郁金香节。1995年，渥太华郁金香节升格为加拿大郁金香节。

资料来源　陈福义，张金霞．中国主要旅游客源国与目的地国概况［M］．北京：清华大学出版社，2007．

（三）礼仪禁忌

1.日常社交礼仪

加拿大人朴实、随和，易于接近。熟人见面一般直呼其名，以握手或拥抱为礼。与加拿大人交谈时，应找双方共同感兴趣的话题，但不要涉及个人隐私。

加拿大人注重公共场合的文明礼貌。在教堂做礼拜时，加拿大人穿着整齐，不随便走动、吃东西或说话。加拿大人去剧院看节目时，会在开演前入场，迟到会被认为是不礼貌的行为；如果节目已开始，一般会等到中场休息时再入场。加拿大人乘车、购物、办事都按顺序排队。

加拿大人喜欢在自己家中宴请朋友。宴请多采取冷餐会或自助餐的形式，客人自己动手取自己喜欢的食物，自己找地方坐或站着，边吃边聊。在加拿大，赴宴应稍晚到达，不可提前到达；应带一点小礼品，如果客人带的是酒，按加拿大人的习惯，一定要在餐桌上喝。

加拿大人不经常送礼，只有在朋友结婚、过生日、分别时才送礼，并附上一张签名的卡片。礼品讲究包装，收到礼品的人一般都要将礼品当面打开并表示感谢。

2.婚姻礼节

加拿大人的婚礼一般在教堂进行，仪式结束后举行婚宴。

印第安人的婚俗有些特殊。过去，印第安男子在婚前要在未来的岳父家做半年或一年的苦役，表明自己有能力养活妻子。结婚时，村里每一位妇女都要送给新郎一担柴，供新婚夫妇秋冬之用。现在，印第安人的婚礼要自由得多，已不再拘于过去的形式，但大部分印第安人还在本民族内部通婚。

3.民间禁忌习俗

加拿大人忌讳数字 13 和星期五；在家中忌吹口哨，吃饭时不说令人悲伤的事，不谈与死亡有关的事；忌讳在梯子下面走，忌讳把玻璃制品打碎，忌讳把盐撒在地上；忌讳说"老"字，年纪大的人被称为"高龄公民"；送礼忌送百合花，因为这是开追悼会时用的花。

🔁 **课堂互动 6-2**

接待加拿大客人时应注意哪些细节？

五、加拿大旅游业

（一）旅游业历史和现状

加拿大旅游业发达，旅游业已成为加拿大经济的重要组成部分。2018 年，加拿大接待国际游客约 2 113 万人次，旅游业在加拿大各地共创造了 74.53 万个就业机会，为加拿大经济贡献了约 1 025 亿加元。

加拿大入境游客 80% 以上来自美国，其次为英国、中国、德国等。加拿大的入境手续办理简便，欧洲、美洲和大洋洲大多数国家的居民去加拿大旅游不需要事先申请入境签证。加拿大人出国旅游目的地主要是美国，其次是欧洲、南美洲和亚洲的一些国家。加拿大人的国内旅游项目主要是滑雪、登山、骑马、露营、帆板、游泳、打网球等。

（二）主要旅游资源

1.旅游城市

加拿大的主要旅游城市有渥太华、多伦多、蒙特利尔、温哥华、魁北克城等。

渥太华　加拿大首都渥太华既是世界上最寒冷的首都之一，也是世界上最美丽的首都之一。街道整齐划一，建筑鳞次栉比，冬季银装素裹，春季鲜花盛开。主要景点有国会大厦、里多运河等。

多伦多　加拿大最大的城市，也是加拿大的政治、经济、文化和交通中心。主要景点有加拿大国家电视塔、冰球名人堂等。

蒙特利尔　加拿大第二大城市，也是北美地区唯一以讲法语为主的大城市。城市建筑深受法国文化的影响，有着浓郁的法国风情，因而蒙特利尔又被称为"北美洲的巴黎"。该城市依山而建、风景优美，街头到处是精美的雕塑，有着浓厚的艺术氛围。主要景点有圣母大教堂、皇家山公园等。

温哥华　加拿大第三大城市，也是加拿大太平洋沿岸最大的城市，有"加拿大通向东方的门户"之称。温哥华的气候温和，依山傍水，景色秀丽。该市的华人社区是北美最大的华人社区之一。主要景点有斯坦利公园（又译为史丹利公园）、海洋博物馆、温哥华美术馆等。

魁北克城　加拿大东部的重要城市和港口，既有现代的繁华，又有历史的古朴。魁北克城的战略地位非常重要，素有"美洲直布罗陀"之称。主要景点有蒙特伦西瀑布、战场公园等。

2. 博物馆

从20世纪60年代开始，加拿大加快了博物馆的建设。目前，加拿大拥有博物馆数量超过2 000家。著名的博物馆有加拿大文明博物馆、加拿大国立美术馆、加拿大航空航天博物馆、加拿大农业博物馆、加拿大自然博物馆和加拿大战争博物馆等。

3. 自然旅游资源

加拿大的自然旅游资源非常丰富，首屈一指的是尼亚加拉瀑布，景色非常壮观；班夫国家公园是加拿大第一个国家公园，建于1885年，以湖光山色闻名；芬迪国家公园是世界上观赏大潮汐的最理想之处；恐龙省立公园位于加拿大阿尔伯塔省西南部，是世界上已知的恐龙化石埋藏量最丰富的地区；伍德布法罗国家公园地处北纬60度附近，冬季漫长而寒冷，这里是美洲地区天然的动植物乐园；卡博特之路是加拿大著名的旅游线路，以民俗风情多姿多彩而著称，更以优美的自然风光而闻名于世。

六、中加关系

（一）外交关系

加拿大于1970年10月13日与中国建交。1997年，双方建立"中加跨世纪全面合作伙伴关系"。

（二）经贸关系

建交以来，中加两国经贸关系发展顺利，友好合作保持良好发展势头。近年来，中加经济贸易关系有了较大发展，两国间的经济联系不断加深。

中加双边货物贸易额2010年为371亿美元，2020年为639.9亿美元，2022年为961亿美元（其中，中国出口额537亿美元，中国进口额424亿美元）。目前，中国是加拿大第二大贸易伙伴、第二大进口来源地和第二大出口市场。

观览天下6-20　　　　加拿大著名公司和经济团体

庞巴迪公司（Bombardier Inc.）：全球第三大民用飞机制造商，也是全球唯一同时生产飞机和机车的设备制造商，成立于1942年。

加拿大鲍尔集团（Power Corporation of Canada）：经营范围涉及金融、运输等部门，成立于1925年。

加中贸易理事会（Canada-China Business Council）：是一家非营利性民间机构，以推动和促进加拿大与中国之间的贸易和投资为宗旨，成立于1978年。总部设在多伦多，在中国北京、上海设有办事处。

（三）科技、文化与教育交流

中国和加拿大于1972年开始科技合作。2007年，双方签订了《中华人民共和国政府和加拿大政府科学技术合作协定》。此后，双方还设立了政府科技合作基金，并建立了科技合作联委会机制。

中国和加拿大分别于2003年和2005年签署了《中华人民共和国政府和加拿大政府

关于加强文化合作的联合声明》和《中华人民共和国政府和加拿大政府文化协定》。

截至2020年底，有超过1 200名加拿大留学生在中国学习，中国在加拿大的留学生约16.7万人。在加拿大，学习中文的人数也一直呈上升趋势。目前，中国已在加拿大建成11所孔子学院和38个孔子课堂。

（四）旅游关系

来中国的加拿大游客2000年达23.66万人次，2013年为68.42万人次，2016年为74.1万人次，2018年为85.02万人次，2019年降至77.63万人次。

2009年，中国将加拿大设为旅游目的国。中国公民首站赴加拿大旅游人数2013年为49.77万人次，2019年约57.1万人次，2023年约22.5万人次。

观览天下6-21

中加两国人民的交往源远流长。早在1780年，加拿大和中国之间已有贸易往来。18世纪末期，广州的丝绸、杭州的茶叶和景德镇的瓷器已经远销加拿大，加拿大的皮毛和木材也销往中国。中国民主革命的先驱孙中山先生曾3次到过加拿大温哥华。中国抗日战争期间，加拿大伟大的国际主义战士白求恩大夫率领医疗队来到中国的抗日前线，为中国人民的解放事业献出了自己宝贵的生命。

启智润心
6-2

白求恩精神

本章小结 🖑

美国和加拿大同属发达国家，与我国有着广泛的经贸联系，又都是我国在美洲地区最主要的客源国。本章介绍了美国和加拿大2个国家的基本情况，内容包括美国和加拿大的地理位置、面积与人口、语言、宗教、自然环境、行政区划、简史、政治、经济、文化、民俗、旅游业，以及两国与我国的关系等。

知识导图

第六章

基础训练 📝

（一）选择题（有一个或多个正确答案）

1.美国信仰人数最多的宗教是（　　　）。

A.犹太教　　　　　　B.东正教　　　　　　C.天主教　　　　　　D.基督教新教

2.下面关于美国的描述正确的是（　　　）。

A.通用语言为英语　　　　　　　　　B.自然资源丰富

C.全国划分为50个州和1个特区　　　D.纽约是美国的首都

3.下面关于美国的描述正确的是（　　　）。

A.国内生产总值居世界首位　　　　　B.矿产资源总探明储量居世界第一位

C.入境旅游人数居世界首位　　　　　D.世界上最大的粮食出口国

4.美国是中国的（　　　）。

A.第一大旅游目的地国　　　　　　　B.主要经贸对象之一

C.第一大客源国　　　　　　　　　　D.主要外资来源地之一

5.下列特征符合美国人性格的有（　　）。

A.性格直率、热情奔放 　　　　　　　 B.讲究门第和派头

C.讲求独立和竞争 　　　　　　　　　 D.喜欢旅游和体育

6.下面关于加拿大的描述正确的是（　　）。

A.被称为"枫叶之国" 　　　　　　　　 B.国土面积居世界第三位

C.世界上海岸线最长的国家 　　　　　 D.主要居民为欧洲移民的后裔

7.加拿大信仰人数最多的宗教是（　　）。

A.伊斯兰教 　　　　 B.犹太教 　　　　 C.基督教 　　　　 D.佛教

8.加拿大的官方语言是（　　）。

A.英语 　　　　　　 B.法语 　　　　　 C.西班牙语 　　　　 D.意大利语

9.加拿大原油储量居世界（　　）。

A.第一位 　　　　　 B.第二位 　　　　 C第三位 　　　　 D.第四位

（二）判断题

1.美国的人口数居世界第三位。 （　　）

2.美国人讲究菜的精细。 （　　）

3.美国人最爱的饮料是茶。 （　　）

4.中国是美国第一大国际学生来源国。 （　　）

5.总理是加拿大的国家元首。 （　　）

6.加拿大大多数入境游客来自美国。 （　　）

7.加拿大人口味偏甜，不喜欢太咸和太辣，喜欢中餐。 （　　）

8.加拿大于1979年与中国建交。 （　　）

（三）简答题

1.美国人的服饰有什么特点？

2.美国人的饮食有什么特点？

3.与美国人交往时要注意哪些礼节？

4.美国人有哪些民间禁忌？

5.美国人有什么样的性格特点？

6.加拿大人的服饰和饮食各有什么特点？

7.与加拿大人交往时要注意哪些礼节？

8.加拿大人有哪些民间禁忌？

9.加拿大有哪些主要旅游城市？

在线测评
6-1

选择题

在线测评
6-2

判断题

第七章

大洋洲客源国概况

学习目标

知识目标：

深入理解澳大利亚、新西兰的地理位置、历史文化、经济发展及主要旅游资源，了解其旅游业发展的政策支持与市场运作模式。

技能目标：

能够基于大洋洲游客的性格特点，设计生态旅游、文化体验旅游等特色产品，能够组织实施跨洋旅游合作项目。

素养目标：

增强对自然与人文和谐共生的认知，提升生态旅游与休闲旅游服务能力，培养应对国际旅游政策变化的能力。

引　例 >>>

　　导游小张将要接待一个来自澳大利亚的旅游团。为做好此次接待工作，小张特意找了一些有关澳大利亚的资料，列了一些接待工作中要注意的细节，下面就是小张所列内容的一部分：

　　（1）说话直接，不拖泥带水、拐弯抹角；

　　（2）说话时不离澳大利亚人太近；

　　（3）严格遵守日程安排；

　　（4）叮嘱餐厅菜不要太辣，并安排一餐饺子。

　　请问：小张所列内容合适吗？

答案提示

第一节　澳大利亚

一、澳大利亚概况

（一）地理位置

澳大利亚全称澳大利亚联邦（The Commonwealth of Australia），地处南半球，远离地球上的其他大陆，南回归线横穿大陆中央；位于印度洋和南太平洋之间，四面环海，海岸线长 36 735 千米。

澳大利亚堪培拉时间比中国北京时间快 2 小时。在实行夏令时的地区，夏令时比正常时间快 1 小时。

观览天下 7-1　　　　　　　　**"澳大利亚"名称的由来**

"澳大利亚"一词的意思是"南方的大陆"，由拉丁文"terraaustralis"（南方的土地）变化而来。欧洲人很早就意识到南半球应有一块陆地。17 世纪初欧洲人发现这块大陆时，误以为这是一块直通南极的陆地，故取名"澳大利亚"。

（二）面积与人口

澳大利亚国土总面积 768.82 万平方千米，由澳大利亚大陆、塔斯马尼亚岛等岛屿和海外领土组成，面积居全球第六位（仅次于俄罗斯、加拿大、中国、美国和巴西）。

澳大利亚人口约 2 682 万（截至 2023 年 9 月），其中 51.1% 为英国及爱尔兰后裔，华裔约占 5.5%，土著人约占 3.2%。

2023 年，澳大利亚人口平均预期寿命为 83 岁。

（三）语言

澳大利亚的官方语言为英语，汉语为除英语外第二大使用语言。

（四）宗教

澳大利亚居民中约 43.9% 信奉基督教。此外，伊斯兰教、印度教、佛教、锡克教和犹太教信仰人数也较多。

（五）自然环境

澳大利亚全国分为 3 个地形区，即东部山地、中部平原和西部高原，总体而言地势低平。东部山地主要是大分水岭和澳大利亚山脉，位于澳大利亚山脉上的科西阿斯科山海拔 2 228 米，为全大陆最高峰；中部为澳大利亚大盆地（大自流盆地）；西部为高原地带，大部分是沙漠和半沙漠。澳大利亚虽四面环水，沙漠和半沙漠面积却占国土总面积的 35%，是世界上最干燥的大陆，中部有很多地方不适合居住。

墨累河是澳大利亚的主要河流，也是澳大利亚最长的河流。中部的北艾尔湖是澳大利亚最大的湖泊，也是澳大利亚的最低点，湖面低于海平面 16 米。

澳大利亚气候类型多样，东南部属温带海洋性气候，东部沿海大部分属亚热带湿润气候，东北部沿海属热带雨林气候，南部沿海属地中海气候，广大中部、北部和西部地区属热带沙漠和热带草原气候。年平均气温北部27℃，南部14℃。内陆地区干旱少雨，年降水量不足200毫米，东部山区年降水量500～1 200毫米。

（六）国旗、国歌、国花

1.国旗

澳大利亚国旗呈长与宽之比为2∶1的横长方形。旗面为深蓝色，左上方是红、白"米"字，"米"字下面为1颗较大的白色七角星，旗面右边有4颗白色七角星和1颗白色五角星。其中，红、白"米"字为英国国旗图案，象征澳大利亚为英联邦成员，表明澳大利亚与英国的传统关系。

2.国歌

澳大利亚的国歌是《前进，美丽的澳大利亚》。此外，作为英联邦成员，英国国歌在澳大利亚也会作为接待英国国王及其他王室成员的礼仪歌曲。

3.国花

澳大利亚的国花是金合欢。

（七）行政区划

全国划分为6个州（新南威尔士、维多利亚、昆士兰、南澳大利亚、西澳大利亚、塔斯马尼亚）和2个地区（北方领地地区和首都领地地区）。

（八）首都

首都堪培拉位于澳大利亚东南部，地处墨尔本和悉尼之间，是澳大利亚的政治中心。堪培拉始建于1913年，1927年建成。

二、澳大利亚简史

澳大利亚很早就有人居住，但作为国家的历史却很短，因此被称为"古老土地上的年轻国家"。

这片土地原为土著人居住地。17世纪初，西班牙人、葡萄牙人、荷兰人先后到达这里。1770年，英国航海家詹姆斯·库克船长率船队来到澳大利亚东海岸，宣布英国占有这片土地。1788年1月26日，英国航海家亚瑟·菲利普率首批移民抵达悉尼湾，英国开始在这里建立殖民地，后来这一天被定为澳大利亚国庆日。

19世纪50年代，随着羊毛相关产业的发展和金矿的发现，澳大利亚大陆人口骤增。1900年7月，英国议会通过《澳大利亚联邦宪法》和《不列颠自治领条例》。1901年1月1日，各殖民区改为州，澳大利亚联邦成立。1931年，澳大利亚成为英联邦内的独立国家。1986年，英国议会通过《与澳大利亚关系法》，澳大利亚获得完全立法权和司法终审权。

三、澳大利亚的政治、经济与文化

（一）政治

1.国家元首

英国国王查尔斯三世是澳大利亚的国家元首。

2.总督

总督由总理提名，国王任命。澳大利亚总督代表国王行使在澳大利亚联邦内的职权，为法定的最高行政长官。

3.联邦议会

联邦议会是澳大利亚最高立法机构，由国王（澳总督为其代表）、众议院和参议院组成。议会实行普选。众议院议员按人口比例选举产生，任期3年。参议院议员由6个州和2个地区的代表组成，各州参议员任期6年，每3年改选一半，各地区参议员任期3年。

4.政府

联邦政府由众议院多数党或政党联盟组成，该党领袖任总理，内阁部长由总理任命。每届政府一般任期3年。

5.司法机构

最高司法机构是联邦高等法院。各州设最高法院、区法院和地方法院。北方领地地区和首都领地地区只设最高法院和地方法院。

（二）经济

1.总体实力

澳大利亚是一个后起的发达工业国，农牧业、采矿业为其传统产业。近年来，制造业和高科技产业发展迅速，服务业已成为国民经济的主导产业。澳大利亚国内生产总值2017/2018财年为1.74万亿澳元（人均国内生产总值约7.3万澳元），2023年为1.69万亿美元（人均国内生产总值约6.35万美元）。

观览天下7-2　　　　　　　　　澳大利亚著名公司

澳大利亚著名公司有：必和必拓公司（世界第一大矿业集团，与中国已有百余年的业务关系）；西农集团（澳大利亚最大的零售公司之一）；澳大利亚电信公司（澳大利亚最大的电信企业）；力拓集团（世界第二大采矿业集团）等。

2.各产业概况

澳大利亚是世界上重要的矿产资源生产国和出口国，有"坐在矿车上的国家"之称。铅、镍、银、铀、锌、钽的探明经济储量居世界首位。澳大利亚是世界上最大的锂、锆生产国，世界上最大的烟煤、铝矾土、钻石、锌精矿出口国，世界上第二大氧化铝、铁矿石、铀矿出口国，世界上第三大铝和黄金出口国。澳大利亚的森林覆盖率为21%，天然林中2/3为桉树。

观览天下7-3　　　　　　　　　澳大利亚丛林大火

2019—2020年，澳大利亚发生丛林大火，过火面积超过8万平方千米，损失极其严重。起火的原因，一方面是降水稀少，另一方面则是澳大利亚的森林树种过于单一，主要是桉树。桉树富含桉树油，其脱落后易堆积在树根处，气温达到40℃时就会自燃，极易引发森林大火。而大火又能促进桉树繁殖，因为火可以促使桉树种子开裂，从而生根发芽。

澳大利亚的工业以矿业、制造业和建筑业为主。农牧业发达，在国民经济中占有重要地位。主要农作物有小麦、大麦、棉花和高粱等，主要畜牧产品为牛肉、牛奶、羊肉、羊毛、家禽等。澳大利亚是世界上最大的牛肉出口国，也是世界上最大的羊毛出口国，有"骑在羊背上的国家"之称。澳大利亚是世界上第三大捕鱼区，主要水产品有对虾、龙虾、鲍鱼、金枪鱼等。

澳大利亚海、空运输业发达。墨尔本为澳大利亚第一大港，悉尼是南太平洋主要交通运输枢纽。主要机场有悉尼金斯福德·史密斯国际机场、墨尔本国际机场、布里斯班国际机场和珀斯国际机场等。

3.生活水平

澳大利亚人的生活水平较高。截至2022年5月，澳大利亚全职成年职工人均周工资为1 770澳元。澳大利亚是一个高福利国家，福利种类多而齐全，主要包括失业救济金、退伍军人及家属优抚金、残疾人救济金、退休金以及家庭补贴等。所有永久居民均享受全国性的医疗保健待遇。

4.对外贸易

澳大利亚经济对国际贸易的依存度较高。澳大利亚商品和服务贸易总额2020/2021财年为9 173亿澳元，2021/2022财年为10 397亿澳元（出口额为5 938亿澳元，进口额为4 459亿澳元）。澳大利亚的主要贸易伙伴依次为中国、美国、日本、韩国等。主要出口商品为铁矿石、煤、教育与旅行服务、黄金、原油、天然气、小麦、铝矾土、牛肉、铜、羊毛制品等；主要进口商品为原油、摩托车、精炼油、航空器材、药物等。

5.货币与汇率

货币名称为澳大利亚元（简称澳元），1澳元=100分。

2021年7月1日，1澳大利亚元=4.8506人民币元。

2024年7月1日，1澳大利亚元=4.7768人民币元。

图7-1　悉尼大学

（三）文化

1.教育

澳大利亚的教育分为学龄前教育、小学教育、中学教育和高等教育4个阶段。16岁之前必须接受义务教育。著名高等院校有澳大利亚国立大学、莫纳什大学、阿德莱德大学、墨尔本大学、新南威尔士大学、昆士兰大学、悉尼大学（如图7-1所示）等。澳大利亚重视并广泛推行职业教育。

教育产业已成为澳大利亚排名第三的出口产业。据统计，2023年上半年，国际学生为澳大利亚贡献了213亿澳元的收入，创历史新高。

观览天下 7-4

在澳大利亚，各教育阶段的学制分别为：小学六年（一至六年级）；中学六年（七至十二年级）；专科二至三年；大学三至六年。在大学，修业年限因科系和专业的不同而有较大差异，一般来说，文、商、理科三年，工科四年，法律四年或五年，医科六年。

2.新闻出版

澳大利亚的主要报刊有《澳大利亚人报》《悉尼先驱晨报》《世纪报》《金融评论报》《堪培拉时报》等。澳大利亚联合新闻社是澳大利亚最大的通讯社。

3.文学艺术

澳大利亚是典型的移民国家，多元文化是澳大利亚社会的一个显著特征。这一特征一方面反映在土著人的文学、绘画、音乐中，另一方面体现在从西方文化传统中吸收发展而来的艺术、文学、舞蹈、电影、戏剧、歌剧之中。此外，亚太地区的文化也对澳大利亚文化有着深远影响。

澳大利亚拥有众多的美术馆、剧院、乐团和舞蹈团体。悉尼歌剧院已成为澳大利亚最有特色的城市标志性建筑物，世界上的著名乐队、剧团、歌唱家、舞蹈家均以能在此演出为荣。其他著名的文化艺术设施还有澳大利亚国立美术馆、澳大利亚国家图书馆、澳大利亚国家博物馆等。

4.体育

澳大利亚人酷爱体育。网球、游泳、赛马、足球、冲浪、帆板、滑雪、钓鱼、澳式橄榄球、滚球等都有众多的爱好者。在澳大利亚，网球的普及率相当高，因此澳大利亚也被称为"世界四大网球王国"之一（其他 3 个国家是英国、法国、美国）。澳大利亚人也非常热衷赛马。每年 11 月的第一个星期二在墨尔本举行的全国性赛马锦标赛，几乎会吸引所有人的关注，当日也成为约定俗成的假日。

四、澳大利亚的民俗

（一）姓名称谓

澳大利亚人的姓名排列与英国、美国等讲英语的国家类似，名在前、姓在后；妇女在结婚后改用夫姓；正式场合用全称；口头称呼一般是先生、夫人、小姐加上姓；对不了解婚姻状况的女性可称女士；对地位较高者和年长者多称先生（Sir）或夫人（Madam），省略姓名；亲朋好友间可直呼其名或用昵称。

对服务人员既可称其身份，也可直呼其名（如果知道对方姓名的话），还可称其为先生、夫人或小姐。

（二）饮食习惯

澳大利亚人的日常饮食习惯是一日三餐加茶点。早餐一般是面包、黄油、火腿、煎蛋、牛奶、麦片粥等；中餐多食快餐，如三明治、汉堡包、热狗等；晚餐是正餐，是一天中食物最丰盛的一餐，有烤肉、热菜、饮料、酒水等。茶点有早茶和下午茶之分，通常是喝咖啡、茶，并加上饼干、点心等甜食。

澳大利亚人喜欢吃面食，特别是面包，也喜欢吃中国的清汤饺子；喜欢吃牛肉、鸡肉和鸭肉；喜欢吃鱼和海鲜；喜欢吃西红柿、生菜、豆芽、菜花、花生米等；喜欢新鲜水果，尤其爱吃荔枝、苹果等。

澳大利亚人偏爱甜酸，喜欢清淡，不喜欢太咸，不吃辣；注重菜的新鲜、营养和色彩；偏爱煎、炸、炒、烤方式制成的菜肴；喜欢吃中餐。

澳大利亚人喜欢喝咖啡，也喜欢饮红茶、香片茶；酒类偏爱啤酒和葡萄酒。

（三）主要节庆

澳大利亚日（国庆日）　1月26日。

澳新军团日　4月25日。

圣诞节　12月25日。与多数国家不同的是，澳大利亚的圣诞节正值盛夏。

节礼日　12月26日。

（四）礼仪禁忌

1.日常社交礼仪

英国、美国等英语国家流行的社交礼仪很多都适用于澳大利亚。

澳大利亚人习惯以握手为礼，亲朋好友间也以吻礼或贴面表达感情；聊天不应涉及个人隐私，聊天时相互间应至少保持1米的距离，不应离得太近。

澳大利亚人请客一般提前1周左右发出邀请。赴约者应带上一点小礼物去别人家中，如鲜花、酒、糖果、画册、工艺品、甜点等。澳大利亚人在宴会场合很注重礼节，认为吃东西声音太大、刀叉碰撞声音太大、边咀嚼边说话等都是失礼的行为。

澳大利亚人的时间观念较强，会准时赴约；公共场所有自觉排队的习惯，拥挤、"加塞儿"都被认为是失礼行为。

2.婚姻礼节

澳大利亚人讲究婚姻自主，父母基本不干涉子女的婚姻；婚礼通常在教堂举行，现在也常以旅行或宴会的方式举行。澳大利亚土著人多数是一夫一妻，但一夫多妻并不受制约。

3.丧礼

澳大利亚人的丧礼通常较为节俭。有家人或亲朋去世，一般在报纸上登一个讣告，然后在教堂和墓地举行简短的葬礼。土著人的葬礼仪式多种多样，有的简单，有的复杂，通常伴有歌舞和宗教仪式。

4.民间禁忌习俗

澳大利亚人忌讳数字13和星期五；忌讳兔子及兔子图案，喜爱袋鼠、琴鸟和金合欢图案。

澳大利亚人忌送菊花、杜鹃花、石竹花及其他黄颜色的花；乘出租车时需要有一人与司机并排坐，以示尊重。

澳大利亚人忌讳对人眨眼。在澳大利亚也不可竖大拇指表示赞扬（这可能被视为下流动作）。

（五）澳大利亚人的性格特点

1.直爽开朗

澳大利亚人性格开朗，喜欢直截了当地表达自己的意见；待人接物较随便，没有太多讲究。

2.自信自强

澳大利亚人崇尚自信自强，办事认真。

3.热情友善

澳大利亚人待人热情，即使互不相识也会打招呼和问候；喜欢与人交谈，并能很快成为朋友；乐于助人，怜爱孩子；车子如果在路上抛锚，路过的司机往往会主动相助。

4.多元平等

澳大利亚是一个由移民组成的国家，人们更看重个人的实际能力，对家庭背景等并不看重。因此，在澳大利亚多元文化可以和谐并存，人与人之间平等相处，雇主与员工间的关系也较为融洽。

课堂互动 7-1

接待澳大利亚客人时应注意哪些细节？

五、澳大利亚旅游业

（一）旅游业历史和现状

澳大利亚旅游业起步较晚，自20世纪70年代开始发展较快，80年代取得了长足进步。现在，旅游业已是澳大利亚发展最快的行业之一。

国内游客是澳大利亚旅游业的主力军。澳大利亚的旅游旺季是每年12月、1月、2月，即澳大利亚的盛夏季节，这段时间又正值圣诞节和元旦，学校一般也有长达3个月的漫长暑假，自然形成了一年的旅游高峰期。

海外游客的消费是澳大利亚外汇收入的重要来源之一，甚至超过羊毛、铁矿石、小麦等传统出口产品的收入。2023年，澳大利亚前五大海外游客来源国依次为新西兰、美国、英国、中国和印度。

（二）主要旅游资源

澳大利亚地域辽阔、气候温和、旅游资源丰富，著名旅游城市和景点遍布澳大利亚全国。

1.著名旅游城市

堪培拉、悉尼、墨尔本、阿德莱德、布里斯班、珀斯、达尔文等都是著名的旅游城市。

堪培拉　气候温和，植物繁茂，无重工业，是世界著名的花园城市，有"大洋洲的花园"和"万花之都"的美誉，被评为"全球最宜居城市"之一。

悉尼　澳大利亚面积最大的城市，被称为澳大利亚"最古老和最时髦的城市"，有"澳大利亚门户"之称，连续多年被评为"世界最佳旅游城市"，是外国游客必到之处。

图7-2　悉尼歌剧院

图7-3　阿德莱德

悉尼歌剧院、悉尼海港大桥、悉尼塔被称为悉尼三大标志性建筑。著名的悉尼歌剧院（如图7-2所示）造型独特，像蚌壳、风帆，也像一群展翅欲飞的白天鹅。悉尼唐人街是澳大利亚最大的华人社区。

墨尔本　澳大利亚最具欧洲风情的城市，连续多年被评为"全球最宜居城市"。这里曾发现过金矿，是19世纪中期"淘金热"的中心地区，华侨称这里为"新金山"，以有别于美国的旧金山。现在，过去的淘金地已建成了主题公园。墨尔本的著名景点有维多利亚国家美术馆、墨尔本皇家植物园、企鹅岛等。

阿德莱德　这是一座位于澳大利亚南部的港口城市（如图7-3所示）。市民普遍爱好艺术，所以阿德莱德有"艺术之城"的美誉。主要景点有阿德莱德市政厅、格雷尔海滩等。

2.著名自然景观

黄金海岸　澳大利亚有许多海滩，以黄金海岸最为著名。黄金海岸位于澳大利亚东部沿海，这里海水清澈、沙质细腻、水温适宜，适合各种海上运动，旅游人数居全国之冠。主要景点有冲浪者天堂、华纳兄弟电影世界、梦幻世界、海洋世界等。

大堡礁　大堡礁是世界上最大最长的珊瑚礁群，也是世界七大奇景之一。它全长2 000多千米，纵贯澳大利亚东北沿海，总面积约20.7万平方千米。这里是成千上万种海洋生物的安居之所，形成了一个举世无双的海底大花园。

赏景怡情 7-1

澳大利亚大堡礁

观览天下 7-5　　　　　　　　　　**"世界上最好的工作"**

　　为了宣传大堡礁，推动当地旅游业的发展，澳大利亚旅游部门于2009年通过互联网发布招聘广告，为大堡礁寻找一位看护员。看护员的主要工作是探索大堡礁的各个岛屿，并通过更新博客和网上相册、上传视频、接受媒体采访等方式，向外界报告自己的探奇历程。被录取者不仅可以享受碧海银沙的梦幻生活，而且6个月合约的薪酬可达15万澳元，并能免费居住海岛别墅以及享受免费往返机票。

　　这项工作被媒体称为"世界上最好的工作"，吸引了来自全球200个国家和地区近35 000人竞聘，其中包括515名中国人。最终，一名来自英国的应聘者入选，获得了这份"世界上最好的工作"。

2013 年，澳大利亚举办了第二届"世界上最好的工作"活动，并且把名额扩大到了 6 人，合同期仍为 6 个月，薪酬为 10 万澳元。有了第一次的号召力，这一次的应征者人数达到了 60 万人。

荒漠三绝　这是指澳大利亚内陆地区沙漠中 3 处大自然创造的佳景。第一处是艾尔斯岩石（又称乌鲁鲁），这块巨石突兀地孤立于沙漠之中，长约 3 000 米，高度超过 300 米，是世界上最大的整体岩石，它在不同的时间会呈现不同的色彩。第二处是奥加斯巨石阵，它位于艾尔斯岩石西方约 32 千米，此处有 36 个形状和颜色皆美丽独特的红色风化砂岩圆顶。第三处是距艾尔斯岩石 300 千米的爱丽斯泉。

3.珍奇动植物

澳大利亚远离其他大陆，其生物进化途径与其他各洲不同。这里至今仍保存着许多古老的物种，被称为"世界活化石博物馆"。澳大利亚有众多国家公园和自然保护区，它们是这些珍奇动植物的庇护所，也有很多成为著名的旅游地。澳大利亚有很多独特的动物，较为有名的是袋鼠、考拉和琴鸟。

袋鼠　跳得最高最远的哺乳动物，雌性袋鼠长有前开的育儿袋，小袋鼠就在育儿袋里被抚养长大，直到它们能在外部世界生存。袋鼠是澳大利亚的标志，其数量已经是澳大利亚人口的 2 倍还多。

考拉　也叫树袋熊、无尾熊，是澳大利亚特有的树栖有袋动物。考拉全身长满茸毛，生性温顺，行动迟缓，一副憨态。考拉的奇特之处是几乎不饮水（只在生病和干旱的时候喝水），身体中的水分来自它所吃的桉树叶，且一天中大部分时间都在睡觉中度过。

琴鸟　外形似野鸡，喜欢在陆地行走。雄鸟有一条琴形尾，开屏时美丽无比。琴鸟最特别的地方是声音婉转动听，且能模仿其他动物的叫声。

六、中澳关系

（一）外交关系

1972 年 12 月 21 日，中澳两国建交。此后，两国关系发展顺利，两国领导人保持经常接触和互访。2006 年，两国就发展 21 世纪互利共赢的全面合作关系达成共识。

（二）经贸关系

自建交以来，中澳双边经贸关系持续、稳定发展。2015 年 6 月，双方签署《中华人民共和国政府和澳大利亚政府自由贸易协定》。2023 年，中澳双边贸易总额为 2 292 亿美元（其中，中国出口额 738 亿美元，中国进口额 1 554 亿美元）。中国是澳大利亚第一大贸易伙伴、第一大进口来源地和第一大出口市场，澳大利亚是中国第八大贸易伙伴。中国主要从澳大利亚进口铁矿石、煤、氧化铝、铜矿石、羊毛、大麦等，主要对澳大利亚出口机电产品、计算机、服装、纺织品、鞋、箱包、玩具等。

澳大利亚是中国对外投资的主要目的地之一，截至 2022 年末，中国对澳大利亚直接投资存量为 357.9 亿美元。澳大利亚也是中国吸收外资的主要来源地之一，截至 2022 年末，澳大利亚在华设立企业 14 176 家，实际直接投资总额 103.6 亿美元。

（三）科技、文化与教育交流

中澳双方在科技、文化领域的交流与合作持续发展。20世纪80年代，两国先后签署了《中华人民共和国政府和澳大利亚政府科技合作协定》《中华人民共和国政府和澳大利亚政府文化合作协定》等。截至2023年12月，中国在澳大利亚留学人员共计约15.4万人，占澳大利亚全部国际学生总数的20.8%。目前，中国已在澳大利亚开设了13所孔子学院和54个孔子课堂，两国已建立113对友好省州和城市关系。

（四）旅游关系

澳大利亚来华旅游人数1979年为7 359人次，2000年为23.41万人次，2010年为66.13万人次，2018年达75.22万人次。

1997年，中国批准将澳大利亚作为中国公民自费出境旅游的目的地之一。中国公民赴澳大利亚旅游人数2005年为31.8万人次，2010年为54.53万人次，2018年为143万人次，2023年逾55万人次。

第二节　新西兰

一、新西兰概况

（一）地理位置

新西兰（New Zealand）位于太平洋西南部，西隔塔斯曼海与澳大利亚相望。新西兰靠近国际日期变更线，是全世界最早进入新的一天的国家之一。

新西兰惠灵顿时间比中国北京时间快4小时。实行夏令时时，比正常时间快1小时。

观览天下7-6　　　　　　　　　　　新西兰的别称

新西兰的别称很多，如"世界边缘的国家""畜牧之国""牧羊之国""白云之乡"等。

（二）面积与人口

新西兰的国土面积约27万平方千米，由南岛、北岛两个主要岛屿及一些小岛组成，南、北两岛被库克海峡相隔。

新西兰人口约530.6万（截至2023年12月）。其中，欧洲移民后裔占70%，毛利人占17%，亚裔占15%，太平洋岛国裔占8%（部分为多元族裔认同）。

（三）语言

新西兰的官方语言为英语、毛利语。

（四）宗教

新西兰近一半的居民信奉基督教。

（五）自然环境

山地和丘陵面积占新西兰国土总面积的75%以上，平原狭小，主要山脉为南岛的南阿尔卑斯山，其主峰库克峰海拔3 764米，为新西兰最高峰。

南岛多冰河与湖泊，在南阿尔卑斯山中有世界上海拔最低的冰川；北岛多火山和温泉，北岛的陶波湖面积606平方千米，是新西兰最大的湖泊，也是新西兰久负盛名的湖滨疗养、休闲度假区。

新西兰属温带海洋性气候，四季温差不大，平均气温夏季20℃、冬季10℃；年平均降水量600～1500毫米。全年都适合旅游，但以冬季、秋季为最佳。

（六）国旗和国歌

1.国旗

新西兰国旗呈长宽比为2∶1的横长方形。旗面为深蓝色，左上方是红、白"米"字，右边有4颗镶白边的红色五角星。红、白"米"字象征新西兰为英联邦成员，表明了新西兰与英国的传统关系。4颗星代表南十字星座，表明该国位于南半球，同时还象征着独立和希望。

2.国歌

新西兰有两首地位等同的国歌：《天佑新西兰》与《天佑国王》。

（七）行政区划

新西兰全国划分为11个大区、5个单一辖区、67个地区行政机构。

（八）首都

首都惠灵顿位于北岛西南端，紧靠库克海峡，是新西兰第二大城市、全国政治与金融中心。

二、新西兰简史

早在1350年，毛利人就从波利尼西亚来到新西兰定居。1642年，荷兰航海家塔斯曼在此登陆，并将这块土地命名为"新泽兰"。1769—1777年，英国人詹姆斯·库克先后5次到这里测量和绘制地图。此后，英国宣布占领这里，并把海岛的荷兰文名字"新泽兰"改为英文"新西兰"。

1840年2月6日，英国同毛利人部落酋长签订《威坦哲条约》（又译《怀唐伊条约》），新西兰成为英国殖民地。1907年，新西兰成为英国自治领，政治、经济、外交受英国控制。1947年，新西兰成为主权国家，同时为英联邦成员。

三、新西兰的政治、经济与文化

（一）政治

1.政体

新西兰是议会制国家。英国国王查尔斯三世是新西兰的国家元首。总督为国王代表，由总理提名、国王任命，任期5年。总督与部长组成的行政会议是法定最高行政机构。行政会议由总督主持，总督缺席时由总理或高级部长主持。总督行使权力必须以行政会议的建议为指导。内阁掌握实权。议会仅设众议院，议员由普选产生，任期3年。

2.宪法

新西兰无成文宪法。其宪法由英国议会和新西兰议会先后通过的一系列法律和修正案以及英国枢密院的某些决定构成。

3.司法机构

新西兰的司法机构包括最高法院、上诉法院、高等法院、若干地方法院和受理就业、家庭、青年事务、毛利人事务、环境等相关法律问题的专门法院。

（二）经济

1.总体实力

新西兰是经济发达国家，国内生产总值2017年为2 830亿新元（人均国内生产总值约5.9万新元），2023年为2 521亿美元（人均国内生产总值约4.75万美元）。

2.各产业概况

新西兰的主要矿藏有煤、金、铁、天然气等，但储量不大。新西兰水力资源丰富，全国80%的电力来自水电；地热资源丰富，沸泉、间歇泉、喷气孔等地热现象是新西兰的一大奇景，地热发电装机容量居世界前列。新西兰森林资源丰富，素以"绿色王国"著称。

新西兰工业以农林牧产品加工为主，主要有奶制品、毛毯、食品、皮革、烟草和木材加工等轻工业，产品主要供出口。

新西兰农业高度机械化。主要农作物有小麦、大麦、燕麦、水果等。畜牧业发达，乳制品与肉类是最重要的出口产品。新西兰还是世界上主要的鹿茸生产国和出口国。渔产丰富，拥有世界第四大专属经济区。

新西兰交通运输发达，进出口货物主要靠海运，但空运的重要性日益增强。主要港口有奥克兰、惠灵顿、利特尔顿、达尼丁等；主要机场有奥克兰国际机场、惠灵顿国际机场和克赖斯特彻奇国际机场等。

3.对外贸易

新西兰的经济严重依赖外贸。货物贸易总额2020年为1 187亿新元，2023年为2 034.1亿新元。主要出口产品为乳制品、肉类、林产品、原油、水果和鱼类等，主要进口产品为石油、机电产品、汽车、电子设备等。主要贸易伙伴为中国、欧盟、澳大利亚、美国等。

4.货币与汇率

货币名称为新西兰元（简称新元）。

2021年7月1日，1新西兰元=4.5244人民币元。

2024年7月1日，1新西兰元=4.3758人民币元。

（三）文化

1.教育

新西兰国立中小学实行免费教育，对6～15岁的青少年进行义务教育；重视儿童早期教育，儿童入学年龄为5岁。主要大学有奥克兰大学、怀卡托大学、维多利亚大学、坎特伯雷大学等。

2.新闻出版

新西兰的主要报刊有《新西兰先驱报》（新西兰发行量最大的日报）、《自治领邮报》（新西兰第二大日报）等。主要广播电台和电视台有新西兰电台、新西兰电视台等。

3.文学艺术

凯瑟琳·曼斯菲尔德是新西兰文学的奠基人，被誉为100多年来新西兰最有影响的作家之一。新西兰文化、艺术生活丰富，各主要城市都有博物馆、画廊、电影院、剧院等，经常举办电影节、音乐会、艺术品展览、歌剧演出、毛利文化聚会等。

新西兰的毛利人有自己独特的文化。他们的舞蹈节奏明快，狂野奔放，别具一格。鲜艳的民族服装、美丽的花环、项上挂着的玉佩以及腰上系着的蒲草裙都充分展现了毛利人独特的民族风情。现在，毛利人的迎宾舞蹈已成为新西兰官方迎接贵宾的最高礼仪。毛利人的雕刻技艺精湛，雕刻作品有木雕、石雕、骨雕等种类。

4.体育

体育活动一直是新西兰人生活的重要内容，全国约有4/5的人参加一项或多项正式体育活动。最普遍的运动项目为橄榄球、赛马、高尔夫球、保龄球、帆船、田径、板球、网球、足球、游泳、划船、滑雪等。橄榄球是新西兰最受欢迎、影响最大的体育运动项目，打橄榄球和观看橄榄球赛构成了新西兰人生活的一项重要内容。

新西兰的极限运动与探险旅行也非常有名，著名登山家埃德蒙·希拉里是全球第一位成功攀登珠穆朗玛峰的人。

四、新西兰的民俗

（一）衣、食、住习俗

1.服饰

新西兰人的服饰与英国和其他欧洲国家的人的服饰较一致，平时穿着随意，参加宴会和重要庆典时衣着讲究；观看芭蕾舞演出、听交响乐时穿晚礼服；在政府机关和公司上班穿西服、系领带。

毛利人的传统服饰鲜艳而简洁，富有民族特色。最常见的是"比乌比乌"（piupiu）短裙，男女都穿。酋长或长老在特定场合中穿羽毛大氅（chǎng），这是地位和身份的象征。现在，穿传统服饰的毛利人已经很少了。

2.饮食

新西兰人口味清淡，饮食结构中肉类占很大比重，最爱吃的是羊肉，咸肉、炸鱼、面包、黄油、鸡蛋派、薯条、汉堡、麦片饼、白兰地姜饼等也是他们喜欢的食品。新西兰人爱喝牛奶、咖啡、红茶，茶馆遍布各地，许多单位都有专门的用茶时间。新西兰人爱吃水果，尤其爱吃"几维果"（即猕猴桃）。

观览天下 7-7　　　　　　　　　　**炸鱼薯条**

炸鱼薯条是新西兰的特色美食。它与肯德基炸鸡有异曲同工之妙，只是把鸡块换成了鱼块。将一两片鱼块拌上作料，裹上团粉，放入油锅炸成焦黄色，再配上一包炸薯条，就成了炸鱼薯条。炸鱼薯条经济实惠，很受人们喜爱。

传统的新西兰餐由一道肉（羊肉、牛肉、猪肉或鸡肉）、马铃薯和两三样蔬菜构成。羊排、鹿肉、银鱼、龙虾、三文鱼、牡蛎、毛利传统石头火锅等都是当地著名的食物。移民的到来使得新西兰各大城市的饮食呈现出多样化和国际化的特点。近年来，中餐在新西兰越来越盛行，很多城市都开有中餐馆。

新西兰人喜欢款待亲朋好友。夏天，他们通常以烧烤的方式款待客人，通常客人也需献上一道菜，如牛排或香肠等，并自备啤酒或白酒；主人也可能会告诉客人带哪款菜式。新西兰人款待亲朋的另一种常用方式是派对，酒与甜品是派对中必不可少的。

3.住宅

新西兰人的居住条件较好。住房一般为1层或2层结构，有庭院，占地往往超过150平方米，且住房密度较低。大多数房子为木质结构，风格以英式为主。

（二）礼仪禁忌

1.日常社交礼仪

西方礼仪的一些普遍原则在新西兰通用。新西兰人初次见面时，身份相同的人互称姓氏，并加"先生""夫人""小姐"等称谓，熟识之后才能直呼其名；见面、分手时常以握手为礼，鞠躬也是通用礼节。毛利人遇到尊贵的客人时，要行"碰鼻礼"，即双方鼻尖对鼻尖连碰两三次或更多次。碰鼻尖的次数越多、时间越长，说明礼遇越高，客人越受欢迎。

在新西兰，拜访前应有预约；对于商务拜访，客人一般应先到一会儿，以示礼貌。新西兰人爱护环境，对自家庭院的花草树木会经常打理，不会任其荒芜，否则可能会引起邻居的不满。

在新西兰，赴约应准时。应邀到新西兰人家里做客，可带一盒巧克力或一瓶威士忌等作为礼物，礼品不宜过多或过于贵重；被邀请参加派对后，礼貌上应回请一次。

新西兰人性格拘谨，即使观看电影，也往往男女分场观看；奉行"女士优先"的原则；不喜欢大声喧哗；当众嚼口香糖或剔牙被认为是不文明的行为；打哈欠的时候必须捂住嘴。

2.民间禁忌习俗

新西兰人视13为不吉利的数字；忌讳星期五；忌讳背后说人坏话；聊天忌讳涉及个人隐私；狗被新西兰人当成人类的朋友，新西兰人忌吃狗肉和杀狗，也不愿意听到别人谈论吃狗肉的话题；毛利人对拍照、摄像十分忌讳，不喜欢用"V"字手势表示胜利；当众抓头皮、紧腰带被看成不文明的行为。

（三）主要节庆

新西兰的节庆大体上可分为全国性节庆和地方性节庆。全国性节庆有新年、国庆日（2月6日，又称"威坦哲日"）、复活节、圣诞节、节礼日等。

🔷 **课堂互动7-2**

接待新西兰客人时应注意哪些细节？

五、新西兰旅游业

（一）旅游业现状

新西兰旅游业发达，旅游外汇收入占GDP的比例近10%，是仅次于乳制品业的第二大出口创汇产业。

新西兰入境游客人数2011年为258万人次，2017年为373万人次，2023年为296万人次。入境游客主要来自澳大利亚、中国、美国、英国等。澳大利亚历来是新西兰第一大旅游客源国。

新西兰人出境游的动机主要是度假，其次是探亲访友和商务旅游。近年来，探亲访友的游客所占比例有增加趋势。出境旅游目的地主要是位于大洋洲的国家，其中最主要的旅游目的地是澳大利亚。

（二）主要旅游资源

新西兰空气清新、气候宜人、风景优美，旅游胜地遍布全国。

1.惠灵顿

惠灵顿是世界上最佳的深水港之一，也是地球上最靠南的首都城市。惠灵顿因地势较高，又在海边上，常有海风侵袭，故又有"风都"之称。其主要景点有国会大厦、政府大楼、汤布尔图书馆、惠灵顿缆车博物馆、维多利亚山、美术馆、植物园、动物园等。

2.奥克兰

奥克兰位于新西兰北岛西北部，是新西兰第一大城市、全国工商业中心，也是南半球的天然良港。

奥克兰是一座世界级的美丽城市，这里几乎每间房屋都可以看到大海。奥克兰是全世界拥有帆船数量最多的城市，所以又被称为"风帆之都"。这里的海滩远近闻名，许多著名的水上赛事都在这里举行，最壮观的是每年1月举行的帆船赛。奥克兰是新西兰最大的华人聚居区。从1988年开始，这里每年都举办端午龙舟竞赛。图7-4为奥克兰港口区地标性建筑——市区交通换乘中转站（原中央邮政大楼）。

图7-4　奥克兰市区交通换乘中转站

3.克赖斯特彻奇

克赖斯特彻奇是新西兰第三大城市，也是新西兰南岛最大的城市，被认为是除英国以外最具浓厚英国色彩的城市。这里草木葱郁、鲜花盛开，素有"花园之城"的美誉。城内大部分地区是公园和自然保护区。克赖斯特彻奇也是新西兰著名教育家、作家路易·艾黎的故乡。

4.罗托鲁阿

罗托鲁阿位于新西兰北岛，是南半球最著名的地热温泉区，以地热奇观闻名于世。在这里可以欣赏到地热喷泉的奇景、沸腾的泥浆池以及彩色温泉梯田。这里也是毛利人的文化中心，游客在这里可以了解毛利人的历史、文化和传统。

观览天下7-8　　　　　　　　　　　　　　**路易·艾黎**

路易·艾黎是中国人民的忠实朋友，1897年12月2日出生于新西兰，1927年4月来到中国，此后长期居住在中国，与中国人民风雨同舟、患难与共，为中国和新西兰架起

启智润心
7-1

新西兰友人
路易·艾黎：
用毕生书写
中国情

了一座友谊之桥。

六、中新关系

（一）外交关系

中国与新西兰于1972年12月22日建交。建交后，两国领导人保持频繁互访与接触，两国友好合作关系不断发展。

（二）经贸关系

1997年8月，新西兰在西方国家中率先与中国就中国加入世界贸易组织双边市场准入问题达成协议。2004年4月，新西兰政府正式承认中国完全市场经济地位。2008年4月，两国签署《中华人民共和国政府与新西兰政府自由贸易协定》，新西兰成为第一个与中国达成双边自由贸易协定的发达国家。2017年3月，两国签署《中华人民共和国政府和新西兰政府关于加强"一带一路"倡议合作的安排备忘录》，新西兰成为首个同中国签署类似合作文件的西方发达国家。2021年1月，两国签署自贸协定升级议定书。

中国是新西兰第一大货物贸易伙伴、第一大出口市场和第一大进口来源地。双边货物贸易额2013年为123.85亿美元，2017年为144.8亿美元，2022年为251.5亿美元（其中，中国出口额91.8亿美元，中国进口额159.8亿美元）。中国主要向新西兰出口机电产品、机械产品和纺织品等，主要从新西兰进口乳制品、原木及木制品、肉类等。

（三）科技、文化与教育交流

1987年，两国签署了《中华人民共和国政府和新西兰政府科学技术合作协定》，2003年两国续签协定。1972—1980年，中新文化交流的形式多为表演艺术团体互访和举办艺术展览。改革开放以来，中新文化交流与合作的领域不断拓宽。2006年4月，两国签署了《中华人民共和国政府和新西兰政府文化协定》。两国从1974年开始互派留学人员，新西兰是中国公民出国留学的主要目的地国之一，中国是新西兰最大的海外留学生来源国。目前，两国已建立42对友好省市关系。

（四）旅游关系

新西兰来华旅游者2007年为10.87万人次，2010年为11.61万人次，2015年为12.54万人次，2018年为14.65万人次。2024年2月，中国成为新西兰人出境游人数第二多的国家。

1997年11月，中国正式批准将新西兰列为中国公民自费出境旅游目的地。2011年，中国公民赴新西兰旅游人数为14.12万人次，中国为新西兰第四大客源国。2014年，中国公民赴新西兰旅游人数达23.9万人次，中国成为新西兰第二大客源国。2017年5月，新西兰宣布向符合条件的中国公民发放5年多次签证。2017年，赴新西兰的中国游客增至41.58万人次。2024年2月，中国赴新西兰游客数量达到37 900人次，创下2023年以来的最大增幅，中国成为新西兰第三大客源国。

本章小结 ✍ ·· ●

澳大利亚和新西兰同属南半球，都是发达国家，与我国有着广泛的经济、文化交流，同时又都是我国在大洋洲最主要的客源国。本章介绍了澳大利亚和新西兰2个国家的基本情况，内容包括澳大利亚和新西兰的地理位置、面积与人口、语言文字、宗教、自然环境、行政区划、简史、政治、经济、文化、民俗、旅游业，以及两国与我国的关系等。

基础训练

（一）选择题（有一个或多个正确答案）

1.澳大利亚信仰人数最多的宗教是（　　　）。

A.犹太教　　　　　　B.基督教　　　　　　C.佛教　　　　　　D.印度教

2.下列关于澳大利亚的说法正确的有（　　　）。

A.夏天过圣诞节　　　B.气候潮湿多雨　　　C.以悉尼为首都　　　D.总理为国家元首

3.澳大利亚的著名传统产业为（　　　）。

A.高科技产业　　　　B.农牧业　　　　　　C.建筑业　　　　　　D.采矿业

4.下列城市属于澳大利亚的有（　　　）。

A.奥克兰　　　　　　B.克赖斯特彻奇　　　C.悉尼　　　　　　　D.魁北克

5.（　　　）属于澳大利亚人的性格特点。

A.迷信权威　　　　　　　　　　　　　　B.待人热情

C.准时赴约　　　　　　　　　　　　　　D.有强烈的竞争意识

6.（　　　）更符合澳大利亚人的饮食特点。

A.不吃辣　　　　　　　　　　　　　　　B.喜欢喝啤酒和葡萄酒

C.喜欢吃鱼　　　　　　　　　　　　　　D.喜欢吃牛肉

7.下列关于新西兰的说法正确的有（　　　）。

A.以奥克兰为首都　　　　　　　　　　　B.实行议会民主制

C.冬天过圣诞节　　　　　　　　　　　　D.全年都适合旅游

8.下列关于新西兰资源的说法正确的有（　　　）。

A.水力资源丰富　　　B.石油储量丰富　　　C.地热资源丰富　　　D.森林资源丰富

9.新西兰最重要的出口产品是（　　　）。

A.乳制品　　　　　　B.肉类　　　　　　　C.粮食　　　　　　　D.机械设备

10.下列说法正确的有（　　　）。

A.中国与新西兰于1972年建交　　　　　　B.中国是新西兰的主要贸易伙伴

C.中国是新西兰最大的留学生来源国　　　D.中国是新西兰的最大客源国

11.新西兰人的饮食特点为（　　　）。

A.口味清淡　　　　　　　　　　　　　　B.爱喝牛奶、咖啡、红茶

C.饮食结构中肉类占很大比重　　　　　　D.爱吃炸鱼薯条

12.在澳大利亚，游客最有可能见到的树种是（　　　）。

A.松树　　　　　　　B.榕树　　　　　　　C.桉树　　　　　　　D.橡树

在线测评
7-1

选择题

（二）判断题

1.我国是澳大利亚第一大贸易伙伴。　　　　　　　　　　　　　　　（　　　）

2.澳大利亚是我国第一大贸易伙伴。　　　　　　　　　　　　　　　（　　　）

3.澳大利亚的旅游旺季是每年的7月、8月。　　　　　　　　　（　　）

4.我国是澳大利亚最大的海外留学生来源国。　　　　　　　　（　　）

5.新西兰是经济发达国家。　　　　　　　　　　　　　　　　（　　）

6.足球是最受新西兰人欢迎的体育运动项目。　　　　　　　　（　　）

7.新西兰人的时间观念很强，讲究准时。　　　　　　　　　　（　　）

8.新西兰的工业以机械制造为主。　　　　　　　　　　　　　（　　）

（三）简答题

1.澳大利亚有哪些优势资源？

2.澳大利亚人的日常社交礼仪有哪些？

3.澳大利亚人在饮食方面有哪些习惯？

4.澳大利亚人有何性格特点？

5.新西兰人的日常社交礼仪有哪些？

6.新西兰人在饮食方面有何特点？

7.新西兰人有哪些禁忌习俗？

第八章

中国港澳台地区概况

学习目标

知识目标：

熟知我国港澳台地区的地理位置、经济发展、民俗文化及主要旅游资源。

技能目标：

能够运用所学知识指导接待工作实践，策划具有区域特色的旅游活动。

素养目标：

弘扬爱国主义精神，坚定"四个自信"，铸牢中华民族共同体意识。

答案提示

引例

　　西安某旅行社拟接待一个来自我国澳门地区的旅游团，这个旅游团在西安要停留5天。旅行社对该团要去的旅游景点早有安排，但对如何安排该旅游团的饮食却有点犯难。你会给该旅行社什么建议呢？

第一节　香港

一、香港特别行政区概况

（一）地理位置

中华人民共和国香港特别行政区（以下简称香港，如图8-1所示）位于中国南部、珠江口以东，是太平洋和印度洋航线上的重要港口。

（二）面积与人口

香港陆地总面积1 114.57平方千米，包括香港岛、九龙、新界和周围的262个岛屿。

香港人口约750.31万，其中常住居民有722.86万，流动居民有27.45万（截至2023年底）。

图8-1　香港

（三）语言

香港的正式语文是中文和英文。口头语言以广东话为主。近年来，英语和普通话的普及率明显提高。

（四）宗教

世界各大宗教在香港都有信奉者，如佛教、道教、基督教、伊斯兰教、印度教、锡克教和犹太教等，华人主要信仰佛教、道教。

（五）自然环境

香港实际上是珠江口海区出露于海面的一群丘陵、山地的山峰，是广东省东部莲花山的延伸部分，后来因山体沉降和海水入侵，形成了今日的半岛和岛屿。香港境内丘陵起伏，大多由东北向南延伸。新界的大帽山海拔957米，为香港最高峰。香港岛的最高峰为太平山，海拔554米。河流大多集中在新界，最长的河流是深圳河（香港与深圳界河）。维多利亚港位于香港岛与九龙半岛之间，是世界上最优良的不冻港之一。

香港属于亚热带气候，四季分明。春季温暖，潮湿有雾；夏季炎热多雨，温度可达31℃以上；秋季晴朗干燥，是一年内的最好季节；冬季温度可能跌至-10℃。全年平均降雨量为2 431.2毫米，雨量集中在5月至9月，约占全年降雨量的80%。6月至10月为台风季节。

（六）区旗、区徽

1.区旗

香港特别行政区区旗的旗面呈长方形，底色为红色，旗面中央有一朵五星花蕊的白色紫荆花。紫荆花是香港的象征，盛放的紫荆花象征着香港的繁荣。红色底色象征香港永远背靠祖国。

2.区徽

香港特别行政区区徽呈圆形，周围写有"中华人民共和国香港特别行政区"和"HONG KONG"的标准字样，中间是红底白色的紫荆花图案。

二、香港简史

香港自古以来就是中国的领土。公元前4000年左右，香港地区已有中国先民居住。秦朝时，该地属南海郡番禺县；东晋改属宝安县；唐朝改宝安县为东莞县，香港仍属东莞县；明朝时香港隶属新安县。"香港"其名始于南宋末年，当时香港岛上一处小港湾因转运香木而得名"香港村"。

1840年鸦片战争以后，清政府与英国签订不平等的《南京条约》，割让香港岛给英国。1860年，清政府与英国签订不平等的《北京条约》，割让九龙半岛界限街以南地区给英国。1898年，英国强迫清政府签订《展拓香港界址专条》，强行"租借"九龙半岛界限街以北、深圳河以南的大片土地及附近200多个岛屿（后统称"新界"），租期为99年，到1997年6月30日期满。1899年12月，英国又单方面将原未列入"租借"范围的九龙城寨纳入香港辖区。1941年12月至1945年8月，香港被日本占领。日本投降后，英国复占香港。1997年7月1日，中华人民共和国香港特别行政区成立，香港回到祖国的怀抱。

三、香港的政治、经济与文化

（一）政治

根据《中华人民共和国香港特别行政区基本法》，香港特别行政区是中华人民共和国的一个享有高度自治权的地方行政区域，直辖于中央人民政府。中央人民政府负责管理香港特别行政区的防务和与香港特别行政区有关的外交事务。全国人民代表大会授权香港特别行政区依照《中华人民共和国香港特别行政区基本法》的规定实行高度自治，享有行政管理权、立法权、独立的司法权和终审权。

1.行政长官

香港特别行政区行政长官（以下简称行政长官）是香港特别行政区的首长，代表香港特别行政区。行政长官对中央人民政府和香港特别行政区负责。行政长官在香港特别行政区通过选举或协商产生，由中央人民政府任命，任期5年，可连任1次。行政长官的人选必须是年满40周岁、在香港通常居住连续满20年并在外国无居留权的香港特别行政区永久性居民中的中国公民。

香港特别行政区行政会议（以下简称行政会议）是协助行政长官决策的机构。行政会议的成员由行政长官从行政机关的主要官员、立法会议员和社会人士中委任，其任免由行政长官决定。行政长官认为必要时可邀请有关人士列席行政会议。

2.行政机关

香港特别行政区政府是香港特别行政区行政机关。香港特别行政区政府设政务司、财政司、律政司和各局、处、署。其主要官员由在香港通常居住连续满15年并在外国无居留权的香港特别行政区永久性居民中的中国公民担任。

3.立法机关

香港特别行政区立法会是香港特别行政区的立法机关。立法会议员一般由在外国无居留权的香港特别行政区永久性居民中的中国公民担任，但非中国籍的香港特别行政区永久性居民和在外国有居留权的香港特别行政区永久性居民也可以当选为香港特别行政区的立法会议员，其所占比例不得超过立法会全体议员的20%。

4.司法机关

香港特别行政区各级法院是香港特别行政区的司法机关，行使香港特别行政区的审判权。香港特别行政区设终审法院、高等法院、区域法院、裁判署法庭和其他专门法庭。香港特别行政区的终审权属于香港特别行政区终审法院。

香港特别行政区法院的法官，根据当地法官和法律界及其他方面知名人士组成的独立委员会推荐，由行政长官任命。终审法院和高等法院的首席法官应由在外国无居留权的香港特别行政区永久性居民中的中国公民担任，其任免还须由行政长官征得立法会同意，并报全国人民代表大会常务委员会备案。香港特别行政区法院独立进行审判，不受任何干涉，司法人员履行审判职责的行为不受法律追究。原在香港实行的陪审制度的原则予以保留；刑事诉讼和民事诉讼中保留原在香港适用的原则和当事人享有的权利。

（二）经济

1.总体实力

由于具有优越的地理位置和得天独厚的深水良港，香港自开埠以来一直是以转口贸易为主的商业中心。20世纪60年代以来，香港现代工业迅速发展，从而带动了香港经济的全面腾飞，香港成为亚洲"四小龙"之一。如今，香港已经发展成为国际金融中心、贸易中心、航运中心、航空中心和旅游中心。香港地区生产总值2019年为2.9万亿港元（人均地区生产总值38.2万港元），2023年为29 816亿港元（人均地区生产总值395 642港元）。

香港是全球第八大贸易经济体。2019年，香港货物贸易总额为8.4万亿港元（其中，货物出口额为4.0万亿港元，货物进口额为4.4万亿港元），服务贸易总额为1.4万亿港元（其中，服务输出额为0.8万亿港元，服务输入额为0.6万亿港元）。

2.各产业概况

香港是全球经济最开放的地区之一，是全球跨国公司设立亚太区总部的首选之地。以制衣、电子、钟表为主的轻工业曾是香港经济的支柱产业，20世纪80年代以来，制造业对香港经济的贡献逐渐减少，服务业迅速发展，服务业在香港地区生产总值中所占比重长期保持在90%以上。在香港服务业中，金融及保险、地产、商用服务业所占比重最大。

香港地狭人稠，土地严重缺乏，淡水资源不足，因此香港的农业发展受到很大限制。目前，香港仅存在很少量的农业用地，主要分布在新界和大屿山等郊区，生产的农作物仅有少量的蔬菜、水果、花卉等。香港居民消费的农产品大多来自内地，或直接从国外进口。

香港交通便捷，岛屿之间由海底隧道或渡轮连接。公路四通八达，可通往城市的任何一个角落。连接香港、珠海、澳门的超大型跨海通道——港珠澳大桥，是世界上最长的跨海大桥。在铁路方面，已有京九铁路、广深港高铁和内地直接相通。香港是世界上重要的海上运输枢纽，2019年集装箱吞吐量居世界第七位。香港国际机场是世界上最繁忙的货运枢纽之一，也是全球最繁忙的客运机场之一，全球超过100家航空公司在此运营。2023年，香港国际机场的航空货运量达430万吨，航空客运量达4 000万人次。

3.货币

香港的货币单位是港元。从1983年10月起，香港实行港元与美元挂钩的联系汇率制度。

2021年7月1日，1港元=0.83336人民币元。

2024年7月1日，1港元=0.91261人民币元。

（三）文化

香港地区的文化有自己的特色，主要是与快节奏的经济生活相适应的通俗文化。香港传媒业发达，是全球最大的华语影片生产基地，每年都定期举办香港艺术节。

香港拥有大批文学家、艺术家。香港影视业历史悠久、独树一帜，故香港有"东南亚制片中心"之称。其中，产量最多的是武侠片、喜剧片。著名的电影制片公司有长城电影制片有限公司、凤凰影业公司、邵氏兄弟国际影业有限公司等。

1979年，香港开始实施从小学到初中的九年免费普及教育。从2008年开始，免费教育由九年延伸至十二年。香港著名的大学有香港大学、香港中文大学、香港理工大学、香港科技大学和香港城市大学等。普通师资培训由教育学院和师范学院负责。

四、香港的民俗

（一）结婚习俗

香港人在婚事方面大多沿用传统婚俗。一般来说，求婚成功后，男女双方都会通知各自的父母。双方父母就会相约见面，先是商量婚期，然后择出良辰吉日，再商量婚礼仪式、婚宴地点，继而讨论礼金、嫁妆等事宜。传统结婚礼仪大致包括4个重要环节：过文定和过大礼；安床、上头；迎亲、回门；婚宴。

（二）民间习俗

1.吃盆菜

吃盆菜是香港九龙、沙田、大埔、元朗一带最有民俗特色的传统宴席。每逢喜事需要宴请宾客时，主人家便会请专业厨师制作盆菜供客人享用。每桌只有一个大木盆，盆内按预先烧熟菜肴的贵贱依次层层叠放。底菜一般是萝卜及其他蔬菜，接着是大块猪肉、肉皮、鸡肉、鹅肉、鱼、虾、蟹、蚝等。凑齐10人吃一盆，传统上是从高到低，一层层吃，象征阖家团圆、满堂吉庆，加上盆菜盆满钵满的形态，尽显繁荣兴旺之寓意。

2.赛龙舟

赛龙舟是端午节的一项重要活动。每年端午节，香港各地都会举行龙舟比赛，百舸争流，场面十分热闹，连一些外国人也都赶来参加。

3.抢包山

抢包山是香港长洲地区的习俗。据说清朝时，长洲发生了瘟疫，导致不少平民死亡，后来得到玄天上帝的指引，瘟疫得以制止。居民为了酬谢神恩，便扮成神祇在大街上游行驱赶瘟神，并且在长洲北帝庙前竖起3个包山，作为祭祀之用。包山高约13米，仅用竹棚搭成，每个包山都挂满了包子。包子名为"幽包"，是一种供神的印有红色"寿"字的莲蓉包，又叫"平安包"。摘的包子越多，福气越多。

观览天下8-1　　　　　　　　　　　**香港的春节**

春节是我国的一个传统盛大的节日。在我国香港地区，春节更是充满了浓厚的传统氛围和地方特色。

每逢春节，香港人都会在商店或家中贴上"生意兴隆"或"出入平安"等挥春。挥春和春联最大的区别是：春联一般都是成对儿的对联，讲究对仗平仄，但是挥春可能只有一两个字，或为四字词语。虽然如此，但贴挥春与贴春联一样，都是希望来年事事顺利、平平安安。

此外，舞狮、舞龙等则在新界乡村出现，在市区街头已经很难看到这类表演了。至于放鞭炮等，在香港是一律禁止的，不过自1982年开始，每年农历正月初二的晚上，在维多利亚港都会举行盛大的烟花表演，这已成为香港迎春的一个重要节目。

香港被称为"美食天堂"，春节里有关吃的习俗也不少。大部分家庭会在春节期间吃"团年饭"。香港市民习惯在晚饭后一家老小逛花市，除夕夜的花市更是人山人海。春节期间，以维多利亚公园的花市最大、最热闹。

（三）礼仪习俗

香港人在社交场合与客人相见时，一般以握手为礼，然后用双手递上名片；亲朋好友相见时，会采用拥抱礼或贴面颊式的亲吻礼；向客人表达谢意时，往往用叩指礼（即把手指弯曲，在桌面上轻轻叩打，以表示感谢）；就餐时，等主人先饮酒进食后再开始进食。在香港，不要在公共场所乱丢垃圾、随地吐痰，因为香港人十分注重环境卫生，对破坏公共环境的行为处罚相当严厉。

（四）饮食习惯

香港人对西餐、中餐均能适应，但对中餐格外偏爱。若到内地旅游，也愿品尝当地的特色佳肴。香港人对内地的各种风味菜肴均不陌生，最喜爱粤菜、闽菜；以大米为主食，也喜欢吃面食；口味喜清淡，偏爱甜味；讲究菜肴的鲜、嫩、爽，注重菜肴的营养成分。香港人用餐大多使用筷子，个别人也使用刀叉。

观览天下8-2　　　　　　　　　　**香港独特的茶文化**

香港自古以来就属于中国，在香港民众的生活中，到处可以看到中华传统文化的影子，最明显的就是香港人都有喝茶的习惯，甚至形成了香港特色之一——茶餐厅。在香港，朋友见面的第一句话就是"喝茶了吗"。早晨起来，上班族多在茶楼（茶餐厅）边吃早餐，边看报纸。中午有时也去茶楼，实际上是吃午饭，可与朋友或者同事海阔天空地闲聊，也可约客户谈生意……

此外，英国文化对香港的影响也比较大，体现在饮茶上，就是香港融合中外之长所形成的自己的特色——英式下午茶。先把红茶直接用水冲开后过滤掉，再把茶倒入杯中享用，有时还会在红茶里加点柠檬。当然，喝英式下午茶是离不开音乐和英式点心的，点心有三明治、奶酪牛角包、布丁、水果塔、杏味奶油甜饼，以及纯味葡萄干烤饼配奶油、牛油及果酱等。

受这种独特的茶文化的影响，香港人会在茶楼热情地招待客人，称为"请茶"。

（五）禁忌习俗

在香港，会见亲朋忌伸"香蕉手"。香港人把空手上门的客人称为"香蕉手"，意为两手空空，这会让人看不起。不过，在香港，世界各国的产品几乎都有，礼品不好选择。一般说来，内地居民与香港人交往，送一些当地的土特产品就行。不要送钟，因为钟是死亡的象征；也不要送剪刀或其他锐利的物品，它们意味着断绝关系。

香港人忌讳别人打听自己的家庭地址，因为他们不太喜欢有人去家里做客，一般都乐于到茶楼或公共场所；忌讳询问个人的收入、年龄等情况，认为个人的私事不需要他人过问。

香港人忌讳称丈夫或妻子为"爱人"，因为"爱人"在英语中指"情人"，所以香港人在介绍自己的丈夫或者妻子时，总是说"这是我的先生"或"这是我的太太"，称别人的丈夫或妻子为"你的先生"或"你的太太"。对中老年人忌讳称"伯父"或"伯母"，而应称"伯伯"或"伯娘"，因为"伯父"或"伯母"与"百无"谐音，意味着一无所有。

在香港，探望病人或亲友时，忌送剑兰、茉莉、梅花，因为剑兰与"见难"（意为日后难相见）谐音，"茉莉"与"没利"或"末利"谐音，"梅"与"霉"谐音。

在香港，酒家的伙计最忌讳首名顾客用餐时选"炒饭"，因为"炒"在香港话中是"解雇"的意思。开炉闻"炒"声，被认为不吉利。

香港人过新年从不说"新年快乐"，平时写信也不用"祝您快乐"，因为"快乐"与"快落"（失败、破产的意思）听、说起来都容易混淆。所以，香港人过年见面时总是说"恭喜发财""新年发财""万事如意"等。香港人忌讳数字"4"，因为"4"与"死"谐音，故一般不说不吉利的"4"，送礼时也避开"4"这个数，在非说不可的情况下，常用"两双"来代替。

课堂互动 8-1

接待中国香港游客时应注意哪些细节？

五、香港旅游业

（一）旅游业历史和现状

香港旅游业初兴于20世纪50年代，是伴随着第二次世界大战后经济的恢复和发展而起步的，当时规模不大，1969 年仅 76 万人次，收益仅 18.5 亿港元。从 20 世纪 70 年代起，香港旅游业迅猛发展。1972—1977 年，每年游客都逾百万人次，1978 年突破 200 万人次。进入 80 年代以后，游客每年都在 250 万人次以上。2011 年，访港旅客为 4 192 万人次，香港由亚太地区的重要旅游中心跃入世界性旅游中心的行列。受益于广深港高铁香港段、港珠澳大桥的开通，2018 年访港旅客达到 6 515 万人次，创历史新高。2023 年，访港旅客约 3 400 万人次。

随着香港居民收入的日益增多，香港外出旅游的人数也逐年增多。香港已成为亚洲重要的客源输出地。

（二）主要旅游资源

1. 太平山

太平山位于香港岛西部，古称香炉峰。太平山有缆车直通山顶，顶层设有露天观景台和商场、银行、餐厅等配套设施。在太平山，白天可俯瞰香港美景，晚上可观看群星满天的万家灯火，"旗山星火"被列为香港八景之首。

2. 维多利亚港

维多利亚港位于九龙半岛和香港岛之间，位置优越，是一个得天独厚的深水良港，可同时停泊百艘以上的万吨巨轮，是世界三大天然深水港之一，也是世界上最繁忙的天然内港之一。港内设有多个避风塘，供船艇躲避风雨及停泊。维多利亚港还是全球最美丽的海港之一，每当夜幕降临时，海港两岸亮起五彩华灯，使其更加璀璨迷人（如图 8-2 所示）。

图 8-2 维多利亚港夜景

赏景怡情
8-1

中国香港
维多利亚港

3. 香港海洋公园

香港海洋公园位于香港岛南部，是一座集海陆动物、机动游戏和大型表演于一身的世界级主题公园，也是全球最受欢迎、入场人次最高的主题公园。公园依山而建，分为"高峰乐园"及"海滨乐园"两大主要景区，以登山缆车和海洋列车连接。缆车整日来往不停，透过缆车的玻璃窗，可俯瞰山下碧波荡漾的浅水湾。

4. 浅水湾

浅水湾位于香港岛的南部海滨，这里海滩绵长、滩床宽阔、水清沙细、波平浪静，是游客必到的景区。浅水湾以山为背景，三面被山围绕成环形海岸，山的绿色、海滩上的白色沙子和清澈的海水，构成了一幅美丽的风景画。

5. 香港太空馆

香港太空馆位于九龙尖沙咀，是目前世界上设备最先进的天文馆之一，占地面积约 8 000 平方米。香港太空馆分东、西翼。蛋形的东翼是太空馆的核心，内设天象厅、宇宙展览厅、全天域电影放映室、制作工场等；西翼则设有太空探索展览厅、演讲厅、天文书店等。其中，天象厅是世界上第一座拥有全自动天象节目控制系统的天文博物馆。

6.宝莲寺

宝莲寺位于大屿山，建筑规模庞大，有"南天佛国"之称，被誉为香港四大禅林之首。山门之前，左有木鱼峰天坛大佛、法华塔，右有莲花山与狮子石，堪称屿山胜境。宝莲寺周边群山环抱，景色极佳，其南面的凤凰山适合观赏日出。

7.香港迪士尼乐园

香港迪士尼乐园位于大屿山，是全球第五座迪士尼乐园。乐园分为9个主题区：美国小镇大街、探险世界、幻想世界、明日世界、灰熊山谷、铁甲奇侠总部、反斗奇兵大本营、迷离庄园、魔雪奇缘世界。香港迪士尼乐园还设计了一些体现香港文化特色的游乐设施、娱乐表演及巡游等。

8.香港郊野公园和海岸公园

在香港这样一个现代都市里，仍然分布着众多郊野公园和海岸公园，在这些公园的山顶和海滨，均可欣赏香港山水相连的如画风光。八仙岭郊野公园是香港最具挑战性的山脊步行径所在地之一。东平洲海岸公园海水清澈，游客用肉眼就可以清晰地看到水下的珊瑚和鱼类。

赏景怡情
8-2

中国香港
世界地质
公园

9.中国香港世界地质公园

中国香港世界地质公园位于香港东北部，由西贡火山岩园区和新界东北沉积岩园区组成。这里有珍贵的地质遗迹、优美的海岛风光、多样的生态环境，是天然的地质学博物馆和休闲旅游胜地。2011年9月17日，中国香港地质公园被联合国教科文组织评为世界地质公园，成为我国第26个世界地质公园。

六、香港与内地的经贸和旅游关系

启智润心
8-1

祖国始终是
香港发展的
坚强后盾

在经济上，香港与内地优势互补，协同发展。内地是香港最大的出口市场和进口货物来源地，香港是内地最重要的贸易转口港。内地与香港的贸易额1997年为507.7亿美元，2016年为3 052.5亿美元，2023年为2882.25亿美元。

香港是内地重要的投资来源地和对外投资目的地。截至2022年底，香港对内地累计实际投资15 703.1亿美元，占内地累计实际使用外资的58.6%；内地对香港直接投资累计15 886.7亿美元，占内地对外累计投资总额的57.7%。如今，以"一带一路"倡议和粤港澳大湾区建设等国家重大战略为引领，香港将更好地融入国家发展大局。

香港与内地人员往来密切。2008年，由香港进入内地的游客达7 835万人次，占香港外出旅游总人次的95.7%，占内地入境游客总数的61.9%。2019年，由香港进入内地的游客达8 050万人次。

2008年，内地赴香港游客达1 686万人次，占当年全部赴香港游客总数的57.1%。2018年，内地赴香港游客达到5 103.8万人次，2019年减少至4 377.5万人次。2023年，内地赴香港游客约2 676万人次。

图8-3　澳门

第二节　澳门

一、澳门特别行政区概况

（一）地理位置

中华人民共和国澳门特别行政区（以下简称澳门，如图8-3所示）位于中国东南沿海，地处珠江三角洲西岸，东面与香港隔海相望，西面和北面与广东毗邻，南面濒临南海。

（二）面积与人口

澳门包括澳门半岛、氹仔岛、路环岛、路氹城（填海区）。由于不断填海造地和珠江口西侧的泥沙淤积，澳门陆地面积已由1912年的11.6平方千米逐步扩展至33.3平方千米（截至2024年6月）。

澳门人口为68.4万（截至2023年底），人口密度每平方千米2.05万人。

（三）语言

澳门的官方语文为中文和葡文。

（四）宗教

澳门居民信奉的宗教主要有佛教、道教、天主教、新教等。

观览天下8-3　　　　　　土生葡人

在澳门居民中，有一个独特的居民群体——土生葡人。

葡萄牙人侵占澳门后，在最初较长的一段时间里，被明清地方政府禁止出入华人居住的地方，因此这些葡萄牙人较少与华人通婚。直至19世纪末，通婚的情况才慢慢多起来。从目前的情况看，土生葡人大都有华人血统。

兼具不同血缘及文化习俗的土生葡人有别于单纯的葡萄牙人或华人，他们人数虽然不多，但因既能说葡萄牙语，也可说粤语，是澳门华人和葡萄牙人之间联系的桥梁，因此他们在澳门的政治及社会领域均具有特殊的地位和作用。

土生葡人拥有葡萄牙国籍，熟悉华人社会的文化和习俗，受中国语言文化的影响，在中葡两种文化背景下成长。

土生葡人拥有葡萄牙护照，却多与葡萄牙没有联系。土生葡人使用的语言虽然是葡萄牙语，但其已经发展成为一种独特的土语，受中国方言的影响，与正宗的葡萄牙语不同。

土生葡人在澳门接受非正统的葡萄牙语教育，而且大部分土生葡人未到过葡萄牙，不大了解葡萄牙的文化。

土生葡人的生活习惯有一定的中国特色。例如，他们既庆祝圣诞节、复活节等西方节日，也过中国春节、端午节、中秋节等。春节时，长辈给晚辈"压岁钱"的习俗在土生葡人中也很盛行。近年来，土生葡人与华人的交往日益频繁，习俗上"汉化"的现象日趋普遍。

（五）自然环境

澳门的地貌类型主要是低丘陵和平地，地势南高北低。塔石塘山（又名叠石塘山）海拔171米，是路环岛的主峰，也是澳门地区的最高峰。澳门半岛地势最低，澳门绝大部分人口和经济活动都在澳门半岛。

澳门属亚热带季风气候，湿热多雨，年均气温22.8℃。5月至10月多台风。每年10月中旬至12月天气最佳。

（六）区旗、区徽

1.区旗

澳门特别行政区的区旗是绘有五星、莲花、大桥、海水图案的绿色旗帜。其长和宽之比为3：2。五颗呈弧形排列的五角星象征着国家的统一，表明澳门是祖国不可分割的一部分；含苞待放的莲花是澳门居民喜爱的花种，既与澳门古称"莲岛"相关，又寓意澳门将来的繁荣发展；三片花瓣表示澳门由澳门半岛和氹仔、路环两个附属岛屿组成；大桥、海水反映了澳门自然环境的特点。底色绿色代表祖国大地，象征着和平与安宁。

2.区徽

澳门特别行政区的区徽呈圆形，区徽中间是五星、莲花、大桥、海水图案，周围以中文书写"中华人民共和国澳门特别行政区"，下为澳门的葡文名"MACAU"。区徽图案的含义与区旗相同。

二、澳门简史

澳门自古以来就是中国的领土，原属广东香山县，16世纪葡萄牙人在澳门泊船登岸。1582年，中葡订立澳门借地协约，葡萄牙人每年向香山县交纳地租500两白银。1616年，葡萄牙开始委任澳门总督。

鸦片战争后，葡萄牙于1845年单方面宣布澳门为"自由港"，停止向清政府交纳地租。1886年，葡萄牙提出永远居住和管理澳门的要求，1887年诱使清政府签订《中葡和好通商条约》。1974年，葡萄牙承认澳门是中国的领土。1979年，中国与葡萄牙建立外交关系。1999年12月20日，中国恢复对澳门行使主权，设立中华人民共和国澳门特别行政区。

观览天下 8-4　　　　　　　　　　　**澳门名字的由来**

澳门以前是一个小渔村，盛产蚝（即牡蛎），蚝壳内壁光亮如镜，澳门因此被称为"蚝镜"。可能是认为"蚝镜"不够文雅，后人把这个名称改为"濠镜"。因为当时的泊口可称为"澳"，所以称"澳门"。

澳门的葡文名称"MACAU"则源于渔民非常敬仰的一位中国女神——妈祖。16世纪中叶，澳门当地有一座妈阁庙。据说，第一批葡萄牙人抵澳时，询问居民当地的名称，居民误以为是问庙宇的名称，答称"妈阁"，葡萄牙人遂以其音而译成"MACAU"。

三、澳门的政治、经济与文化

（一）政治

根据《中华人民共和国澳门特别行政区基本法》，澳门特别行政区是中华人民共和国的一个享有高度自治权的地方行政区域，直辖于中央人民政府。中央人民政府负责管理澳门特别行政区的防务和与澳门特别行政区有关的外交事务。澳门特别行政区依照《中华人民共和国澳门特别行政区基本法》的规定实行高度自治，享有行政管理权、立法权、独立的司法权和终审权。

1.行政长官

澳门特别行政区行政长官（以下简称行政长官）是澳门特别行政区的首长，向中央人民政府和澳门特别行政区负责。行政长官由年满40周岁、在澳门通常居住连续满20年的澳门特别行政区永久性居民中的中国公民担任。行政长官在澳门特别行政区通过选举或协商产生，由中央人民政府任命，任期为5年，可连任1次。

澳门特别行政区行政会是协助行政长官决策的机构。行政会的委员由行政长官从政府主要官员、立法会议员和社会人士中委任。行政会委员的人数为7～11人。行政长官认为必要时，可邀请有关人士列席行政会会议。

2.行政机关

澳门特别行政区政府是澳门特别行政区的行政机关。澳门特别行政区政府设司、局、厅、处，主要官员由在澳门通常居住连续满15年的澳门特别行政区永久性居民中的中国公民担任。

3.立法机关

澳门特别行政区立法会是澳门特别行政区的立法机关。立法会议员由澳门特别行政区永久性居民担任，立法会多数议员由选举产生。澳门特别行政区立法会设主席、副主席各1人。主席、副主席由立法会议员互选产生。澳门特别行政区立法会主席、副主席由在澳门通常居住连续满15年的澳门特别行政区永久性居民中的中国公民担任。

4.司法机关

澳门特别行政区法院行使审判权，独立进行审判，只服从法律，不受任何干涉。澳门特别行政区设立初级法院、中级法院和终审法院。澳门特别行政区终审权属于澳门特别行政区终审法院。终审法院院长由澳门特别行政区永久性居民中的中国公民担任。

澳门特别行政区检察院独立行使法律赋予的检察职能，不受任何干涉。澳门特别行政区检察长由澳门特别行政区永久性居民中的中国公民担任，由行政长官提名，报中央人民政府任命。

（二）经济

1.总体实力

澳门虽然经济规模不大，但外向度高，经济活力强，是连接内地和国际市场的重要桥梁。澳门的经济以出口为主，服务出口在澳门整体经济中的比重越来越大。

澳门特别行政区自成立以来，经济保持着较快的增长速度。澳门地区生产总值2017年为4 042亿澳门元（人均地区生产总值62.3万澳门元），2019年为4 347亿澳门元（人均地区生产总值64.5万澳门元），2023年为3 794.8亿澳门元（人均地区生产总值55.9万澳门元）。

2023年，澳门对外商品贸易总额为1 547.8亿澳门元，其中，出口货值为133.4亿澳门元，进口货值为1 414.4亿澳门元。

2. 各产业概况

制造业在澳门历史悠久。20世纪60年代，纺织制衣业在澳门兴起，同时，玩具、电子和人造丝花等工业也发展很快。进入20世纪90年代后，澳门制造业发展的步伐明显放慢，在澳门经济中的占比逐渐减少。1999年，制造业产值在澳门地区生产总值中的比重降为10%，2012年进一步降为0.7%。

博彩业是澳门主要的经济动力之一。博彩业在澳门已有100多年的历史，20世纪西方博彩游戏传入澳门，澳门遂形成了一个多元的博彩架构，并且成为世界三大赌城之一，有"东方蒙特卡洛"及"亚洲拉斯维加斯"之称。

澳门对外交通便捷，倚重水路。澳门半岛北端关闸与广东珠海拱北相连，是澳门通往内地的陆路通道。1995年，澳门国际机场正式通航，航班可直达多个城市。澳门与香港间交通繁忙，每天有24小时快艇往返香港，港珠澳大桥的建成使得两地的交通更为便捷。

3. 货币

澳门的货币单位是澳门元。

2021年7月1日，1人民币元=1.2388澳门元。

2024年7月1日，1人民币元=1.1293澳门元。

启智润心
8-2

港珠澳大桥
彰显大国重
器之伟力

（三）文化

澳门提供15年免费教育，包括3年幼儿教育、6年小学教育、3年初中教育和3年高中教育，提供免费教育的学校包括实施正规教育的公立学校和大部分接受资助的私立学校。

澳门的高等院校包括澳门大学、澳门理工大学、澳门旅游大学、澳门保安部队高等学校4所公立院校，以及澳门城市大学、澳门科技大学、澳门镜湖护理学院、澳门管理学院、圣若瑟大学、中西创新学院6所私立院校。

长期以来，中国文化与西方文化在澳门交流融合，形成了澳门建筑中西合璧、宗教和平共处、种族和谐相融的多元文化特色。在澳门，中西习俗都受到尊重，都能为居民所接受。

四、澳门的民俗

1. 社交礼仪

澳门人与客人相见时，一般都以握手为礼。由于受欧洲人的影响，因此亲朋好友相见时，有些人常以热情拥抱并拍肩膀为礼。向客人表达谢意时，往往也用叩指礼。澳门人以爽快真诚、开朗热情著称。他们在社交活动中说话干脆，喜欢直言，不拐弯抹角兜圈子；善于结朋交友，喜欢相聚畅叙；对吉祥话、吉祥物、吉祥数字有偏爱，"恭喜发财""鱼""8""6"等在他们的眼里都是吉祥的。

2.节日庆典

澳门节假日很多，除中国传统节日春节、元宵节、清明节、端午节、中秋节、重阳节外，还有圣诞节、复活节等具有浓郁西方宗教色彩的节日。各种节日都有庆祝活动，其中以春节最为热闹。

观览天下 8-5

澳门每年还举办艺术节、国际龙舟赛、荷花节、国际烟花比赛汇演、国际音乐节、美食节、格兰披治大赛车、国际马拉松赛等活动。紧张刺激的澳门格兰披治大赛车是世界上历史最悠久的街道车赛，于每年11月第三个星期四至星期日举行。

3.民俗礼仪

澳门邻近广东，广东人的生活习惯和风俗礼仪对澳门的影响最为深远。澳门人不习惯在家中招待客人；开张庆典要舞狮耍龙，摆放供台，点香请求祖宗保佑；新船下海要燃放鞭炮，求助平安；生儿育女要设汤饼宴，分送姜醋给邻里或供探访的亲友品尝。澳门人的婚礼绝大多数采用广东式的结婚仪式，要经过合八字相命、下聘礼定亲、择日迎亲、叩拜天地等程序。

4.饮食习俗

澳门饮食融汇中西，既吸收了广东地区的烹饪方法和食材，又具有中国香港、葡萄牙、印度、非洲、东南亚的特色，著名的澳门菜有烧腊、非洲鸡、马介休、葡国鸡等。澳门人的饮食习惯也是一日三餐。早餐时间一般是早上7点，早餐内容因人而异，一顿简单的早饭可能为方便面、白粥、肠粉、车仔面、面包以及咖啡、奶茶，有时间的人可能会到茶楼饮茶。午餐时间基本在下午1点到2点，因为澳门地方很小，所以大多数人会回家吃饭，但是也有一部分人会到快餐店吃饭。受香港影响，澳门也有下午茶时间，一般在下午4点半左右，多以车仔面、多士（吐司）、猪扒包、咖啡、奶茶为主。澳门人的晚餐较简单，有炒菜、蒸鱼，也会买现成的烧腊等，晚饭时一般都会先来一碗汤。

观览天下 8-6　　　　　　　　　　**澳门特色饮食——猪扒包**

澳门猪扒包也就是中式炸猪排汉堡，选用上等的猪扒为馅料，加上师傅的秘方烹调，同时融合西红柿不腻之口感及清甜的西生菜，配上美味的沙拉酱，是极具澳门风味的小吃。

猪扒要事先用特殊的香料腌制，松过骨之后才能下油锅炸。猪扒带骨，口感一流，分量十足，肉质鲜美爽甜，猪肉味浓而不油腻，配以用炭炉烤制的面包，外脆内软，令人回味无穷。

5.礼仪禁忌

澳门人与西方人一样，忌讳数字13和星期五，认为13会给人带来厄运。若13日恰逢星期五，则认为更不吉利。澳门人忌讳别人打听他们的年龄及婚姻状况，尤其是对女士，当面询问她们这些事情是极不礼貌的。除了对特别熟悉的人外，澳门人一般不会告诉别人自己的家庭住址，也不习惯在家中招待客人，忌讳别人打听自己的经济收入。

课堂互动 8-2

接待中国澳门游客时应注意哪些细节？

五、澳门旅游业

（一）旅游业现状

旅游业是澳门重要的经济支柱，其城市定位也是世界旅游休闲中心。自 1992 年起，澳门旅游业的收入已经超过其出口产值。入境游客接待量 2017 年为 3 261 万人次，2019 年逾 3 940 万人次，2023 年约 2 823 万人次。

（二）主要旅游资源

澳门自然风景优美，文物古迹众多，气候宜人，富有热带海滨风韵。市区绿树成荫，高楼大厦耸立其间，展现了澳门的现代城市特色。富有东方色彩的寺院庙宇、具有文艺复兴时期建筑风格的天主教堂、欧洲中世纪古堡式的炮台、原始的石板路和碎石路、中西合璧的市井风情等都展现了澳门的特有魅力，每年都吸引着大量游客来此观光。澳门的主要旅游资源有澳门历史城区、黑沙海滩、观光塔、金莲花广场、渔人码头、邮政局博物馆等。

1. 澳门历史城区

澳门历史城区于 2005 年被评为世界文化遗产，它以澳门旧城为中心，其范围东起东望洋山，西至新马路靠内港码头，南起妈阁山，北至白鸽巢公园，主要包括妈阁庙、港务局大楼、郑家大屋、圣老楞佐教堂、圣若瑟修院大楼及圣堂、岗顶剧院、何东图书馆大楼、圣奥斯定教堂、民政总署大楼（现市政署大楼）、三街会馆（关帝庙）、仁慈堂大楼、大堂（主教座堂）、卢家大屋、玫瑰堂、大三巴牌坊、哪吒庙、旧城墙遗址、大炮台、圣安多尼教堂、东方基金会会址、基督教坟场、东望洋炮台（含东望洋灯塔及圣母雪地殿教堂）等 22 座建筑及 8 个广场前地，是我国境内现存最古老、规模最大、保存最完整、最集中的中西特色建筑共存的历史城区。

大三巴牌坊　位于大三巴街附近，为圣保禄教堂前壁遗址，"三巴"即"圣保禄"之粤语谐音。1835 年，圣保禄教堂毁于大火，只留前壁遗存至今。大三巴牌坊是澳门最著名、最古老的建筑之一，也是澳门的一个重要标志，它属于巴洛克建筑风格，由花岗岩砌成，上下共分五层。大三巴牌坊宏伟高峻、造型雄奇、石刻图案丰富，具有极高的文物价值、艺术价值和历史价值。

妈阁庙　位于澳门半岛西南端，早期称"娘妈庙""天妃庙""海觉寺"，后定名"妈祖阁"，华人俗称"妈阁庙"，是为了纪念被尊奉为海神的天后娘娘而建的。妈阁庙主要由入口大门、牌坊、正殿、弘仁殿、观音阁及正觉禅林组成，各建筑规模虽小，却能充分融合自然，布局错落有致。妈阁庙四周古木葱茏、山石峥嵘，风景十分幽雅。

　　大炮台　位于澳门半岛中央柿山（又名炮台山）之巅，又名圣保禄炮台、中央炮台或大三巴炮台，是澳门众多炮台中规模最大、最古老的一个（如图8-4所示）。大炮台原是为了保护圣保禄教堂内的教士而兴建的，1626年建成，后转为军事设施区，是澳门的重要文物和历史见证。大炮台呈不规则四边形，4个墙角外突成为棱堡。在大炮台上层，现今建有澳门博物馆。

图8-4　大炮台

　　东望洋灯塔　位于澳门半岛东部东望洋山顶，是中国海岸第一座现代灯塔。灯塔始建于清同治三年（1864年），1865年9月24日建成启用。灯塔总高15米，塔内构造简单，射灯设在塔顶，有一道曲折楼梯回旋而上。东望洋灯塔与灯塔旁的小教堂、炮台并称为东望洋山三古迹，是澳门著名的城市标志。

2. 黑沙海滩

　　黑沙海滩位于路环岛南面，因沙粒颜色黝黑发光而得名。海湾呈半月形，坡度平缓，滩面广阔，水质清澈，沙滩细腻柔滑，岸边密林苍翠，是澳门著名的天然浴场。

观览天下 8-7　　　　　　　　　　　　**澳门的博物馆**

　　澳门虽然面积不大，却拥有众多的博物馆，向公众展示着澳门的多元文化。主要博物馆有澳门博物馆、海事博物馆、林则徐纪念馆、回归贺礼陈列馆、艺术博物馆、天主教艺术博物馆、龙环葡韵住宅式博物馆、葡萄酒博物馆、大赛车博物馆、典当业展示馆等。

**启智润心
8-3**

感受澳门独特的博物馆文化

六、澳门与内地的经贸和旅游关系

　　澳门与内地的经贸关系非常密切，内地是澳门主要的贸易伙伴。2016年，内地与澳门贸易总额为32.9亿美元（其中，内地对澳门出口31.5亿美元，内地自澳门进口1.4亿美元）。2023年，澳门输往内地货值9.7亿澳门元、从内地进口货值405.1亿澳门元（按货物原产地统计）。内地主要向澳门出口食物及饮品、服装及制衣原料等，内地出口的米、肉、蛋、菜占澳门市场的90%左右。

　　旅游方面，澳门与内地的关系同样密切。澳门市场入境旅游人数2008年为2 296.63万人次，2016年为2 350万人次，2019年达到2 679万人次。内地赴澳门的游客人数2008年为1 552.17万人次，2016年为2 045万人次，2019年增至2 792.32万人次。2024年4月，《国家移民管理局关于实施进一步便民利企出入境管理若干政策措施的公告》发布，其中多项措施为赴澳门进行商务、参展、就医或从事演艺等活动的内地居民提供更便利签注，并允许内地游客以"团进团出"方式经横琴口岸多次往返澳门与横琴。

第三节　台湾

一、中国台湾地区概况

（一）地理位置

中国台湾地区，是指台湾当局控制下的台湾省（包括台湾本岛与兰屿、绿岛、钓鱼岛等附属岛屿及澎湖列岛），以及福建省的金门、马祖、乌丘等岛屿。台湾岛位于东南沿海的大陆架上，西隔台湾海峡与福建省相望。

观览天下 8-8

远古时代，台湾与大陆相连，台湾海峡并不存在。后来由于地壳运动，相连接的陆地部分沉入海中，形成了台湾海峡。台湾海峡呈东北—西南走向，北通东海、南接南海，面积约9万平方千米，是贯通中国南北海运的要道，也是国际海上交通要道。

（二）面积与人口

中国台湾地区陆地总面积3.6万平方千米。其中，台湾岛面积约3.58万平方千米，是我国第一大岛。

台湾人口约2 342万（截至2023年底），主要集中在西部平原。

观览天下 8-9　　　　　　　　台湾的人口政策

台湾的人口政策随着社会经济的发展而不断调整。自1965年起，台湾开始实行"家庭计划"，主要包括对青年男女的结婚年龄、生育年龄等加以限制，提倡"一对夫妇生育一个不算少，两个恰恰好"的政策。此后，台湾育龄妇女的生育率逐渐下降，对缓和人口增长起到了一定作用。但人口增长的下降带来了人口老龄化与新增劳动力减少的问题，因此台湾当局又提出了"两个恰恰好，三个不嫌多"的政策。近年来，台湾当局又进一步采取鼓励生育的政策。

（三）民族和宗教

台湾居民中，汉族人口约占总人口数的98%；少数民族人口约占2%。台湾主要的少数民族是高山族。

观览天下 8-10

台湾民众因祖籍地不同、迁居台湾的时间不同而形成了不同的族群。具体来说，主要分为四大族群——闽南人、客家人、外省人、少数民族。其中，闽南人、客家人和外省人基本上都是汉族。闽南人、客家人大多是1945年以前移居台湾的，又被称为本省人。闽南人的祖籍地多为福建泉州、漳州；客家人的祖籍地多为福建龙岩和广东梅县。所谓外省人，是指1945年以后特别是1949年前后到台湾的各省人士及其后代。

台湾主要宗教有佛教、道教、伊斯兰教、天主教、新教等。此外，高山族还保留着一些原始宗教。道教和佛教在台湾的影响最大。

（四）文字与语言

台湾通用普通话（国语），主要方言有闽南话、客家话。台湾少数民族使用自己的语言（如泰雅语、布农语、雅美语等），书写使用汉字。台湾最普及的外语是英语，日语为台湾第二大外语。

（五）自然环境

台湾岛东部多山脉，中部多丘陵，西部多平原。高山和丘陵面积占全部面积的2/3。主要山脉是中央山脉、雪山山脉、玉山山脉、阿里山山脉和台东山脉，玉山主峰海拔3 952米，是台湾岛第一高峰。主要平原有宜兰平原、嘉南平原、屏东平原和台东纵谷平原，其中，嘉南平原是台湾面积最大的平原。主要盆地有台北盆地、台中盆地和埔里盆地。

台湾岛位于环太平洋地震带上，是我国地震最频繁的地区之一。全岛地热资源丰富，多火山和温泉。北投温泉、阳明山温泉、关子岭温泉、四重溪温泉为台湾四大温泉。

台湾河流众多，河网密集，主要河流有浊水溪、高屏溪、淡水河、大甲溪、曾文溪等。其中，浊水溪是台湾最长的河流。日月潭是台湾最大的天然湖泊。曾文水库是台湾最大的人工湖泊，满水位面积为17.14平方千米。

北回归线横穿台湾中部。台湾北部为亚热带气候，南部属热带气候。冬季温暖，夏季炎热，雨量充沛，常有台风。台湾北部年平均气温22℃，南部年平均气温25℃。台湾是我国雨量最丰沛的地区之一，年均降水量在2 000毫米以上。基隆年均雨日达214天，号称"雨港"。

二、台湾简史

台湾有文字记载的历史可以追溯到三国时期。230年，吴国孙权派1万多名官兵到达夷洲（今台湾）。隋唐时期，称台湾为"流求"，隋王朝曾3次出师流求。元代在澎湖设巡检司。明代后期开始出现"台湾"称谓。1624年，荷兰殖民者入侵台湾。1652年9月，农民领袖郭怀一领导了一次较大规模的武装起义。1661年，郑成功率领25 000名将士及数百艘战船，由金门进入台湾。1662年，郑成功从荷兰殖民者手中收复了台湾。1684年，清政府在台湾设置一府三县，隶属于福建省。1883—1885年中法战争期间，法军进攻台湾，遭刘铭传军队的重创。中法战争以后，清政府为了加强海防，开始在台湾单独设省。1895年，日本侵占台湾。1945年，台湾重归中国主权管辖之下。

三、台湾的经济与文化

（一）经济

1.总体实力

20世纪50年代前，因战争破坏，台湾经济发展受到极大的影响。1950年以后，台湾经济逐步形成了以轻纺工业为主体的加工出口经济体系，大力发展电力、交通运输、石油化工、钢铁、造船等重化工业。20世纪80年代后，台湾经济发展迅速，被列为亚洲"四小龙"之一。进入21世纪后，台湾经济增速逐渐放缓。台湾地区生产总值2017年为17.98万亿元新台币，2019年为18.9万亿元新台币，2022年为22.7万亿元新台币（人均地区生产总值97.5万元新台币）。

2022年，台湾对外贸易总额为9 071.2亿美元，其中，出口额为4 795.2亿美元，进口额为4 276亿美元。主要出口商品是电子零组件、通信与视听产品、基本金属及制品等，主要进口商品是集成电路、半导体设备和原油等。

截至2023年9月，台湾地区外汇储备为5 610.79亿美元。

2.各产业概况

台湾制造业占台湾地区生产总值的30%左右，主要包括基础原物料产业、化学及生技医疗产业、交通工具产业、电力及机械设备、食品及纺织产业、电子及光学产业等。台湾电子信息产业水平世界领先，2022年台湾半导体产业产值为48 370亿元新台币，约占全球产值的28.29%。

长期以来，台湾农业一直沿袭传统的以种植业为主的单一形态，随着出口加工工业的发展，才逐步向种植业、畜牧业、渔业和林业等多元化方向发展。种植业在台湾农业生产中占有重要地位，包括粮食作物、经济作物和园艺作物，其中粮食作物以水稻为主，经济作物以甘蔗为主。水果品种繁多，常见的有香蕉、菠萝、柑橘、龙眼等。米、糖、茶是台湾著名的三大传统物产，被称为"台湾三宝"。

台湾是中国林业发达省份之一，台湾岛上植物超过1万种，被称为"天然植物园"，主要树种有杉树、红桧、樟树、楠树等。台湾的樟科树木居世界之冠，用香樟提炼的樟脑和樟油是台湾的一大特产。动物超过2.5万种，最著名的是蝴蝶，有400多种，因此台湾又被称为"蝴蝶王国"。台湾地处寒暖流交汇处，海洋渔业和养殖业发达。

铁路和公路是台湾交通运输网的骨干，但近年来也存在基础设施建设和更新滞后的问题。台湾扼西太平洋航道的中心，是我国与太平洋地区各国海上联系的重要交通枢纽，主要港口有高雄港、基隆港、台中港、花莲港等，高雄港为台湾最大海港，也是世界上最繁忙的海港之一。民航运输较发达，主要机场有台湾桃园国际机场、高雄国际机场等。

3.货币

台湾的货币单位是新台币。

2021年7月1日，1人民币元=4.3102新台币。

2024年7月1日，1人民币元=4.4787新台币。

（二）文化

台湾文化的母体是中华文化，中华文化根植于台湾民间，渗透在台湾社会生活的各个方面。

20世纪60年代，台湾现代主义文学成长壮大，并成为台湾文坛的主流。20世纪70年代初，乡土文学逐渐成为台湾文学主流。21世纪初，网络文学在台湾蔚然成风。

台湾的言情小说曾一度流行，琼瑶是言情小说的代表人物。

四、台湾的民俗

台湾地区的民俗与祖国大陆的民俗大体相同，但由于历史演进、时代变迁，风俗习惯已有所改变。

（一）姓名称谓

台湾居民的姓名称谓与大陆居民基本相同，台湾居民的姓氏分布也与大陆居民有很多共同的地方。据统计，陈、林、黄、张、李、王、吴、蔡、刘、杨是台湾人口最多的姓氏，这10个姓氏的人口数约占台湾人口总数的53%。这种姓氏分布情况与闽、粤两省相似，因为台湾同胞的祖籍大多是福建、广东两省。

（二）衣、食、住、行习俗

1.服饰

在台湾，以往乡村男女多穿汉服；中年妇女喜着长衫，或穿短衣短裤；老年人喜着青黑色衣衫或香云纱；城市妇女喜欢穿旗袍等民族服装。目前，青年人多穿西装，乡村男女则常戴斗笠或裹毛巾，以蔽风日。妇女首饰多用金银制作，尤其爱戴金项链。

2.饮食

台湾的饮食文化以闽南饮食文化为主，但又结合了大陆各地的饮食文化特点。

（1）高山族饮食文化。高山族早期多以小米、番薯为主食，食皆用手。后来，随着大陆移民的增多，其逐渐吸收了汉民族的饮食方式，改用筷子，大米逐渐成为主食。不过，不少高山族部落仍保留着很多传统饮食特色。

（2）闽南饮食文化。这是台湾最主要的饮食文化，是从福建与广东的饮食文化发展而来的。它的特色是多用海鲜；餐厅多设佛龛，以保佑发财。另外，与福建、广东一样，台湾有浓厚的茶文化，讲究茶具的精美和冲泡方法。如今，台湾茶文化也有了新的发展。

观览天下 8-11　　　　　　　台湾特产——贡糖

贡糖既有古老风味，又不乏现代口感。其制作方法是：首先将经过烘焙的花生在气味极佳的状态下以高比例与麦芽糖混合，然后施以人工捣碎、夹缠等工序，最后切块而成。

3.住宅

台湾传统民宅的造型大体分为中式、西式、日式3种。中式民宅为平房，继承了闽南漳州、泉州一带的造型，房间矮小，呈长方条一字形，三间开或五间开，后转为配置三合院、四合院式，屋顶多采用硬山式与悬山式。西式民宅多为楼房。日式民宅则在平房内铺以"榻榻米"。

（三）民间节庆

台湾的节庆礼俗与祖国大陆大同小异。春节、端午节、中秋节是台湾的三大节庆，每逢元宵节、清明节、中元节、七夕节（乞巧节）等传统节日，台湾民间也有与大陆类似的庆祝礼俗。此外，台湾还有一些具有本地特色的民俗庆典，如迎妈祖、盐水蜂炮、东港烧王船、头城抢孤等。

农历八月十五的中秋节对台湾人来说是一个重要的节日，民众普遍有赏月的习惯。实际上，1949年以前，台湾居民并没有吃月饼的习惯，中秋节的祭祀对象也不是月亮或嫦娥，而是土地公。

妈祖信仰是台湾最普遍的民间信仰之一，台湾著名的妈祖庙有鹿港天后宫、大甲镇澜宫与北港朝天宫。

观览天下 8-12　　　　　　　　　　　　　　**盐水蜂炮**

盐水蜂炮是台湾元宵节时著名的地方民俗活动，在台南市的盐水区举行。所谓蜂炮，是指由许多冲天炮组成的大型发炮台，点燃时万炮齐发，犹如蜂群倾巢而出，故称蜂炮。

盐水镇靠海，居民多为渔民，且大多来自福建沿海。蜂炮活动始于清光绪十一年（1885年），当时，盐水镇上瘟疫流行，居民基于民间习俗，向当地的"关圣帝君"（关公）祈求平安，并依占卜结果，在元宵节晚上请出庙中的关圣帝君，一路燃放爆竹，绕镇一晚，后来便演变为一个传统。起初全镇各村都在元宵节前后燃放爆竹，为时3天，后来逐渐改为各村轮流放爆竹的形式。

今日，盐水蜂炮活动中的爆竹要比以往华丽许多。蜂炮的基本制作方法是以木条钉制大型支架，将冲天炮排满木架，从几千支到一万几千支不等；接着将冲天炮的炮芯连接起来，组成炮台（或称炮城）；最后加以外观装饰，组成人形、动物形等。通常，家族会动员家人一起制作蜂炮来参加活动。

（四）婚丧喜庆习俗

1.婚嫁

从前，台湾的婚礼规矩较多，同姓不婚，婚嫁有大娶（明媒正娶）和小娶（招婿或半招嫁）之别，一般需要经过议婚、订婚、完聘、迎亲4个阶段。至于结婚年龄，一般男性不超过30岁，女性不超过25岁。现在，台湾青年男女流行自由恋爱，结婚花轿也改成了汽车。

2.丧葬

台湾的丧葬礼仪同大陆相近。父母死后，当夜要由儿女守灵，全家举哀，供饭一碗，焚纸钱，并为死者赶制寿衣，同时走亲告友，购进棺木，然后祭祀。祭罢，子女扶尸就殓，供奉"孝饭"并轮流啼哭，然后择日出殡。出殡队列如长龙，亲朋送至近郊，孝男叩谢辞行，用车运棺木至墓地埋葬。目前，火葬在台湾已相当普遍。

3.生育

在台湾，妇女生了孩子，必须告诉亲友，名为"报喜"。孩子满月时，要把红蛋分赠亲友、邻居，以示吉利。孕妇分娩后要"坐月子"，一个月以内多以麻油猪肝为副食。外祖父母在婴儿满月、4个月、周岁时，必须送衣服、礼物。生男不论弥月、周岁、16岁，都要举行隆重的仪式；生女则仪式大为简化，甚至可不举行仪式。

4.寿庆

台湾人喜欢过生日，男女成人后，每逢生日，都由家人准备面条、香烛等，举行简单的庆祝仪式；一般从50岁时起开始称寿，60岁为下寿，70岁为中寿，80岁为上寿，

90岁为耄寿，百岁为期颐。每逢寿期，子孙都会发起庆祝活动，邀请亲朋参加，场面颇为隆重。

（五）礼仪禁忌

1.日常礼仪

台湾人在社交场合与客人见面时，一般都以握手为礼。亲朋好友间也习惯以拥抱为礼，或行吻面颊的亲吻礼。台湾高山族雅美人在迎客时，一般惯施吻鼻礼（即用自己的鼻子轻轻地擦吻来宾的鼻尖），以示最崇高的敬意。台湾信奉佛教者的社交礼节为双手合十礼。台湾人与熟人或亲密朋友见面时，习惯上握一下手；初次见面时只需点头打招呼，有时也微微弯腰鞠躬表示敬意。

台湾人设宴时的饭菜极其丰盛，一顿饭可能有20道菜，所以参加宴会时在开始阶段要吃得少些，以留有余地。

2.禁忌习俗

台湾人忌讳别人打听他们的工资、年龄以及家庭住址，因为他们不愿意别人过问他们的私事。台湾人最讨厌有人冲他们眨眼，认为这是一种极不礼貌的行为。台湾人忌讳数字4，因为"4"与"死"谐音，平时无论干什么都要设法避开4，或改4为"两双"来说。台湾人忌讳以手巾送人，认为不吉利。台湾人忌讳把剪刀送人，因为剪刀有"一刀两断"之说。台湾人忌讳把雨伞当作礼物送人，因为在台湾方言中，"雨伞"与"给散"谐音，所以难免会引起对方的误解。台湾人忌以甜果为礼送人，因其逢年过节常以甜果祭祖拜神，以甜果赠人容易使对方感到有不祥之兆。台湾人忌讳把粽子当作礼品送人，因为赠送粽子会被误解为把对方当作丧家。台湾阿美人十分忌讳打喷嚏，他们把碰上有人打喷嚏视为遇到了很不吉利的事情。

课堂互动 8-3

接待中国台湾游客时应注意哪些细节？

五、台湾旅游业

（一）旅游业历史和现状

台湾旅游业从20世纪50年代开始有计划地发展起来。半个多世纪以来，依次经历了外国人来台观光、民众出岛观光和民众岛内观光3个重点发展阶段。2008年，大陆居民赴台湾旅游逐步放开，有力地推动了台湾地区旅游业的发展。

赴台湾旅游人数1989年突破200万人次，2011年突破600万人次，2015年突破1 000万人次，2019年达到1 186.41万人次。在出境旅游方面，台湾于1979年开放出境观光旅游。台湾居民出境旅游人数2007年为896.4万人次，2013年为1 105万人次，2019年为1167.69万人次。

（二）主要旅游资源

台湾是一个美丽的宝岛，旅游资源丰富，风景类型多样，大致可分为森林风景区、湖潭风景区、水库风景区、温泉风景区、瀑布风景区、海岸风景区、绿岛风景区等。仅海岸风景区也存在不同的类型：东海岸属于断层海岸，西海岸属于上升隆起海岸，北部海岸属于下沉海岸，南海岸属于珊瑚礁海岸。台北"故宫博物院"、阳明山、阿里山风景区、日月潭、太鲁阁大峡谷、安平古堡、野柳地质公园等都是台湾著名的旅游资源。

1. 台北"故宫博物院"

台北"故宫博物院"位于台北市士林区，其建筑设计吸收了中国传统的宫殿建筑形式，于1965年落成。院内藏品包括北京故宫、沈阳故宫和承德避暑山庄等处旧藏之精华，以及海内外各界人士捐赠的文物精品，以陶瓷、书画、青铜器最为完整。藏品的年代几乎涵盖了整部5 000年的中国历史，展现了中华文化源远流长的历史光辉。

2. 阳明山

阳明山位于台北近郊，是台湾北部面积最大、景色最美的山林公园，有"台北后花园"之称。园内植被丰富、绿草如茵、百花烂漫，著名景点有阳明湖、阳明山温泉等。

3. 阿里山风景区

阿里山风景区位于嘉义市东部，是著名的风光游览区和避暑胜地。阿里山由18座高山组成，最高处海拔2 663米。景区环境优美，气候凉爽，建有森林铁路。神木、云海、日出和樱花是阿里山著名的四大景观。阿里山擎天林木众多，有"神秘的森林王国"之称，其中一棵树龄3 000多年的红桧，高50多米，树围20多米，被誉为"阿里山神木"。此外，慈云寺、高山植物园、高山博物馆、姊妹潭、受镇宫等也是阿里山的主要景点。

4. 日月潭

赏景怡情
8-3

中国台湾
日月潭

日月潭（如图8-5所示）位于阿里山以北、南投县境内，常态面积为7.93平方千米，是台湾最大的天然湖泊。日月潭本是两个单独的湖泊，后因发电需要在下游筑坝，导致水位上升，两湖连为一体。以拉鲁岛为界，北半湖形如日轮，南半湖形如月钩，故而得名。日月潭几乎是台湾风景的代名词，四周群山环抱、林木葱茏，潭水晶莹剔透，宛如一幅美丽的风景图画。

图8-5　日月潭

5. 太鲁阁大峡谷

太鲁阁大峡谷位于台湾东部，是一段长约20千米的大理岩峡谷。这里绝壁千仞，怪石嶙峋，山洞隧道连绵曲折，随处可见飞瀑、古木和温泉，被认为是台湾最雄伟险峻的风景区，有"天下绝景"之称。

6. 安平古堡

安平古堡位于台南市安平区，原是荷兰人建造的贸易据点，也是台湾历史最悠久的城堡。郑成功收复台湾后，接收了该城，改名"安平"，并将其作为郑氏府第和全台的政治中心。1662年6月，郑成功病逝于城内。1873年，英国军舰来犯，船炮命中城内军火库引发爆炸，遂成废墟。今日所见的安平古堡已历经多次整建。

7.野柳地质公园

野柳地质公园位于新北市万里区，是一个伸入海中的山岬，长约1 700米，又被称为野柳岬、野柳鼻、野柳龟和野柳半岛。野柳的海滩上奇岩怪石密布，有蜂窝岩、豆腐岩、薹状岩、烛状岩、壶穴等各种类型，形如人物、巨兽、器物等，惟妙惟肖，被《中国国家地理》杂志"选美中国"活动评选为"中国最美八大海岸"第二名。主要景点有女王头、仙女鞋、花生石等。其中，女王头是野柳地质公园的象征，也是台湾旅游业的一张名片。

六、台湾与祖国大陆的经贸和旅游关系

从20世纪70年代末开始，台湾与祖国大陆的经贸关系迅猛发展，人员交往频繁。

1978年，台湾与大陆贸易额仅4 600万美元。1993年，台湾与大陆贸易额首次突破百亿美元大关，达到143.95亿美元，从这一年起，台湾对大陆的贸易顺差超过对世界其他地区的贸易顺差。2023年，台湾与大陆进出口贸易额为2 678.35亿美元，其中，大陆对台湾出口额为684.85亿美元，自台湾进口额为1 993.49亿美元。

截至2022年末，大陆对台湾直接投资存量16.77亿美元。2022年，台商在大陆新设5 932家企业，实际投资20.1亿美元。

台湾居民来往大陆人数2011年为526万人次，2016年为573万人次，2019年达613万人次。为了给台湾同胞来往大陆提供便利，从2015年7月1日起，台胞来往大陆免予签注，并自同年9月21日起全面开始实行卡式台胞证（台湾居民来往大陆通行证）。

大陆居民赴台个人游于2011年6月28日开始实施。2011年，大陆居民赴台人数为184万人次，其中大陆居民赴台旅游人数达125.1万人次（团队游122.3万人次，个人游2.8万人次）。2015年，大陆居民赴台人数首次突破400万人次（达到414万人次），其中，以"个人游"名义赴台人数达133万人次。

本章小结 ✋ ·· ⦿

知识导图

第八章

本章介绍了我国港澳台地区的基本情况，内容包括各地区的地理位置、面积与人口、语言、宗教、自然环境、简史、政治、经济、文化、民俗、旅游业，以及香港、澳门与内地的经贸和旅游关系，台湾与祖国大陆的经贸和旅游关系等。

基础训练 📝 ·· ⦿

（一）选择题（有一个或多个正确答案）

1.香港主要由（　　　）组成。

A.香港岛　　　　　　　B.新界　　　　　　　　C.九龙　　　　　　　　D.元朗

2.世界各大宗教在香港都有信奉者，主要有（　　　）。

A.佛教　　　　　　　　B.道教　　　　　　　　　C.基督教

D.印度教　　　　　　　E.犹太教

3.下面关于香港的描述正确的是（　　　）。

A.香港大部分地区是山区

B.九龙半岛在香港岛与维多利亚港之间

C.香港岛上的最高峰为太平山

D.香港属于亚热带气候，四季分明

4.香港既是国际金融中心，也是国际（　　）。

　　A.贸易中心　　　　　B.航空中心　　　　C.航运中心　　　　D.旅游中心

5.香港曾被（　　）占领。

　　A.荷兰　　　　　　　B.英国　　　　　　　C.葡萄牙　　　　　D.日本

6.目前在香港仅存在很少量的农业用地，主要分布在新界和大屿山等郊区，生产的农作物仅有少量的（　　）。

　　A.蔬菜　　　　　　　B.粮食　　　　　　　C.水果　　　　　　D.花卉

7.（　　）是香港九龙、沙田、大埔、元朗一带最有民俗特色的传统宴席。

　　A.抢包山　　　　　　B.赛龙舟　　　　　　C.烧黄纸　　　　　D.吃盆菜

8.下面关于澳门的描述正确的是（　　）。

A.与广东珠海市相邻

B.澳门历史城区于2005年被评为世界文化遗产

C.澳门属亚热带季风气候，湿热多雨

D.澳门绝大部分人口及经济活动都在路环岛

9.（　　）是澳门最著名、最古老的建筑之一，还是澳门的一个重要标志。

　　A.东望洋灯塔　　　B.大三巴牌坊　　　　C.妈祖阁　　　　　D.澳督府

10.澳门是我国的一个特别行政区，直辖于中央人民政府，除外交和国防事务属中央人民政府管辖外，享有高度自治权，包括（　　）。

　　A.独立的司法权　　　　　　　　　　B.立法权

　　C.终审权　　　　　　　　　　　　　D.行政管理权

11.澳门的官方语文为（　　）。

　　A.英文　　　　　　　B.法文　　　　　　　C.中文　　　　　　D.葡文

12.下面关于台湾的描述正确的是（　　）。

A.台湾岛多山，高山和丘陵面积占全部面积的2/3以上

B.台湾岛位于环太平洋地震带上，是一个多地震的地区

C.北回归线穿过台湾岛中部，北部属亚热带气候，南部属热带气候

D.台湾最长的河流是浊水溪

13.在台湾，不宜作为礼物送人的是（　　）。

　　A.剪刀　　　　　　　B.雨伞　　　　　　　C.粽子　　　　　　D.手巾

14.台湾的主要方言有（　　）。

　　A.广东话　　　　　　　　　　　　　B.浙江话

　　C.闽南话　　　　　　　　　　　　　D.客家话

15.（　　）是台湾著名的三大传统物产，被称为"台湾三宝"。

　　A.米　　　　　　　　B.糖　　　　　　　　C.茶　　　　　　　D.酒

在线测评
8-1

选择题

（二）判断题

1.香港于1997年回归祖国。　　　　　　　　　　　　　　　　（　　）

2.探望香港病人或亲友时可以送剑兰、茉莉、梅花等花束。　　（　　）

3.香港旅游资源以城市风光为主，缺乏郊野公园和地质公园。　（　　）

4.抢包山是香港长洲地区的习俗。　　　　　　　　　　　　　（　　）

5.内地是澳门最主要的贸易伙伴。　　　　　　　　　　　　　（　　）

6.旅游业是澳门重要的经济支柱。　　　　　　　　　　　　　（　　）

7.台湾传统民宅的造型大体分中式、西式、日式3种。　　　　（　　）

8.台湾岛上植物超过1万种，被称为"天然植物园"。　　　　　（　　）

9.台湾最大的城市是高雄市。　　　　　　　　　　　　　　　（　　）

10.台湾岛是我国第一大岛。　　　　　　　　　　　　　　　　（　　）

在线测评
8-2

判断题

（三）简答题

1.简要介绍香港历史。

2.香港人的日常礼仪有哪些？

3.香港人有哪些饮食习惯？

4.香港人有哪些禁忌习俗？

5.简要介绍澳门历史。

6.澳门人有哪些饮食习惯？

7.澳门人有哪些禁忌习俗？

8.简要介绍台湾历史。

9.台湾人的日常礼仪有哪些？

10.台湾人有哪些饮食习惯？

11.台湾人有哪些禁忌习俗？

参考资料和网站

一、参考资料

[1] 中国地图出版社. 世界地图册 [M]. 北京：中国地图出版社，2023.

[2] 中国地图出版社. 新编实用世界地图册 [M]. 北京：中国地图出版社，2023.

[3] 李珊珊. 地理基础知识手册 [M]. 北京：商务印书馆国际有限公司，2023.

[4] 王昆欣，饶华清. 中国旅游客源地与目的地概况 [M]. 5版. 北京：高等教育出版社，2023.

[5] 马卫华，刘鹏. 地图文化之旅 [M]. 北京：中国地图出版社，2022.

[6] 中国旅游研究院. 中国入境旅游发展报告2020 [M]. 北京：旅游教育出版社，2021.

[7] 中图北斗文化传媒（北京）有限公司. 世界知识地图册 [M]. 北京：中国地图出版社，2021.

[8] 冯娟，胡静，谢双玉，等. 2020中国旅游业发展报告 [M]. 北京：中国旅游出版社，2020.

[9] 成都地图出版社. 新编世界地图册 [M]. 7版. 成都：成都地图出版社，2020.

[10] 中华人民共和国文化和旅游部. 中国旅游统计年鉴2018 [M]. 北京：中国旅游出版社，2018.

[11] 瞿华. 21世纪海上丝绸之路与精品旅游 [M]. 广州：广东旅游出版社，2017.

[12] 中国旅游研究院. 中国入境旅游发展年度报告2017 [M]. 北京：旅游教育出版社，2017.

[13] 周宜君. 国际旅游及客源地概论 [M]. 北京：北京大学出版社，2015.

[14]《中国公民出游宝典》编委会. 美国 [M]. 北京：测绘出版社，2014.

[15]《韩国自助游》编辑部. 韩国自助游 [M]. 北京：化学工业出版社，2014.

[16] 墨刻编辑部. 全球最美的世界遗产 [M]. 2版. 北京：人民邮电出版社，2013.

[17]《环球旅行》编辑部. 欧洲一本就Go [M]. 北京：清华大学出版社，2013.

[18] 墨刻编辑部. 世界遗产之旅：珍藏版 [M]. 北京：人民邮电出版社，2012.

[19] 李天元. 旅游学 [M]. 3版. 北京：高等教育出版社，2011.

[20] 马金祥. 世界地图册：地形版 [M]. 北京：中国地图出版社，2009.

[21] 刘德兵. 中国旅游客源地与目的地概况 [M]. 北京：高等教育出版社，2009.

［22］范毅，周敏．世界地图册［M］．北京：中国地图出版社，2008.

［23］伍飞．旅游整合世界［M］．北京：北京大学出版社，2008.

［24］赵利民，唐卫东．旅游概论［M］．长春：东北师范大学出版社，2008.

［25］伍飞．与50位大使对话旅游［M］．北京：中国时代经济出版社，2008.

［26］《走遍中国》编辑部．走遍中国：香港、澳门、台湾［M］．北京：中国旅游出版社，2008.

［27］崔建林．世界上下五千年［M］．北京：线装书局，2007.

［28］傅云新，蔡晓梅．旅游学［M］．广州：中山大学出版社，2007.

［29］陈福义，张金霞．中国主要旅游客源国与目的地国概况［M］．北京：清华大学出版社，2007.

［30］方海川．中国公民出境旅游目的地国家（地区）概况［M］．北京：北京大学出版社，2007.

［31］黄明亮，吴习文．中国旅游客源国（地区）概况［M］．北京：科学出版社，2007.

［32］李肇荣，曹华盛．旅游学概论［M］．北京：清华大学出版社，2006.

［33］彭顺生．世界旅游发展史［M］．北京：中国旅游出版社，2006.

［34］黄明亮，刘德兵，黄刚，等．出境旅游小百科［M］．南昌：江西科学技术出版社，2006.

［35］夏林根．旅游目的地概述［M］．北京：旅游教育出版社，2005.

［36］张建融．客源国概况［M］．北京：北京大学出版社，2005.

［37］李金龙．国家地理百科［M］．呼和浩特：远方出版社，2005.

［38］张世满，王守恩．中外民俗概要［M］．天津：南开大学出版社，2005.

［39］李凤玲，孙颖，辛建萍．中国旅游景点文化概览［M］．济南：山东大学出版社，2002.

［40］王荣堂，姜德昌．世界近代史［M］．长春：吉林文史出版社，1986.

二、参考网站

［1］中国政府网，https://www.gov.cn.

［2］中华人民共和国外交部，https://www.fmprc.gov.cn/web.

［3］中华人民共和国商务部，https://www.mofcom.gov.cn.

［4］新华网，http://www.xinhuanet.com.

［5］国家统计局，https://www.stats.gov.cn.

［6］中国新闻网，https://www.chinanews.com.

［7］中华人民共和国文化和旅游部，https://www.mct.gov.cn.

［8］中国服务贸易指南网，http://tradeinservices.mofcom.gov.cn.

［9］中国旅游新闻网，https://www.ctnews.com.cn.

［10］香港政府一站通，https://www.gov.hk/sc/residents.

［11］香港旅游发展局，https://www.discoverhongkong.com.

［12］澳门特别行政区政府入口网站，https://www.gov.mo/zh-hant.

［13］澳门特别行政区政府统计暨普查局，https://www.dsec.gov.mo/zh-MO.

［14］中央人民政府驻香港特别行政区联络办公室，http://www.locpg.hk.

［15］中央人民政府驻澳门特别行政区联络办公室，http://www.zlb.gov.cn.

［16］中共中央台湾工作办公室、国务院台湾事务办公室，http://www.gwytb.gov.cn.

［17］中华人民共和国驻蒙古国大使馆，http://mn.china-embassy.gov.cn.

［18］中华人民共和国驻印度尼西亚共和国大使馆，http://id.china-embassy.gov.cn.

［19］中华人民共和国驻哈萨克斯坦共和国大使馆，http://kz.china-embassy.gov.cn.

［20］中华人民共和国驻新加坡共和国大使馆，http://sg.china-embassy.gov.cn.

［21］中华人民共和国驻荷兰王国大使馆，http://nl.china-embassy.gov.cn.